TRENTE-DEUX ANS
A TRAVERS L'ISLAM.

(1832-1864.)

PAR

LÉON ROCHES,

MINISTRE PLÉNIPOTENTIAIRE EN RETRAITE,
ANCIEN SECRÉTAIRE INTIME DE L'ÉMIR ABD-EL-KADER,
ANCIEN INTERPRÈTE EN CHEF DE L'ARMÉE D'AFRIQUE.

TOME PREMIER.

ALGÉRIE. — ABD-EL-KADER.

PARIS,
LIBRAIRIE DE FIRMIN-DIDOT ET CIE,
IMPRIMEURS DE L'INSTITUT,
RUE JACOB, 56.
—
1884.

AVANT-PROPOS.

Dès ma sortie du collège, j'ai pris l'habitude de noter chaque soir, sur un agenda, ce que j'ai fait et observé durant la journée. Ces notes très succinctes et incompréhensibles pour d'autres que pour moi, quand elles ont trait aux personnes, représenteraient, si elles étaient livrées à l'impression, de nombreux volumes.

C'est dans ce journal régulièrement tenu, pendant plus de cinquante années consécutives malgré les péripéties d'une vie singulièrement agitée, que j'ai trouvé les jalons qui m'ont servi à reconstruire mon passé. C'est là que j'ai puisé les éléments de ces récits qui intéressaient mes camarades, pendant nos soirées de bivouac, en Afrique, et qui, bien souvent depuis, ont captivé l'attention du petit cercle de mes amis.

« Pourquoi ne publiez-vous pas vos mémoires? » ne manquaient pas invariablement de dire mes bienveillants auditeurs, « en dehors de l'intérêt qu'offrirait le récit de vos aventures; il jetterait une clarté nouvelle sur des personnages et des faits qui appartiennent à l'histoire. N'est-ce pas un devoir pour vous de faire profiter votre pays de l'expérience des hommes et des choses acquises par vous durant vos lointains voyages et les intéressantes missions que vous avez remplies ? »

De sérieux motifs s'opposaient à la réalisation du désir exprimé par mes amis.

Je me rendais d'abord parfaitement compte de mon inexpérience comme écrivain ; et ensuite il m'était impossible de me livrer à un pareil travail, absorbé que j'étais par les occupations et les préoccupations de mes missions en Algérie, à la Mecque, au Maroc, à Tunis et au Japon.

Lorsque, rentré dans la vie privée, j'ai trouvé les loisirs nécessaires pour relire mon journal et coordonner mes souvenirs, mes amis ont renouvelé leurs instances.

Mais, l'avouerai-je, en jetant un long regard sur mon passé, je l'ai trouvé si souvent en contradiction avec mes convictions actuelles que j'ai hésité à la pensée de mettre en lumière une période de mon existence dont je réprouve hautement aujourd'hui certains actes.

Et pourtant ne devais-je pas au soin de mon honneur, qui est celui de mes enfants, de rétablir dans leur parfaite exactitude ces mêmes actes qui, dénaturés par la malveillance, pouvaient donner lieu à des interprétations aggravant encore mes erreurs ? J'étais en proie à cette indécision lorsque le comte Henri d'Ideville vint, il y a un an environ, me trouver dans ma solitude pour solliciter de moi des renseignements sur le maréchal Bugeaud, dont il avait entrepris d'écrire l'histoire. Mieux que personne, je pouvais, pensait-il, lui donner des détails sur le chef qui m'avait honoré de sa confiance et de son affection.

Appelé ainsi à narrer les événements de la glorieuse épopée de l'Algérie, je retrouvai un peu de cette verve qui animait autrefois mes récits. Sans cesse aux côtés et admis dans l'intimité du grand capitaine auquel la France doit réellement la conquête et la pacification de notre splendide colonie, je dus souvent dans mes souvenirs laisser entrevoir le modeste interprète que les Arabes appelaient « la parole du maréchal. »

M. d'Ideville parut charmé de mes narrations, et joignit ses instances à celles de mes amis qui m'engageaient à publier mes souvenirs. Ses encouragements me décidèrent, et je me mis à l'œuvre.

Un scrupule d'une autre nature faillit cependant changer ma résolution. En repassant dans ma mémoire les épisodes de ma jeunesse aventureuse, je fus frappé par l'invraisemblance de plusieurs situations, de plusieurs épisodes dans lesquels je me suis trouvé et des moyens pour ainsi dire miraculeux dont la Providence s'était servie pour m'en tirer.

On croirait en effet à un roman fait à plaisir, en lisant la relation de mon séjour auprès de l'émir Abd-el-Kader, de mon voyage à la Mecque, de mon arrivée à Rome et de mon retour en Algérie. Et cependant, ai-je besoin de l'affirmer? j'ai dit vrai. C'est bien la Providence, je le répète, qui m'a miraculeusement arraché aux dangers qui, trop souvent, ont menacé ma vie et mes croyances.

Aussi ne résisterai-je pas au désir de citer ici les paroles que m'adressait une femme éminemment chrétienne, après avoir écouté la lecture de mon odyssée :

« Vous mériteriez les plus terribles châtiments célestes, me dit-elle alors, si, après les signes éclatants de la protection dont vous a couvert le Seigneur, vous vous écartiez de ses voies. »

Pendant les premières années de mon séjour en Algérie, j'entretenais une correspondance régulière avec un ami d'enfance, j'allais dire mon frère, M. M. de L. C'est grâce à ces lettres, conservées religieusement par sa famille, que j'ai pu raconter mes premières aventures avec cet accent de vérité et cette couleur locale qui forment l'attrait et le charme de semblables récits.

A part quelques passages trop intimes et trop personnels, j'ai transcrit littéralement les lettres écrites alors à mon ami sous l'impression des événements que je lui racontais.

Puisque je suis résolu à me présenter à mes compatriotes, je veux qu'ils me voient tel que j'ai été et tel que je suis. Ma personnalité est trop humble, sans doute, pour que j'aie l'orgueil de croire que le public prenne grand intérêt aux détails de ma vie privée. Ces détails, toutefois, ne sont pas inutiles, car tous ils initient mes lecteurs au caractère et aux mœurs intimes de la société musulmane, arcane dans lequel peu d'Européens ont pu pénétrer.

J'étais embarrassé pour donner un titre à mon livre. « *Mémoires* » me paraissait trop pompeux et trop souvent adopté ; je crois, en l'intitulant « *Trente-deux ans à travers l'Islam,* » ne pas afficher trop de prétentions pour une œuvre qui n'est autre qu'un simple recueil de souvenirs personnels auxquels se trouvent mêlés d'illustres individualités et de mémorables événements. Le plus souvent que je le puis, je laisse la parole aux hommes avec lesquels j'ai été mis en relations ; je décris les choses telles que je les ai vues, évitant soigneusement de prendre le rôle d'historien et me gardant de prétendre résoudre les questions que je me borne à effleurer.

Puissent mes lecteurs témoigner un peu d'indulgence pour les débuts du jeune homme entraîné par la fougue de son caractère et de son imagination, et attendre, avant de porter un jugement définitif, d'avoir lu, s'ils en ont le courage, le récit de la carrière de l'homme fait!

TRENTE-DEUX ANS
A TRAVERS L'ISLAM.

LIVRE PREMIER.

ALGER.

CHAPITRE PREMIER.

Détails sur ma famille et mon éducation. — Répugnance à me rendre à Alger auprès de mon père. — Mon arrivée à Alger et mes premières impressions. — Braham-Reïs.

Je suis né à Grenoble, le 27 septembre 1809. J'eus pour marraine ma tante, madame Léon Champagneux, née Eudora Roland. Ce détail n'est point oiseux ; car on verra plus tard l'influence qu'exercèrent sur ma destinée les liens de parenté et d'affection qui m'attachèrent dès mon enfance à la fille d'une des plus saisissantes personnalités de la révolution de 1793 (1).

(1) La famille de mon père est originaire d'Yssingeaux (Haute-Loire). Sous le règne de Louis XIII, un individu portant le nom de Roche ayant subi une condamnation infamante, un de nos ancêtres obtint, par ordonnance royale en date du 27 juillet 1684, la permission d'ajouter un *s* à son nom.

En 1687 Gabriel Roches vint s'établir à Feurs. Mon grand-père, petit-fils de ce Gabriel Roches, épousa, en 1786, une des filles de Jean d'Aous-

Mon enfance s'écoula au clos de la Platière auprès de ma tante et marraine. Elle en avait hérité de son père Roland de la Platière, porté deux fois au ministère de l'intérieur par le parti girondin, et qui, après la mort tragique de sa femme, s'était suicidé pour assurer ses biens à sa fille.

Je commençai mes études au lycée de Grenoble et les achevai au lycée de Tournon, où je fus lauréat du prix d'honneur.

Reçu bachelier en 1828, je suivis pendant six mois le cours de droit à Grenoble, mais mon ardente imagination ne pouvait se soumettre à une étude si contraire à mes goûts aventureux, et je me rendis à Marseille auprès de négociants, amis de mon père, qui avaient des relations avec l'Orient. Je fus chargé par eux d'une mission qui me fit parcourir la Corse, la Sardaigne et me ramena à Gênes.

Toucher la terre d'Italie à 21 ans, être ébloui par les magnificences d'une de ses plus belles cités et résister à la tentation de pénétrer plus avant dans le pays des rêves de tout jeune homme fraîchement imbu de l'étude de ses poètes et de ses historiens, c'était une détermination au-dessus de mes forces.

Je réglai les affaires dont m'avait chargé la maison de commerce qui m'avait confié cette mission et je parcourus l'Italie septentrionale.

Cependant mon père, qui avait été attaché aux services de l'intendance militaire lors de l'expédition d'Alger, et qui s'était établi dans notre nouvelle conquête pour s'adonner à des

---

teno, seigneur de Mareilly, dont il eut un fils unique, mon père, Alphonse Roches.

En 1793, obligé de s'échapper de Feurs, où son frère aîné venait d'être guillotiné, mon grand-père vint s'établir à Grenoble. En 1808, mon père, son fils unique, y épousa Mlle Clémentine Champagneux.

Le dernier enfant mâle du frère de mon grand-père étant mort sans enfants, je suis aujourd'hui le seul membre de cette famille qui porte le nom de Roches.

entreprises agricoles, mon père, dis-je, m'appelait auprès de lui. Mon concours lui était, me disait-il, indispensable pour mener à bonne fin ses essais de colonisation. Je résistai quelque temps à ses instances, malgré mes instincts aventureux; l'Afrique, loin de m'attirer, m'inspirait une sorte de répulsion; c'est que des liens puissants d'affection me retenaient en Europe. Je dus pourtant céder aux instances réitérées de mon père et je m'embarquai à Marseille le 30 juin 1832.

Cinquante années se sont écoulées depuis le jour où, penché sur les bastingages du navire qui m'emportait, je voyais peu à peu disparaître les côtes de la France. Et pourtant, il me semble encore éprouver les cruelles sensations qui m'assaillirent alors. « Reverrai-je jamais cette belle France, « me disais-je, me sera-t-il encore donné de presser sur mon « cœur les êtres bien-aimés dont la destinée me sépare. »

Et mes larmes coulaient abondantes. Et puis de tristes pressentiments m'assaillirent. Une sorte de double vue faisait passer devant moi les épreuves auxquelles j'allais être soumis; mais j'étais jeune. Ces tristes impressions disparurent dès que je cessai de voir les côtes de la Provence, et, lorsque nous entrâmes dans le port d'Alger, je ne songeais plus qu'au bonheur de revoir mon père, dont j'étais séparé depuis quatre ans. Ici je copie les lettres que j'écrivais à mon ami dès mon arrivée à Alger.

J'aurais préféré laisser dans l'ombre mes relations avec la jeune mauresque de Braham-Reïs, dont je parle dans ces lettres, mais elle a exercé une si grande influence sur ma destinée et s'est trouvée tellement mêlée aux événements de ma jeunesse, qu'il m'a paru impossible de supprimer les détails relatifs à cette liaison, qui a commencé par une idylle et s'est terminée, hélas ! par un drame.

N'est-ce pas en outre un spectacle intéressant que celui de l'amour d'une musulmane et d'un chrétien conservé platoniquement pendant plusieurs années et demeuré constant à travers les plus terribles épreuves? Et le récit de cet amour n'est-il pas une étude de mœurs qui rentre dans le cadre de mon livre?

D'ailleurs, je le répète encore, c'est le jeune homme à folle imagination que je laisse parler.

Braham-Reïs, près Alger, 30 juillet 1832.

Mon cher ami,

Comment t'exprimer la joie qu'a éprouvée mon père en me revoyant? Il m'avait laissé adolescent, il m'a retrouvé homme fait, j'aurai bientôt 23 ans et ma barbe et mes moustaches commencent *enfin* à pousser. Il te tarde, je le comprends, de savoir comment et quand je suis parti de Marseille et de connaître l'impression que m'a produite Alger ; m'y voici. Tu te souviens de ces deux sous-lieutenants de cavalerie qui nous accueillirent si gracieusement sur le bateau à vapeur qui nous conduisit de Tain à Avignon, MM. Marion et Legrand (1) ; c'est encore avec eux que j'ai fait la traversée sur le beau brick marchand *l'Alcyon* où nous étions parfaitement installés et où nous nous sommes rencontrés avec des passagers dont l'amabilité a contribué à l'agrément de notre traversée. Dans la matinée du douzième jour, après notre départ de Marseille, nous aperçûmes Alger qui se détachait en blanc sur un fond de végétation sombre ; à une certaine distance je pouvais croire que nous étions en face d'une immense carrière de

---

(1) MM. Marion et Legrand sont arrivés successivement au grade de général de division.

Le général Legrand a été tué à la tête de la charge mémorable de la bataille de Sedan qui arrachait à l'empereur de Prusse cette exclamation : « Oh ! les braves gens ! »

Nous avons toujours été fidèles à l'amitié que nous nous étions réciproquement inspirée.

craie en forme de triangle dont la base est la mer; mais en approchant je distinguais les forts, les murailles crénelées, les élégants minarets des mosquées et je fus ravi à l'aspect de ce célèbre repaire de forbans.

Une coïncidence curieuse me revint alors en mémoire. Tu dois te rappeler, sans doute, que chaque année on faisait tirer au sort par les élèves de rhétorique du lycée de Tournon les sujets de poésies qu'ils devaient composer et lire à la distribution des prix; te souviens-tu que le hasard me désigna pour composer des strophes sur le sujet : « *La flotte française devant Alger,* » et m'entends-tu donner tout mon creux d'adolescent pour dire mon premier vers :

Tremble, Alger! de ton sort l'instant fatal arrive!

Oh que je suis loin déjà de ces chers souvenirs!

Le port, assez grand pour mettre à l'abri les bâtiments des corsaires des deys d'Alger, ne peut contenir qu'un petit nombre de navires, aussi s'occupe-t-on de l'agrandir. En débarquant, je fus désagréablement impressionné par la vue d'une troupe de portefaix indigènes, couverts de haillons, qui poussaient des cris gutturaux, que mon père me dit être le langage arabe, et qui se disputaient nos bagages. Après avoir parcouru le môle à l'ardeur d'un soleil brûlant, j'éprouvai une douce sensation en pénétrant dans la ville dont les rues étroites sont bordées de maisons dont les mocherabie (1) se rejoignent, de sorte que jamais un rayon de soleil n'y pénètre et qu'il y règne une douce et continuelle fraîcheur.

Mon père habite une campagne aux environs d'Alger, mais il possède dans la ville une maison mauresque où il passe la journée : c'est là que nous descendîmes. Nous entrâmes d'abord dans un grand vestibule dont les murs sont revêtus de

(1) Balcons grillés.

faïences de couleurs jusqu'à hauteur d'homme. De là nous arrivâmes, par un élégant escalier, à une cour carrée, à ciel ouvert, pavée en marbre et dont les murs sont revêtus, comme dans le vestibule, de faïences aux couleurs éclatantes. Huit colonnes torses, également en marbre, soutiennent une galerie qui règne sur les quatre faces du premier étage, galerie dont huit colonnes superposées à celles du rez-de-chaussée et reliées à hauteur d'appui par une balustrade en bois découpée à jour, servent d'appui à une corniche ornée d'arabesques.

Les portes et les fenêtres des appartements qui prennent jour et accès sur cette cour intérieure, sont en bois de mélèze sculpté, les fenêtres sont garnies de barreaux en cuivre. L'escalier qui nous avait conduits à la cour, continue jusqu'au premier étage et jusqu'à la terrasse qui sert de toiture et qui recueille les eaux de pluie que des conduits font descendre dans une vaste citerne solidement voûtée qui occupe, en dessous de la cour, l'espace compris entre les colonnes. J'ai tenu à te donner la description de cette maison parce que toutes les demeures mauresques d'Alger se ressemblent. Il y en a de plus ou moins grandes, de plus ou moins ornées, mais la disposition est toujours la même.

Ces demeures, appropriées aux usages et aux mœurs des musulmans, ne prennent aucun jour à l'extérieur. Nul homme, avant la conquête, ne pouvait monter sur la terrasse, qui est exclusivement réservée aux femmes. C'est là qu'elles se promènent et où leurs esclaves étendent le linge.

Les chambres sont généralement étroites. Les plafonds sont faits avec des poutrelles ornées de peintures. Du reste, mon père étant en relations avec des indigènes appartenant aux plus riches et aux plus anciennes familles, j'aurai, je l'espère, l'occasion de voir l'intérieur des maisons mauresques habitées par des musulmans, et je ne manquerai pas de te faire la description de leur ameublement.

Depuis mon arrivée à Alger, tout m'étonne, tout m'intéresse, mais je suis encore ahuri et je ne sais pas t'exprimer mes sensations ni même te décrire tout ce que je vois, rien n'est encore classé dans mon esprit. Ce qui m'irrite, c'est de me trouver au milieu d'un peuple dont je ne comprends pas le langage, qui me paraît peu nous aimer, et dont on ne voit pas les femmes. Du reste je n'ai passé que cinq jours à Alger, et mon père m'a installé dans sa maison de campagne d'où je t'écris. Braham-Reïs, c'est le nom du Maure qui l'a vendue.

Cette habitation est ravissante, tu vas en juger.

A 3 kilomètres à l'ouest d'Alger s'ouvre une vallée dont les deux versants sont garnis d'une vigoureuse végétation. Des oliviers sauvages, d'immenses lentisques, des figuiers de Barbarie (*cactus*) et des aloès forment des haies impénétrables qui séparent les propriétés. Sur le coteau sud est construite une maison mauresque dont la blancheur se détache éclatante sur le vert aux nuances variées des orangers, des citronniers, des grenadiers et des néfliers qui l'entourent ; dans le fond de la vallée, des ormeaux, des platanes, des peupliers de Hollande et d'énormes oliviers sauvages entretiennent l'ombre et la fraîcheur.

Une source située à l'origine du vallon alimente de grands bassins destinés à l'arrosage et aux besoins domestiques. Cette maison, c'est un petit palais des contes de fées. La disposition est la même que celle de la maison de ville dont je t'ai fait la description, mais au lieu de huit colonnes elle en a seize, et les fenêtres, au lieu de donner sur la cour intérieure, s'ouvrent sur la vallée ; non point de ces grandes fenêtres par lesquelles pénètrent le froid en hiver et le soleil en été, mais de jolies ouvertures dans l'enfoncement desquelles on peut s'asseoir, et dont les élégantes grilles, garnies de branches de jasmins, permettent de jouir d'un magnifique coup d'œil. Au premier plan, on voit les murailles crénelées qui bordent la colline contre laquelle Alger s'appuie gracieusement et au second plan s'étend la mer vers laquelle s'inclinent les montagnes si admirablement découpées de la première chaîne de l'Atlas.

Sur la façade sud de la maison règne une galerie d'où on domine cette vue splendide ; elle est soutenue sur des colonnes reliées par des ogives mauresques du style le plus pur. Tous les appartements sont pavés et tapissés en faïences colorées. Les plafonds sont en mélèze sculpté et les deux salles principales sont terminées aux deux angles de la galerie par deux coupoles octogones revêtues à l'intérieur de plâtre sur lequel sont gravés à une profondeur de deux à trois centimètres les arabesques les plus fantaisistes. Éclaire cet ensemble d'un soleil couchant qui teinte le blanc de rose, qui produit de longues ombres portées et qui semble embraser les flots bleus de la Méditerranée, et tu pourras te faire une bien faible idée du spectacle ravissant auquel j'assiste chaque jour.

Mon père a acheté une bonne et forte mule qui convient mieux à son titre de papa (quoi qu'il n'ait que vingt et un ans de plus que moi) et m'a fait cadeau du cheval qu'il montait, un bel arabe noir qui se nomme *Kaddour*. Je vais bien souvent le caresser, et comme je monte depuis mon enfance, il s'est tout de suite aperçu, quand je l'ai enfourché, que je serais son maître.

Demain nous allons visiter les propriétés rurales que mon père et ses associés ont achetées dans la plaine de Mitidja et dans le Sahhel, et qu'ils font cultiver les premières par des Arabes, les secondes par des colons européens. Je t'écrirai à mon retour.

CHAPITRE II.

Course dans la Mitidja. — Visite chez Mamma Nefissa. — Khadidja. —
Elle est emmenée par ses parents.

Braham-Reïs, 15 août 1832.

« Je suis revenu émerveillé de ma course dans la Mitidja, mon cher ami, cette plaine n'a pas moins de 4 lieues de largeur en moyenne sur une longueur de plus de 25 lieues. Elle est arrosée par une quantité de cours d'eau qui descendent des montagnes situées au sud et traversée par trois rivières, l'Harratch, le Mazafran et l'oued Djer. Elle est occupée par plusieurs tribus arabes sédentaires qui la labourent avec des charrues tout à fait semblables à celles que devait employer le premier agriculteur. Cette vaste plaine produit des céréales et du tabac très estimé.

Elle est parsemée de fermes entourées de beaux jardins d'orangers et de citronniers qu'on ne peut cultiver que dans les terrains arrosables. Une des propriétés de mon père, Nacef-Khodja, est située à 6 lieues environ d'Alger et possède un jardin de quatre cent cinquante orangers ou citronniers. Son étendue est d'environ 200 hectares. Celles situées dans le Sahhel (1) sont moins considérables et moins

---

(1) Partie du territoire d'Alger qui se compose de la série des vallées et collines comprises entre la Mitidja et la mer.

fertiles. En France de pareilles étendues de terrain représenteraient une valeur de plusieurs millions, ici, vu l'absence de main-d'œuvre, et en face de l'attitude hostile des Arabes, je crains bien que ces propriétés ne soient pour mon père qu'une cause de dépenses improductives, car lui et ses associés veulent cultiver, coloniser, disent-ils. Or, comme ils ne sont rien moins qu'agriculteurs, je redoute pour eux de cruelles déceptions. Dieu veuille cependant que je me trompe! En tous cas, je vais seconder mon père dans cette honorable sinon lucrative entreprise. Nous vendrons la propriété que m'a laissée ma mère pour en consacrer le produit à la mise en culture de tous ces immeubles, Braham-Reïs compris.

Afin d'aider efficacement mon père, il faudrait que je pusse parler l'arabe et, non seulement je n'ai aucune sympathie pour une langue dont les sons gutturaux blessent mes oreilles, mais il n'y a ici aucun moyen de l'apprendre. Des signes énergiques remplaceront la parole. Et puis resterai-je dans ce pays si éloigné de ceux que j'aime, et si différent de notre belle France?

Braham-Reïs, 1er novembre.

Depuis ma dernière lettre, mon cher ami, je me sens gagné par le mal du pays, et vraiment, si je ne craignais d'affliger mon père, je le supplierais de me permettre de revenir en France. Mon concours lui est peu utile, et je ne vois ici pour moi aucun avenir.

J'ai pourtant passé quelques heures charmantes qui, en ce moment, me paraissent un rêve. Voici mon histoire :

Mon père, inquiet de ma tristesse et cherchant à me distraire, m'a forcé à aller visiter une mauresque, veuve de l'ancien ministre de la marine de l'avant-dernier dey d'Alger, dont la propriété occupe la partie du vallon qui est immédiatement au-dessus de Braham-Reïs. C'est une femme âgée de soixante ans environ, qui a l'air tout à fait d'une grande dame et qui parle le langage *sabir*, mélange d'italien et d'espagnol, dont se servent les marins algériens et tunisiens dans leurs rapports avec les Européens. Cette langue ou plutôt ce baragouin, où tous les verbes sont invariablement à l'infinitif, est en usage dans tous les ports arabes de la Méditerranée. Ma mauresque a dû apprendre ce langage avec un des nombreux esclaves européens que possédait son mari, et dont un, me disait-elle avec une certaine émotion, appartenait à la noblesse de son pays. Les manières distinguées de la veuve sur les traits de laquelle on voit les traces d'une grande beauté, ses extrémités fines et délicates, ses attitudes mignardes, si je puis m'exprimer ainsi en parlant d'une femme de cet âge, tout indique qu'elle appartient à une race aristocratique et qu'elle a fréquenté intimement un Européen gentilhomme. Elle m'a accueilli tout d'abord avec une exquise urbanité et une parfaite bienveillance.

A ma seconde visite elle m'appelait *oul'di*, mon enfant. Ses récits m'intéressaient vivement, car ils avaient trait à la vie intérieure des grands personnages de la cour des deys.

Son habitation ressemble en grand à Braham-Reïs. Ce n'est donc que l'ameublement qui a fixé mon attention. L'appartement où elle m'a reçu a une coupole dans le genre des nôtres. Le pavé est recouvert d'épais tapis et les murs sont tendus, à sept pieds de hauteur, d'étoffes en brocart d'or ou d'argent; des étagères sur lesquelles sont placées des armes de prix, des miroirs, de petites tables en ébène incrustées de nacre et d'écaille, des divans en soie, des coussins de diverses formes et de diverses grandeurs, enveloppés dans des housses en velours, forment l'ameublement de ce pavillon

Il y règne un jour tamisé à travers de petits croisillons en verres de couleur et on y respire les parfums les plus suaves, ambre et jasmin.

A mes premières visites, une vieille servante mauresque et une négresse apportèrent deux plateaux sur l'un desquels étaient rangés des findjal (1), placées sur des zerf (2) en or incrustés de rubis, et une cafetière en argent au long bec recourbé; sur l'autre étaient des compotiers en cristal doré contenant des confitures parfumées au musc. Mon hôtesse, pour me faire honneur, m'avait d'abord fait apporter une vieille chaise Louis XV, sur laquelle j'étais obligé de me tenir en équilibre. Quand elle vit mon embarras, elle m'apprit à m'accroupir à la mode musulmane. Quelques jours après j'étais donc assis parfaitement à mon aise à côté de ma vieille amie quand la négresse servit le café, mais elle n'était pas seule. Derrière, portant un plateau, s'avançait en tremblant une jeune fille, la tête tellement inclinée que j'eus peine d'abord à distinguer ses traits. Un voile de gaze enveloppait cette apparition devant laquelle je restai un moment en extase. Sur un signe que lui fit mamma Nefissa (3), c'est le nom de mon hôtesse, la pauvre enfant m'offrit une tasse avec un embarras qui lui donnait un nouveau charme. Seulement alors, je pus non pas l'examiner, je tremblais moi-même d'augmenter son émotion, mais au moins regarder à la dérobée sa figure, sa taille et son costume. Elle paraissait avoir treize à quatorze ans. Son corps svelte, dont les contours étaient peu marqués, semblait onduler quand elle marchait. Elle portait un corsage sans manches en brocart vert et or qui s'agraffait à la hauteur de ses seins naissants, et qui lais-

(1) Petites tasses en porcelaine de Chine, sans anses.
(2) Espèce de coquetiers sur lesquels on présente la tasse de café afin qu'elle ne brûle pas ceux qui la tiennent.
(3) Maman petite âme.

sait paraître à travers la gaze de sa chemise l'éblouissante blancheur de sa peau.

Une ceinture dorée, dont les bouts pendaient sur le côté jusqu'à terre, retenait de petits pantalons bouffants en brocart rouge qui serraient la jambe au-dessous du genou. Les jambes et les bras nus étaient ornés de bracelets en filigrane d'or. Les pieds nus également entraient à peine dans de petites babouches en velours noir brodé d'or. Quand elle osa lever les yeux sur moi, je constatai que ses yeux étaient grands, d'un bleu d'azur, surmontés de sourcils noirs parfaitement arqués et bordés de longs cils recourbés. Les lignes du front, du nez et de la bouche admirablement dessinés rappelaient le beau type caucasien. J'étais sous le charme. Elle vint en tremblant reprendre ma tasse, embrassa mamma Nefissa et se retira.

Je témoignai alors mon admiration à mon hôtesse et lui demandai qui était cette délicieuse enfant.

« C'est la petite-fille du ministre de la marine qui a succédé à mon mari, me dit mamma Nefissa, sa mère est une géorgienne de race princière que le sultan de Constantinople lui donna encore enfant et qu'il a mariée à son fils tué à Sidi-Ferruch en combattant les Français. Elle a une intelligence bien au-dessus des jeunes filles mauresques. Sa mère, qui est également très supérieure aux femmes algériennes, a voulu lui donner une éducation plus sérieuse. Elle a appris à lire et à écrire en même temps que ses jeunes frères qui ont un professeur arabe ; elle sait déjà, par cœur, un tiers du Coran. Sa famille me l'a confiée pendant mon séjour à la campagne, Khadidja (c'est son nom) n'ayant jamais vu de chrétiens, m'a supplié de lui permettre d'entrer quand tu viendrais me visiter. Comme je t'appelle mon fils et qu'elle est encore une enfant j'ai permis cette infraction à nos usages. »

Pendant un mois environ j'ai continué mes visites à

mamma Nefissa. Plusieurs fois encore j'ai revu Khadidja, mais je n'ai pu échanger avec elle la moindre parole. La veille de son départ, elle me paraissait triste ; nos regards nous ont fait réciproquement comprendre que nous aurions bien des choses à nous dire et que nous nous séparions à regret.

Mamma Nefissa est rentrée elle-même à Alger en me disant : « A l'année prochaine. » Reviendra-t-elle ? serai-je encore en Afrique ? Adieu.....

Du mois de novembre 1832 au mois d'août 1833, ma correspondance avec mon ami offre peu d'intérêt. Je lis sur mon journal que, durant cette période, mon temps se passe à surveiller les propriétés de mon père. Je monte à cheval et je vais à la chasse au sanglier avec des officiers de chasseurs d'Afrique, camarades de Marion et de Legrand, mes aimables compagnons de voyage, devenus mes amis.

Je fréquente également de jeunes officiers de marine mes compatriotes et mes condisciples. Je ne m'occupe nullement de l'étude de la langue arabe et j'éprouve même une certaine répulsion pour les Maures d'Alger qui ressemblent si peu aux Arabes conquérants de l'Espagne dont je lisais les exploits avec tant d'admiration.

Je suis mécontent de tout et de moi-même ; la lettre qui suit expliquera les causes de ces fâcheuses dispositions.

Braham-Reïs, 16 août 1833.

Mon cher ami,

Je suis encore plongé dans un véritable spleen et en voici la cause : j'avais, je l'avoue, oublié mamma Nefissa et la belle Khadidja quand la négresse vint, il y a quinze jours, m'annoncer l'arrivée de sa maîtresse, notre voisine, et me dire qu'elle désirait me voir. Tu comprends que je ne fis pas attendre ma visite. J'eus un véritable plaisir à revoir et à embrasser cette charmante vieille qui elle-même me témoigna une affection maternelle.

Elle sourit finement quand, d'un air que je voulus rendre indifférent, je lui demandai des nouvelles de Khadidja. « Calme-toi, me dit-elle, elle va venir. » Elle vint en effet, mais elle n'apportait pas le café et elle s'assit modestement aux pieds de mamma Nefissa. Quel changement !

L'enfant était presque devenue femme, et quelle nouvelle expression dans son regard ! Quelle réserve dans sa tenue ! Elle ne me toucha même pas la main, mais elle chargea sa vieille amie de dire à Lioune (1) (c'est ainsi qu'elle m'appelle) qu'il était très coupable de n'avoir pas appris un seul mot d'arabe pour causer avec elle. Mes visites recommencèrent ; j'éprouvais un charme indicible à contempler cette délicieuse créature.

Je sentais que nous étions tous deux animés de sympathies réciproques, mais l'ignorance complète de nos langages respectifs opposait un obstacle infranchissable à l'expression de nos sentiments.

Pendant le séjour de la jeune Mauresque chez mamma Nefissa, je revins un jour de la chasse atteint d'une insolation. J'eus plusieurs accès de fièvre violente pendant lesquels je délirais. Il paraît que je prononçais souvent le nom de Khadidja, au milieu de discours incohérents. Les domestiques qui me soignaient et auprès desquels la négresse de ma vieille amie venait s'informer de mon état, lui racontèrent cette particularité, dont elle s'empressa de rendre compte à ses maîtresses.

J'entrai bientôt en convalescence et quelle fut ma joie

Les Arabes disent *Lioune* au lieu de *Léon*.

lorsque mon père vint m'annoncer que *Lella* (1) Nefissa et sa suite m'attendaient au salon. Toutes les visiteuses étaient voilées. Je pus voir toutefois des larmes humecter les beaux yeux de Khadidja quand j'arrivai pâle et chancelant. Pour la première fois elle vint me serrer la main.

Nos voisines ayant témoigné le désir de visiter notre habitation, mon père les accompagna. J'avais dans ma chambre une fort jolie lithographie enluminée qui représentait la Grèce. Elle était placée près du chevet de mon lit. Les Mauresques, en la voyant, s'écrièrent : « Voilà Khadidja, » et, en effet, il y avait quelque similitude entre cette image et la coiffure, le costume et l'aspect général de la jeune Mauresque. Lorsqu'elle prit congé de moi la pression de sa main fut plus accentuée; nous étions, elle et moi, profondément émus.

Peu de jours après, quoique très faible encore, je me rendis à cheval auprès de ma chère voisine; je la trouvai triste et préoccupée.

Je la questionnai avec angoisse : « Khadidja est partie, me dit ma vieille amie; ses parents ont appris tes visites chez moi et celles que nous avons faites à Braham-Reïs, et ils l'ont emmenée malgré mes protestations sur l'innocence de vos relations. La pauvre enfant était bien affligée; elle avait su que tu l'appelais dans ton délire, elle avait vu son portrait dans ta chambre, et elle est partie persuadée que Lioune l'aimait. Pauvre enfant! je sais ce que c'est que l'amour, et j'ai subi les tourments de la séparation; que Dieu lui donne du courage ! »

Cette nouvelle, tu le comprends, mon cher ami, me plongea dans une profonde douleur. J'y trouvais quelque soulage-

---

(1) Madame. *Lella,* Perle ; expression employée surtout à Alger quand on parle à une femme; on dit également *Setsi,* diminutif de ma maîtresse, ma dame, féminin de *Sidi,* mon maître, monsieur.

ment en me rendant chaque jour auprès de mamma Nefissa, avec laquelle je m'entretenais de Khadidja; mais elle aussi vient de partir, et de tristes pressentiments me disent que je ne les reverrai plus ni l'une ni l'autre.

Je suis découragé et ne rêve qu'aux moyens de rentrer en France. Adieu !

Reprise de mon journal :

Mon père, frappé de ma tristesse, dont il n'ignorait pas la cause, comprit qu'à mon âge les distractions auraient bientôt effacé le souvenir de ma jeune Mauresque.

Il me présenta au duc de Rovigo, alors gouverneur général de l'Algérie, à M. Genty de Bussy, chef des services civils, et à M. Cottin, maire d'Alger.

Je trouvai dans les salons de ces hauts fonctionnaires une société charmante où je fus accueilli avec tant de bienveillance que je les fréquentai assidûment. A cette époque le duc de Rovigo créa une garde nationale; je fus nommé lieutenant de l'escadron de cavalerie qui accompagna plusieurs fois le général en chef dans les courtes expéditions qu'il dirigea dans la plaine de la Mitidja. La surveillance des propriétés de mon père m'imposait, d'un autre côté, de sérieuses occupations. Les prévisions de mon père se réalisaient, ma tristesse avait disparu.

C'est à peine si je conservais le souvenir de ma rencontre avec la belle Khadidja, qui ne m'apparaissait plus que comme un rêve, lorsqu'une circonstance fortuite vint subitement changer le cours de mes idées.

CHAPITRE III.

Je retrouve Khadidja mariée. — J'apprends l'arabe. — Je corresponds avec Khadidja.

Je reprends ma correspondance avec mon ami :

Alger, 12 mars 1834.

Mon cher ami,

Une révolution s'est soudainement opérée dans mes projets. Un puissant attrait me rattache à ce pays que je voulais quitter, écoute :

Il y a quelques jours, j'étais invité à dîner chez le président de la cour d'Alger. On se mit à table malgré l'absence d'une aimable convive, Mme R. de B., née à Alep, où son père était consul général de France. Elle parle très bien l'arabe, et est admise, recherchée même chez les grandes familles musulmanes d'Alger. Quand elle entra on lui demanda la cause de son retard. « J'assistais à un mariage musulman, » répondit-elle. Chacun alors lui adresse des questions : Quel est le rang des époux? La fête était-elle brillante? La mariée est-elle jolie?

Mme R. de B., dont l'esprit observateur et le langage imagé donnent un double charme à ses récits, dépeint le luxe de la fête à laquelle elle vient d'assister ; sans articuler aucun nom, elle dit que la mariée appartient à une des plus grandes familles d'Alger, qu'elle est très jeune et admirablement belle.

« Et l'époux est-il digne d'elle ? » lui demande-t-on.

« Il appartient également à une grande famille, répond-elle ; quoique plus âgé que sa femme, c'est un homme superbe, et pourtant la fiancée ne cache pas le chagrin que lui cause cette union. J'ai eu l'occasion de la voir assez souvent depuis quelques mois et c'est aux sympathies qui sont nées entre nous que je dois attribuer la confiance dont elle m'a donné la preuve en m'ouvrant son cœur.

« Oh ! m'a-t-elle dit, pendant les quelques instants où nous sommes restées seules, tu sais que ce mariage m'est odieux, mais tu ignores encore le véritable motif de ma répulsion. Eh bien ! sache-le donc, c'est que j'aime un autre homme et cet homme est un Français. Le premier jour où je l'ai vu il a pris possession de mon cœur. J'avais cru qu'il m'aimait aussi ; je l'attendais, et Dieu m'est témoin que, pour le suivre, j'aurais abandonné famille et pays. Je pensais que les chrétiens savaient mieux aimer que les musulmans, mais c'était écrit. Je suis mariée, je ne le verrai plus ! »

Savez-vous le nom de ce chrétien ? demandèrent aussitôt les assistants. « Hélas ! non, dit Mme R. de B., la belle fiancée a refusé de répondre aux questions que je lui adressais à ce sujet. »

L'intérêt palpitant du récit de Mme R. de B. avait absorbé l'attention de tous les convives, de sorte que mon voisin seul s'aperçut de l'émotion qui m'envahit en entendant les paroles de la jeune mariée. Il était certain pour moi qu'il était question de Khadidja.

J'attribuai mon émotion à un malaise subit et, au sortir de table, je pus m'esquiver.

Comment, Khadidja m'aimait ! Elle m'attendait ! Elle avait confiance en moi parce que, disait-elle, *elle croyait que les chrétiens savaient mieux aimer que les musulmans*. Que de sentiment, que de profondeur dans cette phrase ! Non, Khadidja n'est pas une Mauresque ordinaire, et moi je l'avais presque oubliée ! Et elle était mariée contre son gré, et j'étais cause du malheur de son existence, et je ne la verrais plus ! Alors, alors seulement, je compris que moi aussi j'aimais Khadidja. Mille projets traversèrent mon esprit bouleversé par cette révélation inattendue.

Ma première pensée fut pourtant d'aller auprès de mamma Nefissa, dont je parvins difficilement à découvrir la demeure à Alger. Elle fut touchée de ma douleur, mais elle s'efforça de me détourner du dessein que j'avais formé de pénétrer jusqu'à Khadidja, dessein dont l'exécution pourrait avoir, me disait-elle, les plus fatales conséquences. Dans l'état d'exaltation où j'étais, la perspective des plus grands obstacles n'était pas capable d'ébranler mes résolutions. Je promis toutefois à ma vieille amie de me conformer à ses conseils de prudence et lui demandai seulement de me procurer un professeur arabe. Il était évident que la connaissance de la langue que parlait Khadidja était la première condition de succès pour mes téméraires projets.

Mamma Nefissa, qui ne pouvait se désintéresser complètement d'une situation qu'elle avait fait naître, s'est empressée de m'adresser le professeur que je lui avais demandé. C'est un ancien secrétaire de son mari (ministre de la marine du dey). Il descend des Andaloux (1) qui se sont réfugiés à Alger et, quoique bon musulman, il est trop intelligent pour être fanatique.

---

(1) Les Arabes appellent l'Espagne *Bled El Endeleuss*, Andalousie, et les descendants des Maures d'Espagne Endeleus (Andaloux).

Dès l'abord une sorte d'intuition nous attira l'un vers l'autre.

Malheureusement il ne sait pas un mot de français, et moi pas un mot d'arabe. Mais quand on veut!

Je vais donc apprendre cette langue dont les sons frappaient si désagréablement mes oreilles ; cette étude à laquelle j'aurais dû me livrer, ne fût-ce que pour être utile à mon père, je vais l'entreprendre afin de satisfaire ma passion pour une femme que j'ai à peine entrevue.

Tu blâmeras ma détermination, mon cher ami, car tu as toujours écouté la voix de la raison. Tandis que celui que tu appelles *ton Léon* est, hélas! presque toujours le jouet de la folle qui règne au logis. Adieu.

Alger, 2 juillet 1835.

Oui, mon ami, quand l'homme veut fermement, il peut. J'ai étudié l'arabe avec un tel acharnement qu'au bout de huit mois j'en étais arrivé à pouvoir échanger mes pensées avec mon professeur, qui me chérit d'autant plus que les émoluments que je lui donne représentent presque uniquement ses moyens d'existence.

Mes études ne se sont pas bornées, d'ailleurs, aux leçons de mon brave Abd-el-Razak ben Bassit (nom de mon professeur); j'ai fréquenté les cafés maures, j'ai assisté aux séances des kadhis (juges musulmans) et chaque semaine je vais chasser le sanglier avec les Arabes fermiers de nos propriétés. Tu devines que j'étais stimulé dans mes études par le désir qui me tourmentait d'entrer en relations avec Khadidja. Je voulais lui faire savoir que je l'aimais et, sans réfléchir aux conséquences de ma démarche, je fis part de ma situation à mon professeur. Son premier mouvement fut peu encourageant. Comment lui, mahométan, pouvait-il être le confident de l'amour d'un chrétien pour une musulmane ? Toutefois ces scrupules s'évanouirent moins encore devant son intérêt personnel, je dois le dire, que devant l'affection qu'il m'avait vouée. Il connaissait parfaitement la famille de Khadidja et celle de son mari et ne me cacha point l'impossibilité pour moi de pénétrer jusqu'à elle, car jamais elle ne sortait et la demeure des personnages algériens, à cette époque, était gardée de façon à en rendre l'accès absolument impraticable. Le seul moyen à tenter pour entrer en relations avec mon amie était, suivant Abd-el-Razak, de m'adresser à la négresse qui avait été sa nourrice et qui l'avait accompagnée chez mamma Nefissa.

Mais comment arriver à cette négresse ? La femme de mon professeur fut bientôt mise dans mes intérêts. Elle rencontra cette négresse au Hammam (1) et c'est chez elle qu'eut lieu ma première entrevue avec cette excellente créature, qui se nomme Messaouda, et qui est la confidente des secrètes pensées de sa jeune maîtresse. Elle touchée de l'expression si vraie de mon amour ; elle me dit le souvenir que me conservait Khadidja, mais, comme mamma Nefissa et comme Abd-el-Razak, elle me déclara qu'il lui était absolument impossible de me faire parvenir auprès d'elle. Elle me promit, toutefois, de lui remettre quelques mots arabes que j'avais tracés bien incorrectement à son intention.

Le lendemain mon professeur m'apportait un billet écrit de la main de Khadidja et que Messaouda avait apporté à sa femme.

Depuis deux mois nous échangeons deux lettres par semaine. Quelles lettres que celles de Khadidja ! Quelle poésie dans la naïve expression de son amour ! Quel sentiment de douleur

---

(1) Hammam, bain maure à vapeur. C'est la traduction exacte du mot therme, chaleur, en arabe *hamma*.

quand elle me parle de la fatalité qui nous sépare à jamais !!!!!

J'espère qu'un jour viendra où je pourrai, sans inconvénient, publier la traduction littérale de ces lettres (1) ; elles seront la révélation d'un amour conçu en dehors de nos idées civilisées. Amour platonique, sentiment chanté par les poètes à l'époque chevaleresque de l'Islam, mais inconnu aujourd'hui dans la société musulmane.

Malgré la surveillance rigoureuse à laquelle est soumise Khadidja, j'ai pu la voir sur la terrasse de son palais qui est voisine de celle de mamma Nefissa. Une rue nous séparait, mais les rues d'Alger sont si étroites que nos mains ont pu se rencontrer.

Ce n'est plus ma petite Khadidja de Braham-Reïs. C'est le type le plus parfait de l'odalisque qu'on rêve en lisant les *Mille et une nuits*. Et sa beauté était encore rehaussée par son émotion et la pudeur de son attitude. Pour la première fois j'ai pu lui adresser quelques mots en arabe.

« Que Dieu te récompense d'avoir appris ma langue, » me dit-elle en s'éloignant ; notre entrevue avait à peine duré cinq minutes.

Mais j'ai fait une découverte précieuse. Sur la terrasse de son habitation s'élève un petit kiosque mauresque qui domine tout le quartier à l'est de la Kasbah et d'où la vue s'étend sur la route qui, du fort des Tamarins, descend en serpentant jusqu'à Bab-Azoun.

De ce kiosque, où elle monte à la prière de l'Asser (heure où son mari s'absente pour aller à la mosquée), elle peut, avec une lunette d'approche, me voir passer à cheval sur cette route.

La première expérience a parfaitement réussi. Maintenant,

---

(1) Ces lettres, que j'avais laissées à Braham-Reïs lorsque je me rendis auprès de l'émir, ont été brûlées par mon père qui n'en connaissait pas l'origine.

je descends de cheval, je m'assieds à l'ombre d'un immense figuier, en dehors de la route, et, armé d'une excellente lunette, je vois distinctement mon amie dans son kiosque. Nous nous regardons à tour de rôle; nous nous parlons, nous croyons nous entendre. Ce qu'il y a de certain, c'est que nous nous comprenons.

Je vois d'ici un sourire moqueur errer sur tes lèvres, mon bon et excellent ami. Tu ne peux croire que ton Léon soit possédé d'un amour platonique. Rien n'est plus vrai pourtant, et cet amour est mon unique préoccupation. Je rêve un avenir où Khadidja et moi serons réunis pour ne plus nous séparer. « C'est un rêve irréalisable, » me diras-tu. Eh bien! je veux rêver, et ne veux pas être réveillé. Adieu.

CHAPITRE IV.

Mes relations avec la famille d'Omar pacha. — Notice sur Omar pacha. — Ma liaison avec Sidi Omar, frère de Sidi Mohammed, et fils, comme lui, de Lella Yemna et d'Omar pacha.

Ici je reprends mon journal.

Alger, fin de 1835.

Dans mes fréquentes visites à mamma Nefissa, j'ai rencontré un musulman de haute distinction, Sidi Mohammed Oul' d'Omar pacha, fils du fameux dey sous le règne duquel Alger a été bombardé par lord Exmouth, en 1817.

J'ai eu l'occasion de lui rendre un grand service, et il s'en est suivi entre nous une intimité telle que, circonstance inouïe chez les musulmans, il me permet de voir sa femme Lella Aisha, parente du bey Ahmed, de Constantine, qui appartient à la grande famille de Ben-Guéna de Biscarah. Elle est le type de la noble femme arabe.

Je passe une partie de mes soirées chez ces excellents amis dont l'hospitalité est vraiment princière. Leur petite fille, Lella Aouéouèche, n'en est pas le moindre attrait ; c'est une adorable enfant de cinq ans qui m'a pris en grande affection et qui, suivant l'usage arabe, m'appelle âmmi Lioune (mon oncle Léon). Sidi Mohammed et sa femme ont appris par mamma Nefissa d'abord, et par moi ensuite, l'amour que j'ai voué à Khadidja. C'est donc un grand charme pour moi de pouvoir m'entretenir d'elle avec eux.

Parmi les récits de Lella Aïscha et de son mari, celui qui m'a le plus frappé, je devrais dire émotionné, c'est l'histoire d'Omar pacha, ancien dey d'Alger, et de sa femme Lella Yemna, le père et la mère de mon ami Sidi Mohammed. J'ai pu vérifier l'exactitude des détails qu'ils m'ont donnés sur ce lugubre épisode des annales des deys d'Alger en fouillant les archives de la Casbah et en causant avec de vieux Turcs contemporains d'Omar pacha, qui avaient obtenu la permission de rester à Alger.

Voici la notice sur Omar pacha :

Omar naquit à Mételin, vers l'an 1775. Il appartenait à une famille turque très honorable, depuis longtemps fixée dans cette île. Son frère aîné, Mohammed Metlili, incorporé dans le corps des janissaires, avait été envoyé auprès du dey d'Alger, qui lui avait donné un poste important à sa cour. Omar, dont l'esprit aventureux aspirait aussi à de brillantes destinées, gémissait de consacrer ses jours aux humbles occupations de l'agriculture, lorsqu'une occasion se présenta de réaliser ses rêves ambitieux. Un navire albanais, frété par quelques Arnautes qui se rendaient en Égypte, fut assailli par une tempête et jeté sur les côtes de Mételin.

Les habitants s'empressèrent d'offrir l'hospitalité aux naufragés, et la famille d'Omar réclama l'honneur de recevoir sous son toit le chef des Arnautes, nommé Méhemmed Ali.

Des sympathies réciproques attirèrent promptement, l'un vers l'autre, Omar et Méhemmed Ali; ils semblaient déjà prévoir la brillante fortune que leur réservait l'avenir. Aussi, malgré les supplications de sa famille, Omar voulut-il partir avec son nouvel ami. Ils arrivèrent en Égypte en l'an 1796.

Bien qu'une étroite amitié existât déjà entre nos deux jeunes aventuriers, ils ne tardèrent pas à s'apercevoir que leur ambition réciproque créerait entre eux une dangereuse rivalité, si elle devait s'exercer sur le même théâtre.

« Écoute, dit un jour Méhemmed Ali à Omar ; deux lions ne peuvent vivre ensemble dans la même forêt ; aujourd'hui nous sommes deux frères, demain nous pourrions devenir deux ennemis. Séparons nos destinées pour que nos cœurs restent unis. L'Égypte et la régence d'Alger offrent à chacun de nous un vaste champ à notre ambition. Choisis celui qui te convient. »

Omar avait déjà pressenti la détermination de son ami, car les mêmes sentiments agitaient ces deux âmes ardentes et ambitieuses.

La situation élevée, occupée déjà par son frère aîné dans la régence d'Alger, devait naturellement déterminer le choix d'Omar qui s'accorda d'ailleurs avec les désirs de Méhemmed Ali.

Nos deux amis se séparèrent donc après avoir juré sur le Coran de rester fidèles à leur affection et de se porter réciproquement aide et secours si les circonstances l'exigeaient.

Omar arriva à Alger, où il ne s'arrêta que quelques jours et alla rejoindre son frère Mohammed Metlili (1), qui était devenu khalifa du bey d'Oran. Il fut lui-même nommé chaouch du bey.

Sa taille élevée indiquait la force et la souplesse. Son port était majestueux et on avait peine à soutenir le regard de ses yeux noirs. Sa qualité de frère du khalifa, jointe à ses avantages personnels, lui donnait le droit d'aspirer aux alliances les plus élevées. Or, à cette époque, il n'était bruit à Oran que

---

(1) Natif de Métclin.

de la beauté de Yemna, fille unique d'un Turc, fonctionnaire élevé du bey.

Omar la demanda en mariage, et, quelques jours après, le jeune couple était uni.

Son frère Mohammed, le khalifa, comptait des ennemis parmi la cour du bey d'Oran. Quel haut fonctionnaire n'en compte pas, surtout dans une cour musulmane ?

Il fut tellement desservi auprès du maître, qu'il fut jeté en prison ainsi que son frère cadet et furent tous deux condamnés à mort.

Lorsque Omar vit arriver les exécuteurs dans le cachot qui leur était commun, il voulut s'élancer sur eux ; mais son frère l'arrêta : « L'heure de ma mort est arrivée, mon enfant, lui dit-il, il n'est pas au pouvoir de l'homme de résister aux décrets du Très-Haut ; prie-le seulement de te choisir pour venger ma mort, et songe que tu vas devenir le père de mes enfants. »

Ce fut sous les yeux d'Omar que la terrible sentence fut exécutée. Lui-même eût subi le sort de son frère si le père de Yemna, alors puissant auprès du bey, n'eût obtenu sa grâce à la condition qu'il quitterait Oran.

Omar se rendit à Alger, où les amis de son beau-père le firent nommer kaïd des Aribes, tribu faisant partie du Makhzen. Il écrivit à sa femme de venir le rejoindre, mais le bey, qui avait conçu d'infâmes projets sur la femme d'Omar, trouvait toujours quelques prétextes pour retarder le départ de sa famille.

Yemna, ne voulant pas augmenter les craintes de son père et le chagrin de son mari, gardait le silence sur les propositions qui lui arrivaient chaque jour de la part du bey, et qu'elle repoussait avec indignation.

Enfin une razzia dirigée par le bey, contre une tribu de la plaine du Chélif, fournit à Sidi Hassan, père de Yemna, l'occasion si ardemment désirée de fuir la cour du bey et de rejoindre Omar. Les objets les plus précieux et l'argent furent seuls emportés ; les jeunes enfants furent cachés dans les paniers des mules, les femmes furent déguisées en cavaliers, et la noble famille, accompagnée d'un seul serviteur nommé Beba Djelloul, put arriver à Alger après avoir couru de terribles dangers et supporté de cruelles fatigues.

A cette époque, le bey de Tunis avait déclaré la guerre au dey d'Alger et s'avançait vers sa capitale à la tête de forces imposantes. L'armée algérienne, envoyée à sa rencontre, fut mise en déroute et se replia en désordre jusqu'au lieu nommé Serrata, où elle campa. Omar, simple kaïd algérien, qui dans la journée avait fait des prodiges de valeur, remonta le moral des youldash et des goums et leur fit comprendre qu'ils n'avaient d'autre chance de salut qu'en reprenant énergiquement l'offensive. En effet, au point du jour, le combat s'engagea de nouveau. L'acharnement fut égal de part et d'autre ; les Algériens pourtant commençaient à plier lorsque Omar, suivi de cent cavaliers qui lui étaient dévoués, s'élança sur l'armée ennemie avec tant de furie qu'il pénétra jusqu'à la tente du chef qui la commandait ; les Algériens, profitant du trouble occasionné par la charge audacieuse du brave Omar, se précipitèrent sur l'armée tunisienne et la mirent en fuite.

De retour à Alger, les janissaires acclamèrent le kaïd Omar comme leur sauveur. L'agha de cette époque, homme craintif et inhabile, avait laissé grandir une insurrection parmi les tribus arabes de la plaine du Chélif. Le pacha dey Ali-el-Ghassoul le fit étrangler et le remplaça par Omar, aux acclamations de l'armée.

Tandis que Méhemmed Ali, devenu pacha, massacrait les mamelucks dans la citadelle du Caire, soumettait les fellahs qui entravaient la navigation du Nil, et chassait les hordes bédouines qui infestaient toute l'Égypte, son ami

Omar faisait rentrer dans l'obéissance toutes les tribus qui, depuis la porte d'Oran jusqu'à la porte d'Alger s'étaient révoltées et avaient intercepté toute communication entre ces deux villes.

Méhemmed Ali, en apprenant les exploits de son ami, lui envoya une tente magnifique.

Omar, de son côté, adressait au nouveau souverain de l'Égypte de splendides présents. Omar, pendant qu'il fut agha, fit ouvrir et paver la route d'Alger aux Bibans. Il sut si bien réparer les fautes de ses prédécesseurs, que la tranquillité la plus parfaite succéda aux plus grands désordres. La victoire l'accompagnait partout; son nom seul faisait trembler ses ennemis et il était béni par tous les habitants de l'Algérie. Cependant le bey d'Oran, l'assassin du frère d'Omar, redoutant la vengeance du puissant agha, n'épargnait ni les intrigues ni l'argent pour le perdre. Il parvint à gagner les ministres du dey Ali pacha, qui firent croire à leur maître qu'Omar tramait une conspiration dans le but de se faire élire dey à sa place. La mort de l'époux de Yemna fut aussitôt résolue. Le pacha donna l'ordre à ses chaouchs d'aller se saisir de sa personne. Mais Omar, averti par un des amis qu'il avait à la cour, eut le temps de se rendre dans la caserne de Bab-Azoun où logeaient les janissaires. Quand cette soldatesque turbulente apprit que le bey voulait attenter aux jours de son glorieux agha, elle se précipita vers son palais et le massacra.

Toutes les voix désignaient Omar comme son successeur; mais il refusa formellement, « attendu, disait-il, que sa tâche d'agha n'était pas achevée. »

Il désigna comme le plus digne d'être élu Hady Ali pacha, qui, immédiatement, fut salué dey d'Alger.

Cela se passait en l'année 1224 de l'hégire (1809).

Cependant, Omar, entouré d'hommages, comblé de gloire,

d'honneurs et de richesses, était loin d'être heureux ; il avait toujours devant les yeux les dernières convulsions de son frère, et il se reprochait de ne l'avoir pas encore vengé. Ses nuits étaient sans sommeil ; il était morne et silencieux. Vainement sa belle Yemna cherchait-elle à connaître le secret de cette sombre douleur, vainement redoublait-elle d'amour et de soins pour la calmer, toutes les ressources de sa tendresse restaient impuissantes.

Malheureuse du malheur de son mari, cette noble épouse était tombée elle-même dans une langueur effrayante ; un soir, Sidi Hassan son père, bravant l'impétuosité du caractère d'Omar, se hasarda à lui demander le sujet de son chagrin et attira son attention sur l'état de sa fille.

Omar aimait passionnément sa femme ; mais, dans ses sombres préoccupations, il n'avait pas remarqué l'altération de sa santé, il en fut effrayé ; des larmes humectèrent malgré lui ses paupières restées toujours arides : « Pouvez-vous bien me demander la cause de ma douleur ? s'écria-t-il. Avez-vous donc oublié la mort de mon frère ? Ignorez-vous donc que son lâche assassin vit encore, qu'il est comblé de richesses et d'honneurs et qu'il médite ma mort et celle de tous les membres de ma race ? »

A peine achevait-il de parler que l'on entendit des coups violents frappés à la porte de sa demeure : le fidèle Beba Djelloul vint lui annoncer en tremblant que le pacha le mandait auprès de lui. Sidi Hassan et la pauvre Yemna étaient consternés.

Omar les rassura, se munit de ses armes et suivit les émissaires au palais. Lorsque notre agha entra dans la salle du conseil, il y trouva le pacha entouré de ses ministres.

« Le bey d'Oran a osé lever l'étendard de la révolte, lui dit le dey d'un ton courroucé. Il a reconnu la suzeraineté de l'empereur du Maroc. Il a entraîné dans sa défection les tribus du beylic d'Oran; il a fait massacrer nos braves youldash et la plupart des tribus du Chélif sont prêtes à suivre ce mouvement.

« Toi seul, Omar, par l'influence de ton nom et par l'amour et la confiance que tu as su inspirer à l'armée, es capable de faire rentrer dans l'obéissance la puissante province d'Oran.

« C'est donc toi que je charge de cette importante mission; pars et ramène-moi le rebelle mort ou vivant. »

Il est inutile de dire la joie dont fut comblé notre agha; en recevant de pareils ordres, le ciel à ses yeux secondait ses projets de vengeance.

Il rassembla à la hâte son armée et pénétra à l'improviste dans la vallée du Chélif. Les tribus hésitantes se hâtèrent de faire acte de soumission. Omar campait dans la plaine de l'Habra, que le bey ignorait encore son départ d'Alger. Dans une nuit, Omar, à la tête d'une immense cavalerie et de mille youldash transportés à dos de mulets, arriva sous les murs d'Oran.

Les rebelles, frappés de terreur, lui ouvrent les portes de la ville et lui livrent le malheureux bey.

Au moment où Omar se disposait à envoyer le rebelle et sa famille à Alger, un chebeck de guerre entrait dans le port d'Oran et apportait une lettre du dey qui lui ordonnait d'écorcher vif le bey révolté, de le lui envoyer empaillé et de faire massacrer toute la race des Assamlia (1), hommes, femmes et enfants; ces ordres cruels furent exécutés, quelques membres seulement de cette famille furent épargnés : la peau du bey fut envoyée par le chebeck à Alger; il a été désigné depuis sous le nom de *bey el Messloukh* (le bey Écorché). Un de ses descendants est en ce moment khalifa des Français à Mascara (1842).

(1) Nom que portait la famille du bey d'Oran.

Peu de temps après ce tragique événement, les Coulouglis de *Oued Zeitoun* tentèrent de se soustraire à l'autorité du dey d'Alger; leur nombre, leur courage, et la difficulté de leur pays, les rendaient redoutables; Omar parvint cependant à les soumettre.

Hadj Ali, alors pacha (1230 de l'hégyre, 1813 de notre ère), irrité par ces révoltes, conçut l'horrible projet de faire massacrer toute la race des Coulouglis (fils des Turcs) à laquelle appartenait le bey d'Oran révolté et la tribu des Oued Zeitoun.

Il confia son projet à Omar. Celui-ci, père de deux enfants qui étaient forcément compris dans la proscription, dissimula l'horreur que lui inspirait cet affreux projet; et le soir même, il fit part aux ministres du dey, ses amis, de la confidence qu'il avait reçue; à l'instant la mort du tyran fut résolue.

Tous les matins Hadj Ali allait au Hammam (bain à vapeur). Le lendemain, dès qu'il y fut entré, les portes en furent barricadées, et le serviteur du pacha chargé de préparer le bain de son maître, et gagné par les conjurés, chauffa tellement l'étuve que le malheureux dey mourut bientôt étouffé.

Quelques heures après, le bruit courait par toute la ville que le pacha était mort au bain et le canon annonçait que son successeur venait d'être élu.

Omar avait encore formellement refusé; un pauvre Turc, nommé Méhemmed, fut désigné, mais, jugé incapable de régner, il n'occupa que seize jours ce trône sanglant.

Omar lui succéda. Il fut élu pacha l'an 1281 de l'hégyre (1816).

En envoyant à la Sublime Porte le présent que les deys d'Alger, quoique indépendants de fait, offraient au sultan de Constantinople en échange d'un firman d'investiture, Omar ne manqua pas d'adresser de splendides cadeaux à son ancien ami Méhemmed Ali, pacha d'Égypte.

Son beau-père Hassan et son fils aîné Mohammed (mon ami) furent chargés de cette mission et revinrent à Alger porteurs de cadeaux que Méhemmed Ali envoyait à Omar. Les Algériens parlent encore de la magnificence de ces présents.

Le commencement du règne d'Omar pacha fut marqué par d'affreux malheurs : la peste, les sauterelles et le bombardement d'Alger par lord Exmouth.

Son activité redoubla devant tant d'épreuves; il fit des traités d'alliance avec les nations qui naguère étaient ses ennemies; il donna l'essor au commerce et travailla de ses mains à réparer les dégâts causés par le bombardement de la flotte anglaise.

La noble Yemna vivait dans les transes depuis l'avènement au trône de son mari; elle savait que fatalement les deys mouraient de mort violente; elle n'avait pas un moment de repos!

Combien elle aurait désiré alors qu'il fût toujours resté dans une position obscure! et combien la médiocrité lui semblait préférable à des grandeurs qui l'exposaient à tant de périls!

Vers le commencement de 1818, Yemna était sur le point de donner le jour à un troisième enfant, lorsqu'au moment des plus vives douleurs, elle entendit retentir plusieurs salves d'artillerie; un triste pressentiment vint la glacer d'effroi; elle voulut voir Omar et, contre tous les usages, elle envoya son père au palais du dey pour lui ramener son mari.

Elle vit bientôt rentrer le vieux Hassan et le fidèle Beba Djelloul, et la consternation peinte sur leurs traits lui apprit le fatal événement qu'elle redoutait depuis longtemps : « Les infâmes ont tué Sidi Omar, s'écria-t-elle, » et elle tomba sans connaissance ; sa tête avait frappé contre une colonne et son sang rougissait le marbre de son palais ; ses enfants, ses esclaves, qui s'étaient précipités à ses pieds poussaient des cris de désespoir.

Au même instant les chaouchs du pacha, élu à la place d'Omar qu'il avait fait assassiner par ses partisans, se présentèrent aux portes du palais pour en prendre possession.

Cependant Yemna avait repris ses sens ; elle reçut la confirmation de l'affreuse perte qu'elle venait de faire avec une morne résignation, et sans hésiter, elle envoya Beba Djelloul demander l'hospitalité pour elle et ses enfants à la famille d'un des anciens ministres de son mari. Elle se dépouilla des bijoux et des riches habits qui la couvraient et se revêtit des vêtements les plus simples ; elle fit ses adieux aux cent esclaves attachées à son service personnel et sortit suivie de ses deux fils, de son vieux père, du fidèle Beba Djelloul et des deux négresses qui l'avaient élevée. Elle ferma la porte de la cour intérieure et en remettant elle-même la clef au chaouch du pacha : « Vas dire à ton maître, lui dit-elle, que la femme d'Omar sort du palais de son mari plus pauvre qu'elle n'y était entrée ; elle n'enlève aucune des richesses qui ont sans doute tenté la cupidité de son assassin, mais qu'il se hâte de jouir du pouvoir et de la fortune, car Dieu ne permettra pas que son heure soit longue. »

Elle quitta alors pour ne plus y rentrer ce magnifique palais qu'elle avait habité pendant dix années entourée de tout ce qui constitue ici-bas le bonheur !

Pour qu'on se fasse une idée des trésors accumulés dans le palais des deys d'Alger, je donne ici la note approximative des richesses laissées par Omar pacha, note qui a été retrouvée dans les archives de la Kasbah :

Trois cents négresses, cent nègres, dix Géorgiennes, vingt

Abyssiniennes; quarante chevaux de pur sang; dix juments du désert. Une salle entièrement remplie de fusils, de pistolets, de sabres et de yataghans garnis d'or et d'argent et ornés de pierres précieuses; une deuxième salle contenant quarante coffres remplis de monnaies d'or et d'argent; une troisième salle contenant cinquante coffres en cèdre destinés à conserver les étoffes de brocart d'or et de soie.

Chaque semaine Yemna revêtait un nouveau costume, et dans le coffre qui le renfermait se trouvait une parure complète en diamants, composée d'un diadème, d'une aigrette, d'une paire de boucles d'oreilles, d'un collier à quinze rangs de perles fines, de deux agraffes, de deux bracelets, de douze bagues, de deux anneaux pour le bas des jambes, et d'une sarma (1) en or enrichie de pierreries.

Yemna, à peine arrivée chez les amis qui lui donnaient l'hospitalité, mit au monde un fils qu'elle nomma Omar.

Deux jours après cette fatale journée, Ali pacha envoya son premier ministre auprès de la veuve de son prédécesseur; ce fut à travers les barreaux de la chambre occupée par Yemna qu'il lui fit connaître l'objet de sa mission :

« Ali pacha, que Dieu lui donne la victoire, envoie saluts et bénédictions à la veuve de l'ex-pacha Omar. Calme ta douleur, te dit l'illustre souverain, ton mari est mort de la mort des pachas, mais tu es jeune et il te reste des enfants. Songe qu'il te serait cruel, après avoir vécu entourée d'honneurs et de richesses, de passer dans la misère et l'abaissement les années que Dieu te réserve; eh bien! ton sort et celui de tes enfants est dans tes mains. Hier tu étais femme de pacha, dis un mot et demain tu seras femme de pacha; voici la clef de ton palais, un seul pied étranger ne l'a encore

(1) La sarma est une coiffure semblable à celles que portaient les grandes dames du moyen âge. Elle sert à soutenir un voile de gaze qui pend derrière la tête.

souillé, reviens lui rendre son plus bel ornement, et ton nouvel époux doublera tes richesses et le nombre de tes esclaves ! »

« Oh ! Dieu de clémence et de miséricorde, s'écria Yemna, pourquoi n'as-tu pas ordonné à ton ange Azraïl d'emmener à la même heure à tes pieds mon âme et celle d'Omar ? Quels crimes ai-je donc commis que tu me condamnes à entendre les propositions outrageantes du meurtrier de mon seigneur ! mais que ta volonté soit faite ! Quant à toi, vil esclave d'un maître plus vil encore, sors de la maison qui me donne refuge, car ton souffle empoisonne déjà l'air que je respire ; vas, lâche assassin, dis à ton maître que la veuve d'Omar pacha vivra et mourra veuve d'Omar pacha ; que ses séductions sont vaines, car les choses de la terre ne sont plus rien pour celle dont tout le bonheur est au ciel, et que ses menaces sont plus vaines encore, car il n'est que la périssable créature de Celui qui saura me venger. »

Pendant plus de huit jours, le nouveau pacha eut recours à tous les moyens pour séduire Yemna ; elle fut inébranlable.

L'avarice, passion dominante de ce prince, l'emporta enfin sur tout autre sentiment ; il s'empara de toutes les richesses d'Omar. Il ne pouvait se rassasier de la vue de tant d'or et de tant de bijoux, et ce fut sous l'impression favorable du sentiment que lui fit éprouver le spectacle de ces trésors, qu'il permit à la famille du pacha défunt de se retirer à Milianah, où le père de Yemna avait quelques propriétés.

Avant de quitter Alger, la pauvre famille alla pleurer sur la tombe modeste d'Omar. La belle veuve promit à Dieu, sur la tête de ses enfants, que jamais elle ne déshonorerait la mémoire de son mari en prenant un autre époux. Elle fit faire à son fils aîné, qui avait alors près de quatorze ans, le serment de la tuer impitoyablement si jamais le démon lui inspirait une si horrible pensée.

Elle déposa un dernier baiser sur la tombe qui conservait les restes de ce qu'elle avait aimé le plus au monde et quitta Alger en priant Dieu de ne pas laisser impuni le meurtrier d'Omar.

Ali pacha, surnommé Bourraly, ne resta pas longtemps sur le trône qu'il avait teint du sang de son prédécesseur ; au bout de peu de mois, il fut assassiné et remplacé par Hadj Mohammed pacha qui ne l'occupa lui-même que quelques jours.

Méguer Ali lui succéda. Ce pacha, entraîné par une haine insurmontable contre les Turcs, en fit massacrer un si grand nombre, qu'il dut, pour échapper à la vengeance de la milice, transporter le siège de son gouvernement à la Casbah, dont il fortifia et arma les abords de manière à rendre ce palais inexpugnable.

Des amis d'Omar lui avaient conseillé cet acte politique, lors de son avènement au trône; mais en parcourant les salles basses de la Casbah, il avait découvert, dit-on, une inscription turque qui prédisait qu'Alger serait pris par les chrétiens sous le règne du pacha qui habiterait cette forteresse.

Méguer Ali, après six mois d'une existence dont chaque jour était marqué par des crimes et d'infâmes débauches, mourut de la peste.

Hussein pacha fut élu. Hussein avait été l'iman (l'aumônier) d'Omar pacha qui l'avait comblé de bienfaits.

Aussitôt arrivé au pouvoir, son premier soin fut de prouver à la famille de son bienfaiteur qu'il n'était point ingrat.

Il envoya des présents magnifiques à Yemna, la recommanda au chef de la ville et écrivit au bey d'Oran d'avoir à payer un tribut et de faire des cadeaux à l'illustre veuve, toutes les fois qu'il viendrait à Alger en Dennesch (pour payer l'impôt). Il appela auprès de lui Mohammed, mon ami, le fils aîné d'Omar pacha ; le second était mort et le dernier était trop jeune pour quitter sa mère.

Il le garda dans son palais pendant quelque temps, puis il l'envoya auprès de ses oncles de Métélin qui demandaient à le voir.

Au bout de deux ans, le jeune Mohammed revint, comblé de présents que lui avaient faits ses oncles et Méhemmed Ali, à la cour duquel il avait fait un séjour de quelques mois.

Hussein pacha lui fit épouser la fille du marabout le plus vénéré de Milianah, et l'engagea à se livrer à l'agriculture jusqu'à ce que l'occasion se présentât de lui faire occuper un emploi élevé.

CHAPITRE V.

La famille d'Omar pacha, à Milianah. — Ma liaison avec Sidi Omar, frère cadet de Sidi Mohammed et fils, comme lui, d'Omar pacha et de Lella Yemna.

La famille d'Omar pacha jouissait de toutes les prérogatives des plus hauts fonctionnaires, ses richesses étaient devenues proverbiales; et si ce n'eût été le souvenir d'Omar, Yemna eût à peine trouvé une différence entre sa situation matérielle présente et celle qu'elle avait perdue.

1830 arriva; le gouvernement des Turcs fut renversé, et, dans toute l'Algérie, les opprimés se levèrent spontanément contre leurs anciens oppresseurs.

Partout les Turcs et leurs enfants (1) furent en butte à cette réaction. Leur union et leur courage sauva momentanément les Coulouglis qui résistèrent à tous les efforts des Arabes.

Malheureusement mon ami Mohammed ben Omar pacha, avait commis quelques actes arbitraires sous le règne d'Hussein dey, et il ne dut son salut qu'à la fuite. Il laissa à Milianah sa mère, ses deux femmes et son frère Omar, âgé de quatorze ans, sous la protection du brave serviteur Beba

---

(1) Les Coulouglis.

Djelloul et des Ouled Sidi Ahmed ben Joussef, parents de sa première femme.

Il vint habiter Alger.

Pendant les six premières années de l'occupation française, le jeune Omar, fils d'Omar pacha, avait grandi au milieu des combats qui se livraient journellement entre les habitants des villes et les Arabes des tribus environnantes.

L'anarchie avait succédé au régime sévère des Turcs, le fort *mangeait* le faible ; les communications étaient interceptées ; la guerre civile était allumée dans toute l'Algérie. Au milieu de ces troubles, le courage et les richesses d'Omar lui avaient fait des partisans ; il était encore au premier rang à Milianah, en 1836. Vers cette année s'amoncela l'orage qui devait encore éclater sur cette intéressante famille et dont on lira le récit dans le recueil de mes souvenirs.

1835. — Un nouveau lien d'affection vient de m'unir à la famille d'Omar pacha.

Son plus jeune fils, celui qui est né le jour même où son père a été assassiné, est arrivé à Alger avec deux jeunes Arabes descendants du fameux marabout Sidi Embareck, protecteur de Coléah, dont un autre descendant, Sidi El Hadj Sghaïr, a été agha des Arabes sous le duc de Rovigo.

Sidi Omar, c'est le nom du frère de mon ami Sidi Mohammed, est un beau jeune homme de dix-huit ans qui a déjà acquis dans le beylic de Milianah la réputation d'un cavalier habile et d'un guerrier intrépide. Les tribus de la plaine du Chélif situées au sud de Milianah, chez qui la guerre civile est à l'état permanent, briguent son alliance. Il est parent, par sa femme, des marabouts de Sidi Youssef, protecteurs de Milianah. Il demeure avec sa mère, la noble Yemna. Sa grande fortune lui permettant d'exercer une large hospitalité, son palais est constamment ouvert à tous les voyageurs. Nous avons immédiatement ressenti l'un pour l'autre les plus vives sympathies. Animés tous deux de sentiments aventureux et chevaleresques nous nous sommes juré par Dieu et par le pain et le sel que nous avons mangés, de nous aimer toujours, de nous confier tous nos secrets et de nous porter réciproquement secours, fût-ce au péril de notre vie. Je lui ai confié mon amour pour Khadidja et j'ai reçu de lui des confidences qui forment un contraste frappant avec les sentiments platoniques que j'ai voués à la dame de mes pensées. Pour un mari, Sidi Omar me semble avoir des mœurs bien légères, et, pour un musulman, aimer un peu trop les boissons enivrantes.

Mais à mon âge on est indulgent pour ses camarades, et, tout en ayant des goûts différents, nous nous affectionnons comme d'anciens amis. Je l'ai conduit souvent dans la Mitidja, chez nos fermiers, où nous avons chassé au sanglier. J'ai pu admirer l'adresse de Sidi Omar comme tireur et comme cavalier. Nous prenons nos repas du soir chez Sidi Mohammed qui a donné l'hospitalité aux marabouts du Coléah (1). A la fin du repas mes commensaux sont dans un tel état d'ivresse qu'ils perdent tout discernement. Je les quitte alors sans qu'ils y prennent garde et je me retire dans les appartements de Lella Aisha, femme de Sidi Mohammed, musulmane rigide et qui déplore de voir son mari s'adonner à l'ivresse. Là, je l'ai dit, je suis admis comme un frère et j'ai obtenu la faveur de voir les femmes des marabouts de Coléah à visage découvert. L'une d'elles est remarquable par sa beauté d'abord et, surtout, par la finesse de ses extrémités et par l'intelligence

---

(1) Je tais le nom de ces jeunes musulmans par égard pour leur famille. L'un d'eux appelé, par la suite, à une des plus hautes situations dans le gouvernement de l'émir, n'a jamais pu me pardonner d'avoir été le témoin de ses orgies. Son influence auprès de l'émir m'a été fatale ainsi qu'à Sidi Omar qui avait été son compagnon de débauche et son rival. Il a d'ailleurs glorieusement racheté ses erreurs de jeunesse par une mort héroïque.

qui brille sur sa physionomie. Elle n'avait jamais vu de chrétien et me faisait les plus drôles de questions avec de petites moues ravissantes. Elle porte admirablement le joli nom de Zuleikha.

J'aimais trop Khadidja pour me laisser charmer par les mutineries de la jeune Mauresque.

Toutefois Lella Aisha a jugé convenable de faire retirer ses jolies hôtesses.

Je restai alors à causer avec elle et sa sœur aînée, des dangers dont la conduite des deux fils d'Omar pacha menacent leur avenir et la tranquillité de leur illustre mère.

On croit généralement, et on a peut-être raison de croire, que la femme musulmane n'a aucune culture, et qu'elle n'a d'autre but et d'autre occupation que de plaire à son mari et à son maître et de lui donner des enfants. Quant à moi, depuis que je suis en pays musulman, j'ai eu la chance de rencontrer des exceptions.

La veuve Yemna, Khadidja et Lella Aisha ont une noblesse de sentiments, un caractère et une intelligence qui honoreraient les femmes européennes les plus distinguées.

La notice et les détails intimes qui précèdent ne sont point inutiles, car ils ont trait à des individus et à une famille qui se trouveront bien souvent en contact avec moi durant la période la plus dramatique de leur existence et de la mienne.

CHAPITRE VI.

Je suis nommé interprète traducteur assermenté. — Expédition dirigée par le maréchal Clauzel pour installer un bey à Médéah. — Je l'accompagne. — Épisode du capitaine Gastu. — Rentrée à Alger avec le désir de devenir soldat.

Le roi a envoyé en Algérie une commission chargée de s'enquérir de la situation de notre conquête et de rédiger un rapport indiquant les mesures à prendre pour la consolider et l'administrer.

Mon père a eu l'honneur de recevoir à Braham-Reïs quelques membres de cette commission et entre autres M. Piscatory et M. Laurence. (Ce dernier chargé spécialement de l'organisation de la justice.) Quelques personnages arabes assistaient à cette réception et j'ai servi d'interprète entre eux et les membres de la haute commission. Aux yeux de ces derniers je passe déjà pour un orientaliste. Si c'est ainsi que se font les réputations elles sont terriblement usurpées! Je ne me fais aucune illusion sur mon ignorance, et, pourtant, vu la pénurie des personnes sachant parler et écrire l'arabe et grâce à la bienveillance de M. Laurence, je viens d'être nommé interprète-traducteur assermenté. Mes fonctions consistent à traduire les titres arabes des propriétés acquises par des Européens et à interpréter les conditions stipulées entre les parties. Aucun contrat, entre indigènes et étrangers, n'est valable s'il n'a été passé en présence d'un traducteur-interprète assermenté.

Cette nomination m'impose des obligations que je ne pourrai remplir qu'en redoublant d'efforts et de travail. Mon excellent professeur et moi passons des nuits à déchiffrer de vieux titres arabes afin de me familiariser avec les termes de jurisprudence. — Ces fonctions sont fort lucratives car en moyenne, mes traductions et mes vacations me rapportent plus de mille francs par mois. — Mais tout ce que je gagne suffit à peine au service des intérêts des sommes empruntées à taux usuraire par mon père et ses associés pour continuer leurs entreprises agricoles où a déjà été englouti le produit de la vente de la propriété de ma mère.

La situation des colons est singulièrement compromise par les hésitations de notre gouvernement et par les fautes des gouverneurs de l'Algérie.

Telle est du moins l'opinion des hommes les plus sensés parmi les Européens et les indigènes. Je suis, jusqu'à présent, resté trop étranger aux affaires et à la politique pour me permettre de donner mon opinion personnelle ; je me réserve de l'exprimer quand j'aurai acquis une connaissance plus approfondie de ce pays.

Le maréchal Clauzel est nommé gouverneur général de l'Algérie. Les colons découragés reprennent confiance, car ils fondent de grandes espérances sur son habileté comme militaire et comme administrateur. Le nouveau gouverneur général va d'abord, accompagné de monseigneur le duc d'Orléans, venger l'échec de la Makta en chassant Abd-el-Kader de Mascara et de Tlemcen, puis il revient à Alger où j'ai l'honneur de lui être présenté par mon père, auquel il témoigne le plus vif intérêt.

Le maréchal a l'intention d'installer à Médéah le bey

Mohammed ben Hussein, vieux Turc qui n'a jamais pu prendre possession de son beylic. Il veut également nommer et installer un bey à Milianah. Pour remplir ce poste important, le maréchal a jeté les yeux sur mon ami Sidi Mohammed oul'd Omar pacha et, connaissant mes relations avec ce personnage, il m'a chargé de le lui présenter.

Sidi Mohammed a exposé avec une noble franchise au gouverneur général les difficultés qu'offre l'installation de chefs turcs ou coulouglis dans des provinces qui ne sont pas immédiatement protégées par l'armée française.

Toutefois il n'a pas absolument repoussé les propositions du maréchal, dans l'unique espoir, m'a-t-il dit confidentiellement, de ramener à Alger sa noble mère et son frère qu'il voit avec terreur exposés au ressentiment des Arabes et à la haine que porte Abd-el-Kader aux Turcs et à leurs descendants.

Quant à moi, j'ai saisi avec empressement cette occasion de prendre part à une expédition militaire, objet de tous mes vœux, et j'ai demandé à M. le maréchal l'honneur de faire partie de son état-major, en ma double qualité d'interprète et de sous-lieutenant de cavalerie dans la garde nationale.

Le maréchal Clauzel a bien voulu m'octroyer cette faveur dans les termes les plus bienveillants. Je suis au comble de la joie.

En demandant à faire partie de l'expédition de Médéah je n'ai pas été mu seulement par ma passion des aventures, mais par le désir d'acquérir de nouveaux titres à l'amour de Khadidja qui, comme toutes les femmes musulmanes lettrées, professe la plus grande admiration pour les hommes courageux. — Je lui ai donc fait part de la permission que m'a accordée le maréchal de l'accompagner. — Voici la dernière phrase de la lettre qu'elle m'écrivit à ce sujet : « Tu es un homme, mon Lioune, et je suis fière de toi, agis en homme, Dieu te gardera, mais si ton heure arrivait, tu sais bien que celle de Khadidja aurait sonné. »

Le 29 mars 1836, le maréchal Clauzel partit d'Alger à la tête d'une petite armée formant un ensemble de six mille hommes environ. Il avait sous ses ordres le général Rapatel, le général Bro et le général Desmichels, celui même qui venait de faire un traité de paix avec le jeune émir Abd-el-Kader. Traité funeste qui, dit-on, nous aurait déconsidérés aux yeux des tribus arabes que nous aurions abandonnées à la vengeance d'Abd-el-Kader. Mais, à cette occasion encore, je me garde bien de donner mon opinion.

Plus tard, j'espère, je pourrai puiser à des sources certaines les renseignements qui me serviront à apprécier ce fait avec impartialité.

Je n'ai aucune notion sur l'art de conduire une armée, je ne puis cependant m'empêcher d'admirer la façon dont le maréchal fait manœuvrer les corps qui composent notre colonne, soit pour franchir les passages difficiles que nous rencontrons, soit pour repousser, sans retarder notre marche, les Arabes qui attaquent successivement notre avant-garde, nos flancs et notre arrière-garde.

Je laisse à des écrivains militaires le soin de raconter la partie technique de cette expédition de Médéah et l'action glorieuse qui nous rendit maîtres du col de Mouzaïa. Je cède pourtant à un sentiment d'amour-propre personnel en racontant ici l'épisode de cette campagne dans lequel j'ai eu la chance de jouer un petit rôle.

L'armée était engagée dans les passages de la montagne de Mouzaïa qui conduisent au col ; trois cents Aribes (1), com-

---

(1) Nom d'une tribu de la plaine de la Mitidja dont les cavaliers étaient au service de la France.

mandés par M. Gastu, capitaine de spahis, étaient chargés d'occuper un plateau qui dominait la route suivie par la colonne.

Cette troupe, peu solide par elle-même, avait à combattre des fantassins kabyles qui, se faufilant dans les broussailles et les accidents de terrain, leur tuaient du monde sans leur offrir l'occasion d'une charge efficace. Malgré les efforts du brave capitaine Gastu, ses cavaliers commençaient à plier ; le maréchal ne prêta d'abord qu'une attention distraite à l'attaque des Kabyles qui lui semblait méprisable ; des officiers d'état-major étant pourtant venus successivement lui dire que les cavaliers auxiliaires étaient sur le point d'abandonner le plateau qu'ils étaient chargés d'occuper, le maréchal se tournant vers le nombreux état-major qui le suivait : « Allons, Messieurs, s'écria-t-il, faites l'honneur à ces *pouilleux* d'aller leur couper la figure à coups de cravache, puisque ces misérables Aribes ne peuvent leur résister avec leurs sabres et leurs fusils. »

Le maréchal parlait encore que tous les officiers composant son état-major, au nombre de dix-sept, moi compris, s'élancèrent au galop vers le plateau que commençaient à évacuer les cavaliers du capitaine Gastu.

Mais les *pouilleux* que nous devions cravacher nous reçurent de façon à nous faire comprendre la nécessité de renoncer à ce genre de correction. Dans l'espace de quelques minutes, leurs balles avaient atteint plusieurs officiers de l'état-major du maréchal ou presque tous leurs chevaux. Nous avions à grand'peine rallié les auxiliaires qui abandonnaient lâchement leur chef, le pauvre capitaine Gastu, dont le cheval avait été tué et qui avait la mâchoire fracassée par une balle. Je l'aperçus au moment où il allait être entouré par l'ennemi. J'avais avec moi quelques Aribes moins lâches que les autres, nous chargeâmes les Kabyles, qui s'enfuirent et nous pûmes, à grand'peine, hisser le capitaine Gastu sur le cheval d'un cavalier qui venait d'être tué. Nous ne l'aurions certes pas ramené, pressés que nous étions par les montagnards, sans l'arrivée du lieutenant de Valabrègue qui les chargea à la tête d'une compagnie du 68e d'infanterie. Je n'avais jamais entendu siffler de balles mais durant la demi-heure que dura cette affaire, le baptême fut complet. Mon cheval était blessé au cou. La balle avait traversé les parties charnues au ras de la crinière, et le noble animal n'avait pas semblé s'en apercevoir.

Quel bonheur, pour moi, d'avoir pris part à une action de guerre et d'avoir sauvé un homme !

Malgré son horrible blessure le pauvre capitaine Gastu, avec lequel j'étais en relations, me reconnut, ses yeux seuls purent me témoigner sa reconnaissance. Sa vie est encore en danger (1).

Le soir, arrivé au bivac établi sur les crêtes qui dominent le col de Mouzaïa, le maréchal eut la bonté de me féliciter sur ma conduite.

L'armée fut occupée pendant deux jours à pratiquer une route carrossable, depuis la ferme de Mouzaïa jusqu'au col. La moitié combattait tandis que l'autre moitié travaillait. La neige couvrait le sol et le froid était intense. C'est là où j'ai commencé à comprendre ce qu'on doit de respect et d'admiration à ces braves petits soldats qui souffrent et meurent sans autre mobile que le sentiment de l'honneur et du devoir accompli.

Le 4 avril, le maréchal me donna l'ordre d'accompagner en qualité d'interprète le général Desmichels qu'il envoyait à

---

(1) M. Charles Férand, ancien interprète principal de l'armée d'Afrique, aujourd'hui consul général, raconte ce fait dans son ouvrage intitulé : *les Annales des interprètes de l'armée d'Afrique*. Il le tenait du général Gastu qui était devenu un de mes meilleurs amis.

Médéah pour y réinstaller le bey turc Mohammed ben Hussein. Notre colonne se composait de toute la cavalerie, du 63ᵉ régiment de ligne et d'une 1/2 batterie d'artillerie de campagne. Nous arrivâmes à Médéah sans combat.

J'avais connu à Alger, chez mon ami, le fils d'Omar pacha, un Turc nommé Sidi Ahmed Kaïd Bouïra; j'avais eu même l'occasion de lui rendre quelques services. Sa joie fut grande quand il me reconnut et il insista tellement pour me donner l'hospitalité que je demandai au général Desmichels la permission de l'accepter.

Le général y consentit avec d'autant plus d'empressement qu'il comprit comme moi que je trouverais là, mieux qu'ailleurs, l'occasion de me renseigner sur la situation réelle de Mohammed ben Hussein.

Le kaïd de Bouïra était le lieutenant du bey. Il l'invita à dîner avec moi et pendant toute la soirée j'écoutai les récits de ces deux hommes, je dirai même leurs confidences, grâce aux sentiments de confiance que j'avais inspirés au kaïd de Bouïra et j'acquis, hélas! la conviction que non seulement l'installation de Mohammed ben Hussein comme bey de Médéah n'amènerait aucun résultat avantageux pour notre influence, mais qu'elle aurait les plus fâcheuses conséquences pour le bey lui-même et les Coulouglis nos alliés.

Le pauvre Mohammed ben Hussein cherchait encore à se faire illusion et semblait compter sur l'appui efficace de la France. Il ne m'était pas permis de le dissuader.

Le général Desmichels auquel je fis part des appréhensions de Mohammed ben Hussein ne tarda pas à les partager. L'aspect de la ville, qui avait été abandonnée, à notre approche, par tous les habitants, à l'exception des Coulouglis et des juifs, et l'air morne des rares partisans de notre bey, ne lui firent que trop comprendre l'inanité de son influence. Il était évident que si les Coulouglis étaient restés avec le bey à Médéah c'est qu'ils redoutaient l'accueil des Arabes auprès desquels ils se seraient réfugiés.

Le général Desmichels fit tous ses efforts pour rendre confiance à cette population effarée ; il n'y parvint pas, malgré les six cents fusils et les cinquante mille cartouches qu'il distribua aux Coulouglis.

A l'instigation du bey, nous pénétrâmes sur le territoire de la tribu de Ouzera qui s'était, plus que les autres, prononcée contre lui. Les Ouzeras ne nous opposèrent aucune résistance et l'un de leurs chefs avec lequel le général Desmichels m'autorisa à me rencontrer me déclara qu'ils ne voulaient ni des Français ni de leur bey.

Je n'oublierai jamais les tristes pressentiments qui m'assaillirent quand arrivé au bois des Oliviers, où nous établîmes notre bivouac, le pauvre Mohammed ben Hussein et son lieutenant, mon ami le kaïd de Bouïra, prirent congé du général Desmichels pour rentrer à Médéah. Dans l'étreinte de leurs embrassements je compris qu'ils avaient la certitude de ne plus nous revoir.

Le 7 avril nous remontâmes au col ; le 8, toute l'armée redescendit dans la plaine, et le 9 le maréchal Clauzel rentrait à Alger.

La situation du bey de Médéah que le général Desmichels porta confidentiellement à la connaissance du maréchal, fit sans doute abandonner au gouverneur général le projet formé d'aller installer un bey à Milianah et le pauvre Sidi Mohammed oul'd Omar pacha, qu'il avait emmené avec lui, à cet effet, rentra à Alger plus inquiet que jamais sur le sort de sa mère et de son frère que sa démarche compromettait encore davantage aux yeux des musulmans ennemis de la France.

Dans le rapport sur cette expédition le maréchal accusait trois cents morts ou blessés. J'étais au nombre des officiers cités par lui à l'ordre de l'armée.

A la suite du rapport officiel on lisait cette phrase : « *un des résultats obtenus par cette expédition est la consolidation de notre bey de Médéah.* »

Quelle illusion !

Le maréchal rentra en France le 14 avril pour aller défendre à la chambre les intérêts militaires et coloniaux de l'Algérie.

J'ai repris mes fonctions d'interprète assermenté, mais l'expédition que je viens de faire a fait naître chez moi des aspirations militaires et je ne rêve qu'aux moyens d'entrer dans la noble carrière des armes. J'ai fait part de mon désir au colonel Marey qui m'a donné les plus bienveillants encouragements.

Ai-je besoin de dire que Khadidja a été la première informée de mon retour à Alger, et que je suis allé rendre visite à mamma Nefissa, qui m'a promis de redoubler d'efforts afin de m'aider à surmonter les obstacles qui m'ont empêché jusqu'à ce jour d'arriver auprès de mon amie.

CHAPITRE VII.

Je parviens auprès de Khadidja. — Enlèvement de Khadidja par son mari. Projet de la suivre. — Je décide de me rendre auprès d'Abd-el-Kader. — Je feins d'être musulman.

Je retrouve dans ma correspondance avec mon ami la lettre que je lui adressais peu de jours après ma première entrevue avec ma belle Mauresque.

Alger, mai 1836.

Mon cher ami,

Mamma Nefissa a tenu sa promesse. Le mari de Khadidja ayant été forcé de se rendre à la propriété qu'il possède dans la Mitidja, j'ai pu, grâces à ma vieille amie et à Messaouda (1), m'introduire dans son palais. Ce serait, il me semble, une profanation de te faire le récit de notre entrevue. Ce que je veux te raconter, c'est la scène à laquelle elle a donné lieu; scène éminemment dramatique, qui m'a fait comprendre comment la passion peut dicter un crime dont la pensée seule fait horreur lorsqu'on est de sang-froid. Ma main tremble, mon cœur se glace au souvenir de cette heure terrible.

J'étais dans la chambre de Khadidja, Messaouda venait de nous quitter et nous étions en contemplation l'un devant

---

(1) La négresse qui a été la nourrice de Khadidja.

l'autre, car nous nous aimions sans pour ainsi dire nous connaître, lorsque retentirent, dans le silence de la nuit, des coups violemment frappés à la porte du palais.

« C'est mon mari, me dit Khadidja d'un air consterné. Dieu réprouve notre amour. Fuis, car il te tuerait. »

Au même instant Messaouda entrait épouvantée et disait à voix basse : Sidi! Sidi! c'est mon maître!

« Fuis, me dit-elle à son tour, je puis te faire évader avant d'aller lui ouvrir.

— Moi fuir! m'écriai-je, abandonner Khadidja! jamais! Veux-tu me suivre ou mourir, dis-je à mon amie terrifiée. Je le veux, » me répondit-elle simplement.

Messaouda comprenant à notre attitude que notre résolution était inébranlable se tordait de désespoir, les coups redoublèrent. Sa maîtresse lui ordonna d'aller ouvrir. Elle sortit chancelante. Je portais le costume arabe. Je quittai mes burnous qui auraient gêné mes mouvements, je préparai mes armes, un pistolet et un poignard. Khadidja avait rejeté loin d'elle les diamants, les perles et les bijoux dont elle était parée ; elle s'était enveloppée dans un haïk et se tenait debout, pâle mais ferme, à mes côtés.

Pensé-je en ce moment à l'horreur de tuer un homme, un homme dont je violais le domicile, dont j'outrageais l'honneur...

Non, je ne pensais pas. J'étais fou... je voyais rouge...

On monte, les pas sont précipités, la porte va s'ouvrir. Ma pauvre Khadidja se presse contre moi, je suis prêt à frapper... Messaouda entre et nous crie : Sêlêmet, sêlêmet (1).

C'était simplement mamma Nefissa qui, anxieuse de savoir si j'avais pu pénétrer dans le palais de Khadidja, avait envoyé prendre des nouvelles auprès de Messaouda.

(1) Salut dans le sens de cessation du danger.

Ce drame, tourné au comique, ne m'en a pas moins laissé une impression ineffaçable. Il a en outre augmenté, si c'est possible, l'amour que j'ai voué à Khadidja, car il m'a fourni l'occasion de mesurer son courage et la profondeur de son affection ! J'ai longuement causé avec elle et ai pu pénétrer ses plus secrètes pensées.

Il y a dans son caractère une telle loyauté qu'elle a horreur de recourir à la ruse et au mensonge pour me recevoir. Elle aurait tout sacrifié pour être ma femme, je vois qu'elle a honte d'être ma maîtresse. « Ah pourquoi ne m'as-tu pas enlevée quand j'étais fille, me dit-elle. Dieu ne me permet pas de jouir d'un amour coupable..... »

Ici, il y a encore une lacune dans ma correspondance.

Durant l'année qui a suivi ma première visite à Khadidja, je continue à remplir mes fonctions de traducteur-interprète assermenté. Je fais de fréquentes courses dans la plaine de la Mitidja soit pour chasser, soit pour surveiller les propriétés de mon père. Dans ces exercices je revêts constamment le costume arabe.

C'est bien rarement et au péril de ma vie que je parviens à m'introduire chez Khadidja dont le mari a conçu des soupçons, et m'a dressé des embuscades où j'ai failli périr plus d'une fois.

Je pressentais une catastrophe. Voici la lettre dans laquelle je faisais connaître à mon ami les événements qui m'ont décidé à quitter Alger et à aller offrir mes services à Abd-el-Kader.

Alger, 2 mars 1837.

Mon cher ami,

Ma dernière lettre te racontait ma première visite dans le palais de Khadidja et la scène tragique à laquelle avait donné lieu l'inquiétude de mamma Nefissa au sujet de notre entrevue.

Aujourd'hui, hélas ! c'est le cœur brisé que je t'écris. Ma pauvre amie n'est plus à Alger. Son mari l'a enlevée à sa mère chez laquelle ils demeuraient. Mamma Nefissa, d'autant plus désolée qu'elle sent peser sur elle la responsabilité de cette catastrophe, m'a donné cette affreuse nouvelle. Plus de huit jours se sont écoulés depuis l'enlèvement de Khadidja qui a eu lieu pendant la nuit et on ignore complètement la direction prise par son mari.

J'ai fait part de mes angoisses à mon ami sincère Sidi Mohammed fils d'Omar pacha. Il m'a promis de découvrir la trace des fugitifs, car tu l'as déjà pressenti, je suis décidé à suivre Khadidja ; c'est moi qui ai causé son malheur, je ne dois pas l'aggraver en lui donnant lieu de croire que je l'oublie. En quelque lieu qu'on l'emmène, j'arriverai à elle, et je la ramènerai à sa mère.

J'en étais à ce passage de ma lettre, quand on m'annonça la visite de mon ami Sidi Mohammed. Il venait de recevoir une lettre de son frère (1) qui lui apprenait que Sidi.... était arrivé avec sa femme à Milianah où il possède d'importants immeubles, et qu'il s'était installé dans une maison voisine de la sienne. « Dis à notre ami qu'il tranquillise son âme, écrit Sidi Omar à Sidi Mohammed, notre mère vénérée, à qui j'ai dû expliquer l'intérêt que Lioune porte à Lella Khadidja, veillera sur elle et remplacera la mère qu'elle a laissée à Alger. »

J'ai profité des bonnes dispositions de mes amis pour faire parvenir une lettre à Khadidja, par l'entremise de la fidèle Messaouda qui est allée la rejoindre à Milianah.

---

(1) Tu n'a pas oublié que Sidi Omar, frère de Sidi Mohammed est établi à Milianah avec sa mère Yemna.

La pauvre enfant succombe sous le poids de son infortune, elle ne peut supporter l'existence loin de sa mère et de sa famille. Ma lettre l'a un peu réconfortée.

« Je reprends courage, me répond-elle, en songeant que ton cœur m'appartient, que tu veilles sur moi et que tu ne m'abandonneras pas. Ne dis pas que tu es cause de mon malheur, toi la joie de mon âme. C'était écrit. Ce qui m'attriste c'est la douleur de ma mère, oh! mon Lioune, dis-moi que tu me ramèneras dans ses bras... »

Non, non, je ne l'abandonnerai pas, ma Khadidja bien-aimée. Mais comment aller à elle? Milianah est au pouvoir d'Abd-el-Kader, l'ennemi de la France. Pénétrer sur le territoire soumis à sa domination serait un acte de trahison. Et d'ailleurs, la situation de mon père n'est pas la moindre de mes préoccupations. Si je l'abandonne, les intérêts de la société agricole dont il fait partie ne seront-ils pas gravement compromis?

Comment t'exprimer mes angoisses, mes incertitudes et ce qu'il y a de plus affreux, mes remords, car si j'avais inconsciemment fait naître l'amour chez la jeune fille, c'était bien sciemment que je l'avais rallumé dans le cœur de la femme.

Ah! c'était un pressentiment que ma répugnance à venir en Afrique et mon désir de quitter ce pays où j'ai déjà tant souffert et où m'attendent peut-être de plus cruelles épreuves!... Adieu.

Alger, 15 juillet 1837.

Mon cher ami,

Le sort en est jeté! L'obstacle insurmontable qui m'empêchait de rejoindre ma malheureuse amie est levé, Abd-el-Kader vient de signer un traité de paix avec la France. (Traité de la Tafna, 30 mai 1837).

Mon départ, tout en affligeant mon père, ne peut guère influer sur la situation de ses spéculations coloniales. Son inexpérience et sa confiance trop grande dans quelques-uns de ses associés doivent amener fatalement la ruine de ses entreprises. Du reste, je l'avoue, aucune considération ne pourrait me détourner du parti extrême que j'ai pris.

Depuis longtemps déjà, le nom de l'émir était devenu populaire, non seulement en Algérie mais aussi par toute la France.

Un véritable engouement, tu me l'as écrit toi-même, s'était emparé de notre pays à l'égard de ce chef, et son éloge retentissait jusque dans le sein de la chambre des députés. C'était, disait-on, un homme de génie et de cœur qui voulait régénérer sa nation, la civiliser et entrer dans la voie glorieuse dans laquelle Méhemmed Ali marche résolument en Égypte avec l'aide de la France.

Abd-el-Kader, disait-on, devait aider à la transformation d'un peuple féroce, ignorant et paresseux, en une nation polie, instruite et laborieuse, et amener, avant peu, cette fusion tant désirée et tant préconisée des races indigènes et des races européennes.

Je crois moi-même qu'Abd-el-Kader pourra et voudra accomplir cette grande œuvre. Frappé de la pensée qu'il ne réussira dans ces nobles desseins qu'autant qu'il aura auprès de lui un homme qui puisse l'initier à la connaissance de notre civilisation, qui lui en fasse comprendre la puissance et apprécier les bienfaits, qui soit enfin, entre lui et la France, un intermédiaire utile pour prévenir les malentendus et surtout le dispenser d'avoir recours à la diplomatie ignoble, avide et perfide des juifs de l'Algérie, j'ai la pensée de devenir cet homme.

Si je parviens à jouer ce rôle auprès du jeune émir, ne deviendrai-je pas tout-puissant ? Ne pourrai-je pas alors améliorer la situation de mon père et me réunir à jamais à Khadidja en l'épousant après avoir obtenu, suivant la loi musulmane, un jugement qui l'autorise à divorcer avec son mari.

Mais une grande difficulté s'élevait au sujet de la réalisation de mon projet.

Comment moi, chrétien, pourrais-je inspirer confiance au prince musulman ; comment pourrais-je même parvenir auprès de lui à travers les fanatiques qui l'entourent ? Ne serais-je pas l'objet de continuels soupçons qui seraient des obstacles insurmontables à l'accomplissement de ma mission ? Et puis, moi chrétien, comment arriver à épouser Khadidja ?

Mais abjurer ! Cette idée me fait horreur, non point que je sois un chrétien fervent, loin de là. Depuis ma première communion, j'ai non seulement négligé l'observance des pratiques catholiques, mais ma foi a subi de profondes atteintes dans un milieu où les sentiments religieux n'occupaient aucune place.

Aussi n'ai-je point reculé devant la terrible alternative de me faire passer pour musulman. L'essentiel pour moi était d'éviter une abjuration solennelle (1).

La façon dont j'ai vécu depuis deux ans a singulièrement facilité l'exécution de mes desseins.

On me voyait, en effet, revêtir presque constamment le costume arabe, on ne savait que trop l'amour que j'avais conçu pour une musulmane et déjà, avant que ce projet fût arrêté dans ma pensée, le bruit courait parmi les indigènes que j'avais embrassé l'islamisme.

La traduction des actes arabes, mes relations avec les ju-

(1) Ai-je besoin de dire que mes idées à cet égard ont complètement changé et que, ainsi que je le déclare dans l'avant-propos, je ne saurais trop réprouver la détermination que je pris alors, sous le coup de circonstances exceptionnelles.

risconsultes musulmans, en ma qualité d'interprète-traducteur assermenté m'avaient mis à même d'acquérir des notions précieuses sur la loi et la religion des mahométans.

Mon éminent professeur m'avait en outre initié à mille détails ignorés même par les Européens qui s'adonnent à l'étude de la langue arabe. Je réunissais donc plusieurs des conditions indispensables pour me faire croire musulman.

Il importait que ce bruit se répandît parmi les Arabes et pût arriver jusqu'aux oreilles d'Abd-el-Kader, auprès duquel je me rendrais comme musulman et ne serais plus, dès lors, soumis aux formalités de l'abjuration.

Dans ce but, il était indispensable que j'habitasse pendant quelque temps au milieu des Arabes qui me croiraient musulman. Cela m'était facile, car depuis longtemps j'entretenais d'excellentes relations avec les principaux chefs de la tribu des Béni-Moussa, mes compagnons de chasse qui bien souvent m'avaient engagé à accepter leur hospitalité ; je viens de leur écrire que j'acceptais leur invitation et je vais faire mes préparatifs de départ.

Inutile de te dire l'état de mon âme. Je n'ose pas envisager les conséquences de la détermination que je prends. Je vais devant moi tête baissée, dussé-je me précipiter dans un abîme.

Tu es trop indulgent pour me condamner et tu es trop bon pour ne pas me plaindre ! Adieu.

LIVRE II.

SÉJOUR DANS LA MITIDJA ET A MILIANAH.

CHAPITRE VIII.

Départ d'Alger. — Séjour chez les Béni-Moussa.

Je fis secrètement tous mes préparatifs de départ. Sidi Mohammed, fils d'Omar pacha auquel j'avais confié mon dessein de suivre les traces de Khadidja et d'entrer au service d'Abd-el-Kader, essaya de me détourner de ma détermination; mais, convaincu de l'inutilité de ses observations, il voulut du moins me faciliter, autant qu'il dépendait de lui, l'exécution de mon projet.

Il choisit pour m'accompagner le plus fidèle de ses serviteurs, homme intelligent, courageux et dévoué, qui connaissait parfaitement le pays et ses habitants et dont il me recommanda de suivre les sages avis. Ahmed, c'est son nom, avait été également au service de son frère, Sidi Omar, chez lequel il devait me conduire quand je jugerais le moment venu de quitter la Mitidja et de me rendre auprès de l'émir.

La noble femme de Sidi Mohammed, Lella Aisha, passa autour de mon cou un amulette qui, assurait la fervente musulmane, devait me sauvegarder au milieu des plus grands dangers. Nos adieux furent bien tristes. Quels nobles cœurs!

J'avais un bel et bon cheval et étais parfaitement armé et équipé. Le brave Ahmed, monté sur une excellente mule qui portait nos bagages, était également bien armé. J'avais quelques centaines de francs en monnaie arabe. Mon professeur devait remettre à mon père la lettre dans laquelle je lui faisais part de la résolution que j'avais prise d'aller offrir mes services à Abd-el-Kader. Enfin le 25 août 1837, à 9 heures du soir, je quittai Braham-Reïs, le cœur terriblement ému, mais armé d'une ferme résolution. En arrivant au sommet de la colline où est établi le camp de Koubba, je me retournai pour dire un dernier adieu à Alger. Je mis pied à terre, je confiai mon cheval à mon domestique, j'avais besoin de pleurer...

J'admirais à travers mes larmes le tableau splendide que j'avais devant moi. A mes pieds s'étendait la plaine de Mustapha, surmontée au nord par les coteaux verdoyants sur lesquels se détachent mille villas mauresques éclatantes de blancheur et bordée au sud par les flots de la Méditerranée que faisait scintiller un magnifique clair de lune. Alger formait le fond du tableau et jamais il ne m'était apparu plus ravissant. Je quittais cette ville, où je laissais de chères affections pour aller dans un pays barbare, au milieu de gens indifférents sinon hostiles.

Je disais adieu aux douceurs et à la sécurité de la vie civilisée pour m'exposer aux fatigues, aux privations et aux dangers d'une existence aventureuse.

Mais j'étais jeune, mon esprit était ouvert aux illusions ; je me voyais déjà puissant auprès de l'émir, je retrouvais Khadidja que j'unissais désormais à mon sort.

Je m'arrachai donc à ma contemplation et, avant le lever du soleil, j'étais rendu chez mes amis de Béni-Moussa qui m'accueillirent avec de grands témoignages de joie et m'installèrent dans une tente dressée à mon intention. Pendant trois jours, je dus recevoir les visites de tous les principaux personnages des douars de la tribu. Tous me croyaient musulman, on m'appelait Omar oul'd Rouche (Omar fils de Roches). C'est Sidi Mohammed fils d'Omar pacha qui avait voulu m'appeler du nom de son père et de son frère.

Comme les moissons étaient terminées et que le temps des labours n'arrive qu'en novembre, notre seule occupation, depuis mon arrivée, était d'aller à la chasse au sanglier et d'assister aux *eûrs* (1), fêtes qui ont lieu chez les Arabes à l'occasion des mariages, des circoncisions, de l'arrivée des nouveaux fonctionnaires, etc., etc. Je prenais part également aux patrouilles que nous faisions pendant la nuit pour nous garder des Hadjoutes qui, bien que la paix fût faite, ne discontinuaient pas leurs brigandages. »

Si les lettres que j'adressais à mon ami avaient été publiées à l'époque où je les écrivais, alors que les mœurs et les usages des Arabes étaient à peu près inconnus, elles eussent offert un vif intérêt ; car j'étais peut-être le premier Européen qui, sous le burnous de l'Arabe, pénétrait dans l'intimité des indigènes en Algérie, mais aujourd'hui les détails que je donnais sont tellement connus et les mœurs et les coutumes des Arabes ont été si bien décrites dans les nombreux et excellents ouvrages du général Daumas qu'il serait oiseux d'en imposer la lecture à mes lecteurs. Je reprends mon journal :

15 octobre 1857.

Notes copiées sur mon journal :

Je viens d'assister à la fête donnée par le kaïd de Béni-Moussa, elle a été superbe. Outre tous les cavaliers de la tribu, cinquante cavaliers de Khachna et cent cavaliers de la belle et riche tribu de Beni-Khelil commandés par leur kaïd

(1) *Convivium nuptiale.*

M. Vergé (1), lieutenant de spahis, sont venus prendre part au jeu de la poudre.

Nous avons été invités à aller à une fête de Beni-Khelil qui aura lieu dans un mois.

Mercredi dernier, jour du marché de Beni-Moussa, des Arabes de la tribu sont venus remettre entre les mains d'un officier du bureau arabe un déserteur des zouaves nommé Moncel, que l'on dit être fils naturel de Mlle Duchesnois et d'un général.

Ce misérable a une assez belle, tête. il jouit d'une grande réputation de bravoure parmi les Hadjoutes qui le nomment *Moussa*.

Il a pris part, dit-on, à plusieurs assassinats, et a écrit, avec la pointe d'un poignard, sur la poitrine d'un officier de chasseurs d'Afrique tué dans un combat près de Bou-Farik : « C'est moi Moncel qui l'ai tué. » Il a embrassé l'islamisme, et lorsqu'on l'a amené lié devant l'officier français il s'est écrié : « Comment, musulmans, vous laissez conduire au martyre un « de vos frères qui vous a aidés à combattre les infidèles ! »

Les Arabes faisaient mine de vouloir le délivrer et il a fallu la présence d'un peloton de spahis réguliers et de spahis irréguliers, sous les ordres de l'officier français, pour les empêcher de mettre en liberté celui qui les implorait au nom de leur religion. Ce déserteur m'a fait horreur !

Je m'aperçois que les Arabes, nos alliés, cachent sous une soumission apparente la haine héréditaire que les musulmans nourrissent contre les chrétiens et que nous ignorons la façon de les gouverner. C'est par la crainte et la force que, pendant

---

(1) M. Vergé que j'ai le bonheur de compter au nombre de mes meilleurs amis, est aujourd'hui général de division dans le cadre de réserve, grand-croix de la légion d'honneur, grade et dignité qu'il a conquis sur les champs de batailles en Afrique, en Crimée, en Italie, et en France de douloureuse mémoire.

longtemps encore, nous pourrons les maintenir dans l'obéissance.

Depuis le peu de temps que je vis au milieu des Arabes qui causent librement devant moi, je commence à craindre que la paix dernièrement conclue avec Abd-el-Kader, n'ait, en centralisant le pouvoir entre ses mains, créé une puissance qu'il nous serait bien difficile de détruire le jour où cette paix serait rompue.

Je puis affirmer, en tous cas, que les quelques tribus qui sont aujourd'hui nos alliées n'ont accepté notre domination que parce qu'elles n'ont pas trouvé de drapeau autour duquel elles pussent se ranger.

Les Turcs ont dominé les Arabes en maintenant la division entre leurs chefs ; si nous favorisons chez eux l'unité du pouvoir, quelles difficultés ne rencontrera pas notre domination ?

CHAPITRE IX.

Haouch-Chaouch près Bou-Farick. — Le lieutenant Vergé. — Visite à Blidah. — Muphti Bel-Kassem. — Émissaire de l'émir.

Haouch-Chaouch, près Bou-Farik, 5 novembre 1837.

Arrivé ici pour assister à une grande fête donnée par un des principaux cheikhs de la tribu des Béni-Khelil, j'y ai retrouvé le kaïd, lieutenant Vergé ; il m'a inspiré de telles sympathies que je n'ai pu résister à l'aimable invitation qu'il m'a faite de passer quelques jours avec lui.

Il est aimé et respecté de tous ses administrés, ils n'ont qu'une crainte, c'est de le perdre. Ils le croient tous musulman et le traitent comme tel. M. Vergé n'a pris des Arabes que leur façon de vivre. Il professe un grand respect pour leur religion, mais il a conservé ses croyances.

Il leur sert d'exemple dans le conseil comme dans les combats ; chaque nuit nous montons à cheval et nous allons faire des tournées pour assurer la tranquillité de la tribu. A quelque heure de la nuit que nous arrivions dans un douar, il faut accepter une collation qui est offerte au kaïd par les habitants.

Je viens d'assister, à propos d'un assassinat, à une instruction sommaire que je livre aux imprécations des philanthropes, mais qui me paraît très rationnelle et très conforme aux mœurs et aux coutumes des Arabes.

Nous causions et fumions de longs shibouks (pipes) sous la belle tente de mon hôte quand ses spahis amenèrent devant lui un homme effaré et couvert de sang. Il raconta qu'il venait d'Alger avec un ouvrier allemand, son compatriote, et qu'en passant devant le marabout de Sidi Aïd, ils avaient été assaillis par quatre Arabes qui, les voyant sans armes, s'étaient jetés sur eux et les avaient assommés à coups de bâton. Il ajoute qu'il avait pu fuir au moment où son camarade était tombé.

Le lieutenant Vergé lui demande s'il reconnaîtrait les Arabes qui les avaient assaillis. Il répond affirmativement. Nous montons immédiatement à cheval, accompagnés de dix spahis réguliers qui forment toujours la garde du kaïd. Nous arrivons à Sidi Aïd et nous trouvons le cadavre du malheureux Allemand dont la tête avait été presque détachée du tronc.

Nous apercevons des troupeaux au loin. Les spahis partent au galop dans diverses directions et au bout de quelques minutes, ramènent une dizaine de bergers. Ils ne sont pas plutôt à portée d'être vus que notre Allemand se précipite sur l'un d'eux, le saisit à la gorge et s'écrie qu'il le reconnaît pour un des assassins. Sans ajouter foi entière à cet indice, les spahis saisissent l'Arabe. C'est un jeune homme de vingt ans environ, ses membres musculeux annoncent une grande vigueur; ses traits affectent la stupidité. En se voyant saisi, il ne laisse paraître aucune émotion. On l'amène devant le cadavre de l'Allemand. Il feint l'étonnement; on l'accuse d'être l'auteur de cet assassinat et on lui dit que le compagnon de la victime l'a reconnu. Il nie tout avec une calme assurance. Le kaïd, qui connaît les Arabes, ordonne qu'il soit mis sous le bâton.

Après le trentième coup environ, il crie qu'il va tout avouer, il se relève et désigne comme les assassins deux bergers qui habitent un douar prochain. Nous nous y rendons, on fait comparaître les accusés. L'Allemand dit qu'il ne les a jamais vus, mais parmi les autres habitants du douar il reconnaît un de ceux qui les ont assaillis. Ce dernier questionné, commence à nier, est bâtonné, et désigne comme le seul assassin le premier Arabe que nous avons pris. « Mais vous étiez quatre, lui dit le kaïd, je veux les quatre meurtriers, sinon tous les douars environnants seront responsables du crime qui vient d'être commis. »

Les dénonciations se succédèrent alors rapidement et, après quelques coups de bâtons, cette instruction qui avait duré deux heures à peine, avait amené la découverte des quatre coupables qui avaient avoué leur crime, et avaient séparément raconté toutes les particularités de l'assassinat, récit qui concordait parfaitement avec la déclaration de l'Allemand.

Entre autres réponses faites par un des jeunes bergers, en voici une qui peint le fanatisme de l'Arabe ignorant. « Pourquoi as-tu tué cet homme ?

« Ce n'est pas un homme, c'est un chrétien. »

Nos quatre assassins ont été conduits à Alger sous bonne escorte. Le rapport du lieutenant Vergé a été soumis à un tribunal qui a écouté les aveux des coupables, et 24 heures après leurs têtes roulaient sur l'esplanade de la porte *Bab Azoun*. Lieu ordinaire des exécutions.

Si un juge français eût été chargé de faire une instruction au sujet de cet assassinat, vingt Arabes auraient été détenus plus de six mois en prison, les coupables n'auraient pas été sans doute découverts faute de témoins, et l'impunité aurait encouragé de nouveaux crimes. La justice sommaire des musulmans répugne à nos idées, mais elle est appropriée aux mœurs ou au caractère des Arabes. Il me semble donc que nous devrons la leur appliquer jusqu'à ce que leur fanatisme disparaisse au contact de notre civilisation.

J'ai assisté au marché de Bou-Farik qui est le marché le plus fréquenté de la Mitidja ; j'y ai vu plusieurs Hadjoutes et j'ai remarqué avec peine que tous les habitants de la Mitidja les redoutent et que, tous sans exception, lorsqu'ils sont sûrs de n'être pas vus par les autorités françaises, vont baiser la main de ces bandits et protester de leur haine contre les chrétiens.

J'ai fait connaissance avec le hakem, gouverneur de Blidah. En ma qualité de musulman, il m'a engagé à aller passer quelques jours chez lui à Blidah.

M. Vergé et son entourage veulent me détourner d'accepter son invitation : ils me disent que les Hadjoutes commandent à Blidah ; que le hakem est mal vu par eux puisqu'il est à la solde de la France et que c'est une imprudence d'aller dans une ville hors des lignes françaises sous un patronage aussi peu rassurant que celui du hakem. Mais malgré la justesse de leurs observations, je ne puis résister à la curiosité de voir une ville toute musulmane.

D'ailleurs nous sommes en temps de paix et puis si je ne cours quelques risques je ne verrai jamais rien. Mon parti est donc pris.

Toutefois, au lieu d'accepter l'invitation du hakem, je suis allé, d'après le conseil de mon domestique, homme sûr et intelligent, demander l'hospitalité au muphti de Blidah, Sidi Bel-Kassem, fils du fameux marabout Sidi El-Kebir protecteur de Blidah. Je me suis annoncé comme hôte de Dieu (Dhif-Alla) et j'ai été reçu comme les nombreux cavaliers qui descendent chaque jour chez cet illustre personnage. Sidi Bel-Kassem passe pour être le plus vertueux musulman de l'époque.

Son influence est immense sur les habitants de la Mitidja et sur tous les Kabyles habitant les montagnes, qui bordent cette plaine au sud. Des tribus sont-elles en guerre ? sa présence suffit pour mettre fin aux hostilités. Un procès ne peut-il être terminé par les plus illustres jurisconsultes musulmans, en deux mots Sidi Bel-Kassem renvoie les deux parties satisfaites. Un meurtre est-il commis, Sidi Bel-Kassem paie lui-même le prix du sang (1) et opère la réconciliation. Il a été le premier à appeler les musulmans à la guerre sainte contre les chrétiens, mais il veut les combattre en bataille rangée et a horreur des assassinats. Il a juré de porter le deuil tant que les infidèles fouleront la terre de son pays.

Depuis notre débarquement à Sidi-Ferruch il n'émonde ni sa barbe ni ses longs cheveux noirs qui tombent sur ses épaules, c'est lui qui est le véritable chef de Blidah. Il demeure près de la grande mosquée dont il est l'imam (2).

Ses hôtes sont reçus dans une petite maison attenant à la mosquée et destinée à cet usage. Il ne conserve pour lui aucun des présents en argent et en nature que lui apportent les fidèles.

Le produit en est exclusivement consacré à soulager les pauvres et à subvenir aux frais que lui occasionnent les hôtes nombreux qu'il nourrit. Je fus introduit dans la petite maison des hôtes où se trouvaient réunis plusieurs chefs hadjoutes. Sidi Bel-Kassem me fut désigné et je me dirigeai vers lui pour lui baiser la tête (3), il se leva à moitié pour me faire honneur. Aussitôt que j'eus prononcé quelques paroles je fus reconnu pour étranger, et sur la demande qu'il me fit de mon origine, je répondis que j'étais né français et

---

(1) *El Dia*, la rançon.
(2) Imam, mot arabe, qui signifie *devant*, parce que l'imam, que nous appelons iman, est placé en avant des musulmans qui prient en même temps que lui. C'est l'officiant.
(3) Il est d'usage et même obligatoire de baiser la main ou la tête d'un marabout quand on le rencontre ou qu'on va chez lui. Les subordonnés ne peuvent que baiser la main des fonctionnaires dont ils sont les inférieurs ou les administrés.

chrétien, mais qu'ayant l'intention d'habiter parmi les Arabes, j'avais embrassé leur religion. Sidi Bel-Kassem redoubla pour moi d'attentions et de prévenances.

Nous allions nous mettre autour d'une petite table couverte de mets de toute sorte, quand on annonça un émissaire du *sultan*, titre que tous les Arabes donnent à *Abd-el-Kader* depuis qu'il a conclu avec la France le traité de la Tafna. Il entra, et après le salut de l'islamisme (1) se mit à manger sans proférer une seule parole (2).

Aussitôt le repas achevé, l'émissaire vint baiser la tête aux chefs de l'assemblée. Il fut au contraire salué avec respect par les autres. Sidi Bel-Kassem s'informa du motif qui l'amenait à Blidah. L'émissaire répondit que le sultan, à la tête d'une armée formidable, rétablissait sa domination sur les tribus de l'Est qui l'avaient méconnue jusqu'à ce jour, et que son maître l'envoyait à Alger pour porter des lettres adressées au gouverneur général et à son consul M. Garavini, agent consulaire d'Amérique.

Lorsque Sidi Bel-Kassem se retira, ainsi que ses hôtes, je restai seul avec Mohammed, l'émissaire d'Abd-el-Kader. Il m'adressa diverses questions sur les motifs qui m'avaient engagé à embrasser l'islamisme ; je ne lui cachai point le désir que j'avais de me rendre auprès de l'émir et lui demandai à mon tour de me donner des détails sur son maître.

Pendant plus d'une heure il m'entretint d'Abd-el-Kader ; il ne cessait de louer sa générosité, son courage, ses vertus,

---

(1) El Selam aâlikoum, *Pax vobiscum*, que la paix soit avec vous ; et les assistants répondent : *ou aâlikoum el Selam*, et avec vous la paix.

(2) Quand un musulman arrive au moment où le maître de la maison ou ses hôtes prennent leur repas, on lui fait place autour du plat où l'on mange à même, sans qu'aucune question lui soit adressée. Il garde lui-même le silence.

son intelligence. Il me dit qu'il était animé du désir sincère d'observer les conditions stipulées dans le traité de paix qu'il venait de conclure avec la France. « C'est Dieu qui t'a inspiré la pensée de venir auprès de mon maître, me dit-il avec feu ; ne reste pas plus longtemps au milieu de vils musulmans qui préfèrent la domination de l'étranger à celle du vrai croyant que la Providence a choisi pour régénérer l'islamisme. Tu seras reçu par notre sultan avec distinction et tu obtiendras bientôt, dans sa cour, un poste élevé. Il veut introduire dans ses états les améliorations compatibles avec notre sainte religion, mais il n'a personne auprès de lui capable de l'initier à la politique de l'Europe. Il a surtout besoin d'un homme fidèle auquel il puisse accorder toute sa confiance pour traiter avec les Français, Dieu t'a désigné pour être cet homme. »

« Tel est mon désir, lui répondis-je, et pour me dévouer au service de ton maître j'ai quitté famille et bien-être. Avant d'arriver à lui j'ai voulu mieux connaître la religion, les mœurs, les habitudes et la langue des musulmans, c'est pour cela que je suis venu habiter au milieu des Arabes de la Mitidja ; je n'attends qu'une occasion favorable pour aller me présenter au sultan Abd-el-Kader. »

L'émissaire me promit une brillante destinée, me demanda par avance ma protection et me quitta en me baisant les mains.

Lorsque j'ai annoncé à Sidi Bel-Kassem mon intention de me rendre auprès d'Abd-el-Kader, il s'est levé, m'a pris dans ses bras et m'a dit les larmes aux yeux :

« O mon fils, puisse Dieu te soutenir dans la noble tâche que tu vas entreprendre ! Puisses-tu devenir un instrument utile entre les mains de l'homme qui travaille à la régénération de l'islamisme ! J'ai été le premier à appeler les fidèles à la guerre sainte, mais puisque nos armes n'ont pas été bénies du Très-Haut, nous devons vivre en paix avec les chrétiens qui ont été amenés par lui et qu'il saura bien enlever de notre territoire lorsque le temps marqué sera venu. Sois sûr que mes vœux et mes prières t'accompagneront ; mais, que les difficultés ne te rebutent pas, tu les vaincras toutes si tes intentions sont pures. »

Je suis obligé de retourner à Béni-Moussa pour y prendre mes effets, je partirai aussitôt que possible. J'ai plus d'espoir que jamais dans la réussite de mes projets. L'avenir me paraît moins sombre.

Je crois même que j'acquerrai des droits à la reconnaissance de mon pays, puisque, en me dévouant au service de l'émir, je m'unirai au grand œuvre de la civilisation de l'Afrique.

Je crois que tel est le but de notre venue dans ce pays barbare, car dans notre siècle les idées de conquête doivent, il me semble, faire place à celle d'une paix civilisatrice.

CHAPITRE X.

Adieux au lieutenant Vergé. — Rencontre des bandits hadjoutes. — Hospitalité de Mohammed ben Koïouar, chef des Hadjoutes. — Départ pour Milianah.

De retour à Beni-Moussa, je communiquai mon projet au chef du douar; il me félicita de ma résolution et me pria de ne pas oublier, lorsque je serais en faveur à la cour d'Ab-el-Kader, que j'avais été son hôte et que nous avions mangé le pain et le sel ensemble. Il me donna des provisions de bouche pour trois ou quatre jours et je partis salué par les vœux de tous les habitants du douar.

Les cavaliers m'accompagnèrent jusqu'aux limites de leur tribu, et je continuai ma route en me dirigeant sur Bou-Farik, où je tenais à faire mes adieux à mon ami le lieutenant Vergé, qui était loin de se douter de ma résolution. C'était jour de marché, lundi 20 novembre 1837.

J'entrai dans sa tente, où il était occupé à rendre la justice. Quand nous fûmes seuls, je lui fis part de mon projet d'aller auprès de l'émir. Il fut profondément surpris et me dit :

« Vous avez tort, mon ami, de me faire une semblable confidence, car, peut-être, serait-il de mon devoir de vous empêcher de dépasser les limites du territoire français sans une permission expresse du gouverneur général. Aussi, comme officier français et kaïd de Bou-Farik, je veux ignorer où vous allez ;

mais, comme votre ami, permettez-moi de vous faire des observations dictées par l'intérêt que je vous porte. Je connais les Arabes mieux que vous. Ils vous font ici mille protestations d'amitié et mille compliments, parce que vous êtes encore sous la protection du gouvernement français ; une fois hors de nos limites vous exciterez leur cupidité et vous courrez les plus grands dangers. Votre imagination s'est enflammée à l'idée de porter vos lumières et le fruit de vos études à un jeune prince arabe qui est vraiment digne d'admiration ; mais qui vous dit qu'arrivé auprès de lui vous ne soyez pas l'objet de ses soupçons ? La méfiance est le premier sentiment d'un Arabe. Et puis leur genre de vie vous conviendra-t-il ? Ne vous repentirez-vous pas un jour et sera-t-il temps de vous repentir ?

« Tout retour ne vous sera-t-il pas interdit ? »

Je voyais tout en beau, je remerciai l'excellent lieutenant Vergé de ses bons conseils, et je pris congé de lui.

Ainsi que cela avait été convenu avec mon ami Sidi Mohammed, je devais me rendre à Milianah, auprès de mon jeune ami Sidi Omar qui avait été prévenu de mon arrivée par son frère et qui, à en juger par les sympathies qui étaient nées entre nous, serait bien heureux de ma visite.

J'emportais avec moi un fusil Lefaucheux, un magnifique dictionnaire arabe appelé *Kamous* (1), et un coran imprimé dont je voulais faire hommage à Abd-el-Kader ; je destinais à Sidi Omar un beau fusil à deux coups, quelques étoffes pour sa mère et ses femmes et quelques objets de moindre valeur pour ses alliés les marabouts descendants de Sidi *Ahmed Ben Joussef*, protecteur de Milianah.

J'avais dans ma ceinture environ cent douros d'Espagne. Mon cheval, mes armes et mes habillements représentaient

(1) *Océan*, terme figuré pour exprimer l'immensité de la langue arabe.

plus de deux mille francs, j'aurais donc été une belle prise pour les maraudeurs que j'aurais rencontrés.

Lorsque j'entrai dans la tente du kaïd de Bou-Farik, plusieurs Arabes que je n'y avais jamais vus étaient partis après avoir pris des informations sur mon compte auprès des gens du kaïd.

Mon domestique ou plutôt mon compagnon Ahmed, en Arabe expérimenté, avait tout remarqué, et lorsque nous fûmes éloignés d'environ deux lieues de Bou-Farik, par le travers de Blidah, il me parla de cette circonstance et me témoigna quelques craintes, attendu que, dans ces Arabes, il avait reconnu des Hadjoutes.

Nous nous arrêtâmes, nous chargeâmes nos armes avec soin et il me recommanda de ne rien dire et de ne rien faire sans son ordre.

J'étais sans expérience, je croyais peu à ses craintes, je lui promis pourtant de me conformer à ses avis. Nous avions à peine achevé de prendre ces sages précautions, qu'il me dit : « Je vois un Arabe, puis deux, puis trois, puis cinq ; ce sont nos Hadjoutes de Bou-Farik, me dit-il, ils se promettent un butin facile, mais ils devront l'acheter ; laisse-moi parler et puis fais comme moi. »

L'assurance de ce brave serviteur redoubla mon courage, mais je l'avoue, malgré mon esprit amoureux de dangers et d'aventures, celle-ci n'était point de mon goût. Je n'étais pas encore assez habitué à mes armes et surtout à ma selle. Cependant il s'agissait de ma sûreté personnelle. Je m'affermis sur mes étriers et armai mon fusil.

Les Hadjoutes venaient à travers champs, perpendiculairement à la route. Lorsque Ahmed les jugea à portée de sa voix, il leur cria :

« Mes chers cousins, où allez-vous donc si vite que vous faites fouler à vos chevaux une terre qui ne doit être foulée que par les bœufs? Je ne vois point devant vous de gibier que vous puissiez atteindre, et vous ne vous rendez pas à vos tentes puisqu'elles sont au nord et que vous allez au sud ; croyez-moi, retournez manger votre couscoussou, car ici vous ne trouverez que du plomb. Sachez que nous nous rendons auprès du sultan Abd-el-Kader auquel nous portons des présents. Malheur à vous si votre cupidité vous portait à quelque méfait ! »

Les Hadjoutes protestaient de leurs intentions pacifiques et pourtant ils s'approchaient toujours. Ahmed me fit signe de me préparer au combat ; c'était un avis inutile, j'étais prêt ; il s'élança à terre en tenant son fusil armé et cria : « Au large, ou nous vous traitons en chiens ennemis ! » Les Hadjoutes, qui croyaient sans doute la curée plus facile, s'arrêtèrent ; mais ils ne purent s'empêcher de manifester leurs mauvais desseins :

« Ah ! chrétien ; dirent-ils à Ahmed, domestique de chrétien, tu te fies sur la protection de ton maître Omar *oul'd el pacha* (fils de pacha), mais nous nous reverrons. »

Nous ne fûmes nullement tentés de corriger leur insolence ; nous nous estimions trop heureux d'en être quittes à si bon compte.

Nous continuâmes notre route en ne cessant de nous tenir sur nos gardes. Au coucher du soleil, nous arrivâmes dans un douar hadjoute qui se trouve sur l'oued El-Sebt (1), au pied des collines nommées *Aâphroun ;* ce douar était celui de Sidi Mohammed ben el-Kciouar, chef des Hadjoutes, ennemi acharné des chrétiens.

Les Arabes ne citent pas un combat où il n'ait été tué au moins un Français. Il était pourtant étranger aux brigandages de ses compagnons et ne partageait jamais leur butin. J'avais pour lui une lettre de Sidi Bel-Kassem, mon hôte, le mara-

---

(1) Le samedi porte le nom de El-Sebt, parce qu'il est le sixième jour. Il vient du nom hébreu dont nous avons fait sabbat.

bout de Blidah. Arrivés à l'entrée du douar, nous demandâmes l'hospitalité.

Sidi Mohammed arriva ; je lui remis ma lettre, et après l'avoir parcourue des yeux il nous regarda et demanda à mon domestique qui j'étais et ce que je voulais. Amed lui répondit que j'étais un Français qui allait auprès d'Abd-el-Kader. « C'est bien, répondit-il en nous tournant le dos ; qu'on les mène chez un de mes fermiers, qu'ils se rassassient et qu'ils partent demain avant le jour. »

Justement offensé de cette réception, je dis à haute voix que si c'était ainsi que les chefs hadjoutes donnaient l'hospitalité, ils étaient indignes du nom de musulman ; Ahmed voulait me faire taire, mais j'étais furieux et, malgré les représentations et les prières des autres Arabes qui avaient reçu l'ordre de nous emmener chez eux, je sortis du douar et je forçai mon domestique à me suivre. Nous étions à peine à une portée de fusil que nous fûmes rejoints par Mohammed ben Kciouar lui-même. « Pardon, me dit-il en saisissant la bride de mon cheval, pardon si je t'ai si mal accueilli ; j'ignorais qui tu étais et la lettre que tu m'as remise ne pouvait rien m'apprendre, puisque je ne sais pas lire (1). Lorsque mon taleb m'a lu la lettre, j'ai reconnu mon erreur et je viens te dire : Au nom de notre prophète, au nom de Dieu qui t'a fait la grâce de devenir musulman, pardonne-moi ; reviens avec moi dans ma tente, non point dans celle destinée aux hôtes, mais dans la mienne propre, et nul autre ne te servira que moi. Je ne te demanderai qu'une grâce, c'est de ne pas m'oublier

---

(1) Beaucoup d'Arabes, de grande tente, ne savent ni lire ni écrire. Ils ont auprès d'eux des tolbas qui leur servent de secrétaires et au lieu de leur signature, ils apposent au bas des lettres qu'ils écrivent l'empreinte d'un cachet sur lequel est gravé leur nom et qui est renfermé dans un petit sachet en drap, suspendu à leur cou par des cordons de soie. Ils ne s'en séparent jamais.

dans tes prières, car elles doivent être plus agréables à Dieu que les nôtres. »

Touché des supplications de ce fier Arabe, je le suivis, et arrivé devant sa tente, je fus obligé de lui permettre de me tenir l'étrier et je fus presque porté par ses domestiques qui me posèrent doucement sur d'épais tapis étendus avec profusion dans une tente spacieuse. Mes éperons et mes bottes me furent enlevés; on m'apporta de l'eau pour faire mes ablutions et on servit devant moi des dattes, du lait et des gâteaux au beurre et au miel. Tous mes effets, armes, selle, etc., furent apportés dans la tente à côté de l'endroit où j'étais placé; plus tard on servit un souper splendide accommodé et servi à l'usage d'Alger.

Après le repas je demandai à Sidi Mohammed pourquoi il m'avait fait un si mauvais accueil. « J'ai cru que tu étais le fils du Roi, me dit-il, car le bruit court depuis son arrivée de Constantine qu'il a l'intention de visiter lui-même le pays sans se faire connaître; en voyant la richesse de ton harnachement, ta peau blanche et la recherche de ta mise, j'ai été persuadé que tu étais le fils du chef des Français, de celui par les ordres duquel notre pays a été conquis et qui veut nous asservir. Juge du sentiment d'horreur que j'ai dû éprouver, moi qui ai juré de ne jamais souffrir un chrétien devant mes yeux si ce n'est dans les combats. Ailleurs que dans mon douar j'aurais bravé les ordres du sultan qui nous a imposé une paix que nous abhorrons et, eussé-je dû mourir, j'aurais été heureux de léguer comme héritage à mes enfants la gloire d'avoir immolé le fils d'un roi chrétien. Mais les lois de l'hospitalité le couvraient de leur protection et puis le Très-Haut n'a pas voulu permettre que je répandisse le sang d'un de mes frères en Dieu. »

J'étais loin de me douter de la cause qui m'avait valu un si mauvais accueil, et je ne pus me défendre d'admirer le caractère fier et implacable de ce fanatique musulman. J'espère que tous les Arabes ne sont pas animés des mêmes sentiments, car alors la paix ne serait pas de longue durée.

La soirée me fut affreusement pénible, obligé que je fus d'entendre les récits des combats où chacun des Hadjoutes invités par mon hôte, se vantait d'avoir tué et assassiné des chrétiens. Ahmed était inquiet en voyant l'altération de mes traits, il demanda donc à Kciouar de vouloir bien me permettre de prendre un repos dont j'avais besoin.

Sur son ordre, je fus enfin délivré de ces infâmes bandits. Quel début pour ma première veillée dans le pays soumis à l'autorité du prince auquel je vais offrir mes services !

Nous entendîmes notre hôte qui donnait des ordres à ses esclaves pour que nos chevaux fussent entravés avec des chaînes cadenassées et pour qu'une garde vigilante fût faite autour de notre tente.

Malgré ces précautions prises pour notre sûreté, Ahmed ne voulut point dormir. « Je dormirai demain, me dit-il, le sommeil serait dangereux ; nous avons trop de mains habiles et de cœurs cupides autour de nous. Notre vie ne court aucun risque, mais nous pourrions bien nous réveiller sans armes, sans selles et sans chevaux. »

Grâce à la vigilance de notre hôte, aucun vol ne fut commis à notre préjudice et nous partîmes au point du jour. Nous prîmes la route de Milianah qui est nommée *Trik Ouadjer* à cause du torrent de ce nom qui traverse quatorze fois la route.

Nous traversâmes successivement le territoire des Soumata et des Beni-Menêd. Nous franchîmes le col du Gontass, et au lieu de suivre la grande route qui descend dans la plaine du Chélif, nous traversâmes le territoire de la grande tribu des Righa. Après treize heures de marche, dont les trois dernières furent très pénibles, nous arrivâmes à la porte de Milianah au moment où la nuit devenait obscure.

CHAPITRE XI.

Arrivée à Milianah, 28 novembre 1837. — Réception d'Omar oul'd Omar pacha. — Ses confidences. — Visites aux autorités de Milianah.

Nous entrâmes à Milianah au moment où on allait fermer la porte ; personne ne nous reconnut et nous arrivâmes devant la maison du fils d'Omar pacha.

Je fus introduit dans une vaste pièce où se trouvait Sidi Omar, au milieu d'une nombreuse compagnie. J'allais sauter au cou du maître de la maison, mais je fus retenu par son accueil glacial. A peine me dit-il de m'asseoir. Je ne pouvais comprendre une semblable réception de la part de mon jeune ami.

Tous les assistants me regardaient avec curiosité puis chuchottaient entre eux et attendaient avec impatience de savoir qui j'étais.

Enfin Sidi Omar me demanda sèchement quel était le motif qui m'amenait à Milianah. Je crus remarquer quelques signes dans son regard. (Les yeux jouent un grand rôle dans la conversation arabe.) Je lui fis part de mon désir de me rendre auprès de l'émir et j'ajoutai que la réputation d'hospitalité qu'avait sa maison m'avait enhardi à descendre chez lui.

Il parut très satisfait de ces explications ainsi que tous les autres assistants. Je dus répondre à mille questions qui se succédaient sans interruption; on apporta enfin le dîner que mon estomac attendait avec impatience.

A peine achevions-nous notre repas que je fus de nouveau harcelé de questions. Enfin le personnage le plus âgé qui avait une tête vénérable et un air de bonté qui me prévint en sa faveur eut pitié de moi. « Tu dois avoir besoin de repos, me dit-il, je vais te délivrer de tous ces importuns. Allons, qu'on me suive, » et chacun dut obéir quoique à regret. Je restai seul avec trois ou quatre Arabes qui étaient des hôtes comme moi. Sidi Omar nous salua et se retira dans ses appartements privés.

Je croyais rêver, je ne pouvais me figurer le motif qui l'empêchait de me recevoir comme je l'avais reçu à Alger; était-ce ingratitude? était-ce crainte? Mais quelle crainte pouvait-il avoir avec sa fortune, ses amis et son crédit? je me perdais en mille conjectures et malgré ma fatigue le sommeil ne pouvait me gagner. Mes compagnons de chambre, d'ailleurs, ronflaient de manière à m'empêcher de dormir.

A la faible lueur d'une lampe qui était suspendue dans un des coins de l'appartement, je vis la porte s'ouvrir et un homme entrer avec précautions; il se dirigea vers moi, je ne fis pas le moindre mouvement, mais je mis la main sur un poignard qui était caché dans ma ceinture; quand il s'approcha de mon côté je reconnus Embarek, le nègre affectionné de Sidi Omar qui l'avait accompagné lors de son voyage à Alger. Il me poussa légèrement et m'appela par mon nom; je fis semblant de me réveiller. « Que veux-tu, lui demandai-je. » « Suis-moi, me répondit-il et surtout ne fais aucun bruit. » J'obéis. Il me fit monter à l'étage supérieur et m'introduisit dans un appartement tendu de riches tapisseries et dont le sol était recouvert de superbes tapis. Tout autour régnaient des divans formés par des matelas recouverts de couvertures soie et or et de coussins de même étoffe. Cette vaste salle était éclairée par d'énormes bougies plantées dans deux grands candélabres en argent massif. Embareck me fit signe de m'asseoir sur le divan et sortit. Un instant après je vis entrer Sidi Omar qui s'élança vers moi, me prit dans ses bras, et me tint longtemps embrassé en m'appelant mon frère ! mon ami !

« Tu as dû être vivement peiné de la réception que je t'ai faite, me dit-il, tu vas en savoir la cause et tu m'excuseras. J'éprouve une grande joie à te revoir, mais ce n'est pas ici que je voudrais avoir ce bonheur, c'est à Alger, ce pays des chrétiens, où on vit en liberté, tandis qu'ici je suis l'esclave de tous ; à tous je dois rendre compte de mes moindres actions et je ne suis jamais certain de me réveiller libre et possesseur du reste des biens que m'a laissés mon père. Ma position a bien changé depuis la dernière fois que je t'ai vu et ce que j'ai à te raconter est bien douloureux ; il faut pourtant que tu saches tout afin de régler ta manière de parler et d'agir dans le nouveau milieu où tu vas vivre.

« Écoute :

« Avant qu'Abd-el-Kader se fût emparé du pouvoir et eût soumis à son autorité la majeure partie de la régence d'Alger, les Turcs et les Coulouglis, disséminés sur son territoire, avaient été en butte aux attaques des Arabes avides de se venger de leurs anciens oppresseurs. Mais comme ils habitaient des villes, qu'ils étaient riches et bien armés, qu'ils avaient su même se créer des alliés parmi les Arabes, ils avaient soutenu la lutte avec succès.

« Mais depuis qu'Abd-el-Kader, grâces à vos généraux qui ont fait avec lui des traités de paix, est devenu le sultan des Arabes, nous n'avons plus d'alliés et nous sommes exposés, sans défense, à la haine de l'émir qui voit en nous les descendants des Turcs ses anciens maîtres, et qui nous considère comme des infidèles parce que nous avons eu des rapports avec les Français.

« Notre perte est donc certaine.

« Moi, surtout dont le frère habite Alger, et que le maréchal Clauzel avait désigné pour être bey de Milianah, je suis soupçonné plus que tout autre et j'ai d'autant plus à craindre, qu'on me croit possesseur de trésors que m'auraient laissés Omar pacha mon père.

« Ajoute aux dangers de cette situation le ressentiment du khalifa de Milianah, Sidi Mohammed ben *Allel ouïl'd Sidi Embarek*, dont des questions de femmes et de chevaux ont fait mon plus cruel ennemi. Ah ! si j'étais seul, je sacrifierais ma fortune, je laisserais ma femme à ses parents, j'irais à Alger, j'en arracherais mon frère et nous irions tous deux demander l'hospitalité à Méhemmed Ali, l'ancien compagnon de mon père (1); mais j'ai ma mère chérie, sa noble veuve, que je ne puis abandonner. Elle seule me retient dans ce maudit pays.

« Tu conçois, mon ami, qu'en de pareilles circonstances ta venue pourrait encore servir contre moi de prétexte à persécution. Il faut donc agir comme si nous ne nous étions jamais connus. Ahmed m'a déjà remis les présents que tu me destinais, je ne puis les accepter; nous en ferons un meilleur usage; nous les donnerons à mes alliés les marabouts descendants de Sidi Ahmed ben Joussef. Quoique Abd-el-Kader ait porté atteinte à leur influence, elle est encore grande dans le pays, il faut t'en faire des amis. D'ailleurs ayant témoigné ton désir d'aller rejoindre l'émir, tu dois être sacré pour eux. J'espère qu'Abd-el-Kader te fera un bon accueil, mais je crains bien que tu ne sois pas longtemps sans te repentir d'être venu au milieu de ces Arabes que nous, fils

---

(1) Voir notice sur Omar pacha, livre 1, chap. 4.

de Turcs, considérons comme des sauvages. Il faut que Dieu ait voulu ta conversion à l'islamisme pour t'avoir donné le courage d'abandonner ta famille, ton bien-être et ta liberté; car, mon ami, tu n'es plus libre ici. »

Je fus d'abord atterré par ce que venait de me dévoiler Sidi Omar; je tâchai toutefois de chasser les fâcheux pressentiments qui m'assaillaient en me disant que mon ami, attristé du sort de ses frères, exagérait peut-être la gravité de sa situation.

Je ne montrai aucun abattement. Je relevai au contraire le courage de Sidi Omar; je lui dépeignis Abd-el-Kader sous les couleurs qui m'avaient engagé à venir auprès de lui, et je me montrai tellement certain de réussir à sa cour qu'il parut lui-même plus rassuré. Nous nous séparâmes après être convenus de la conduite réciproque que nous devions tenir.

Le nègre Embarek avait eu soin d'éteindre la lampe de la chambre des hôtes et j'y rentrai sans être entendu. Le lendemain je me rendis, avec mon serviteur Ahmed, chez le hakem (1) Sidi El-Hadj Meliani et chez son frère aîné Sidi Lanteri.

Le premier, homme fin et cauteleux, me reçut avec réserve. Il accepta pourtant avec plaisir le cadeau que je lui fis d'un joli poignard et d'un fusil garni en argent. Il me promit son appui et sa protection pendant tout le temps que je resterais à Milianah.

Sidi Lanteri, successeur du marabout Sidi Ahmed ben Joussef, me témoigna sans réticences les sympathies que je lui avais inspirées, et ne voulut accepter aucune offrande. Je ne saurais dire combien j'ai été sensible à l'intérêt de ce vieil-

---

(1) *Hakem* en arabe signifie : « qui commande » c'est une fonction qui correspond à celle de *maire*.

lard; c'est lui qui le premier soir m'avait débarrassé des importuns questionneurs. Sidi Omar m'a raconté que Sidi Lanteri seul amenait dans la Mitidja des tribus entières d'Arabes qui venaient y combattre les Français; mais il est humain pour les blessés et les prisonniers.

Je n'étais pas tenu à faire d'autre visite, attendu que le khalifa de Milianah était auprès de l'émir. Cependant Sidi Lanteri me conseilla d'aller voir le premier secrétaire du khalifa, Kaddour Berrouila, Algérien versé dans la connaissance du Coran, et qui par sa science et son intelligence avait gagné non seulement la confiance du khalifa de Milianah, mais celle d'Abd-el-Kader lui-même. Il me dit que ce personnage ayant connu ma position à Alger pourrait, suivant qu'il serait bien ou mal disposé à mon égard, m'être utile ou nuisible auprès de l'émir.

Je n'hésitai pas à suivre son conseil, je fus très bien reçu par Kaddour Berrouila, dont l'empressement aurait dû me paraître outré, mais j'attribuai sa bonne réception à un sentiment de bienveillance et je lui fis cadeau d'un coran écrit en lettres d'or.

Il me proposa de me conduire lui-même au camp de l'émir auquel il me ferait présenter par le khalifa de Milianah. Quoique j'eusse grande envie d'aller au plus tôt rejoindre Abd-el-Kader, je consentis à attendre son départ pour me joindre à son escorte.

Sidi Omar fut tranquillisé lorsque je lui racontai la manière dont j'avais été reçu par les personnages que j'étais allé visiter. Il se laissa aller à la joie de me revoir et se prépara à me rendre agréable le temps que je devais forcément passer à Milianah.

CHAPITRE XII.

Fêtes pour un mariage. — Présentation à la veuve d'Omar pacha.

Pendant mon séjour à Milianah, j'écrivis, à plusieurs reprises, de longues lettres à mon ami, dans lesquelles je lui donnais des détails sur les choses que je voyais et les hommes avec lesquels j'étais en contact; je lui faisais la description de Milianah et de ses environs.

Je lui racontais entre autres l'histoire miraculeuse du fameux marabout Sidi Embarek (1), ancêtre de Sidi Mohammed ben Allel khalifa d'Abd-el-Kader à Milianah, légende qui a d'autant plus d'intérêt qu'elle est pour ainsi dire le type de toutes les légendes de ce genre, et qu'elle jette une lumière sur les sociétés religieuses de l'islamisme; mais, je le répète, tout ce qui eût été nouveau et intéressant à l'époque où j'écrivais est aujourd'hui parfaitement connu. Je me borne donc à puiser dans mon journal les faits qui ont trait aux personnages appelés à jouer un rôle dans les événements que je raconte; tout au plus me permettrai-je la description succincte de quelques scènes de mœurs auxquelles il est à peu près impossible qu'un chrétien puisse assister, sans que sa présence leur enlève leur caractère propre.

Les musulmans ne manifestent leurs sentiments intimes que dans un cercle uniquement musulman. Et encore!

(1) On lira cette légende dans les notes insérées à la fin de ce volume.

Deux jours après mon arrivée à Milianah, Sidi Omar et moi avons assisté à un *eûrs* (1) que Sidi El-Hadj Méliani hakem donnait en l'honneur du mariage de sa fille.

La maison était remplie de femmes qui venaient complimenter les parents de la mariée. Les hommes devaient traverser la cour et monter au premier étage pour aller prendre place devant les tables successivement servies à mesure de l'entrée des visiteurs ; la foule des femmes était compacte.

Sidi Omar semblait très satisfait de la lenteur de notre marche, je remarquai même avec étonnement que plusieurs femmes s'approchaient de lui et lui disaient quelques paroles à la dérobée. Je les entendais de tous côtés demander entre elles : « Quel est cet Arabe qui est avec le fils du pacha ; d'où vient-il ? »

A force de demander elles parvinrent à connaître mon origine. « C'est un Français ! » Cette nouvelle circula avec la rapidité de l'éclair parmi elles ; chacune voulait voir de plus près ce personnage extraordinaire. L'une me pinçait, l'autre me tirait par mes burnous, l'autre me demandait mon nom, d'autres faisaient leurs réflexions à haute voix. « Il ressemble à un marabout. » « Oh comme il est blanc ! » « Il est encore timide, regarde comme il rougit. » « Quand te marieras-tu ? »

Sidi Omar riait de mon embarras; heureusement le maître de la maison s'aperçut de notre retard et vint à notre aide, mais ce ne fut qu'avec des menaces et même des bourrades qu'il put nous frayer un passage à travers ces curieuses.

Malgré ma *timidité*, je ne laissais pas de regarder attentivement toutes celles qui m'entouraient et j'eus à admirer plus d'un joli minois.

Les femmes de Milianah ne se couvrent pas la figure de la

---

(1) *Convivium nuptiale*. Les Arabes emploient cette dénomination pour désigner toutes les fêtes.

même manière que celles d'Alger. Celles d'Alger, comme tout le monde doit déjà le savoir, ont une pièce de mousseline blanche très fine, plus longue que large qu'elles mettent au-dessous des yeux à la hauteur du milieu du nez et dont elles attachent les bouts derrière la tête. Ce voile doit recouvrir le cou et les seins ; elles mettent en outre sur la tête un haïk soit en laine fine, soit en coton, dont le bord retombe sur le front jusqu'aux sourcils. Elles s'en enveloppent les bras et les mains et elles en sont recouvertes par derrière ; celles de Milianah, ainsi que toutes les femmes habitant les villes de l'Algérie, à l'exception d'Alger, s'enveloppent en entier dans un immense haïk en grosse laine qu'elles arrangent de manière à se cacher complètement et à ne laisser qu'une petite ouverture devant un œil, afin de pouvoir se guider. Riches, jeunes, vieilles ou pauvres, sont toutes recouvertes d'un haïk de même qualité. Mais, quand elles le veulent, il leur est bien plus facile de laisser voir leur figure, elles n'ont qu'à écarter légèrement les mains.

Il n'était donc pas étonnant que j'eusse vu plus d'un visage découvert, car dans cette foule il était souvent difficile aux plus scrupuleuses de maintenir leur haïk à sa place. Selon l'usage, nous assistâmes à la *théoussa* (quête qui se fait en faveur des nouveaux époux).

Sidi Omar donna une somme très supérieure à celles données par les autres ; désireux de faire honneur à l'époux et à mon ami, je donnai généreusement. Les quêteurs, ainsi que c'est l'habitude, crièrent que Dieu récompense Omar el Euldj (1).

---

(1) Euldj est le nom que l'on donne aux Circassiens, Géorgiens, chrétiens ou musulmans qui sont les pages des sultans, pachas, beys et autres dignitaires musulmans. Dans l'Orient c'est un titre qui emporte avec lui une idée de mépris. En Algérie, au contraire, les Arabes ont adopté cette expression pour désigner tout Européen devenu musulman. La véritable

Les *z'gharit* (1) des femmes en entendant mon nom semblèrent redoubler d'acuité et se prolongèrent plus que pour les autres donateurs. De retour chez mon hôte il me dit que je m'étais fait une réputation qui pourrait bien m'attirer quelque aventure galante : « Comment, lui dis-je, dans un petit pays comme celui-ci (Milianah est une ville de six à sept mille âmes), est-il possible à une femme d'échapper aux yeux jaloux de son mari, de ses frères ou de ses amis ? — Ce fait arrive souvent, me dit-il, malgré la sévérité de notre loi religieuse qui punit de mort toute femme adultère, un grand dérèglement de mœurs règne dans nos villes et dans les tribus ; il s'agit seulement de savoir se cacher, et, dans le cas où on est découvert, l'argent arrange tout. Il arrive parfois qu'un mari tue ou est tué ; mais chez nous la vie d'un homme est comptée pour peu de chose, presque toujours on ignore la cause de ces rencontres et, le saurait-on, les témoins manquent pour convaincre le coupable. Comme mon frère, tu dois partager mes dangers et mes plaisirs, ainsi que c'est l'usage chez les Arabes ; je n'ai rien de caché pour toi, attends-toi donc à m'accompagner dans mes excursions nocturnes. Peut-être aurai-je le même service à te rendre. Le mois favorable arrive dans deux jours, car, dans le mois

---

expression arabe est *Mouchéhed* (qui a rendu témoignage) (sous-entendu en faveur de la véritable foi). L'expression appliquée aux Juifs convertis à l'islamisme est *Slami* (qui a abandonné) (sous-entendu toute fausse croyance). Suivant les Arabes, un chrétien qui prononce une fois seulement les paroles sacramentelles : *Lé illa ill' Allah Mohamed rassoul Allah.* (Il n'y a de Dieu que Dieu et Mohammed est son prophète) doit être cru ; il doit être considéré plus qu'un autre. Il ira dans un ciel plus élevé que ceux nés musulmans. Ils ne croient au contraire à la conversion d'un juif que lorsque ses ancêtres ont persévéré dans l'islamisme pendant quarante générations. C'est une tradition seulement, car Mohammed a fait dire à Dieu dans le Coran (quiconque dira une seule fois en sa vie et de bonne foi *Lé illa ill' Allah* sera exempt du feu éternel).

(1) *Z'gharit.* Cri aigu (iou-iou-iou) que poussent les femmes en frappant de la main sur la bouche en signe d'applaudissement.

de Ramadan seulement, il est permis de sortir la nuit, et cette liberté rend ce genre d'expéditions beaucoup plus facile. »

Je profitai de la confiance que me témoignait Sidi Omar pour lui parler de l'arrivée de Khadidja à Milianah. « Oh! mon ami, lui dis-je, comment pourrais-je songer aux aventures galantes que tu me fais entrevoir, quand Lella Khadidja est ici malheureuse et exilée pour m'avoir aimé? Ne connais-tu pas assez mes sentiments pour comprendre que je croirais commettre un crime, si j'oubliais un seul instant cet amour qui remplit mon cœur. Oh! la seule faveur que je te demande c'est de me présenter à ta noble mère qui a accueilli ma pauvre amie avec tant de bienveillance. »

Sidi Omar me dit: « Tu n'as pas à me demander cette faveur, puisque c'est ma mère elle-même qui m'a ordonné de te présenter à elle. Elle t'aime comme un de ses fils, en considération des liens d'amitié qui t'unissent à mon frère et à moi. C'est un grand privilège qu'elle t'accorde, car, à l'exception de notre frère et de notre fidèle serviteur Beba Djello ul, aucun homme n'a obtenu la permission de la voir. »

J'éprouvai une profonde émotion à la pensée que j'allais me trouver en présence de la veuve d'Omar pacha, cette héroïne de ma notice sur le célèbre dey d'Alger. Le soir, en effet, quand tous les hôtes se furent retirés, Sidi Omar me conduisit dans la partie de la maison réservée aux femmes. Arrivé là, il m'introduisit dans une vaste pièce dans le *kebou* (1) de laquelle était assise une femme, en partie couverte d'un haïk de fine laine éclatante de blancheur. Je m'avançai vers elle, je me mis à genoux et je baisai respectueusement le bord de son haïk. Elle, de ses mains, entoura ma tête et l'attirant vers elle, m'embrassa tendrement.

---

(1) Renfoncement voûté qui se trouve dans toutes les chambres des maisons arabes, en face de la porte d'entrée.

Elle me fit asseoir à ses côtés, son fils resta debout; « il ne s'asseyait jamais devant sa mère ». C'est une reine que j'avais devant moi, en tant qu'une reine est l'image de la majesté et de la bienveillance.

Malgré son âge (cinquante ans environ) elle est encore belle. Ses traits accentués gardent la trace de la douleur. Pas un bijou n'orne sa personne, son costume est celui des grandes dames arabes : turban en percale blanche, entouré de cordons de soie noire, abeia ou gondoura (1) en laine blanche, long haïk de même étoffe. Son cou et ses bras sont recouverts d'une étoffe en gaze qui en laisse voir les contours.

Son regard est doux, son geste est digne et gracieux, le son de sa voix est grave et mélodieux. Encore une fois, je suis devant une reine. C'est bien la belle Yemna que j'avais rêvée. Elle ne se lassait pas de m'interroger sur son fils Mohammed, sur sa petite fille Aouéouèche, qu'elle ne connaissait pas.

« Les reverrai-je jamais, me disait-elle de sa belle voix triste ; Dieu ne me réserve-t-il pas de nouvelles épreuves ? lui seul pourtant sait tout ce que j'ai souffert, » et ses grands yeux profonds se remplissaient de larmes.

Elle fit un signe à son fils, celui-ci sortit de la pièce où nous nous trouvions et rentra bientôt, suivi de deux femmes richement vêtues qui allèrent baiser la main de Lella Yemna et firent le simulacre de baiser la mienne (2).

Elles étaient jeunes, jolies et parées. Lella Yemna, en me présentant la moins jeune, me dit : « C'est ta sœur, la femme de Sidi Mohammed qui ne cesse de pleurer l'absence de son époux. » « Celle-ci, en me présentant l'autre, est ta sœur, la

---

(1) Robe sans manches ouverte sur la poitrine.
(2) Il est d'usage chez les musulmans que les femmes baisent la main de leur mari, de leur père, de leurs frères aînés et des parents qui sont admis à les voir.

femme de ton frère Sidi Omar. Comme mon fils, tu as le droit de les voir. »

A un nouveau signe imperceptible les deux femmes se levèrent, baisèrent la main de leur belle-mère, me saluèrent et disparurent avec Sidi Omar. J'étais seul avec Lella Yemna.

« Mes fils m'ont parlé de ton amour pour Khadidja, mon cher enfant, me dit-elle ; mais, tout en admirant la constance de tes sentiments, je ne puis les approuver. L'amour hors des voies du Seigneur est coupable. Ne compte donc pas sur mon intervention pour te rapprocher de Khadidja tant qu'elle appartiendra à l'homme qui est son époux devant Dieu. Je lui ai remis, lors de son arrivée ici, la lettre que m'avait envoyée pour elle mon fils Mohammed, car une lettre est un dépôt sacré ; la pauvre femme a versé son cœur dans le mien. L'âme déjà frappée par la douleur comprend seule la douleur. Je lui ai dit de purifier son amour en demandant à Dieu la force de le dompter, jusqu'au jour où, si cela est écrit, il sera consacré suivant sa sainte loi. Elle supporte aujourd'hui sa peine avec plus de résignation, je la vois souvent et mes exhortations la réconfortent. Sa santé, hélas ! est chancelante, mais notre vie est entre les mains de Dieu. »

Et, comme je ne pouvais maîtriser mon émotion : « Sois homme, mon enfant, reprit-elle d'une voix douce et sévère, sois homme et garde-toi d'offenser Dieu en détournant une femme de son devoir.

« Aime ta Khadidja comme nos glorieux ancêtres, qui avaient conquis l'Andalousie (1), ont aimé certaines femmes célèbres ; aime-la avec ton âme. Elle m'a paru digne d'une affection d'autant plus profonde qu'elle reste pure. Je lui dirai ta constance et tes tourments, mais je la maintiendrai dans la voie du bien. Sur ta tête, sur la tête de ton père, sur la tête

---

(1) Les Arabes donnent ce nom à toute l'Espagne.

de mes fils, je t'adjure de ne pas faire un seul pas pour la revoir ici. Tu te rendrais coupable sans autre résultat que celui de compromettre sa vie. »

Ai-je besoin d'attirer l'attention de mes lecteurs sur le langage de la veuve d'Omar pacha ? L'élévation et la pureté des sentiments exprimés dans un style si simple et si noble ne feraient-elles pas honneur à une de nos plus ferventes chrétiennes? On s'étonnerait moins du langage et des actes des femmes musulmanes avec lesquelles j'ai eu le bonheur de me trouver en relations pendant mon séjour en Afrique, si on connaissait mieux le rôle attribué à la femme dans les poésies et les légendes arabes. Les filles d'Ismaël, avant l'islamisme surtout, étaient le foyer où s'échauffaient et d'où rayonnaient les pensées de l'homme. C'est elles qui inspiraient les poètes, qui allumaient dans le cœur des preux cavaliers la passion de la gloire.

Qu'on lise l'intéressant ouvrage de mon ami le docteur Perron, orientaliste distingué : *Les Femmes arabes avant et après l'islamisme*, et on comprendra mieux le caractère des musulmanes que je cite dans mes récits.

Je me promis de suivre les conseils de Lella Yemna qui ne dit jamais de vaines paroles, mais je poursuis mon rêve.

Devenir puissant auprès de l'émir, obtenir le divorce en faveur de Khadidja et l'épouser. Oh ! que l'espoir est tenace dans un cœur jeune et possédé d'amour !

CHAPITRE XIII.

Pratiques religieuses.

J'ai dit que j'avais revêtu le masque du musulman, mais jusqu'ici je n'ai pas encore parlé des pratiques religieuses auxquelles je suis assujetti. Il est temps, je crois, d'aborder ce pénible sujet.

Le Coran prescrit aux musulmans cinq prières par jour.

Mais, avant d'aller plus loin, il importe de donner quelques explications sur le Coran au sujet duquel, dans le monde, j'ai entendu souvent émettre des opinions assez fausses. Ces explications sont du reste nécessaires pour l'intelligence des faits que j'aurai à raconter, car la constitution de la société musulmane repose entièrement sur le Coran et ses prescriptions.

Coran (1) signifie le livre par excellence. Ce n'est point la parole de Mohammed (2), c'est la parole de Dieu reçue miraculeusement par Mohammed et recueillie et écrite par lui et les premiers sectateurs lettrés de sa religion.

Quand un musulman cite un passage du Coran, il commence par ces mots : Dieu a dit ; quand il cite un passage des Hadith (3) il dit : Le prophète a dit : « Les paroles de

---

(1) *Le Coran* de *Kora* (lexit).
(2) Il est bien entendu que j'exprime ici les croyances musulmanes.
(3) Recueil des préceptes de Mohammed.

ce dernier sont des préceptes. La parole de Dieu est une loi immuable. »

C'est le code religieux et le code civil, car la loi religieuse est en même temps la loi civile. On comprend dès lors que le Coran soit le prototype de la langue arabe, puisqu'aucun de ses mots ne peut subir la moindre altération. Un défaut même de prononciation, quand on récite le Coran, est considéré comme une impiété.

Je disais donc que le Coran prescrit cinq prières obligatoires par jour (1).

Le Coran ordonne également les ablutions, car la prière n'est valable que si on est en état de pureté.

La description des ablutions et l'énumération des cas où elles deviennent obligatoires, nécessiteraient des détails dans lesquels je crois qu'il est au moins inutile d'entrer.

Dans les pays où il n'y a pas d'eau, le Coran permet aux croyants de remplacer les ablutions par l'imposition des mains sur la terre.

Je fais donc mes ablutions et mes prières avec la plus scrupuleuse exactitude, car je m'aperçois que je suis constamment épié. Voici comment un musulman doit prier :

Après avoir fait ses ablutions, il choisit une place qui ne soit souillée par aucun corps impur, soit dans la tente, soit en plein air. Il tourne sa face vers la Kaâba (maison d'Abraham située dans le temple de la Mecque); il élève ses deux mains ouvertes à la hauteur de son front et dit : « Dieu est grand. Il n'y a de Dieu que Dieu, et Mohammed est son prophète (2), » puis il récite un verset du Coran, se prosterne à

---

(1) La prière El Fedjr, aurore. — La prière El D'hour, une heure après midi. — La prière Elaâsser, à égale distance du D'hour et du Moghreb. — La prière El Moghrëb, coucher du soleil. — La prière El Acha, soit deux heures 1/2 après le coucher du soleil.

(2) *La illa ill'Allah, Mohammed rassoul Allah! Allah Ekbar.*

genoux, frappe la terre de son front, se relève dans sa première posture, redit encore « Dieu est grand, » et ainsi trois fois de suite en changeant à chaque fois le verset du Coran.

Quand la prière se fait en commun, soit dans la mosquée, soit en plein air, les paroles sacrées sont récitées par l'iman (1) et les assistants se contentent de faire les génuflexions, etc., en répondant à chaque fois et tous en chœur : *Allah ou Ekbar* (Dieu est le plus grand).

Le vendredi, la prière du D'hour doit être faite en commun, et dans une mosquée, s'il en existe dans les environs. Après cette prière, l'iman, nommé dans ce cas *khâtib* (2) (prédicateur), fait un sermon.

Pendant l'heure de la prière du D'hour, le vendredi, tout travail doit être interrompu, et dans les villes, toutes les boutiques et les lieux publics doivent être fermés.

Pour la première fois j'ai fait le Ramadan (3). Ce carême des musulmans est bien plus rigoureux que celui des chrétiens, lorsqu'on l'observe en se conformant à l'esprit du Coran.

On doit jeûner depuis l'heure où l'on peut distinguer un fil noir d'un fil blanc jusqu'au coucher du soleil. Le jeûne ne consiste pas seulement à se priver d'aliments, il est défendu de boire, de priser, de fumer, d'aspirer des odeurs et d'avoir commerce avec les femmes pendant cet intervalle.

Au moment où le soleil se couche, les musulmans les moins fervents se livrent immédiatement à la satisfaction du besoin le plus impérieux. Les uns mangent, les autres fument, d'autres prisent. Le musulman pieux doit avaler une seule gor-

---

(1) Qui se tient devant, parce que l'officiant se tient en avant de ceux qui prient.

(2) De *Khotoba*, discours.

(3) De la racine arabe : il a brûlé, qui brûle (sous-entendu les entrailles). D'autres prétendent que Ramadan est le nom du premier homme qui a jeûné.

gée d'eau, pour rompre le jeûne, puis faire la prière du Moghreb. Il ne mange qu'après avoir achevé sa prière, qu'il doit faire autant que possible en commun.

Comme partout, les gens riches trouvent moyen d'adoucir les règles les plus austères. Ainsi, les musulmans aisés font du jour la nuit et de la nuit le jour. Le carême qui doit être un temps de pénitence et de repentir est, pour une partie des musulmans, une époque de bonne chère et de réjouissances. La nuit se passe en festins ; ils prolongent leur réunion jusqu'à ce qu'il ne reste plus que deux heures de nuit, alors on leur sert le Sohor (1) (nom du dernier repas de la nuit) et au moment où l'aurore répand ses premières clartés, ils se rincent la bouche, font leurs ablutions, leurs prières du matin, et vont se coucher pour ne se lever qu'après midi. Les pauvres, au contraire, qui doivent travailler pour vivre et qui n'ont pas de quoi acheter une nourriture substantielle, font le Ramadan dans toute sa rigueur. Ceux qui ont l'habitude de fumer ou de priser, souffrent plus de la privation du tabac que de celle de la nourriture ; pour moi, qui n'avais aucune de ces habitudes, je supportais le Ramadan sans la moindre difficulté. Il faut ajouter que je menais la vie des riches.

Comme l'année lunaire qui sert à compter l'ère musulmane a onze jours de moins que l'année solaire, il en résulte que, pendant une révolution de trente-trois ans, tous les mois de l'année lunaire parcourent successivement les différentes saisons de l'année solaire. Le Ramadan arrive donc également à toutes les époques de l'année : en été, il est intolérable à cause de la soif; aussi est-il permis aux moissonneurs et aux voyageurs de ne pas observer le Ramadan, mais alors ils doivent, dans le cours de l'année, jeûner le nombre de

---

(1) De Sohra (il a veillé).

jours pendant lesquels ils n'ont pas satisfait au jeûne du Ramadan. C'est une dette sacrée. Le mois de Ramadan est consacré à la prière et à la préparation des fidèles pour les fêtes de Pâques nommées (1). *Aïd el Sghaïr* la petite fête et (2) *Aïd el Kebir* la grande fête. On doit oublier toutes les injures qu'on a reçues et se réconcilier avec tous ses ennemis ; toute guerre entre tribu cesse pendant ce mois sacré.

Ainsi moi qui, depuis si longtemps, avais négligé d'observer les pratiques de ma religion, je me voyais forcé d'apprendre par cœur les prières des musulmans et de jeûner rigoureusement pendant le Ramadan. Cette obligation me répugnait d'autant plus qu'elle me condamnait à me couvrir d'un masque d'hypocrisie, horrible vice que j'abhorre et qui est si opposé à ma nature. Et pourtant il n'y avait pas à hésiter, car d'après tout ce que je voyais, ces braves musulmans en étaient encore, en fait de tolérance, au même point que Torquemada et, au feu près, il eût été dangereux de ne pas prier et de ne pas s'astreindre à toutes les pratiques prescrites par le Coran. La mort eût été la punition du moindre doute exprimé sur l'excellence de la religion musulmane.

(1) Beyram en Turc.
(2) Courbon Beyram.

CHAPITRE XIV.

Scène à propos de la guerre contre les Français. —
Soirée de hachich. — Zuleikha.

Méllanah, 6 décembre 1837.

La fougue de mon caractère faillit un soir me compromettre gravement ; j'ai compris depuis la sagesse du proverbe arabe : « 'Tant que la parole est dans ta bouche, disent-ils, elle est ton esclave. Quand elle est sortie, elle devient ton tyran. »

Voici le fait : Nous passions nos soirées dans la douira (petite maison) de Sidi Omar ; qui est appelée Dar el Dhièf, la maison des hôtes ; chaque soir, en outre des voyageurs, plusieurs habitants, les plus distingués de la ville, venaient prendre le café et faire la conversation ; ma présence contribuait à augmenter le nombre de ces visiteurs ; chacun m'adressait une question et j'avais souvent grande peine à répondre à toutes ; la plupart étaient tellement saugrenues !

Lorsque Sidi Omar me voyait par trop fatigué il se retirait et me conduisait dans une petite chambre à part où je couchais seul avec Embarek, son nègre et Ahmed mon domestique. Ce soir-là, la réunion était nombreuse et la conversation tomba sur la guerre faite aux chrétiens. Chacun vantait ses exploits : l'un avait tué nombre de Français, l'autre avait coupé tant de têtes et mille autres forfanteries.

« Quand la guerre sainte recommencera tu seras dans nos rangs, me disaient-ils, et toi aussi tu couperas des têtes de Français et quand même tu trouverais ton père devant toi, tu devrais le frapper. »

J'étais exaspéré ; je me contins longtemps à cause des signes que me faisait Sidi Omar ; mais lorsque j'entendis les misérables s'écrier que les Français étaient des lâches, qui ne se battaient que par force et lorsqu'ils étaient ivres, tout sentiment de prudence fit place à mon indignation et me levant debout, je m'écriai : « Les Français sont des lâches, dites-vous. Eh bien, je suis Français, je suis seul, vous êtes vingt, je vous défie tous ; vous tous qui avez coupé tant de têtes de Français, ne pouvez-vous en ajouter une à vos triomphes. Qu'attendez-vous, je vous défie. » En parlant ainsi j'avais saisi mon poignard, je tremblais de rage ; Sidi Omar ne savait quelle contenance tenir ; quelques visiteurs se regardaient indécis et semblaient se consulter sur ce qu'ils avaient à faire.

« Ah ! ah ! ah ! se prit à rire mon vieil ami Sidi Lantseri. Le démon a encore un pied dans le cœur de notre nouvelle conquête ; calme-toi, mon enfant, me dit-il ; nos prières sauront chasser ce maudit qui gémit de voir échapper de ses griffes un homme aussi courageux que tu sembles l'être. J'affirme sur la tombe de mon ancêtre que tu deviendras un musulman exemplaire. »

Il se leva, vint vers moi, me fit asseoir à ses côtés et nous raconta l'histoire d'un chrétien qui, du vivant de Mohammed s'était fait musulman et avait éprouvé la même colère que moi en entendant un jour déprécier la valeur de ses compatriotes. Au lieu de douter de sa foi le prophète le prit en amitié et il devint un des plus zélés défenseurs de l'islamisme.

La protection et l'histoire du vénérable marabout palliérent le mauvais effet de ma violente sortie, mais je crains qu'elle ne me fasse grand tort : simple que j'étais de croire qu'on pouvait être musulman et Français. Quelle déception ! Enfin arrive que pourra, je dois désormais marcher sans regarder en arrière.

Hier soir, Sidi Omar avec lequel nous avions fait, dans la journée, une longue course à cheval afin de nous distraire du jeûne rigoureux que nous observons, car nous sommes dans le mois de Ramadan ; Sidi Omar, dis-je, me prit à part et me prévint, que le soir même il comptait sur moi pour aller chercher la dame de ses pensées. J'étais triste et fatigué, et j'étais certes bien peu disposé à courir les aventures ; mais je ne pouvais opposer un refus à mon ami sans l'offenser.

Aussitôt après le dîner, Sidi Omar prétexta une indisposition et congédia tous ses hôtes.

Nous prîmes alors nos armes, nous revêtîmes des burnous grossiers, nous abaissâmes nos capuchons sur la figure et nous sortîmes de la maison de Sidi Omar par une issue connue de lui seul. Nous étions accompagnés de son fidèle nègre Embarek et nous nous glissâmes hors de la ville par une brèche pratiquée dans les murailles situées à l'ouest ; nous fîmes le tour de l'enceinte et nous arrivâmes à l'escarpement du côté de l'est ; nous gravîmes les rochers qui sont presque à pic dans cet endroit. Il fallait que ce chemin fût bien connu de mes compagnons, car ils semblaient suivre une trace à travers les pointes qui surplombaient le précipice.

La nuit était sombre ; sans le secours d'Embarek, je doute que j'eusse pu arriver. Enfin nous atteignîmes le pied de la muraille et nous nous arrêtâmes devant une petite poterne qui s'ouvrait au-dessous d'une immense terrasse soutenant un jardin planté d'orangers, de citronniers, de rosiers et de jasmins ; je reconnus parfaitement la maison dans laquelle j'étais allé faire une visite il y avait peu de jours et où j'étais loin, alors, de me douter que je devais retourner pour un semblable motif! De petites pierres jetées à nos pieds nous apprirent presque immédiatement qu'on nous avait aperçus; un instant après une femme sortit. Embarek l'enveloppa dans un burnous, qu'il avait par-dessus le sien, et nous reprîmes notre dangereux chemin. Bien loin de se faire aider, la belle de Sidi Omar nous précédait et sautait avec la légèreté d'une gazelle de rochers en rochers. Elle semblait prendre plaisir à exciter nos craintes en se penchant sur l'abîme.

Nous arrivâmes chez Sidi Omar sans rencontre fâcheuse, et nous fûmes conduits dans un appartement souterrain situé au-dessous de la grande maison et dont l'usage primitif était un magasin à grains.

Des séparations y avaient été établies, et l'intérieur était tendu de superbes tapisseries, les pieds foulaient trois ou quatre doubles de riches tapis de Smyrne. Nous trouvâmes dans ce réduit Sidi Sliman cousin de Sidi Omar, chasseur, poète et musicien habile.

Plusieurs grosses bougies éclairaient l'appartement dont l'atmosphère était imprégnée de parfums délicieux.

Par un reste de pudeur, notre visiteuse hésitait à se découvrir devant moi. Sidi Omar lui arracha les burnous qui la recouvraient, et quel fut mon étonnement en reconnaissant Zuleikha, la jolie curieuse dont j'avais admiré les moues gracieuses, chez Lella Aisha femme de mon ami Sidi Mohammed; Zuleikha une des épouses légitimes de Sidi *** !

Sidi Omar me lança un regard interrogateur. « Demande à Lella Zuleikha si elle ne se souvient pas de moi, » lui dis-je. En m'entendant prononcer son nom, la pauvre jeune femme, qui ne pouvait me reconnaître sous mon nouveau costume, resta interdite.

Je voyais déjà la jalousie enflammer le regard de Sidi Omar;

je me hâtai de le calmer en rappelant à Zuleikha notre entrevue chez Lella Aisha.

Elle me reconnut alors et redit à Sidi Omar ce que je lui avais déjà raconté moi-même. Les sentiments de jalousie rétrospective de son amant disparurent aussitôt et pour me prouver qu'il ne conservait plus aucun soupçon il me força à embrasser la jeune Mauresque. Celle-ci, qui avait appris mes relations avec Khadidja et qui savait que son mari l'avait enlevée et amenée à Milianah, me parla d'elle et me dit : « Elle est plus heureuse que ma pauvre sœur, que son mari a tuée il y a six mois sur un simple soupçon. » En prononçant ces paroles ses beaux yeux s'étaient remplis de larmes, mais tout à coup reprenant son air gai et mutin :

« Si Sliman, s'écria-t-elle, en s'adressant au cousin de Sidi Omar, prends ta quouittera (mandoline) et chante-nous les joies et non pas les tristesses de l'amour. »

Si Sliman, dont le type rappelle celui des derniers Maures d'Espagne ses aïeux authentiques, prit sa mandoline et d'une voix douce et vibrante nous chanta quelques-unes des poésies arabes dont on lit la traduction dans les Mille et une nuits.

Comme nous étions dans le mois de Ramadan, Sidi Omar ne pouvait pas boire de vin, car, bien que beaucoup de musulmans se permettent cette transgression à leur loi, en temps ordinaire, ils croiraient renier leur croyance s'ils n'observaient pas rigoureusement les règles de leur carême.

Mais mon ami, dont le défaut mignon est hélas ! la débauche, voulut remplacer l'ivresse du vin par celle du hachich. En effet après une collation splendide, il nous fit avaler à chacun une pilule de ce narcotique. Au bout d'une heure environ nous étions tous plongés dans une douce ivresse. Pour moi je restai longtemps livré aux illusions les plus étranges et à une extase délicieuse pendant laquelle je voyais se succéder des apparitions fantastiques.

C'était pour la première fois que je prenais du hachich, et j'ai pu comprendre la passion des Orientaux pour l'opium.

Je conservais, toutefois, la perception de ce qui se passait autour de moi. Une langueur voluptueuse s'était répandue sur les traits de Zuleikha. L'effet du hachich avait chassé ses couleurs ; elle n'en était que plus belle.

Son esprit était sans doute en proie à des idées tristes, car on voyait briller des larmes à travers ses longs cils noirs. Elle fit nonchalamment signe au musicien de se taire ; elle émit d'abord quelques sons étouffés, puis d'une douce voix de contralto elle chanta une romance sur un rythme dont la mélodie simple et monotone a un charme indicible. C'est le lai, bien connu chez tous les Arabes, composé sur la mort de Salah, le plus fameux des beys de Constantine. Après chaque strophe Embarek imitait sur une flûte en roseau l'écho de la voix de Zuleikha.

Jamais, je crois, il n'a été donné à un Européen d'assister à une scène musulmane plus poétique et plus émouvante. Cependant le charme du hachich disparaissait peu à peu et un sommeil lourd et pénible avait succédé à notre douce ivresse. Et la nuit s'écoulait rapidement et il fallait ramener Zuleikha à sa demeure ! Elle dormait profondément la jeune imprudente, elle dont la sœur venait d'être tuée sur un simple soupçon.

Heureusement Embareck n'avait point pris de hachich ; il parvint à nous éveiller ; nous reconduisîmes la belle Zuleikha à la petite porte de la terrasse, et peu d'instants avant l'aurore nous étions de retour chez Sidi Omar.

Je me rendormis, mais quel sommeil ! Les songes les plus affreux ne cessèrent de m'agiter, et lorsque je me réveillai, ma tête était lourde, mes membres brisés ; je jurai bien de ne jamais renouveler une pareille expérience.

CHAPITRE XV.

Mœurs du lion.

Enfin Kaddour Berrouila m'annonça l'arrivée des jeunes frères et cousins du khalifa de Milianah, les Ouled Sidi Embareck, qu'il attendait pour se rendre avec eux auprès de l'émir.

Mais avant notre départ nous devions assister à une chasse au lion préparée en l'honneur des parents du khalifa. Bien que j'eusse hâte d'être présenté à Abd-el-Kader, je fus ravi de pouvoir prendre part à cette chasse. La veille du départ, Sidi Omar invita à dîner les marabouts de Coléah et les marabouts descendants de Sidi Ahmed ben Youssef. Pendant toute la soirée il fut question du lion. Des chasseurs expérimentés, qui avaient rencontré et tué plus d'un de ces terribles animaux, assistaient à cette réunion, et j'écrivis pour ainsi dire sous leur dictée les détails qui suivent, détails dont, pendant mon long séjour en Afrique, j'ai eu l'occasion de constater l'exactitude.

Le lion ne sort jamais de sa tanière avant les approches de la nuit; au soleil levant il s'y réfugie. Il vit avec sa femelle et partage avec elle les soins à donner à ses lionceaux dont le nombre ordinaire est deux, quelquefois trois, et rarement quatre.

Il habite dans les pays boisés et ravinés. Sa tanière se trouve toujours dans les endroits les plus retirés et dans le flanc d'un rocher ou d'une montagne à pic ; il ne mange jamais dans sa tanière ; il n'y apporte que ce qui est nécessaire à la nourriture de ses lionceaux, lorsqu'ils ne peuvent s'en éloigner.

Ses émanations répandent à l'entour des lieux qu'il habite une odeur fétide. Il va manger sa proie sur le bord d'un cours d'eau ou d'une mare, car il est obligé de boire souvent pendant son repas.

Quoique très courageux, il craint l'homme et ne l'attaque jamais ouvertement. Il distingue parfaitement s'il est armé, et alors il a recours à la ruse.

Si celui qui rencontre le lion a l'imprudence de faire feu sur lui et s'il ne l'atteint pas, ou bien s'il le blesse sans l'abattre, il est perdu. Le lion ne se montre jamais lorsqu'il entend ou voit une nombreuse compagnie ; si au contraire deux ou trois et même quatre piétons passent dans un endroit où il se trouve, il les précède et va se coucher au beau milieu de la route par laquelle ils doivent passer ; là il fait semblant de dormir. Si les voyageurs sont habitués à de pareilles rencontres et qu'ils lui crient d'une voix assurée toutes les injures que le répertoire arabe peut leur fournir, qu'à ces injures ils joignent l'audace de lui lancer des pierres, le lion s'écarte de la route et leur livre passage ; il les suit encore à quelque distance, mais il se retire parce qu'il comprend qu'il a affaire à des hommes courageux. Si au contraire les passants manquent d'énergie et de sang-froid et que leur démarche dénote leurs craintes, l'un d'eux est perdu, il devient inévitablement la proie du lion. Sidi Lantseri, mon vieil ami de Milianah, dit à un Arabe, grand chasseur de bêtes féroces et renommé par son audace, de nous raconter la manière dont il avait failli être dévoré par un lion.

L'Arabe interpellé s'exprima ainsi : « Je me rendais au marché des Beni Zugzug : afin d'arriver de meilleure heure, je partis la nuit du Kantara ; dans un défilé, au-dessous du djebel Doui, je rencontre le lion ; il vient se poser sur mon passage : Ah ! fils de prostituée, coupeur de route, lui criai-je, tu ne me reconnais donc pas ? J'ai bientôt tué autant de tes maudits frères que j'ai de grains à mon chapelet et tu me regardes avec des yeux de convoitise ; vas, vas chercher une proie plus facile, car si Dieu n'en ordonne autrement, ma chair ne te servira pas de pâture. Le brigand se leva lentement et se mit sur le côté de la route ; je m'approchai, jamais je n'avais vu d'yeux plus brillants, de crinière plus noire. Le démon (que Dieu le maudisse) voulait sans doute me donner cette horrible mort, car je sentis mon cœur battre dans ma poitrine et un nuage obscurcir ma vue ; mes jambes devinrent si lourdes que je n'avais plus la force de les arracher du sol. Je voulais passer, je ne le pouvais. Je vis grandir devant moi le lion comme une montagne ; ma raison était absente. Je me souviens seulement de l'impression horrible que me causait l'odeur brûlante et fétide de son haleine. Je me sentais pousser tantôt à droite tantôt à gauche, et ce qui m'a laissé le souvenir qui m'apporte encore avec lui le frisson de la mort, c'est qu'un objet rude et gluant me raclait les joues et m'inondait d'une liqueur chaude et empoisonnée, c'était la langue du lion ! Cependant l'heure de ma mort n'avait pas sonné, grâce à Dieu ; je heurtai une racine d'arbre, qui traversait la route. Je tombai et roulai jusque dans un ruisseau où ma tête alla frapper contre une pierre. Ce fut mon salut, car la douleur et l'eau froide me firent revenir à moi. Je rougis de ma frayeur, j'invoquai la protection de Dieu et je m'écriai : *Sidi Ahmed ben Youssef,* un de tes enfants est en danger, viens à son aide ; ma prière fut entendue ; mon sang devint froid, mon cœur tranquille, mon œil clairvoyant, mes jambes agiles et mon bras fort ; d'un bond je franchis le ruisseau au moment où le lion allait s'élancer sur mes traces et fis pleuvoir sur ses flancs une grêle de pierres. Il s'assit sans cesser d'avoir les yeux fixés sur moi ; de temps en temps il se levait, mais grâce à Sidi Ahmed ben Youssef, je l'atteignis de nouvelles pierres que je ramassais sur le bord du ruisseau. Il se recouchait et nous ne cessâmes de garder nos positions respectives jusqu'à l'aurore ; le cliquetis des éperons contre les étriers se fit entendre, mon adversaire se retira vers les broussailles, mais de temps en temps il se retournait et semblait ne m'abandonner qu'à regret. »

Je crois que, dans ce récit, il faut faire la part de l'imagination du conteur arabe et pourtant Sidi Lantseri, qui a horreur du mensonge, se porta garant de la véracité du hardi chasseur qui avait fait une maladie de six mois à la suite de cette frayeur ; il avait des moments de folie pendant lesquels il croyait toujours sentir la langue du terrible animal.

Le lion se nourrit de moutons, de bœufs, de chevaux, de mulets et même de chameaux. Il pénètre dans les douars et avant que l'éveil soit donné, il est déjà loin avec sa proie.

Si cependant les cris particuliers que poussent les chiens à l'approche du lion réveillent à temps les habitants du douar, les femmes à coups de pierres suffisent pour lui faire lâcher prise et le mettre en fuite.

D'après une vieille tradition, le lion n'oserait pas attaquer une femme et encore moins la manger. Aussi les femmes arabes ne le redoutent-elles nullement, et j'ai vu bien souvent des piétons, qui devaient traverser des passages où ils supposaient rencontrer le lion, venir demander aux femmes du douar le plus rapproché de les accompagner jusqu'au delà du lieu redouté.

L'influence de la femme sur le lion s'explique d'ailleurs par la persuasion qu'elle a de ne courir aucun danger, et par l'attitude énergique qu'elle conserve en face du terrible animal.

CHAPITRE XVI.

Sauk Tlêta des Beraz, décembre 1837.

Le 9 décembre 1837, nous partîmes au point du jour de Milianah. Les cavaliers les mieux montés de la ville étaient divisés en deux troupes, précédées l'une par les jeunes marabouts de Coléah, et l'autre par les marabouts descendants de Sidi Ahmed ben Joussef, protecteur de Milianah. Nous prîmes la route qui descend à Bou Khorechefa (1) et nous arrivâmes au pont appelé *Kantara Emtâa Chelef :* le pont du Chélif. Ce pont est situé à l'endroit où la plaine se rétrécit au-dessous de la montagne nommée *djebel Doui* et près d'anciennes ruines romaines dont le nom primitif était *Oppidum novum.* Le Chélif est le fleuve le plus considérable de la régence d'Alger, et pourtant, en Europe, il ne porterait d'autre appellation que celle de torrent. En été, il est guéable partout (2).

---

(1) Portion de la plaine du Chélif qui est en dessous et au sud-ouest de Milianah et qui borde les collines qui l'en séparent. Elle est nommée ainsi parce que le terrain y produit une quantité prodigieuse de khorechef, artichaut sauvage dont les Arabes sont très friands.

(2) Les rivières d'Algérie ne conservent que très peu d'eau dans l'été à cause de la grande sécheresse et de la perméabilité de la terre, mais leurs lits ont toujours une grande profondeur. Dans l'hiver, elles deviennent des torrents impétueux qui creusent et élargissent chaque année leur lit avec d'autant plus de rapidité que dans toutes les vallées les pluies ont

Mais il mérite le nom de fleuve quand on considère la longueur de son cours et le nombre d'affluents qu'il reçoit, sans perdre son nom, depuis ses sources situées dans les hauts plateaux qui séparent le Tell du désert, au sud de Tittery, jusqu'à son embouchure dans la mer à 4 lieues est de Mostaganem.

S'il est facile de le traverser en été, il n'en est pas de même dans la saison des pluies et souvent des caravanes entières attendent pendant quatre ou cinq jours sur l'une de ses rives qu'il devienne guéable.

Les Turcs ayant un grand intérêt politique à ne pas laisser intercepter les communications entre Alger et la province d'Oran, Omar (1), lorsqu'il était agha, fit construire lui-même le pont qui existe aujourd'hui.

A propos de cet illustre pacha, Si Lantseri nous raconta le fait suivant : Deux cavaliers arabes voyageant la nuit, rencontrèrent dans la plaine du Chélif une jeune femme qui se rendait d'un douar à un autre et portait ses effets sur sa tête. « Comment oses-tu voyager seule pendant la nuit ? » lui demandèrent-ils. « Que Dieu prolonge les jours de notre seigneur Omar agha, répondit-elle, il est notre seule défense. »

Omar agha ayant eu connaissance de ce fait ordonna qu'on tranchât la tête aux deux Arabes qui avaient interpellé la femme, à l'endroit même où ils l'avaient rencontrée.

On lisait sur l'écriteau placé au-dessus de leurs cadavres :

« Ces deux hommes, en adressant la parole à une femme qui voyageait seule la nuit, pouvaient l'effrayer et lui causer une maladie mortelle. Ils ont ainsi attenté à la sécurité publique, ils ont mérité la mort. »

depuis des siècles amassé des couches profondes de terre végétale arrachées aux coteaux qui les bordent.

(1) Voir page 82 la notice sur Omar pacha.

Après avoir traversé le pont, nous pénétrâmes dans les coteaux fertiles des Beraz, et six heures après notre départ de Milianah, nous arrivions à Sauk-Tléta (marché du mardi), où se trouvait une grande affluence d'Arabes. L'aspect d'un marché en Algérie est très pittoresque.

L'emplacement en est ordinairement bien choisi, à proximité d'un cours d'eau ou d'une fontaine. Le kaïd de la tribu sur le territoire de laquelle est situé le marché est chargé d'en faire la police. Sa tente est plantée près d'un bouquet d'arbres, s'il y en a, ou sur la partie la plus rapprochée du cours d'eau. C'est devant sa tente entourée de ses chaouchs que se rend la justice sommaire. C'est là que comparaissent les délinquants et qu'ils reçoivent la bastonnade.

Quand il s'élève entre deux individus une discussion au sujet d'un héritage, ou d'une délimitation de propriété, les parties sont renvoyées devant le kadi dont la tente est placée à l'autre extrémité du marché. C'est également le kadi qui juge les querelles survenues entre maris et femmes et souvent ces questions sont de nature à choquer de chastes oreilles.

On parle beaucoup de la gravité des Arabes. Ils la conservent, c'est vrai, quand ils sont au repos, mais qu'un sentiment quelconque les anime, cette gravité disparaît. Il est impossible de se faire une idée du bruit qui assourdit les oreilles quand on se trouve au milieu d'un marché arabe. Ils ne parlent pas, ils crient. Et quels gestes, quelle pantomime! Ils entrent en fureur à croire qu'ils vont en venir aux mains, puis tout d'un coup ils se calment. Arabes, Kabyles, cavaliers, piétons, femmes, enfants, juifs, colporteurs, bœufs, moutons, chameaux, mulets et ânes, tout cela grouille et crie. D'autres fois, des rixes sanglantes succèdent aux disputes, alors les chaouchs du kaïd interviennent, et généralement ils parviennent à rétablir l'ordre.

Mais il arrive aussi que leur autorité est méconnue, et dans ce cas, les gens de désordre, qui abondent toujours dans ces grandes réunions, donnent le signal du pillage. Les tentes des marchands sont bousculées, les marchandises pillées. Les juifs sont toujours les premières victimes de ces échauffourées.

De belles tentes nous avaient été préparées. On nous servit une dhifa magnifique et tous les Arabes présents au marché vinrent successivement baiser respectueusement la main aux illustres marabouts Ouled Sidi Embarek et Ouled Sidi Ahmed ben Joussef. Cette cérémonie ne dura pas moins de deux heures. Enfin les traqueurs vinrent nous annoncer qu'ils avaient reconnu la tanière du lion (1) qui, depuis deux mois, désolait les douars environnants. Aux traces qu'ils avaient examinées, il était certain que le lion avait avec lui sa femelle et deux lionceaux.

« Le jour de demain sera un jour » (Nahar Gheda nahar), s'écria Sidi Lantseri ; hommes préparez-vous. Le lièvre défend sa femelle et ses petits avec courage, que sera-ce du roi de la forêt. »

Les Arabes des douars environnants s'étaient réunis, pour donner aux jeunes parents de leur khalifa le spectacle de leurs jeux, danses, fantasia, lutte, etc.

Le récit de ces fêtes fut le sujet d'une très longue lettre à mon ami, mais je le répète, ce qui était nouveau à cette époque est aujourd'hui connu de tous; je crois pourtant

---

(1) Les Arabes donnent un grand nombre d'appellations au lion ; ce sont autant d'épithètes. Mais les deux noms les plus usités sont Sebâa (bête féroce), nom vulgaire, et Cid (le gibier par excellence), (nom littéral).

Les Arabes d'Espagne avaient donné le nom de Cid (lion) à Rodrigues Bias de Bivar. Beaucoup d'auteurs français ont cru que Cid signifiait (Seigneur). C'est une erreur, j'en ai acquis la preuve. Seigneur en arabe s'écrit (Sid), tandis que lion s'écrit Cid.

qu'on ne lira pas sans intérêt la description d'une danse de caractère à laquelle aucun Européen, je le crois, n'a eu la chance d'assister ; c'est la danse du sabre :

Une jeune fille arabe voilée, tenant dans sa main un mouchoir, sortit de l'enceinte des femmes et vint danser au milieu de l'espace qui se trouve entre cette enceinte et le lieu occupé par les hommes. Elle semblait vouloir maintenir sur sa figure le voile léger destiné à la cacher, mais elle l'écartait réellement et laissait apercevoir de grands yeux noirs, de petites dents dont la blancheur était rehaussée par le teint brun de sa peau, et de longs cheveux noirs qui pendaient en tresses sur ses épaules.

Un jeune Arabe qui, dans cette danse, jouait le rôle d'amant, arriva comme un furieux pour punir sa fiancée de se montrer aux yeux des hommes ; vêtu d'une tunique serrée étroitement à la taille par une ceinture de cuir, les bras, le cou et les jambes nus, ses belles formes se dessinaient admirablement. Il était armé d'un sabre. A sa vue la jeune fille voulut fuir, mais en deux bonds, le sabre de son amant brilla menaçant sur sa tête. Elle se jeta à genoux.

Le sabre tomba, mais elle s'était retirée avec agilité et son mouchoir seul fut tranché en deux parties égales. Elle fuit de nouveau et fut encore atteinte. L'amant frappa et et les deux parties rejointes du mouchoir furent coupées en quatre.

Enfin quand le mouchoir fut coupé en huit parties égales, elle parvint à force de supplications et de moues séduisantes, à calmer la fureur de son amant. Elle lui arracha son sabre, le lança loin d'elle et ils commencèrent une danse où ils se poursuivaient, s'atteignaient, s'entrelaçaient, se fuyaient, se cachaient et se retrouvaient ; puis ils allèrent se perdre l'une dans le groupe des femmes, et l'autre dans celui des hommes. La musique accompagnait avec la plus grande intelligence tous les mouvements des deux acteurs de cette gracieuse pantomime, à laquelle la clarté incertaine et vacillante des torches ajoutait un charme indéfinissable. Mais je me laisse toujours aller à des digressions ; je reviens non pas à mes moutons mais à mon lion.

Dès que le jour commença à poindre nous montâmes à cheval. Je comptai environ deux cents cavaliers, qui étaient précédés par un nombre égal de fantassins, la plupart armés de fusils ; les autres tenant les chiens en laisse.

Le chef de la chasse était l'agha de Djendal, El Hadj Bou Aalêm ben Cherifa, le cavalier et le chasseur le plus renommé du Chélif. Il ordonna aux traqueurs de lâcher les chiens de piste, qui sont d'une race très petite et qui seuls, de tous les animaux, n'ont pas peur du lion, sans doute parce que celui-ci les méprise à cause de leur taille exiguë. — Ils ne donnent jamais de la voix en suivant la piste, mais dès qu'ils aperçoivent le lion, ils poussent un petit aboiement aigu, auquel les traqueurs ne se trompent pas. La tradition dit qu'ils doivent alors prononcer d'une voix tranquille : « Le lion n'est pas là. » « Le lion qui comprend, disent les Arabes, qu'il n'a pas été aperçu et que pourtant une attaque est dirigée contre lui, quitte sa tanière et cherche à se cacher, en se faufilant derrière les massifs de lentisques. » Car, il ne faut pas l'oublier, le lion a peur de l'homme.

Au bout d'une heure de quête par les traqueurs et leurs roquets, pendant laquelle le plus grand silence régnait parmi les chasseurs, nous entendîmes deux petits cris aigus, poussés à quelque distance l'un de l'autre. Deux animaux étaient donc signalés. La tanière du lion était creusée dans un rocher abrupt. Les cavaliers, sur l'ordre de l'agha, formèrent un grand arc de cercle, dont les deux extrémités aboutissaient à la base de la colline à laquelle était adossée la tanière du lion.

Le terrain compris entre elle et la ligne de cavaliers était légèrement incliné vers la plaine.

Les fantassins armés formèrent en même temps un cercle plus étroit parallèle à celui des cavaliers. J'étais placé au centre du cercle à côté de Sidi Lantseri. Nous pûmes apercevoir distinctement le lion qui se dérobait entre les maquis. Le cercle se resserrait. Deux ou trois coups de feu retentirent, nous vîmes alors le noble animal s'élancer en quelques bonds sur une large clairière, se coucher à plat ventre, appuyer son énorme tête sur ses deux pattes de devant et se frapper les flancs de sa queue avec une telle force, que nous entendions résonner les coups.

La fusillade crépita ; les chasseurs étaient ou bien émotionnés, ou bien maladroits, car le lion se contentait de secouer les oreilles, tandis que les balles soulevaient la terre autour de lui. Le cercle se rétrécissait de plus en plus, le lion fit tout d'un coup trois énormes bonds et deux hommes tombèrent.

Il se coucha de nouveau, fit encore trois bonds, et trois hommes furent renversés ; puis il força le cercle des fantassins, arriva aux cavaliers qui prirent la fuite à son approche, et s'élança dans la plaine ; mais il était blessé et ne tarda pas à être achevé par des cavaliers plus hardis qui le poursuivirent.

A peu près en même temps, la lionne forçait le cercle des fantassins dans notre direction. Je voulais suivre les cavaliers qui se mirent à sa poursuite, mais Sidi Lantseri saisit les rênes de mon cheval et me retint auprès de lui. Un des cavaliers fut renversé ainsi que son cheval par la lionne qui atteignit les maquis voisins et disparut. Les deux lionceaux âgés de quatre mois avaient été tués.

Mais quel spectacle s'offrit à nos yeux en nous approchant des hommes qu'avait atteints le lion ! Trois étaient morts, les deux autres respiraient à peine. Les griffes du lion les avaient lacérés ; leurs chairs étaient coupées par lambeaux comme par un rasoir. Le cavalier avait une cuisse ouverte et son cheval gisait l'épaule démise.

Je témoignai alors à Sidi Lantseri le regret que j'éprouvais de n'avoir pris aucune part active à la chasse.

« N'as-tu pas entendu siffler plus d'une balle? me dit-il ; que serait-ce si tu n'avais pas été à côté de moi, protégé par la bénédiction de mon ancêtre? Ah! mon fils Omar, souviens-toi que tu as plus à te méfier du lion à deux jambes que du lion à quatre pattes. »

Quelqu'un avait-il voulu réellement attenter à ma vie? j'eus lieu de le supposer à l'air tendre et mystérieux de mon vieil ami. En tous cas, j'étais peu satisfait de ma journée. J'avais toujours devant les yeux les malheureuses victimes de la chasse. On dépeça le lion et les lionceaux, et la peau en fut offerte aux jeunes marabouts de Coléah.

A la nuit close nous rentrions à Milianah.

CHAPITRE XVII.

Départ de Milianah. — Soirée à Médéah. — Récit du kaïd de Bouira. — Arrivée au camp de l'émir, chez les Ouennogha, 14 au 15 décembre 1837.

Notre caravane composée d'une centaine de personnes, dont trente cavaliers, et le reste, conducteurs du convoi, se mit en route le 10 décembre. Kaddour Berrouïla en était le chef, les Ouled Sidi Embareck les principaux personnages.

Sidi Omar, fils d'Omar pacha, n'osa pas laisser paraître le profond regret qu'il éprouvait de me voir partir, et moi-même j'avais l'esprit oppressé par d'affreux pressentiments.

J'avais espéré que mon vieil ami Sidi Lantseri m'accompagnerait auprès d'Abd-el-Kader, mais il aurait cru déroger en allant rendre hommage à un jeune marabout entouré, il est vrai, du prestige que donne le pouvoir temporel, mais dont l'origine, à ses yeux, était bien moins ancienne et moins vénérée que celle de Sidi Ahmed ben Joussef, son ancêtre.

J'étais donc privé de tout appui, de toute affection! Kaddour Berrouïla me faisait de belles protestations, mais depuis que j'étudiais les musulmans sur le vif, pourrais-je dire, je remarquais sur sa physionomie et dans ses allures avec moi, des signes qui ne me rassuraient nullement.

En outre de mon brave serviteur Ahmed, j'étais accompagné par un homme de confiance, de la maison de Sidi Omar, qui devait lui porter de mes nouvelles, et se charger de faire parvenir ma correspondance.

Le 11 décembre, nous arrivions à Médéah. Le hakem et les frères de Berkani, khalifa de Médéah, vinrent au-devant des marabouts de Coléah, et nous fumes logés dans leurs habitations.

Des sympathies réciproques m'avaient rapproché d'un des membres de la caravane, Sidi Youssef, fils de Sidi el Habchi, marabout vénéré des Beni Khelil, tribu de la Mitidja, que le duc de Rovigo avait impolitiquement forcé à s'expatrier. Ce jeune homme, aux manières distinguées et à l'aspect aristocratique, regrette amèrement d'avoir été forcé d'abandonner la demeure de ses aïeux qui est située sur le penchant nord du petit Atlas dans la direction de Bou-Farik, et j'ai pu me convaincre que c'est à contre-cœur qu'il va faire acte de vassalité auprès de l'émir. Il regrette la domination des Turcs, auprès desquels son père jouissait d'un grand crédit et d'une haute considération.

Nous logions dans le même appartement. Après le repas du soir (nous étions encore dans le mois de Ramadan), Sidi Youssef me proposa d'aller visiter la ville. Étant entrés dans un café, je reconnus parmi les assistants, un Turc nommé *Sid Ahmed Kaïd* Bouira par lequel j'avais été somptueusement hébergé lors de notre séjour à Médéah avec le général Desmichels en 1836 (1).

Je ne jugeai pas prudent de lui adresser la parole, de peur de le compromettre vis-à-vis des assistants. Il m'avait également reconnu, car il s'approcha de Sidi Youssef, lui parla bas et sortit.

Quelques instants après, mon compagnon me fit signe de le suivre : « C'est un des bons amis de mon père, me dit-il, qui veut que nous allions prendre le S'heur (2) chez lui. »

---

(1) Voir, page 50, le chapitre sur l'expédition de Médéah 1836.
(2) Repas de la nuit pendant le Ramadan.

Le kaïd Ahmed nous attendait à sa porte. Nous montâmes dans le même pavillon où j'étais descendu en 1836 ; mais quelle différence ! Une natte au lieu de tapis de Smyrne ; plus de riches armes suspendues aux murailles ; un misérable Arabe remplaçait les nombreux esclaves des deux sexes qui nous servaient ; une pauvre lampe éclairait à peine la salle qui resplendissait alors de la lumière de vingt cierges parfumés.

« Ma chambre est vide de tous ses ornements, mais mon cœur est encore plein de la même amitié pour mes amis, » nous dit-il en soupirant et en nous embrassant avec effusion. Je lui fis part de la résolution que j'avais prise d'embrasser l'islamisme et de me dévouer au service d'Abd-el-Kader. Il avait peine à me croire. Il me raconta les persécutions dont il avait été l'objet ; sa dure détention à Milianah et sa délivrance due à son beau-père, marabout influent des environs de Djendel. Il avait vendu tout ce qu'il possédait pour payer cette délivrance.

Le kaïd Ahmed, quoique Turc, parlait et écrivait parfaitement l'arabe ; c'était un fervent musulman, mais, comme tous les Turcs, l'ennemi des Arabes.

Je retrouve dans mon journal le résumé de sa conversation. Ce récit, par un indigène, des événements qui se sont succédé depuis 1830 jusqu'à ce jour ; l'appréciation de ces événements, faite à son point de vue, offre, à mon sens, un haut intérêt ; je le transcris donc textuellement.

RÉCIT DU KAID DE BOUIRA.

« Lorsque pour punir les Turcs de leurs injustices et de leurs crimes, Dieu dont ils avaient oublié les préceptes, envoya les Français sur la côte de Sidi-Ferruch ; lorsque par la volonté de celui qui, seul, donne la victoire, les armées musulmanes fuirent honteusement devant les chrétiens ; lorsqu'enfin la superbe Alger tomba entre les mains de l'étranger, tout espoir de bonheur fut à jamais enlevé à tous les Turcs et à leurs descendants; mieux eût valu cent fois pour eux périr jusqu'au dernier dans les champs de Staouéli! Ils auraient acquis gloire ici-bas et félicité dans le ciel! mais il en était autrement écrit dans le livre de Dieu. Si les Français, profitant du prestige dont les entourait la victoire, avaient poursuivi leurs triomphes au lieu de s'enfermer dans les murailles d'Alger; s'ils avaient tenu la promesse qu'ils faisaient dans leurs proclamations de substituer le sultan français au dey d'Alger; s'ils avaient conservé la milice et l'administration des Turcs, en la modifiant suivant leur caractère ou leurs mœurs, toutes les tribus de l'Algérie, terrifiées, auraient fait acte de soumission.

« Les mêmes chefs étant conservés, l'ordre aurait été maintenu, et le trésor français se serait rempli sans verser le sang de ses soldats. Mais, en punissant les musulmans, Dieu n'a pas voulu éclairer les infidèles sur leurs véritables intérêts.

« Ils ont délivré les Arabes des liens qui les maintenaient dans la crainte et l'obéissance; ils ont ôté son joug au taureau; ils lui ont appris à combattre; son audace a décuplé du jour où il a trempé ses cornes dans le sang; ils ne le subjugueront plus.

« La fureur des Arabes s'est d'abord tournée contre leurs anciens maîtres; partout où ils se trouvaient seuls, les Turcs et les Coulouglis ont été massacrés; là où ils se trouvaient réunis ils se sont défendus et ont encore une fois inspiré la crainte aux Arabes. Notre *position a été aggravée toutes les fois que les Français sont venus, disaient-ils, pour nous porter secours. Ils nous ont compromis et nous ont abandonnés* à la rage et au fanatisme des Arabes. Nous conservions encore l'espoir d'être secourus par le sultan de Constantinople, ainsi que nous le disait notre brave cousin Ahmed, bey de Constantine. Les progrès de ce dernier dans l'est nous confirmaient dans cet espoir ; nos frères de Tlemcen nous donnaient l'exemple du plus héroïque courage, nous attendions avec confiance des jours meilleurs, quand les Français, les imprévoyants! ont été les artisans de la puissance de l'ennemi irréconciliable de leur race et de la nôtre.

« C'est, en effet, le général Desmichels qui du jeune marabout Abd-el-Kader a fait un émir redoutable en l'aidant à vaincre les douars et les smalas, ses plus terribles ennemis, et en lui donnant les moyens d'organiser, d'équiper et d'armer un corps de troupes régulières. Après cette faute, le maréchal Clauzel, tu t'en souviens, vint à Médéah nous amener un bey imbécile qu'il dut abandonner sans défense au ressentiment de notre ennemi.

« Le bey assassiné, nos biens confisqués et nous-mêmes jetés dans les fers, voilà les conséquences de cette expédition entreprise, disait-on, dans le but de nous secourir! Et pourtant, les Turcs et les Coulouglis à deux doigts de leur perte auraient peut-être pu se relever.

« Le méchouar de Tlemcen était encore occupé par nos frères et notre vaillant allié Mustapha ben Ismaël.

« Constantine avait vu le désastre de ses assaillants,... mais, hélas! la France vient encore de relever la puissance ébranlée d'Abd-el-Kader en concluant à la Tafna un traité de paix et d'alliance.

« C'est la France qui l'a fait sultan de tout le royaume d'Alger. Elle lui a livré le méchouar et ses héroïques défenseurs, ces nobles Coulouglis qui avaient versé leur sang pour elle! enfin, événement incroyable! Constantine est tombée, elle est au pouvoir des Français. La colère de Dieu nous a tous frappés, nous devons respecter ses immuables décrets! mais toi, Omar, comment as-tu abandonné bien-être et sécurité pour venir habiter au milieu de gens sans foi ni loi? Je ne connais pas l'émir dont tu parais enthousiasmé, toutefois je le juge par ceux qu'il a choisis pour lieutenants, et qui tous sont plus occupés de remplir leur trésor particulier que celui de l'émir. Ils pressurent les populations plus que ne le faisaient les Turcs.

« Quelle confiance d'ailleurs peut-on avoir dans un gouvernement arabe. Notre prophète (que Dieu répande sur lui ses bénédictions), a stigmatisé lui-même le caractère inconsistant du peuple arabe. Écoute le récit d'un fait consigné dans le livre vénéré où sont recueillies les paroles de notre seigneur Mohammed.

« Le prophète avait donné un drapeau aux musulmans arabes et un semblable aux musulmans âadjem (1). Un grand conseil fut tenu parmi ces deux peuples de l'islamisme pour savoir de quelle manière on conserverait le précieux dépôt.

« Le conseil des âadjem, qui se composait presque en totalité de Turcs, fit fabriquer un immense coffre qui se fermait avec quarante serrures et confia les quarante clefs aux quarante personnages les plus dignes de respect et de confiance. Lorsque, dans les grandes cérémonies, les musulmans âadjem voulaient offrir aux regards des fidèles croyants, le drapeau de leur prophète, la présence des quarante détenteurs des clefs était nécessaire pour ouvrir le coffre. Les Arabes, n'ayant confiance en aucun de leurs chefs et croyant tous avoir les mêmes droits à posséder le dépôt du prophète, ne purent s'entendre et la guerre était sur le point d'éclater lorsqu'un d'entre eux s'avisa d'un expédient qui calma les esprits.

« Que le drapeau soit partagé en autant de morceaux qu'il y a de tribus et que chaque chef de tribu les partage ensuite comme il l'entendra. Ce qui fut dit fut fait.

(1) Aadjem. Nom donné par les Arabes aux peuples qui ne parlent pas leur langue. Ainsi ils appellent les Turcs et les Persans âadjem quoiqu'ils soient musulmans.

« Le prophète, avant de mourir, voulut savoir si ses sectateurs avaient fidèlement conservé les drapeaux qu'il leur avait confiés.

« Il demanda leur bannière aux Turcs, ces derniers firent apporter le coffre ; trente-neuf détenteurs des clefs étaient présents, un d'eux était absent ; le prophète dut attendre. Dès qu'il fut arrivé le coffre fut ouvert, la bannière lui fut présentée intacte et resplendissante. Il alla ensuite la demander aux Arabes qui durent lui raconter le partage qu'ils en avaient fait. Notre seigneur Mohammed fit alors entendre ces paroles (1) : Ce qui devient arabe devient ruine. »

L'arrivée du plateau sur lequel on apportait notre collation mit fin aux doléances de notre malheureux hôte ; avant de le quitter je voulus lui demander des renseignements sur le but de la marche de l'émir dans les provinces de l'est, à la tête de son armée régulière et des contingents des autres provinces.

« Abd-el-Kader, me répondit-il, va soumettre les principales tribus qui ne voulaient pas reconnaître son autorité.

« Sans la paix qu'il vient de conclure avec la France, il n'y serait jamais parvenu ; mais, cette alliance a consolidé son pouvoir, et avant six mois, toute l'Algérie lui sera soumise. Les Turcs qui étaient bien moins nombreux que les Français, gouvernaient pourtant à eux seuls tout cet immense pays.

« C'est que dans chaque province ils maintenaient toujours une rivalité entre les principales familles qui aspiraient au pouvoir et ne donnaient jamais un grand commandement à un Arabe.

« Les Français, au contraire, concluent un traité qui assure la domination d'un seul homme sur presque toute l'Al-

---

(1) Idha Oribet Khoribet.

gérie, et cet homme est leur ennemi le plus redoutable.

« Oh! grand Dieu, pourquoi aveuglez-vous les infidèles? que votre volonté soit faite. »

Notre hôte se tut et garda un long silence. Nous prîmes congé de lui et nous regagnâmes notre gîte, l'esprit douloureusement impressionné par le récit du kaïd de Bouira, dont les plaintes étaient peut-être exagérées, j'aimais à le croire.

Le lendemain nous partîmes de bonne heure et après trois journées d'une marche pénible, nous arrivâmes près des montagnes de Dira, d'où nous aperçûmes le pic de Djurjura couvert de neige. Nous pénétrâmes sur le territoire des Ouennougha et il faisait déjà nuit quand nous entendîmes retentir la Nouba (musique du sultan). Quelques instants après nous entrions dans le camp de l'émir.

LIVRE III.

AU CAMP D'ABD-EL-KADER.

CHAPITRE XVIII.

Situation des Turcs dans la régence d'Alger avant la conquête.

Camp d'Abd-el-Kader chez les Ouennougha, 12 décembre 1837.

Je comprends l'impatience de mes lecteurs; ils ont hâte, comme je l'avais moi-même alors, d'être introduits auprès d'Abd-el-Kader, mais je crois le moment venu de disparaître pour un instant de la scène et de jeter rapidement un regard rétrospectif sur la situation des Turcs dans la régence d'Alger avant notre conquête, et sur les principaux événements politiques et militaires qui ont marqué la période écoulée depuis la prise d'Alger jusqu'à la signature du traité de la Tafna, événements au milieu desquels surgit le jeune émir Abd-el-Kader qui a su, avec tant d'habileté, profiter des circonstances pour se tailler un grand royaume dans cette partie de l'Afrique septentrionale que la France venait de conquérir. Déjà Sidi Omar, à Milianah, et le kaïd turc de Bouïra, à Médéah, nous ont indiqué les fautes commises par les conquérants et la situation qu'elles avaient créée, entre les Français d'un côté, et l'émir Abd-el-Kader, les Turcs et les Coulouglis de l'autre. Les faits que je vais succinctement relater confirmeront pleinement les appréciations de l'ancien fonctionnaire osmanli et du fils d'Omar pacha (1).

SITUATION DES TURCS DANS LA RÉGENCE D'ALGER AU MOMENT DE LA CONQUÊTE.

Pendant plus de trois siècles que les Turcs ont été maîtres de la régence, il n'y a pas eu l'ombre d'une fusion entre eux et les indigènes, et la population que nous avons trouvée à notre arrivée pouvait, en raison de cette circonstance, se partager en deux grandes classes : les vainqueurs et les vaincus. Cette division, consacrée par la politique, était encore accentuée par la religion ; car les Turcs et les Arabes, quoique professant également l'islamisme, n'appartiennent pas à la même secte ; la première ayant adopté les opinions de l'iman *Abou Hanifa*, tandis que l'autre suit le sentiment du célèbre *Malek Ebnouans*. Or, entre les Hanéfites et les Malékites (noms que prennent ces sectaires, en l'honneur du fondateur de leurs doctrines) il existe un antagonisme dans la pratique, quoique, dans la théorie, les deux rites aient d'après les commentateurs un mérite égal aux yeux de l'Éternel et que ce soient deux routes diverses « qui, disent-ils, mènent également au paradis. »

Les dominateurs étaient essentiellement Turcs et leur nombre se maintenait à un chiffre à peu près uniforme par des recrutements faits à Constantinople, à Smyrne, etc., etc. C'était à cette classe privilégiée que les dignités, les emplois militaires ou civils s'accordaient exclusivement.

Les fils des Turcs qu'on appelait *Coulouglis*, ne jouis-

---

(1) Les chapitres XVIII, XIX et XX sont extraits d'un manuscrit remis par moi à M. Thiers en 1840, manuscrit dont il sera question à la fin de ce volume. En les lisant on doit donc se reporter à l'époque où ils furent écrits.

saient déjà plus des mêmes prérogatives ; leurs pères qui les avaient eus de femmes mauresques ou arabes (car les dames turques ne daignaient guère venir s'établir à Alger), les regardaient comme des êtres dégénérés, par cela seul que dans leurs veines le noble sang des Osmanlis était mêlé à celui des indigènes ; ils ne leur enseignaient même pas la langue nationale. Et pourtant, les Coulouglis ne méritaient pas d'être traités ainsi : car, en général, ils se montrent braves, intelligents et fidèles.

Mais comme les Turcs qui n'ont jamais été plus de quinze à vingt mille en Algérie, n'auraient pas suffi à dominer tout le pays, ils suppléèrent à la faiblesse du nombre au moyen de deux institutions dont l'importance nécessite quelques explications.

Sur plusieurs points du territoire, judicieusement choisis, sous le rapport politique et stratégique, ils fondèrent des colonies militaires composées principalement de Coulouglis. On remarque, non loin d'Alger, celle des gens de Oued Zeitoun, qui avaient su se rendre formidables à leurs voisins par le prestige de leur origine turque, et qui avaient acquis une gloire plus appréciable en cultivant leur beau territoire avec une ardeur et une habileté qui auraient fait honneur à des Européens.

Outre ces espèces de postes avancés, les Turcs avaient réussi, par la concession de certains privilèges, à attacher à leur cause les tribus arabes les plus belliqueuses, et ils les avaient si bien choisies, sous le rapport topographique, que cette milice auxiliaire (1), répandue sur tous les points de l'Algérie, formait un redoutable réseau dont les mailles enlaçaient le reste de la population indigène. Sous le nom de *douars* et de *smalas* ils avaient ainsi de tous côtés des corps

---

(1) Appelée en arabe Makhzen de Khazèna (*conservavit*).

considérables de cavalerie qui marchaient au premier signal. Ils pouvaient presque toujours prendre les populations récalcitrantes en tête, en queue et en flanc, ce qui assurait à leurs opérations militaires un succès et une efficacité qu'on ne peut obtenir autrement avec des gens aussi prompts à effectuer une retraite à de grandes distances et dans des localités difficiles où il est presque impossible de les suivre. Ils avaient aussi à leur service des corps d'infanterie indigène qu'on appelait *zouaoua* d'où est venu le nom de *zouaves* donné au plus ancien et au plus renommé des régiments que nous ayons en Afrique.

Que pouvait faire le peuple subjugué contre ce faisceau de forces si compactes et si bien liées ? lui qui se subdivisait en plusieurs provinces et celles-ci en plusieurs tribus ayant des intérêts, des chefs et par conséquent des impulsions diverses.

La seule partie de la population qui fût réellement à craindre, sous le rapport de la bravoure et de la difficulté des lieux qu'elle habite, c'était les Kabiles. Ces montagnards poussent l'amour de l'indépendance à un tel degré que chaque massif, chaque village, vit d'une existence qui lui est tout à fait propre et ne s'unit à ses voisins que dans de rares et solennelles circonstances ; cette race présente d'ailleurs un caractère particulier ; quoique douée d'un remarquable courage militaire, elle n'a nullement l'esprit de conquête et, contente de conserver son indépendance dans ses montagnes inaccessibles, elle ne songe pas à subjuguer les populations qui l'environnent. Les Turcs qui avaient eu le bon sens de sentir la difficulté de dominer d'une manière directe et complète ces farouches montagnards, n'exigeaient d'eux que de faibles tributs, uniquement pour établir leur droit de souveraineté ; et, à l'aide de marabouts vénérés et de chefs influents qu'ils pensionnaient, ils obtenaient assez aisément ce résultat.

Quant aux Arabes qui habitent les localités des montagnes d'un accès facile, et qui sous le rapport des vertus guerrières, sont loin d'égaler leurs ancêtres, les intrépides compagnons d'Okba, de Sid-Abd-Allah, anciens conquérants du Moghreb (1), les Turcs exerçaient sur eux un pouvoir immédiat, et à peu près permanent au moyen de colonies de Coulouglis et de tribus indigènes organisées en milices auxiliaires, ainsi qu'il a été expliqué précédemment (2). Dans les villes, leur domination était encore plus complète, puisque là le vaincu était sous leur main et que d'ailleurs les Maures et les juifs qui composent la population urbaine, sont les gens du monde les moins belliqueux.

Tels étaient les éléments en présence desquels les Français se trouvèrent en mettant le pied sur la presqu'île de Sidi-Ferruch. Il est évident que les Turcs seuls avaient un intérêt réel à la défense, puisque eux seuls possédaient tous les avantages. Un sentiment de foi et d'orgueil national, l'obligation pour les vrais croyants de prendre part à la guerre contre les infidèles, qu'ils appellent El Djihâd (la guerre sainte) et surtout l'appât d'un pillage plus riche encore que celui qui avait suivi le désastre de l'armée de Charles-Quint pouvait bien amener momentanément sur le champ de bataille les populations musulmanes de la régence d'Alger, mais le moindre revers devait renvoyer chez eux d'abord les Kabyles qui ne croyaient pas avoir plus à craindre des Français dans leurs montagnes inaccessibles qu'ils n'avaient eu à

---

(1) Moghreb, nom que les Arabes donnent à l'Afrique septentrionale, depuis le désert de Barca jusqu'à l'océan Atlantique; ses limites au sud sont le Sahara.

(2) Les Romains avaient déjà tenté ce moyen, si naturel de combattre les indigènes. Une inscription recueillie par Shaw à *Sour El Ghozlan* (le fort des gazelles) parle de « Vexillarii equitum maurorum »..., c'étaient des corps de cavalerie africaine auxiliaire qui faisaient le service des avant-postes.

redouter des Turcs ; puis les Arabes, tellement foulés par les Osmanlis, qu'ils ne devaient guère craindre de plus durs traitements de la part des nouveaux venus. En effet, la déroute de Staouéli fit disparaître la presque totalité des innombrables tirailleurs qui harassaient l'armée française, et lors du dernier fait d'armes qui s'accomplit sous les murs d'Alger, la prise du fort de l'Empereur, nous n'eûmes guère à combattre que des soldats turcs.

Dans le premier moment de l'occupation, bien des fautes furent commises et cela ne pouvait pas être autrement, la révolution de Juillet avait fait surgir un nouveau gouvernement et menaçait de changer l'état politique de l'Europe. Qui savait alors ce que la France voudrait, ce qu'elle pourrait faire de l'Algérie ? qui connaissait d'ailleurs le pays que sa victoire avait placé entre nos mains ? Si l'on avait eu, sous ce rapport, la moindre notion, on n'aurait certes pas débuté par bannir les Turcs et par se poser en protecteurs du peuple arabe. Cela pouvait être bien avant la victoire comme moyen diplomatique, mais après, il était évident que les rôles étaient intervertis ; notre conduite devait se modifier d'après ce changement ; car c'étaient alors les Turcs qui étaient vaincus ; c'étaient eux que les Arabes massacraient à Mascara, qu'ils assiégeaient à Tlemcen ; c'étaient leurs milices auxiliaires qu'on attaquait de tous côtés.

L'occasion était bonne pour recueillir à notre profit ces éléments de domination que la force des choses mettait à notre disposition ; mais on ne connut pas le véritable état de la question ; et on chassa les Turcs ; et on dédaigna les ouvertures faites par leurs milices auxiliaires ! Cette faute, ou pour mieux dire ce malheur, nous fit perdre non seulement le moyen de dominer facilement et d'une manière indirecte la presque totalité du pays, mais elle coupa brusquement le fil de toutes les traditions gouvernementales et administratives, car les Turcs occupaient tous les emplois comme on l'a vu plus haut.

On se trouva donc en face d'une population à conduire, en face de besoins administratifs à satisfaire, sans avoir la moindre idée de ce qui se faisait à cet égard avant notre arrivée ; et les choses allèrent si loin que, pour donner un seul service public comme exemple, quand une fontaine cessait de couler, on ne savait où chercher les conduits qui y amenaient l'eau, afin de les réparer, l'*Amin El Aïoun* (le chef des fontaines) ayant été mis dehors comme tous les autres fonctionnaires turcs.

En déplorant le renvoi des Turcs et le mépris des ouvertures faites par les milices auxiliaires, je n'entends pas exprimer que la France dût adopter comme modèle définitif à suivre le gouvernement et l'administration des Ottomans ; je veux dire seulement qu'il eût été possible et profitable de conserver provisoirement leurs rouages militaires et administratifs, jusqu'à ce que nous fussions assez instruits des antécédents du pays, et assez décidés sur ce que nous voulions faire, pour pouvoir nous passer de nos prédécesseurs. En un mot, c'était un système de transition au moyen duquel nous obtenions le double résultat de dominer le pays par le pays, et de nous laisser tout le temps de la réflexion relativement à la marche qu'il pourrait nous sembler convenable de suivre plus tard.

CHAPITRE XIX.

Biographie d'Abd-el-Kader.

Bien que plusieurs écrivains aient fait la biographie d'Abd-el-Kader, il me semble indispensable, dans un livre dont il est le héros, de donner quelques détails relatifs à son origine et à son éducation ainsi qu'à ses débuts sur le théâtre où, avant mon arrivée auprès de lui, il avait déjà joué un rôle si brillant.

Abd-el-Kader est né le 15 du mois de redjeb de l'année de l'hégire 1223 (commencement de 1808 de notre ère). Il est fils de Sidi Mahhi-ed-Din fils de Sidi Kada ben Mokhtar et de Lella Zohra fille de Sidi Omar ben Dhouba.

Il a deux frères aînés, fils de Sidi Mahhi-ed-Din et d'une autre femme sa cousine, Sidi Mohammed Sâaïd et Sidi Mustapha ; deux plus jeunes frères, Sid-el-Haussein et Sid-el-Morteddi, de deux autres femmes, et enfin sa sœur du même lit, fille de Sidi Mahhi-ed-Din et de Lella Zohra mariée à Sidi Mustapha ben Tehmi son cousin germain.

Abd-el-Kader a épousé sa cousine germaine, sœur des Ouled Sidi Bou-Taleb dont le père était frère de Sidi Mahhi-ed-Din.

Abd-el-Kader possède, dans les archives de sa famille, un arbre généalogique qui établit sa filiation avec Fatma, la fille du prophète mariée à Ali Ben Abou-Taleb. Il est par conséquent Chérif.

Ses ancêtres, originaires de Médine, sont venus s'établir au Maroc au temps de la dynastie des Edrissites et c'est son aïeul seulement, Sidi Kada Ben Mokhtar, qui a quitté le Maroc et est venu s'établir chez les Hachem Gheris au lieu qui a pris le nom de *Guiatna* ou *Zaouia Emtaa Oued-el-Hammam*.

Sidi Mahhi-ed-Din joignit à l'influence spirituelle qu'exerçait déjà son père, une autorité temporelle en fournissant, autant qu'il dépendait de lui, et en aidant même de sa fortune les zélés musulmans qui se rendaient à la Mecque, lieu saint où il les accompagna plusieurs fois.

Dans un de ses pèlerinages, il emmena avec lui son fils préféré le jeune Abd-el-Kader. Un marin français, le capitaine Jouve, qui a visité longtemps le port d'Alger, les conduisit tous deux à Alexandrie à bord d'un navire de commerce. Sidi Mahhi-ed-Din ne se contenta pas de visiter les deux villes sacrées (la Mecque et Médine), il poussa son voyage jusqu'à Baghdad (1); là plusieurs personnages élevés en dignité eurent occasion de se trouver avec le jeune Abd-el-Kader et furent séduits par les heureuses dispositions qu'il montrait déjà ; ils firent à son sujet des prédictions de grandeur future qui n'ont peut-être pas été sans influence sur les idées ambitieuses qui se développèrent plus tard en lui.

Son père eut grand soin de recueillir ces prédictions et il s'empressa, à son retour, de les répandre parmi les Arabes de la province. Le bey d'Oran qui connaissait le fanatisme des indigènes et leur penchant au merveilleux et qui ne voyait pas sans déplaisir l'influence que cette famille acquérait dans le pays, craignant d'ailleurs de nouveaux soulèvements dans une population qui n'avait cessé d'être agitée depuis la célèbre insurrection du marabout Ben Cherifa (1799 à 1802).

(1) C'est à Baghdad que se trouve le tombeau de Sidi Abd-el-Kader el Djilani, fondateur de la grande confrérie qui porte son nom et dont Sidi Mahhi-ed-Din était l'oukil (représentant) dans la province d'Oran.

Le bey d'Oran, dis-je, fit saisir Sidi Mahhi-ed-Din et le jeta en prison.

Les Turcs étaient habitués, on le sait, à ne pas user de ménagements, et la mort du prisonnier aurait sans doute suivi sa captivité de près, si le père d'Abd-el-Kader n'était parvenu à intéresser en sa faveur une des femmes du bey Hassan : il dut au crédit de cette favorite la vie et la liberté. La persécution que le marabout de Gheris avait eu à souffrir de la part des Turcs augmenta son influence sur les Arabes qui virent en lui une sorte de martyr, au double point de vue religieux et national ; aussi, lorsque après avoir conquis Alger, les Français vinrent prendre possession d'Oran et y détruire la puissance turque, Sidi Mahhi-ed-Din se trouva naturellement placé à la tête des populations qui voulaient, en combattant les chrétiens, défendre ce que les hommes ont de plus sacré, la foi et la patrie. A plusieurs reprises il les conduisit au Djihad (guerre sainte) et, comme lui-même n'était pas un guerrier, il emmenait ses fils qui combattaient pour lui. Sa présence dans les endroits les plus dangereux animait le courage des Arabes qui le regardaient avec admiration s'exposer au feu le plus terrible.

En le voyant toujours revenir sans blessures des luttes les plus acharnées et les plus meurtrières, ils finirent par le croire invulnérable, opinion qu'il entretint, car il lui importait de persuader au peuple que Dieu le protégeait.

Parmi les enfants de ce vénéré marabout celui qui déployait la plus brillante bravoure, celui qui se montrait le plus habile cavalier parmi tous, c'était le jeune Abd-el-Kader ; outre ces vertus guerrières qui l'entouraient d'un grand prestige parmi les populations belliqueuses de la province d'Oran, il était encore remarquable par son ardeur dans l'étude de la religion. Nul n'était donc plus populaire que lui dans l'ouest de l'Algérie après son père Sidi-Mahhi-ed-Din.

Aussi lorsque au retour de l'expédition contre Oran, les Hachem Gheris et quelques autres tribus voulurent nommer Sidi Mahhi-ed-Din sultan des Arabes, le vieux marabout qui sentait sa fin approcher et qui avait jugé quel était celui de ses fils capable de continuer l'œuvre qu'il allait laisser inachevée, le vieux marabout refusa cet honneur : « Le doigt de Dieu, dit-il à ceux qui lui offraient le souverain pouvoir, a désigné depuis longtemps celui qui est destiné à vous commander. » Et il leur présenta son fils Abd-el-Kader alors âgé de 24 ans qui fut aussitôt proclamé *sultan* (juin 1832).

CHAPITRE XX.

Événements qui se sont succédé en Algérie depuis 1830 et depuis qu'Abd-el-Kader a été nommé sultan (juin 1832), jusqu'à mon arrivée auprès de l'émir, fin 1837.

Le jeune sultan, tout en continuant à conduire à la guerre sainte les tribus de la province d'Oran, chercha à étendre sa domination sur toute l'Algérie et s'empressa d'abattre tout drapeau qui refusait de s'abaisser devant le sien.

Les douars et les smalas, anciennes milices auxiliaires des Turcs comptaient dans leurs rangs deux hommes qu'il suffit de nommer pour en faire apprécier l'importance; c'étaient El Mézari et Mustapha ben Ismaël. Après la chute du pouvoir turc qu'elles avaient fidèlement servi, ces tribus se trouvèrent en butte à la haine et à la persécution de leurs compatriotes qui ne pouvaient oublier qu'elles avaient servi les étrangers dont la main de fer les avait si longtemps opprimés. Heureusement pour nous, Abd-el-Kader ne comprit pas combien il lui importait de rallier à sa cause toutes ces milices auxiliaires qui cherchaient un pouvoir sur lequel elles pussent s'appuyer comme elles s'étaient jadis appuyées sur les Osmanlis, et, égaré par des sentiments exagérés de patriotisme et de dévotion, il agit de manière à s'aliéner ces guerriers redoutables.

Battu, dans une rencontre, par Mustapha ben Ismaël, il ne dut la vie et la liberté qu'à la vitesse de son cheval; abandonné par la plupart des siens, c'en était fait de sa puissance au berceau, si l'autorité française n'était pas intervenue dans cette lutte.

Déjà à cette époque des pourparlers avaient eu lieu entre le général Desmichels, commandant à Oran, et l'émir Abd-el-Kader. Celui-ci avait compris que pour tirer une vengeance éclatante des tribus qui l'avaient mis à deux doigts de sa perte, il fallait non seulement s'assurer la neutralité des Français, mais tâcher d'obtenir d'eux des armes et des munitions; c'est alors qu'il conçut le projet d'organiser un noyau d'armée permanente et régulière qu'il savait bien ne devoir pas être de longtemps en état de lutter avec avantage contre les chrétiens, mais qui lui assurerait une grande supériorité sur les troupes irrégulières que les tribus récalcitrantes pourraient lui opposer. L'événement prouva la justesse des prévisions d'Abd-el-Kader.

Le général français, dans le louable désir de pacifier la province d'Oran, accorda à Abd-el-Kader plus d'avantages que celui-ci n'aurait osé en espérer, et, grâce à ce retour de fortune, l'émir put reprendre l'offensive contre les douars et les smalas qui furent battus, chassés de leurs anciens territoires, au sud de la Sebkha, et divisés en deux parties dont l'une, acceptant la domination de l'émir, s'établit dans les environs de Mascara, tandis que l'autre vint chercher un refuge sous le canon d'Oran. El Mézari, fait prisonnier, consentit à devenir agha de l'émir, tandis que le vieux Mustapha ben Ismaël se réfugia dans le méchouar (citadelle) de Tlemcen occupée par une garnison de Turcs et de Coulouglis.

Après cet important succès Abd-el-Kader tourna ses regards d'un autre côté; dans l'Est, un marabout venu du désert, Hadj Moussa el *Derkaoui* (1), prêchait la guerre sainte aux

---

(1) Les Derkaoua (pluriel de Derkaoui) font partie d'une secte qui tente de rétablir l'islamisme dans sa pureté primitive.
C'est une imitation de la secte célèbre des Ouahbites du Hedjaz.

tribus de la province de Tittery ; son autorité, presque reconnue à Médéah, menaçait de s'étendre. L'émir ne donna pas le temps à cette nouvelle puissance de grandir assez pour menacer la sienne; d'autant plus que deux de ses propres cousins et plusieurs personnages influents étaient entrés dans la secte des Derkaoua. Il marcha donc en hâte contre ce dernier, l'atteignit à Ouameri, près d'un gué du Chélif, entre Milianah et Médéah, le battit complètement et le força à se réfugier au désert, où ce personnage rentra pour toujours dans l'obscurité dont il était un moment sorti.

Afin d'apaiser le mécontentement du comte d'Erlou, alors gouverneur de l'Algérie, qui s'était plaint hautement que l'émir, en opposition avec le traité conclu avec le général Desmichels, eût dépassé la plaine du Chélif et eût pénétré dans la province de Tittery, Abd-el-Kader retourna à Mascara. La complaisance était facile car son but était atteint et, d'ailleurs, il avait si bien établi son influence à Médéah et dans tout le beylik de Tittery qu'on peut affirmer, qu'à partir de cette époque, elle n'y a plus été contestée sérieusement.

Les deux traités conclus entre le général Desmichels et l'émir ayant été livrés à la publicité et révélés par des actes, l'opinion publique s'émut quand elle put apprécier toute la portée d'une transaction, où notre dignité et nos intérêts étaient à peu près également sacrifiés. On remplaça le général négociateur par le général Trézel qui fut amené à rompre le traité en voulant protéger les Douairs et les Smélas que l'émir menaçait.

Cette courte campagne se termina le 28 juin 1835 par le désastreux combat de la Makta, où les Arabes restèrent maîtres du champ de bataille.

Pour venger cet échec, le maréchal Clauzel, accompagné de Mgr le duc d'Orléans, s'empara de Mascara après avoir mis en complète déroute les troupes régulières et irrégulières de l'émir qui avaient essayé de lutter au Sig et à l'Habra. Quoi qu'on en ait pu dire alors en France, ces opérations militaires mirent Abd-el-Kader à deux doigts de sa perte. Je l'ai entendu lui-même, plus d'une fois, rappeler avec émotion le cruel abandon où il s'était trouvé à cette époque et les insultes qu'il avait eu à souffrir de la part des Arabes dans le moment où les Français occupaient Mascara, où la population indigène pensait que nous nous établissions définitivement.

Les Hachem Gheris, sur le territoire desquels l'émir est né, ne l'épargnèrent pas plus que les autres ; ils arrachèrent en sa présence les fusils des mains de ses soldats réguliers, ils mirent en pièces le parasol qu'un fonctionnaire particulier tenait pendant la marche au-dessus de la tête de l'émir comme symbole de sa puissance, ils dépouillèrent sa femme et sa mère de leurs bijoux et, lorsqu'Abd-el-Kader leur reprochait avec amertume les outrages dont ils l'abreuvaient, ils ne lui répondaient que par l'épithète de *sultan el Ghaba* (sultan de la broussaille).

Heureusement pour l'émir, les expéditions militaires dirigées contre lui et contre les Arabes n'amenaient, pour nous, aucun résultat avantageux. En effet, nos généraux, après avoir poussé des pointes hardies dans l'intérieur du pays et avoir attiré à eux des tribus plus disposées que les autres à accepter notre domination, ramenaient leurs troupes dans les garnisons du littoral, sans laisser derrière eux aucune organisation locale efficace qui pût lutter d'une manière permanente contre Abd-el-Kader.

Après notre départ, les populations compromises étaient dans une pire situation qu'avant notre arrivée, et notre influence morale, loin de s'accroître, diminuait en proportion de ce qu'elles avaient à souffrir, plus tard, à cause de nous.

Ainsi, lorsque le maréchal Clauzel abandonna Mascara au

lieu de l'occuper, ainsi que le croyaient beaucoup de tribus qui n'étaient pas éloignées de venir à nous, Abd-el-Kader présenta cette retraite aux Arabes comme une preuve de notre impuissance ; il ranima leur courage, ressaisit le pouvoir près de lui échapper et réunissant de nouveaux contingents sous l'étendard du Djihad, il alla harceler la colonne du maréchal Clauzel marchant sur Tlemcen. Il était temps de porter secours aux Coulouglis, commandés par le brave Mustapha ben Ismaïl qui y soutenaient une lutte héroïque depuis plus de deux années.

Une petite garnison française sous les ordres du vaillant capitaine Cavaignac maintint cette place d'une façon glorieuse jusqu'au traité de paix de la Tafna. A son retour de la province d'Oran, le maréchal Clauzel, établi sur le col de Téniah, envoyait à Médéah le général Desmichels (1). L'approche de nos troupes et la fuite de la plupart des partisans d'Abd-el-Kader permit au bey Mohammed de sortir de son espèce de cachette, et à la tête des cavaliers des Hassans ben Ali il put enfin s'installer à Médéah. Mais les Français ne restèrent que 24 heures dans cette ville, ils reprirent la route d'Alger laissant cinq cents fusils environ pour armer les Coulouglis, que cette prompte retraite surprit et découragea. Le bey, dont je fus alors l'interprète en faisant ses adieux au général Desmichels, avait les larmes aux yeux, il prévoyait sans doute le triste sort qui l'attendait. En effet, Abd-el-Kader ne tarda pas à reparaître de ce côté, s'empara par surprise de la ville, fit charger de fer soixante Coulouglis, partisans avérés de l'alliance française et les envoya à Milianah. Quant à l'infortuné Mohammed, il fut dirigé sur le Maroc, à Oudjeda, où on le pendit après quelques mois de captivité.

(1) Voir le chapitre VI, livre Ier, où je rends compte de cette expédition.

Abd-el-Kader avait choisi cette localité pour y envoyer notre malheureux bey, afin de constater aux yeux des indigènes, ses rapports avec le puissant empereur du Maroc et tâcher de compromettre ce souverain vis-à-vis de la France.

Au mois d'avril 1836, auprès du marabout de *Sidi Yâcoub*, une reconnaissance, forte d'environ dix-huit cents hommes, se trouva tout à coup enveloppée par des milliers d'Arabes et de Kabyles et fut ramenée vers le camp après avoir eu plus de trois cents hommes hors de combat.

Bien qu'au retour de cette reconnaissance, le général d'Arlange eût infligé aux troupes de l'émir des pertes considérables, le gouvernement jugea à propos de le remplacer par le général Bugeaud qui vengea d'une manière éclatante le revers de Sidi Yakoub en exterminant une partie de l'infanterie régulière de l'émir sur les bords de la Sikka. L'armée d'Abd-el-Kader était affamée et terrifiée. Les tribus demandaient la fin de la guerre, Abd-el-Kader ne les maintenait plus sous son obéissance qu'en leur promettant de conclure la paix.

Il fallut l'insuccès de la première expédition de Constantine pour relever un peu le courage de l'émir. Les Français, pensait-il, le laisseraient tranquille pendant le temps qu'ils seraient occupés du côté de l'est. Cependant vers le commencement de 1837 une nouvelle expédition dans la province d'Oran fut annoncée pour le printemps. Le général Bugeaud qui devait la commander fit circuler, un peu avant d'entamer ses opérations, un manifeste énergique où il annonçait aux tribus une guerre à outrance. Il est certain que la puissance d'Abd-el-Kader eût été pour longtemps renversée par cette dernière campagne si le manifeste du général Bugeaud eût pu recevoir son exécution ; mais, entravé par des mécomptes indépendants de son action et influencé d'ailleurs par les instructions formelles qu'il avait reçues du ministère qui croyait agir sagement en restreignant la guerre à la province de Constantine où se préparait une deuxième expédition, l'illustre capitaine fut pour ainsi dire forcé de conclure le traité de la Tafna qui rendit Abd-el-Kader maître des provinces d'Oran et de Tittery et d'une partie de celle d'Alger. Malheureusement ce traité se trouva conçu dans des termes si peu clairs que l'émir pouvait interpréter certains de ses articles d'une façon tout à fait différente du sens qu'avait entendu leur donner le général Bugeaud.

Aux réclamations qui s'élevèrent en France et en Algérie lorsque le texte du traité de la Tafna fut connu et que toutes les parties en furent comprises, on opposa, comme je viens de le dire, la nécessité de maintenir à tout prix la paix dans l'ouest, au moment où on allait entreprendre une deuxième expédition contre Constantine.

En tout cas, il eût mieux valu rentrer à Oran sans rien faire que de conclure un mauvais traité; c'est du reste un fait que le négociateur a reconnu lui-même avec cette franchise et cette loyauté qui sont le type de son noble caractère.

Il est donc certain que c'est le traité de la Tafna qui a consacré la domination d'Abd-el-Kader sur toute l'Algérie, au moment même où son armée régulière était décimée et où la généralité des tribus menaçait de l'abandonner.

J'étais encore à Alger quand le traité de la Tafna était l'objet d'une polémique acharnée. J'ai pu en constater moi-même les déplorables effets. Effets plus déplorables encore par suite des vices de rédaction introduits à dessein dans cet acte diplomatique. Je puis affirmer d'ailleurs que la volonté du général Bugeaud y a été mal interprétée.

J'ai connu intimement un capitaine de spahis, alors officier d'ordonnance du général, qui m'a avoué que la religion de son chef avait été surprise plus d'une fois par les intermédiaires de ce traité dont le texte arabe est du reste rédigé en termes vulgaires.

Ainsi les conséquences fâcheuses qui résultaient de l'acte même de traiter avec l'émir étaient encore aggravées par la rédaction défectueuse de ce traité. Mais il serait très injuste d'en faire tomber la responsabilité sur le général Bugeaud. J'ai déjà dit et je tiens à répéter que, d'un côté, par suite de graves mécomptes indépendants de son fait, le général s'était trouvé arrêté dans l'exécution de ses plans militaires et que, de l'autre, la deuxième expédition de Constantine étant sur le point de s'exécuter il importait de ne pas avoir à combattre à la fois Ahmed bey et Abd-el-Kader ; on sait enfin que dans les chambres un grand nombre de membres tiraient de l'état triste de l'Algérie des arguments contre l'occupation. En somme, il y avait dans cet état de choses un ensemble de circonstances et une sorte de force majeure qui durent l'emporter sur les opinions particulières du général, qui, après tout, avait fait la guerre à l'émir avec assez de succès dans une campagne précédente, pour désirer de la continuer jusqu'au bout.

Il ressort donc évidemment de l'exposé de la situation des Turcs avant la conquête, et du récit des événements qui précèdent, que c'est en grande partie à l'ignorance où nous étions des hommes et des choses de notre conquête et aux incertitudes de notre gouvernement qu'on doit attribuer les obstacles qu'a rencontrés notre domination.

Il est également bien certain que nous avons aidé l'émir à étendre sa puissance sur la presque totalité de l'Algérie. Son génie, sa foi ardente et son indomptable énergie n'eussent pas suffi à obtenir un pareil résultat. Au moment, donc, où j'entrais dans le camp d'Abd-el-Kader, j'étais persuadé qu'il gardait le souvenir de la part que nous avions prise à son élévation, et qu'il était par conséquent décidé à observer scrupuleusement les conditions du traité qui avait relevé son prestige et assuré sa domination. En lisant les lettres que j'adressai alors à mon ami on comprendra quelles illusions étaient les miennes.

CHAPITRE XXI.

Présentation à Abd-el-Kader. — Son portrait.

Camp d'Aïn Chellela, 16 décembre.

Mon cher ami,

Enfin j'ai vu Abd-el-Kader, et je t'écris sous le charme inexprimable qu'a exercé sur moi ce champion de l'islamisme.

Au milieu du camp s'élève une tente immense. Une foule épaisse en obstrue toujours l'entrée malgré les coups de bâton distribués avec largesse sur les Arabes trop rapprochés : c'est la tente du sultan. J'y arrivai avec Sidi Mohammed ben Alli oul'd Sidi Embarek, khalifa de Milianah, auquel m'a présenté Berrouïla, et qui m'a donné l'hospitalité. Grâce aux chaouchs qui nous précédaient et à la dignité de mon introducteur, un passage nous fut ouvert au milieu de la foule, nous pénétrâmes dans la tente. Je ne pourrais t'en faire la description, car je n'ai vu et n'ai voulu voir qu'Abd-el-Kader.

Ainsi qu'on m'en avait prévenu, il occupait seul le fond de la tente en face de l'entrée ; je m'avançai lentement vers lui, les yeux baissés, je m'agenouillai et lui pris la main pour la baiser ainsi que c'est l'usage ; il me l'abandonna et après cette formalité qui, je l'avoue, me répugnait d'autant plus que c'était mon premier acte de soumission vis-à-vis d'un musulman, je levai mes regards sur lui. Je crus rêver quand je vis fixés sur moi ses beaux yeux bleus, bordés de longs cils noirs, brillant de cette humidité qui donne en même temps au regard tant d'éclat et de douceur. Il remarqua l'impression qu'il venait de produire sur moi ; il en parut flatté et me fit signe de m'accroupir devant lui. Je l'examinai alors avec attention.

Son teint blanc a une pâleur mate ; son front est large et élevé. Des sourcils noirs, fins et bien arqués surmontent les grands yeux bleus qui m'ont fasciné. Son nez est fin et légèrement aquilin, ses lèvres minces sans être pincées ; sa barbe noire et soyeuse encadre légèrement l'ovale de sa figure expressive. Un petit *ouchem* (1) entre les deux sourcils fait ressortir la pureté de son front. Sa main, maigre et petite, est remarquablement blanche, des veines bleues la sillonnent ; ses doigts longs et effilés sont terminés par des ongles roses parfaitement taillés ; son pied, sur lequel il appuie presque toujours une de ses mains, ne leur cède ni en blancheur ni en distinction.

Sa taille n'excède pas cinq pieds et quelques lignes, mais son système musculaire indique une grande vigueur. Quelques tours d'une petite corde en poils de chameau fixent autour de sa tête un haïk de laine fine et blanche ; une chemise en coton et par-dessus une chemise en laine de même couleur, le haïk, qui après avoir fait le tour de la tête enveloppe le corps, et un burnous blanc recouvert d'un burnous brun, voilà tout son costume. Il tient toujours un petit chapelet noir dans sa main droite. Il l'égrène avec rapidité et lorsqu'il écoute, sa bouche prononce encore les paroles consacrées à ce genre de prière.

Si un artiste voulait peindre un de ces moines inspirés du moyen âge que leur ferveur entraînait sous l'étendard de la croix, il ne pourrait, il me semble, choisir un plus beau modèle qu'Abd-el-Kader.

(1) Tatouage.

Un mélange d'énergie guerrière et d'ascétisme répand sur sa physionomie un charme indéfinissable (1).

« Sois le bienvenu, me dit-il, sois le bienvenu, car tout bon musulman doit se réjouir de voir augmenter le nombre des vrais croyants. Notre saint prophète a dit :

« Il vous sera plus profitable au grand jour du jugement « de vous vanter d'avoir acquis un chrétien à l'islamisme que « d'en avoir tué mille dans les combats. » Dieu t'envoie à nous, c'est à nous de te conserver, de t'instruire et de t'aimer plus que nos autres frères. » Je fus surpris de sa voix saccadée et pour ainsi dire sépulcrale. Elle sied mal à sa figure ; sa parole est brève et rapide ; il conserve l'accent et emploie l'idiome des provinces de l'ouest.

J'use de la forme du dialogue, afin de te rendre compte plus rapidement de ma conversation avec l'émir.

(ABD.) Comment te nommes-tu ?

(MOI.) Les musulmans d'Alger m'ont nommé Omar, mais à toi, seigneur, appartient le droit de me donner le nom qu'il te plaira.

(ABD.) J'approuve le choix du nom d'Omar ; c'est le nom que portait avec tant de gloire le premier compagnon du prophète de Dieu, qui, comme toi, de chrétien était devenu musulman ; tâche d'imiter ses exemples.

Qui t'a porté à embrasser l'islamisme ?

(MOI.) Plusieurs motifs réunis qu'il serait trop long de

---

(1) Les Français qui ont vu Abd-el-Kader avant moi trouveront peut-être mon admiration exagérée. C'est qu'aucun n'a pu le voir tel qu'il est. En effet, quand il se trouve en face d'un chrétien, ses yeux sont toujours baissés et ses traits prennent une expression de contrainte qui pourrait indiquer une tendance à la fausseté. Il est inutile de dire que je commets un anachronisme en traçant le portrait d'Abd-el-Kader après une première entrevue ; ce n'est qu'après l'avoir vu souvent et avoir étudié les changements subits que telle ou telle impression, telle ou telle situation opèrent sur sa physionomie, que je suis arrivé à pouvoir en faire la description qui précède.

t'exposer ici, mais le plus puissant c'est le désir de connaître l'homme dont j'admirais le courage et les vertus, et l'espoir d'apporter au grand œuvre de la régénération des Arabes qu'il a entrepris le concours modeste de mon dévouement.

(Abd.) Je savais que deux Français avaient embrassé l'islamisme et qu'ils vivaient au milieu des tribus de la Mitidja. Un d'eux, nommé el Bordji (1), m'est pourtant signalé comme un de nos ennemis acharnés. Quel est l'autre ?

(Moi.) L'autre, c'est moi. Une grande différence existe, pourtant, entre le Bordji et moi ; lui est soldat au service de la France, et il a prêté serment de ne pas abandonner ses drapeaux.

Moi je suis libre et n'ai jamais été militaire ; si j'étais déserteur je mériterais ton mépris plutôt que ton estime.

(Abd.) La religion n'admet pas de semblables subtilités ; lorsqu'on est chrétien on doit vivre avec les chrétiens, lorsqu'on est musulman on doit vivre avec les musulmans, et c'est un crime de cohabiter avec les chrétiens. Aussi je regarde comme indignes du nom de musulmans tous ces lâches Arabes qui ont vendu leur foi et perdu la vie éternelle pour une vie passée dans l'opprobre ; que la malédiction du Seigneur s'appesantisse sur eux !

Il me fit ensuite plusieurs questions sur mes antécédents, sur ma famille, sur mon père qui était à Alger, sur la religion. Il parut satisfait de mes réponses, me recommanda vivement au khalifa de Milianah, Oul'd Sidi Embarek, et me fit signe que je pouvais me retirer.

Mon domestique arabe, qui était dans un coin de la tente, vint alors déposer devant l'émir le *kamous* (dictionnaire) et le fusil Lefaucheux dont je lui faisais présent. Il demanda d'où

(1) Le lieutenant Vergé, kaïd de la tribu des Beni-Khelil.

venaient ces objets ; le bey de Milianah lui dit que c'était Omar qui lui offrait ces cadeaux.

Il admira le *kamous*, ouvrage d'un grand prix, que j'avais acheté à un Algérien, et parut très étonné de l'ingénieux système du fusil :

« C'est à nous à te faire des présents et non à toi, me dit-il, mais je suis sensible à ton offre que j'accepte ; or, je n'accepte jamais que de ceux que je veux aimer. » Je m'avançai pour lui baiser la main ; il la retira et me baisa l'épaule, habitude qu'il a toutes les fois qu'une personne de distinction vient le saluer.

Malgré l'excellente impression que m'a faite l'émir, je ne puis m'empêcher de concevoir quelques craintes en songeant à l'accueil presque malveillant que j'ai reçu du khalifa de Milianah.

Si Kaddour Berrouila m'aurait-il déjà desservi auprès du fils de Sidi Ali oul'd Sidi Embarek, ennemi, tu le sais déjà, des fils d'Omar pacha ? Dieu veuille que ce haut fonctionnaire ne cherche pas à me nuire auprès de l'émir ! C'est le moment de te faire le portrait au physique et au moral de cet homme dont je t'ai parlé dans le temps sans le nommer, et qui, je le crains bien, ne pourra jamais me pardonner d'avoir été le témoin de ses débauches.

Il est de taille moyenne et très gras. Sa démarche est plutôt celle d'un houzard entre deux vins que celle d'un marabout. Il est borgne par accident et ce défaut augmente encore la fausseté de son regard ; son teint est blanc et coloré, ses traits assez réguliers ; ses grosses lèvres annoncent l'homme sensuel. Il a tout au plus vingt-six ans. Il est d'une grosse gaieté qui semble forcée ; il jouit d'une grande réputation de bravoure.

Comme la plupart des descendants de Sidi Embarek, il est intempérant, et malgré les préceptes du Coran, il abuse, dit-on, en cachette de l'usage des liqueurs fortes. Toutefois son influence est réelle et il a su gagner l'estime et l'amitié de l'émir.

Son entourage est composé d'Algériens, gens aux mielleuses paroles et au visage souriant, mais qui ont le fiel dans le cœur et le venin sur les lèvres. Je lui ai offert les cadeaux que je lui destinais, il les a acceptés avec empressement. Depuis la recommandation de l'émir, il me témoigne des sentiments d'affection et de dévouement.

Je n'en conserve pas moins quelques doutes sur la sincérité de ses protestations.

A demain d'autres détails.

CHAPITRE XXII.

Politique de l'émir.

Camp d'Ouennogha, 19 décembre 1837.

Mon cher ami,

Je croyais, t'ai-je dit dans une de mes précédentes lettres, qu'Abd-el-Kader, ayant conscience de la part que la France avait prise à son élévation, était décidé à observer sincèrement le traité de paix conclu avec son gouvernement.

Tu jugeras des atteintes cruelles portées à mes illusions en lisant le résumé des idées exprimées par l'émir dans le courant des conversations qu'il a eues avec moi pendant nos marches. J'ai remarqué que cet honneur, tout en m'attirant le respect de la multitude, semble augmenter à mon égard la froideur du khalifa et des autres personnages qui entourent l'émir.

Il me témoigne du reste beaucoup de bienveillance, et m'a promis de me faire enseigner le Coran par le kadhi du camp qui a été son premier instituteur : « Car, me dit-il, il ne suffit pas de dire : je suis musulman ! Il faut comprendre et connaître ce que doit être un musulman. La grâce que Dieu t'a déjà faite en t'inspirant le désir d'entrer dans la vraie religion, me donne l'assurance de ton ardeur à la connaître et à la pratiquer.

« Garde-toi d'imiter l'exemple du plus grand nombre des Arabes que tu vois dans mon camp.

« Dieu a daigné me choisir pour les régénérer et pour rallumer dans leurs cœurs de pierre le flambeau éteint de la foi.

« Gouvernés depuis des siècles par des soldats ignorants qui n'avaient de musulman que le nom, habitués à ramper devant leurs maîtres qui leur donnaient l'exemple de l'injustice et de la cruauté, ils ont abandonné les pratiques de notre sublime religion ; ils sont tombés dans l'indifférence, ils sont semblables aux bêtes de somme qu'ils conduisent (1).

« Mais Dieu, dans sa miséricorde, a chassé les tyrans contre lesquels notre loi nous défendait de nous révolter, et à amené, à leur place, ces chrétiens que nos glorieux ancêtres allaient combattre jusque dans leurs pays.

« Oui, Omar, c'est la miséricorde de Dieu qui les a amenés, car nous avons été forcés de leur faire la guerre pour défendre notre sol, nos femmes, nos enfants, et plus que tout cela notre religion, et cette guerre est une guerre sainte.

« Le sang musulman, qui a coulé et qui coulera dans cette glorieuse lutte, nous lavera de nos souillures, notre foi attiédie se réchauffera au feu des combats, et nos bras se fortifieront en frappant sur l'infidèle.

« Nous serons alors moins indignes des illustres devanciers

---

(1) Un fait dont j'ai été témoin dans notre voyage de Médéah au camp m'a prouvé la justesse des observations de l'émir au sujet de l'indifférence religieuse des Arabes.

C'était dans un douar des Beni-Sliman où nous avions reçu l'hospitalité. Mon ami, Sidi el-Habchi et moi, entendîmes un Arabe qui occupait une tente à côté de la nôtre, s'écrier : « Ya Fatma héti el'Halleb, nâamel Rekâat el Sultan ! — Eh ! Fatma, apporte l'écuelle, que je fasse les génuflexions du sultan. » Faisant allusion aux ordres donnés par l'émir à tous les cheiks et à tous les kaïds, de veiller à ce que chaque Arabe fasse régulièrement ses ablutions et ses prières.

qui ont conquis notre patrie et fait triompher la loi de Dieu de l'Orient à l'Occident. Ah! si l'ardeur qui les enflammait nous avait animés lorsque les Français ont mis le pied sur la terre musulmane, crois-tu qu'un seul eût échappé? Crois-tu que les ossements de leurs cadavres, dévorés par les oiseaux de proie, n'eussent pas à jamais frappé de terreur les audacieux qui auraient voulu de nouveau fouler notre sol?

« Mais les décrets immuables de Dieu devaient s'accomplir et nous devions expier nos crimes.

« Je demande au Très Haut de regarder enfin d'un œil de bonté et de miséricorde son peuple malheureux; s'il daigne écouter ma faible voix, je consacrerai ma vie à réveiller la foi endormie de l'islamisme : descendant de nos seigneurs les Ali, les Abd-Alla, les Eukba et tant d'autres, je combattrai dans la voie du Seigneur, et alors, malheur aux chrétiens, trois fois malheur! car celui qui met tout son espoir en Dieu et qui n'attend la victoire que de lui, celui-là peut rencontrer le lion et repousser ses bonds impétueux. Omar, pénètre-toi profondément de cette pensée, base de notre conduite en ce monde, que le succès de toute entreprise dépend de la foi de celui qui l'entreprend.

« Dieu récompense la foi, même chez les infidèles. Le juif, le plus immonde des êtres, est capable de grandes choses si, dans son cœur avili, la foi parvient à remplacer l'avarice.

« D'ailleurs, je redoute bien moins les Français depuis que je les connais. Je les croyais encore semblables à ceux qui allèrent combattre Souleyman (Soliman) pour reconquérir la ville où ils supposent qu'a été enseveli Sidna-Aissa (Notre Seigneur Jésus-Christ) (1).

« Malgré la haine que tout musulman doit nourrir contre

---

(1) Les musulmans croient que Jésus-Christ est un prophète au-dessus de tous les autres, puisqu'il a été conçu sans péché dans le sein immaculé

les infidèles, j'ai souvent admiré leur courage, leur générosité et leur fidélité à tenir leur parole et leur observance rigoureuse des pratiques de leur religion ; mais ceux qui ont fait la conquête d'Alger ne ressemblent en rien à leurs ancêtres. J'entends dire que quelques-uns ne reconnaissent pas de Dieu ; en effet, ils n'ont construit aucune église, et les ministres de leur religion sont peu respectés par eux-mêmes.

« Ils ne prient jamais ; ils manquent à leur parole et trahissent leurs alliés. Dieu les abandonnera puisqu'ils l'abandonnent ! »

Le danger que j'aurais couru en prenant fait et cause pour les chrétiens m'empêcha de lui répondre. Je me hasardai toutefois à lui demander pourquoi il avait fait la paix avec les Français, puisque sa religion lui faisait une obligation de les combattre.

« En faisant la paix avec les chrétiens, me répondit-il, je me suis inspiré de la parole de Dieu qui dit dans le Coran : « *La paix avec les infidèles doit être considérée par les mu-* « *sulmans comme une trêve pendant laquelle ils doivent se* « *préparer à la guerre.* » J'ai souscrit à des conditions que j'observerai tant que les Français observeront celles *que je leur ai imposées*. La durée de la paix dépendra de leur conduite à mon égard, et pour la rupture ce n'est point de mon côté qu'elle viendra. Lorsque l'heure de Dieu aura sonné, ils me fourniront eux-mêmes des causes plausibles de recommencer la guerre sainte.

de Setna-Mérièm (Notre-Dame-Marie); ils le nomment Rouhh Allah (l'âme, le souffle, l'esprit de Dieu). « Verbum Dei. »

Ils disent que les juifs ont sacrifié un juif qui lui ressemblait, mais que Jésus-Christ a été enlevé au ciel en corps et en âme, qu'il viendra aux approches de la fin du monde, qu'il ramènera par le sabre et la conviction tous les peuples à la même religion, l'islamisme ; qu'après ce grand œuvre il mourra et sera enterré à Médine dans une tombe qui est restée et qui restera vide à côté de celle de Mohamed.

« J'espère en outre que les Français réfléchiront, d'un côté aux sacrifices d'hommes et d'argent qu'ils ont faits, sans avoir pu étendre leur domination au delà des murs de leurs forteresses, et de l'autre à l'extension de ma domination qu'ont acclamée les tribus de toute l'Algérie où j'ai fait succéder l'ordre et la tranquillité à l'anarchie et au désordre. J'espère, dis-je, qu'ils renonceront à vouloir gouverner par la force un peuple qui sera toujours leur plus mortel ennemi.

« Les maîtres d'Alger les ont offensés, ils les ont chassés par la permission de Dieu, qu'ils se contentent donc d'Alger.

« Je regarde comme un bienfait de la Providence ta venue auprès de moi, Omar, car si tu es dévoué à la cause musulmane, tu pourras m'aider puissamment à la faire triompher. »

Voilà donc ce chef que je considérais comme un allié sincère de la France, comme l'homme qui devait nous aider à civiliser l'Algérie !

J'avoue qu'il joue un rôle bien plus noble que celui que je lui attribuais. Il veut régénérer son peuple, il veut réveiller sa foi, il veut chasser l'ennemi de sa patrie; quoi de plus louable et de plus glorieux à son point de vue ?

Mais quelle sera ma position auprès de lui ? En le servant fidèlement, ne serais-je pas amené forcément à desservir mon pays ? Je ne désespère pas, toutefois ; peut-être la paix se prolongera-t-elle plus longtemps que je ne le pense, peut-être aussi les idées actuelles de l'émir se modifieront-elles ? En tout cas, je n'épargnerai nul effort pour tâcher de lui faire comprendre tous les avantages qu'il peut retirer d'une paix longuement observée.

J'ai remarqué qu'il a des opinions très fausses sur tout ce qui n'est pas son pays ; aussi, lorsque je serai plus avant dans ses bonnes grâces et que je lui aurai inspiré de la confiance, mon premier souci sera-t-il de rectifier ces opinions.

Ce qui porte surtout atteinte à l'optimisme, fond de mon

caractère, c'est la politique d'Abd-el-Kader. Elle est certes très habile, mais elle menace nos intérêts et je dirai même notre honneur national. Qu'on en juge : tandis que les Français, peuple éclairé et civilisé, négligent les seuls avantages que le traité de la Tafna pouvait leur procurer, tandis qu'ils se confient en la bonne foi des Arabes et qu'ils se renferment avec la plus incroyable sécurité dans des limites qu'ils ont obscurément définies et qu'ils ne cherchent même pas à bien connaître, Abd-el-Kader, soi-disant sultan ignorant et barbare, s'empresse de tirer parti des clauses du traité qui lui sont favorables. Il s'est d'abord dirigé sur Tlemcen, a pris tous les fusils que les Français avaient donnés aux Turcs et aux Coulouglis du méchouar, et a enrôlé, par force, trois cents de nos braves alliés dans son armée régulière, en proclamant *que la France les lui a vendus* par le traité de paix.

Tranquille de ce côté, il se dirige vers Tagdempt, combat et soumet quelques tribus rebelles du Kabla (sud), fait prisonnier un marabout qui s'intitulait Moul-el-Saâ (maître de l'heure) et qui avait la prétention de lutter contre son autorité, et arrive dans la province de Tittery, d'où il combine la prise de possession de l'immense région qui s'étend depuis notre camp de Kara Mustapha, dans l'est de la Mitidja, jusqu'à Constantine.

Mais, me diras-tu, cette région ne fait pas partie du territoire sur lequel le traité lui permet d'étendre sa domination.

Telle était, j'en suis certain, la pensée du général négociateur ; mais cette pensée a été si mal exprimée en arabe qu'Abd-el-Kader revendique le droit de faire reconnaître son autorité par les populations musulmanes qui occupent cette région, et il l'exerce les armes à la main.

Il nomme Sid-el-Hadj-Mohamed ben Abd-el-Salem el Mokrani khalifa de la Médjana, et Ahmed ben Salem oul'd Sidi el Taieb khalifa de Sebaou.

Dans toutes ses expéditions, il ne néglige pas de lever l'impôt sur les tribus dont il traverse le territoire, d'abord parce que cette mesure lui procure des ressources précieuses, et aussi parce que, chez les indigènes, c'est le principal signe de la souveraineté et qu'ils ne regardent pas comme maître réel et légitime le chef qui n'exige pas le paiement de l'impôt.

Il se garde bien de communiquer aux Arabes la teneur entière du traité; il porte seulement à leur connaissance les articles favorables à l'exécution de ses desseins. Du reste ce traité, ainsi qu'il a soin d'en faire répandre le bruit, ne peut être, suivant l'esprit du Coran, qu'une trêve conclue avec les infidèles, afin de mieux se préparer à recommencer el-djihâd, la guerre sainte.

Cette politique, je le répète, renverse toutes mes idées. Au lieu d'une paix franchement conclue, pendant laquelle j'espérais coopérer avec un chef éclairé à la civilisation des Arabes, j'entrevois un armistice qui sera funeste à la France.

Oh! si on avait bien réfléchi que les Arabes de l'Algérie sont encore les Numides qui combattaient les Romains, il y a 2,000 ans, et qu'Abd-el-Kader est un Jugurtha qui, à la haine du chef numide, contre les oppresseurs de son pays, joint le fanatisme musulman; si on avait lu avec attention les traités si clairs et si laconiques que *dictaient* les Romains aux peuples barbares qu'ils avaient vaincus, nous n'aurions pas rempli deux longues pages d'un mauvais arabe que l'habileté d'un des contractants devait interpréter aux dépens de l'autre. Puissions-nous ne pas avoir trop à nous repentir de notre générosité et d'une confiance trop légèrement accordée!

Je suis triste et j'enrage d'entendre tenir des propos atroces contre les Français, propos dont la prudence la plus élémentaire me défend pourtant de paraître offensé.

Les plus lâches et ceux qui peut-être désirent le plus ardemment la paix sont ceux qui vociférent davantage contre les oppresseurs infidèles. Je me rappelle même parmi ces derniers en avoir vu plusieurs ramper bassement aux pieds des autorités françaises à Alger.

Je ne désespère pourtant pas, je te le répète, et je reprends courage et confiance en regardant la belle tête de l'émir ; je conserve la douce pensée qu'une si belle enveloppe doit contenir une belle âme ; or, une belle âme reculera devant la rupture d'un traité, car ce serait un acte de mauvaise foi.

On vient de m'annoncer l'arrivée du consul de l'émir à Alger, suivi d'une escorte de négociants français. Comme ce consul est le représentant de la nation américaine, le bruit court que le sultan va contracter une alliance avec les États-Unis. Ils sont accompagnés du fameux juif Ben d'Ran (Ben Durand).

Les Arabes disent de ce dernier : « Les Français, séduits par les paroles du Juif, l'ont choisi pour intermédiaire entre eux et le sultan, afin de mieux tromper ce dernier ; mais le Juif, que Dieu le maudisse, les trompera tous les deux. »

Je serais dans une fausse position en me rencontrant avec ces Français que je connais tous, et auxquels il serait dangereux pour moi de faire l'accueil que me dicterait mon cœur. Je m'éloigne donc aujourd'hui du camp ; je profite d'une visite que vont faire mes compagnons de route (les marabouts de Coléah) au marabout de Guerrouma pour aller visiter la belle tribu des Beni-Djâad et les admirables vallons qui se trouvent resserrés entre le mont Djurdjura et les pics qui l'avoisinent. J'ai entendu dire hier au khalifa de Milianah que l'émir va terminer sa campagne par une expédition contre les Coulouglis de Oued Zeïtoun qui n'ont pas encore payé l'impôt et qui sembleraient se préparer à défendre l'accès de leurs montagnes. Comme on se battra probablement, nous serons de retour la veille du jour où le sultan établira son camp sur le territoire de cette tribu. Je ne ferai partir cette lettre qu'après le combat, si les Zouetna résistent. Adieu.

CHAPITRE XXIII.

Description du camp de l'émir.

Je tâche de ne pas trop embarrasser mon récit de descriptions qui, ainsi que je l'ai déjà dit, seraient la répétition de celles déjà faites par les nombreux auteurs qui ont écrit sur l'Algérie depuis la conquête jusqu'à ce jour.

Aussi ai-je placé, à la fin de cet ouvrage, quelques notes sur les titres que prenait Abd-el-Kader, sur les rouages de son gouvernement et la composition de son armée régulière ainsi que l'énumération des fonctionnaires qui composaient son entourage. (Notes 2, 3, 4 et 5.)

Mais aucun de ces écrivains, il me semble, n'a donné de détails sur l'installation du camp de l'émir, et sur l'ordre de marche de son armée, au moment où le traité de la Tafna venait de porter sa puissance à son apogée.

Je crois donc que mes lecteurs ne liront pas sans intérêt la description de ce camp et de cette marche qu'on n'a vus qu'à cette époque et que, d'après les présomptions humaines, on ne reverra jamais plus.

Le camp de l'émir.

Le camp est de forme circulaire. Les tentes des soldats réguliers, infanterie et cavalerie, forment le cerle. Elles sont plus ou moins rapprochées suivant le nombre de cavaliers auxiliaires appelés par le sultan et qui sont dans l'intérieur du camp. Les tentes de l'armée régulière ont la forme d'un cône; elles sont soutenues par un seul montant et doivent contenir 38 hommes. L'ouverture regarde l'intérieur du camp dont l'entrée, tournée vers l'orient, est formée par la tente du commandant de l'artillerie et par celle du chirurgien en chef, auxquels est conféré le droit d'asile. Deux pièces d'artillerie sont braquées sur l'entrée. A peu près au milieu de la circonférence du camp s'élève l'outak (1) du sultan ; à sa droite et à sa gauche sont placées les tentes de ses secrétaires, des hauts fonctionnaires ; un peu en arrière se trouvent celles destinées à abriter les munitions, les objets reçus en cadeaux, les selles, armes, vêtements, tous les objets d'habillement pour l'armée, enfin tout ce qui est la propriété du gouvernement, excepté l'argent qui est renfermé dans des coffres placés dans l'outak du sultan.

D'autres tentes en laine contiennent les vivres de l'armée régulière. Elles abritent également la manutention et les cuisines. A côté sont parqués les chameaux et les mulets de transport. Dans l'intérieur du camp sont les tentes des cavaliers auxiliaires dominées par celles des khalifas et de leurs chefs.

(1) Il y a plusieurs sortes de tentes : la tente du sultan et des khalifas ou d'un chef qui commande dans un campement se nomme *outak*. La tente des fonctionnaires et des Arabes auxiliaires et qui a la même forme que celle de l'émir, sauf les dimensions, se nomme *gueitoun*, au pluriel *guiatna*; elles sont en toile ou en coton. La tente de l'armée se nomme *kheba*.

Les tentes sous lesquelles habitent les Arabes ont une forme toute différente ; elles se composent de bandes en laine mêlée de poils de chameaux et de poils de chèvres rejointes les unes aux autres par de petites chevilles en bois et soutenues au-dessus du sol par des traverses et des supports en bois de différentes dimensions.

Je reviendrai du reste sur la description des grandes tentes des tribus sahariennes. Elles se nomment *kheima* au singulier, *khiêm* au pluriel, ou bien encore *biout el chaâr* (maisons de poils).

Depuis le coucher jusqu'au lever du soleil, personne ne peut sortir du camp ni y entrer sans une permission expresse du sultan; il y a peine de mort contre une pareille infraction.

La tente du sultan est soutenue par trois montants d'environ 15 pieds d'élévation placés à égales distances. Elle est garnie intérieurement de draps de diverses couleurs qui forment des dessins d'une irrégularité qui me choqua. J'en demandai la cause, la voici :

Après l'expédition française dirigée contre Mascara par le maréchal Clauzel et monseigneur le duc d'Orléans, le sultan avait vu ses meilleurs amis l'abandonner; ses soldats avaient été tués et désarmés sous ses yeux, son trésor et ses munitions avaient été pillées et sa tente partagée entre plusieurs Arabes de sa propre tribu, « les Hachem ». Abd-el-Kader déployait alors un certain luxe, et tous les objets précieux qu'il possédait furent pris; c'est depuis cette époque qu'il a apporté de radicales réformes dans sa maison officielle. Lorsqu'après le traité Desmichels il soumit de nouveau les tribus rebelles, il se fit rendre les objets qu'elles lui avaient dérobés; parmi ces objets se trouvaient des portions séparées de sa tente, qu'il fit réunir très irrégulièrement, voulant ainsi avoir constamment sous les yeux le souvenir des jours néfastes.

Le sol de la tente, est recouvert de tapis arabes aux riches couleurs. Le sultan est accroupi sur une natte placée au pied du montant qui se trouve à l'extrémité opposée à l'entrée dans une espèce de niche formée par les caisses où sont enfermés l'argent et les livres qui composent sa bibliothèque. A sa droite et à sa gauche se tiennent les secrétaires et les hauts personnages de son entourage. Tous les aides de camp formant la maison militaire du sultan restent debout dans la partie intérieure de la tente. Lorsque le sultan a des ordres à leur donner, il leur fait signe, ils s'approchent, s'agenouillent devant lui, reçoivent l'ordre et se retirent à reculons.

Le sultan a devant lui quelques livres et deux petits coffres ; dans l'un sont les lettres et les papiers importants, dans l'autre l'argent qui lui sert à faire des largesses et des aumônes. La tente a 15 mètres de longueur sur 6 de largeur ; elle est recouverte par une autre tente plus grande qui la rend plus chaude et impénétrable au vent et à la pluie et qui forme ainsi tout autour un espace réservé à une trentaine d'esclaves nègres composant la garde particulière du sultan.

Ces nègres, achetés par l'État, sont excellents cavaliers et ont dû faire preuve de bravoure et de fidélité avant d'être admis dans cette garde. Ils sont grands et forts, ils sont vêtus d'une veste rouge et d'une culotte bleue ; ils portent sur le haïk la corde de chameau et deux burnous blancs et bruns.

Ils sont armés de sabres, de pistolets et de fusils ; la nuit et le jour, la moitié monte la garde autour du sultan, tandis que l'autre moitié repose dans l'intervalle des deux tentes. Ils sont placés sous l'autorité immédiate de l'émir.

Au montant de l'extrémité opposée à l'entrée, est attaché un rideau en laine qui est pendu aux deux parois intérieures et forme ainsi un réduit à l'arrière de la tente. C'est là que l'émir se retire souvent pour faire ses ablutions, prier, étudier seul et donner ses audiences secrètes. On y entre par une petite porte gardée constamment par deux nègres.

Tout près de cette partie de l'outak et en dehors, est placé un petit réduit à ciel ouvert, nommé *bil-el-ma* (la chambre de l'eau, lieux d'aisance). A 6 mètres en avant de l'outak sont plantés les six drapeaux qui accompagnent toujours l'émir. Ils sont en satin vert, jaune et rouge, brodés d'or et de soie ; des versets du Coran sont écrits en lettres d'or et les hampes sont surmontées de croissants et de boules en argent. Derrière les drapeaux sont rangés les chevaux de l'émir, tous attachés par les paturons et maintenus par les deux longes de leur licol.

Le camp offre actuellement un coup d'œil très intéressant; on y voit des Arabes de toutes les parties de l'Algérie et des habitants de toutes les villes, tous reconnaissables à leurs costumes, à leur physionomie et surtout à leur langage; car, de province à province, il y a une différence sensible entre la prononciation et le choix des expressions. C'est toujours de l'arabe, mais l'arabe est une langue si riche, qu'il y a plusieurs mots pour exprimer une même chose. Chaque province a donc adopté un mot différent de celui employé par ses voisins : de là une différence apparente dans la langue.

La prononciation est une difficulté pour quiconque n'a pas séjourné dans les diverses provinces de l'Algérie; aussi ai-je quelque peine à comprendre le langage des Arabes d'Oran et ceux du désert. Ce sont de nouvelles études à faire.

C'est vraiment curieux de voir l'agitation de tous ces Arabes; les uns sont venus porter une plainte, les autres payer l'impôt, les autres demander des secours, ceux-ci terminer un procès, chacun parle en criant de ses affaires. Les disputes s'échauffent quelquefois à tel point que les chaouchs sont obligés d'intervenir avec l'argument qui est l'*ultima ratio* des Arabes (le bâton).

On peut difficilement se faire une idée de la vaste circonférence que doit occuper un camp où sont réunis quinze mille hommes, douze mille chevaux, mille chameaux, mille mulets, ânes, etc., en tenant compte surtout de la place qu'occupent les tentes relativement grandes des cavaliers auxiliaires et des espaces vides qui doivent exister entre elles et celles de leurs chefs.

Le burnous brun est ici bien autrement respecté que le burnous blanc; cela veut dire que tous les Arabes de l'ouest qui font partie du makhzen de l'émir et qui portent le burnous brun, traitent en conquérants les Arabes de l'est qui ne revêtent que le burnous blanc ou rayé de gris. Il existe entre les tribus de l'est et celle de l'ouest, en prenant comme limite entre elles le méridien de Ténès, une antipathie qu'elles ne cherchent pas à dissimuler. Le personnage devant lequel tous s'écartent, celui qui marche la tête haute, le regard insolent et la menace à la bouche, c'est le soldat régulier du sultan, cavalier et fantassin. L'uniforme brun de ces derniers et l'uniforme rouge des premiers est un talisman qui inspire à tous la crainte beaucoup plus que le respect; mais que de haines s'accumulent contre eux! Il serait impossible en effet de dire à quelle insolence, à quelles exactions et à quelles cruautés se livrent contre les Arabes leurs frères, ces soldats, qui hier encore étaient recouverts d'un burnous en guenilles.

Dans chaque quartier du camp se trouvent des cafetiers qui font un débit immense de marc de café; les Arabes le trouvent horriblement mauvais. Un d'eux, après avoir goûté à une tasse très chargée de marc sans sucre et brûlante, s'écria en la rejetant : « Je suis persuadé que l'eau de l'enfer n'est ni plus noire, ni plus brûlante, ni plus amère; » mais ils en boivent, pour se donner un genre.

Un cafetier est attaché en outre à chaque bataillon de soldats réguliers; c'est une sorte de vivandier qui vend toute espèce de marchandises et de comestibles. Il vend aussi du tabac, mais en cachette, parce que le sultan en défend l'usage.

Ceux qui veulent fumer sont obligés de se renfermer dans leur tente ou de sortir du camp, et s'ils étaient découverts, quatre-vingts coups de bâton seraient leur punition.

Au *fedjer*, c'est-à-dire une heure avant le jour, *le moudden* dont nous avons fait muezzin appelle à la prière.

Aussitôt que le jour paraît, les auxiliaires et les palefreniers vont chercher le fourrage et l'orge. Lorsque le sultan déclare *ennemi* le pays où il campe, chacun va piller où il peut. Le matin est consacré par l'émir et les khalifas à traiter les affaires particulières et à recevoir le baisement de main de tous les employés de la cour, de tous les khalifas et de tous les chefs de camp; c'est un devoir indispensable.

A une heure après-midi, *le moudden* chante la prière du *d'hour*; s'il ne pleut pas, le sultan sort en avant de sa tente et remplit l'office d'iman. Tous ceux qui le désirent, et quel que soit leur rang hiérarchique, fussent-ils mendiants, peuvent venir prier derrière lui. Aucun des chefs ni des khalifas n'y manque.

Quoique le terrain soit souvent boueux, le sultan appuie son front contre terre et tous sont bien forcés de l'imiter. Immédiatement après la prière, l'émir rend la justice à tous ceux qui l'invoquent, quelque minime que soit l'objet du litige. Lorsque le muezzin a annoncé la prière de l'aâsseur (trois heures après-midi) on entend retentir la *nouba*, nom donné à la musique du sultan. Les musiciens viennent gravement se placer au pied des drapeaux et font retentir l'air de leurs mélodies primitives. Voici de quels instruments se compose cette musique qui a comme chef d'orchestre le premier hautbois :

Quatre espèces de hautbois, quatre paires de timbales et quatre grosses caisses.

Ils jouent encore les airs turcs, et quelques romances andalouses qui ne laissent pas d'avoir un certain charme lorsqu'on en comprend le rythme. Cette musique produit un effet singulier sur tous les chevaux de race; ils cessent de manger, relèvent la tête, hennissent et se balancent sur leurs jambes comme s'ils voulaient danser.

A propos de la nouba, on m'a raconté une histoire typique :

un Arabe plaisant demandait à ses compatriotes s'ils comprenaient le langage de la nouba : « Elle ne dit rien, elle chante, » lui répondirent-ils. Ah ! ignorants ou simples que vous êtes, reprit-il, la nouba parle au nom du sultan et en votre propre nom, écoutez : les grosses caisses, c'est la voix du sultan qui crie :

Draham, draham, draham.

(*Draham* veut dire *argent*, et en prononçant le mot fortement et avec emphase, on imite le son de la grosse caisse.)

Le hautbois c'est la voix des Arabes auxquels on demande l'argent et qui disent en pleurant :

M'ninn, m'ninn, m'ninn.

(*M'ninn* veut dire *d'où*; en prononçant vivement *m'ninn* plusieurs fois de suite avec une voix de fausset on imite les sons aigus du hautbois.)

Et les timbales, c'est la voix des cavaliers du sultan qui viennent lever l'impôt et qui répondent :

Debbor, debbor, debbor.

Trouves-en, trouves-en. (En prononçant fortement les deux *b*, on imite le son des timbales.)

Dès que la nouba a cessé de se faire entendre, le bach-chaouch crie de toute la force de ses poumons : « Le sultan prie Dieu qu'il répande sur vous tous sa paix et ses bénédictions. » Tous les assistants répondent : « Que la paix du Seigneur soit avec le sultan et qu'il soit toujours victorieux ! » Le chef de la musique va baiser la main de l'émir, et alors commence le baisement de main du soir.

Les hennissements de plus de douze mille chevaux mêlés aux

cris bruyants et moins nobles de trois mille bêtes de somme font alors retentir le camp d'un bruit vraiment effrayant. C'est l'heure à laquelle on donne l'orge. Chacun a sa musette garnie, et aussitôt que le cheval préféré du sultan plonge sa tête dans la sienne, toutes les musettes sont accrochées.

Au coucher du soleil, le moudden appelle de nouveau à la prière; tout le camp doit faire cette prière en dehors des tentes. J'ai vu l'émir prier devant plus de deux mille Arabes qui croient que Dieu les entend bien plus favorablement en s'unissant à un homme aussi saint que le sultan. Peut-être aussi l'espoir de se faire remarquer par le chef contribue-t-il à leur empressement.

Une heure et demie après le *maghreb*, le moudden appelle à la dernière prière ; la nouba se fait entendre, et, lorsqu'elle a cessé, tous les cafés doivent être fermés et la circulation est interdite dans le camp.

CHAPITRE XXIV.

Ordre de marche du sultan en campagne. — Pose et lever du camp.

L'armée que commande en ce moment le sultan et avec laquelle il va soumettre les tribus de l'est se compose ainsi :

Trois mille askers (1), fantassins réguliers...	3,000
Quatre cents khièlas (2), cavaliers.......	400
Soixante tobjias (mot turc), artilleurs servant quatre pièces de 6 et deux obusiers.....	60
Mille cavaliers du makhzen (3) de l'ouest...	1,000
Dix mille cavaliers auxiliaires irréguliers...	10,000
Total....	14,460

Le sultan seul décide du jour et de l'heure du départ ; aussitôt après la prière de l'aurore, le sultan fait appeler le khaznadar en second, et lui donne l'ordre de préparer la levée du camp. Ce dernier va prévenir l'agha de l'armée régulière qui fait battre la diane d'abord ; puis une nouvelle batterie annonce à tous le départ. Une heure s'est à peine écoulée que toutes les tentes sont pliées et chargées, ainsi que le ma-

---

(1) De *áskara, congregatus fuit* ; *ásker, exercitus* ; *aáskri*, soldat.
(2) De *khèil*, les chevaux ; *khièl*, cavalier.
(3) *Makhzen*, cavaliers irréguliers à la solde du gouvernement. Sous les Turcs on appelait makhzen certaines tribus liées à leur service et jouissant à ce titre de certaines immunités.

tériel et les vivres ; les compagnies sont formées sur l'emplacement qu'occupaient leurs tentes.

Les auxiliaires sont à cheval autour de leurs chefs respectifs. La tente de l'émir seule est encore debout.

Les aghas et les kaïds des tribus dont on doit traverser le territoire, devant servir de guides à l'armée, sont introduits auprès du sultan qui, après les avoir interrogés, désigne le lieu où devra être posé le camp. Un des kaïds doit marcher à l'avant-garde avec les cavaliers de sa tribu ; les autres restent à proximité de l'émir. Le khaznadar prévient son maître que tous les préparatifs de départ sont achevés. Le sultan alors se lève et va s'asseoir sur un tapis qu'on a étendu à l'entrée de sa tente.

A l'instant tous les ferrêgua (serviteurs du campement) se mettent à l'œuvre et en un clin d'œil, la tente, les tapis, les caisses sont chargées sur les chameaux et les mulets qui prennent la tête du convoi placé sous le commandement exclusif du khaznadar en second.

On amène le cheval du sultan ; un tabouret en velours lui permet de se mettre plus facilement en selle, car il est petit, monte des chevaux de la plus haute taille, et les étriers des selles arabes sont excessivement courts. Qu'on ne croie pas pourtant que cette précaution soit pour lui indispensable, car il est d'une force musculaire remarquable et par conséquent très léger ; aussi très souvent l'a-t-on vu s'élancer sur la selle sans même se servir de l'étrier ; c'est un véritable tour de force, car la palette des selles arabes s'élève à plus de 30 centimètres au-dessus du siège.

Deux saïs tiennent le cheval qui piaffe d'impatience ; deux autres chaussent les éperons à leur maître et le *bach-saïs* arrange ses burnous. Au moment où le cheval est lâché, il fait deux ou trois bonds en avant sur les jambes de derrière et la nouba fait retentir dans le camp le chant bruyant du départ.

L'avant-garde est composée de cavaliers réguliers conduits par l'agha de la province. L'armée se met alors en marche dans l'ordre indiqué ci-contre, mais cet ordre, passablement conservé en quittant le campement, est bientôt dérangé, soit par les difficultés du terrain, soit par la haine des Arabes auxiliaires pour toute discipline et toute contrainte.

Les askers seuls et le convoi se maintiennent à leur rang et passent les défilés avec une promptitude remarquable. A peine a-t-on fait deux ou trois kilomètres que les auxiliaires occupent un espace si grand qu'il devient impossible de leur communiquer le moindre ordre. En vain leur a-t-on prescrit de ne pas piller, en vain les délinquants sont-ils amenés par leurs chefs et bâtonnés par les chaouchs devant le cheval de l'émir qui s'arrête jusqu'à la fin de l'exécution, l'auxiliaire est incorrigible. Ici des centaines de cavaliers poursuivent un chacal ou un lièvre, là d'autres s'élancent à travers ravins, maquis et escarpements, vers des silos d'orge qu'on vient de découvrir. Ailleurs des disputes, des coups de matrak (bâton), puis les chaouchs du sultan intervenant et frappant à tort et à travers.

Il faut avoir marché avec une armée semblable pour avoir une idée du coup d'œil qu'offre cette cohue désordonnée. Quant au bruit, il est indescriptible, puisque c'est l'ensemble des sons aigus et perçants des hautbois, des coups sonores des grosses caisses, des batteries séparées d'une cinquantaine de tambours, des cris plaintifs des chameaux, des hennissements des chevaux, des braiments des ânes et des hurlements des Arabes qui s'appellent et reçoivent la bastonnade.

Comme je ne suis point astreint à conserver ma place dans la colonne, j'ai pu atteindre le sommet des collines d'où ma vue embrassait cette armée en marche. Les pauvres petits bataillons des askers disparaissaient au milieu des cavaliers, et c'est en voyant l'immense différence qui existe entre l'espace occupé par une troupe régulière et l'espace envahi par les cavaliers arabes irréguliers, que j'ai pu me rendre compte des erreurs que commettent généralement nos généraux dans l'appréciation du nombre des Arabes qu'ils ont devant eux. Certes si je n'avais pas su que les cavaliers irréguliers accompagnant le sultan ne dépassaient pas le nombre de douze mille, j'aurais affirmé que j'en voyais devant moi plus de cinquante mille.

Un cavalier arabe avec son long fusil, son instabilité et la manie de faire toujours caracoler son cheval, occupe plus de place à lui seul que dix cavaliers français. Ils sont tous tourmentés du désir de marcher au premier rang, surtout lorsqu'il n'y a rien à craindre; dès lors ils arrivent à se déployer sur plusieurs kilomètres d'étendue. Plus d'une fois nos beaux régiments de chasseurs d'Afrique ont chargé sur ces lignes en apparence formidables, et elles disparaissaient comme une nuée de sauterelles. Si, comme nous semblons le croire, les Arabes étaient animés du courage que devrait produire chez eux le fanatisme, la conquête de l'Algérie me paraîtrait une entreprise téméraire, car nous aurions devant nous cent cinquante mille cavaliers montés sur des chevaux infatigables, et plus de cent mille montagnards habiles tireurs. Mais j'ai pu m'en convaincre, et Abd-el-Kader l'a déploré souvent devant moi, peu d'Arabes sont disposés à mourir pour leur foi.

Une histoire à ce sujet :

Les Arabes livraient un combat aux Français ; un kaïd voit un de ses cavaliers s'éloigner du champ de bataille : « As-tu peur de la mort, lui crie-t-il, et ne sais-tu que si tu meurs en combattant l'infidèle, quarante houris t'attendent au ciel ?

— Fatma me suffit, » dit le cavalier en s'éloignant.

Ils sont capables d'un grand effort dans le premier moment de surexcitation religieuse, mais une résistance énergique les démoralise. Si l'on se retire devant eux, ils deviennent autant de lions affamés ; leur montre-t-on les dents, ils fuient comme des daims.

Cette appréciation s'applique aux Arabes irréguliers en général. Elle serait complètement injuste à l'égard de certaines tribus makhzen, et surtout à l'égard des fantassins et des cavaliers réguliers de l'émir qui portent presque tous les marques des blessures reçues dans les combats contre les Français ou contre les tribus rebelles.

Le sultan à la tête de son armée marche à petites journées. Il ne fait point de haltes. Dans le cas où il voudrait combattre ou faire une *ghazia* (1), il laisse son camp sous la garde d'un nombre suffisant de cavaliers réguliers et de quelques auxiliaires éprouvés, et il va combattre ou ghazier à la tête des troupes les plus légères et les mieux montées. Si le combat ou la ghazia l'empêchent de revenir le soir même à son camp, il bivaque en plein air sans inquiétude de la nourriture de son armée, car chacun de ses cavaliers et de ses fantassins porte avec lui des vivres pour plus d'un jour sous un très petit volume, biscuits, *rouina* (2) ou *cherchem*. Le

---

(1) Mot arabe francisé : surprise armée dirigée contre une tribu.
(2) La *rouina* se fait ainsi : le blé est trié, lavé, séché et cuit au four ; puis il est moulu. On jette dans le moulin avec les grains de blé quelques grains de sel.

Lorsque les Arabes vont en campagne, ils remplissent une peau de jeune gazelle de cette farine, et la suspendent à l'arçon de leur selle. Lorsqu'ils n'ont pas d'autre nourriture, ils puisent de l'eau au premier puits ou à la première source, marais, ruisseau, etc., dans une tasse en cuivre qui fait partie intégrante de l'équipement des cavaliers et à l'anse de laquelle ils attachent une petite corde en poils de chameaux qui leur sert à puiser l'eau sans descendre de cheval. Ils jettent dans cette eau une poignée de rouina, de manière à en faire une pâte solide. Ils avalent les boulettes qu'ils en font tout en marchant et sont parfaitement rassasiés.

Le *cherchem* est simplement du blé en grains cuit dans l'eau avec un peu de sel. C'est un aliment bon au goût, mais très malsain.

sultan, à l'approche du lieu où doit être établi le camp, descend de cheval et s'assied sur le tapis préparé à cet effet. Les drapeaux sont plantés devant lui ; le makhzen vient se grouper derrière l'émir. Les auxiliaires font halte, et le convoi protégé par les réguliers, fantassins et cavaliers, s'avance vers l'emplacement désigné.

Le second khaznadar, qui a une justesse de coup d'œil surprenante, marque quatre points de la circonférence du camp, en y plaçant lui-même quatre cavaliers. L'emplacement de la tente du sultan est d'abord désigné ; en un clin d'œil toutes les tentes sont dressées, chacun sachant la place qu'il doit occuper, et qui reste la même pendant toute la campagne. Lorsque le camp est installé, le convoi déchargé, les chameaux parqués et les mulets attachés, les réguliers se répartissent dans leurs tentes respectives, les sentinelles sont posées, et un aide de camp de l'émir qui a accompagné le khaznadar vient lui annoncer qu'il peut entrer dans le camp.

Le sultan remonte à cheval, et, suivi de son cortège et de la nouba qui joue l'air de l'arrivée, il entre dans le camp. A quelques pas de l'entrée, deux saïs viennent, un de chaque côté, prendre un coin des couvertures en feutre qui sont sous la selle. A partir de la porte du camp, Abd-el-Kader fait caracoler et sauter son cheval ; les deux saïs avec une agilité remarquable bondissent avec le cheval, et quoique très rapprochés de lui, ils ne sont jamais atteints par les jambes de derrière que l'on croit à chaque instant devoir leur fouler les pieds.

Arrivé devant la tente du sultan, la musique change d'air, le cheval devient tranquille comme par enchantement, et s'approche du tabouret préparé pour faire descendre l'émir ; au moment où celui-ci met pied à terre, trois coups de canon retentissent. C'est ici le moment de parler du cheval préféré de l'émir ; les Arabes disent de lui : « Le noir zain (1) apporte bonheur et bénédiction. »

Le sultan l'a lui-même dressé, et, chose étonnante, il est rétif quand il est monté par tout autre cavalier, même par le bach-saïs qui est pourtant un écuyer renommé et qui monte tous les chevaux de l'émir ; c'est le plus grand cheval arabe que j'aie vu. Il a 4 pieds 11 pouces au garot, l'encolure forte, la tête sèche et petite, l'oreille en croissant, l'œil grand et féroce, les naseaux très ouverts, le front rentré et large, les jambes fortes et sèches. Il a quelques défauts, il est un peu court et haut sur jambes, croupe un peu ravalée et l'encolure trop forte. Sa robe noire, sa crinière qui pend jusqu'au-dessous de l'épaule, son toupet qui dépasse les naseaux et sa queue qui traîne à terre, lui donnent un aspect surprenant. Il a une telle puissance de jarret qu'il franchit des espaces immenses sans paraître faire le moindre effort.

Abd-el-Kader a l'habitude, quand il part de sa tente ou qu'il y arrive, de le faire cabrer et sauter sur les jambes de derrière pendant un espace de 20 à 30 mètres.

Il a été blessé trois fois sous lui ; ce n'est pas un remarquable coureur, mais il va à l'amble avec une rapidité inconcevable. Quelques chevaux seulement peuvent le suivre au trot et la plupart sont obligés de prendre le galop.

Dans la fameuse ghazia de Médéah, en 1836, Abd-el-Kader le montait. Il fit dans une nuit d'hiver plus de trente lieues ; sur quatre mille cavaliers partis avec lui, sept ou huit cents seulement arrivèrent. Le zain n'avait jamais quitté l'amble. Dans un combat livré en 1836, l'émir fut poursuivi par le colonel Joussouf et par deux ou trois autres

(1) Généralement chaque Arabe donne à son cheval le nom de sa robe. Toutefois les nobles donnent à leur chevaux des noms de coursiers célèbres ou des noms indiquant leur qualité dominante : l'Éclair, la Foudre, l'Impétueux, le Courageux, etc.

officiers ; il eût été atteint si ce même cheval noir n'avait franchi un escarpement devant lequel s'arrêtèrent les chevaux des officiers qui le poursuivaient.

Il est très intelligent; lorsque les tribus ou les gens des villes viennent à la rencontre de l'émir, chacun se précipite pour baiser ses mains, ses pieds, ses habits ; ils empêchent souvent son cheval d'avancer, mais celui-ci, qui ordinairement est très méchant, semble flatté de ces hommages et pose ses pieds avec précaution, de peur de fouler ceux qui sont poussés jusque sous son ventre. Lorsque son maître le monte ou en descend, il se penche vers le tabouret qu'on approche à cet effet.

Les coups de canon tirés au moment où le sultan entre dans sa tente, annoncent à la tribu ou aux tribus sur le territoire desquelles est placé le camp, que le sultan est disposé à recevoir leurs chefs. S'ils ne se hâtaient pas d'arriver, ils seraient considérés comme insoumis et traités en conséquence, c'est-à-dire que tout le makhzen et les auxiliaires iraient fourrager les armes à la main. Lorsqu'ils se rendent à cet appel, ils sont présentés à l'émir par l'agha de la province et, suivant la richesse de la tribu, ils doivent fournir telle quantité d'orge et de paille pour les besoins du camp; c'est un impôt en dehors de tous les autres et qui se nomme *el dhifa* (l'hospitalité). Ils doivent amener également un ou plusieurs chevaux pour l'émir et apporter le couscoussou et les moutons rôtis. Aussi les Arabes redoutent-ils l'approche d'une armée qui, dans un jour, leur enlève plus que l'impôt prescrit par le Coran dans un an.

Quand on est campé en pays ami et que les tribus environnantes ont rempli les obligations auxquelles elles sont soumises, le pillage est défendu et tout délinquant est puni de cinq cents coups de bâton, ce qui pour la plupart équivaut à la mort.

Il est bien entendu que les distributions d'orge, de paille et de vivres ne sont faites qu'aux réguliers et au makhzen, parce que les zemouls (auxiliaires) sont obligés de porter avec eux leurs provisions. Si la campagne se prolonge, ils en envoient chercher de nouvelles ; à cet effet ils forment des caravanes.

Parmi les cavaliers auxiliaires, beaucoup sont dénués de ressources ; ils sont alors nourris, eux et leurs chevaux, par les chefs de tribus qui se font gloire d'entretenir des cavaliers qui par ce fait deviennent autant de serviteurs dévoués.

Lorsque le camp est posé en pays déclaré ennemi, malheur à ses habitants. Le pillage étant alors permis par le sultan, c'est au plus hardi et au plus diligent. L'auxiliaire surtout est surprenant par son habileté dans ce genre d'expéditions ; rien n'échappe à son œil perçant, à ses mains rapaces. Malheur, je le répète aux tribus abandonnées au pillage !

J'ai tenu à entrer dans ces détails pour faire comprendre comment les Arabes peuvent tenir si longtemps campagne avec des ressources si restreintes et si peu de moyens de transport.

CHAPITRE XXV.

Oued Zeïtoun. — Détails historiques sur les Zouetna. — Combat. — Délivrance des femmes de Coulouglis. — Exécution du kaïd Birom. — Intervention des petits enfants.

Oued Zeïtoun, 22 novembre 1837.

Je viens de recueillir des renseignements au sujet de la tribu des Zouetna, sur le territoire desquels l'émir vient de pénétrer. Les voici : vers l'an 1048 de l'hégire (1639 de l'ère chrétienne), sous le règne de Beba Abdi, pacha d'Alger, les Coulouglis levèrent l'étendard de la révolte contre le gouvernement des deys qui, bien qu'ils fussent fils des Turcs, les excluaient de tous les emplois importants.

Cette révolte fut réprimée par le dey et les rebelles furent chassés d'Alger.

Ils se retirèrent en partie dans la première chaîne de l'Atlas, s'emparèrent de gré ou de force de plusieurs vallées fertiles formées par des montagnes, plantées d'oliviers. Ces vallées s'appellent Oued Zeïtoun (1) (rivière des oliviers). Ils se livrèrent avec ardeur et intelligence à l'agriculture et ils se firent respecter, par les armes, de tous leurs voisins, avec lesquels d'ailleurs ils contractèrent des alliances.

Leur population augmenta rapidement et, vers les der-

---

(1) De *zeït* (huile), d'où vient le nom de *zouëtna*, pluriel de *zeïtoun*, olivier.

nières années de la domination turque, ils étaient au nombre de trois mille capables de porter les armes. Ils formaient la meilleure milice des Turcs. Ils sont renommés par leur force, leur courage et leur adresse au tir du fusil. A l'exemple de tous les Coulouglis de l'Algérie, ils ont tenté d'établir des relations avec les Français auxquels ils préfèrent se soumettre qu'au gouvernement des Arabes pour lesquels ils professent un souverain mépris.

Ils sont restés en paix avec les Kabyles leurs voisins, d'abord parce qu'ils ont su s'en faire respecter et ensuite parce que ceux-ci, jusqu'à l'arrivée récente de l'émir, n'avaient pas cessé d'avoir des relations commerciales avec Alger.

Abd-el-Kader, craignant d'essuyer un échec en attaquant ces audacieux Coulouglis dans leurs inexpugnables montagnes, avait envoyé au milieu d'eux des marabouts qui sont parvenus à semer la discorde entre les principaux chefs. L'appât du pouvoir et de l'argent a amené la soumission de la plus grande partie de la puissante tribu.

Quelques fractions seules, et à leur tête les principaux chefs de l'ancienne milice, refusent de payer l'impôt au nouveau sultan, espérant, dit-on, le secours des Français dont ils sont les alliés depuis 1830.

L'émir, qui est certain de n'avoir à combattre qu'une minime fraction de ces terribles montagnards, voit avec satisfaction s'organiser une résistance qui donnera un nouvel éclat à ses armes, puisqu'il pourra se vanter d'avoir soumis une tribu puissante et amie des Français.

Je suis revenu hier de mon excursion chez les Béni-Djaâd où mon ami Sidi Youssef oul'd Sidi el Habchi m'a fait faire la connaissance de Sidi Mohammed oul'd Sidi Mahhi-el-Din, khalifa de Sebaou, qui exerce une grande influence sur toutes les tribus kabyles environnantes. Sa zaouïa est située chez les Béni-Djaâd. Nous sommes attirés l'un vers l'autre par de réciproques sympathies. Je devais un jour m'en féliciter.

Demain on doit attaquer les rebelles de Oued Zeïtoun; je vais donc combattre pour la première fois sous les yeux de l'émir. Certes, toutes mes sympathies sont acquises à ces braves Coulouglis, qui partout se sont ralliés à notre cause et que partout hélas! nous avons abandonnés après les avoir compromis; et cependant je serai forcé de me montrer au premier rang des troupes de l'émir désignées pour l'attaque, car tout le monde aura les yeux sur moi et si, par un motif quelconque, je ne faisais pas preuve de courage, je serais à jamais déconsidéré parmi les Arabes (1).

Je n'ai pas vu le sultan depuis mon retour au camp. J'ai appris qu'il a accordé de longues audiences au fameux juif Ben D'ran qui a joué un rôle si déplorable dans les affaires de Tlemcen, lors du traité de la Tafna, et qui, lors du procès du général Brossard, a montré tant de cynisme en avouant les marchés scandaleux qui l'ont enrichi.

Quel homme dangereux!

Le khalifa de Milianah, mon hôte, m'a accueilli avec un air ricaneur qui ne me dit rien de bon; je me méfie de plus en plus de cet homme qui, par un surcroît de fanatisme, veut faire oublier les années qu'il a passées dans la débauche.

COMBAT DES OUED ZEITOUN.

Camp de Oued Zeïtoun, 24 novembre 1837.

Je transcris ici la lettre que j'écrivais à mon ami sous l'impression du drame auquel je venais d'assister.

---

(1) Les détails qui précèdent m'ont été donnés par un des *oukkafas* (sorte de pages) du sultan qui me témoigne de l'affection et de la confiance. Il me raconte tout ce qu'il entend dire.

A l'exception des khalifas et des secrétaires de l'émir, on ignore dans le camp que demain aura lieu la marche contre les Zouetna.

Mon cher ami,

Quelle journée vient de s'écouler! Chacune de ses heures a vu commencer et finir plus d'un drame sanglant. Je suis, tu le sais, avide d'émotions, mais celles que j'ai éprouvées aujourd'hui sont par trop violentes. Il me semble avoir fait un de ces rêves terribles qui nous laissent des impressions ineffaçables. Mais les événements dont je viens d'être témoin ne sont point, hélas! des rêves; c'est de l'histoire.

Je suis peu en état d'écrire; cependant, comme des courriers vont porter dans toutes les directions la nouvelle de notre victoire, je ne veux pas manquer le départ du domestique de Sidi Omar, chargé d'assurer notre correspondance, pour te faire parvenir ma lettre.

Aussitôt que le jour a paru, l'émir est monté à cheval et s'est rendu sur un plateau où se trouvait réunie une partie de l'armée régulière. Il était accompagné de tout le makhzen, des khalifas et des chefs des auxiliaires; à ces derniers défense expresse de sortir du camp, jusqu'à nouvel ordre. Le sultan a fait signe qu'il allait parler, le cercle s'est formé autour de lui et un silence profond lui a permis de se faire entendre des plus éloignés : « Les Zouetnas que je considérais comme nos frères, a-t-il dit, bien que notre origine soit différente, se sont rendus coupables depuis longtemps de forfaits que Dieu ne peut laisser impunis; ils ont eu des rapports d'amitié et de commerce avec les infidèles, tandis que nous répandions notre sang dans la guerre sainte.

« Aujourd'hui, ils refusent de reconnaître l'autorité que vous reconnaissez tous comme venant de Dieu, et ils comptent pour ne pas payer l'impôt prescrit par notre religion sur le secours des chrétiens.

« J'ai voulu cependant user envers eux de plus d'indulgence qu'envers des Arabes, de peur de paraître poussé par un sentiment de haine. Depuis plusieurs jours je leur envoie des paroles de paix et de sages conseils ; quelques-uns seulement ont répondu à mon appel ; les autres, plus forts et plus riches, ceux enfin qui sont les plus coupables, ont jugé leurs crimes trop grands pour en obtenir le pardon et ils sont en pleine révolte. Le temps de la clémence est passé et nous voici au jour de la punition ; vous allez vous précipiter sur ces rebelles avec ce courage qui vous fait craindre de tous ; ne vous laissez point intimider par leur habileté à envoyer les balles, elles ne sont dirigées que par la main de Dieu. Ils comptent sur la difficulté de leurs montagnes comme l'aigle se croit à l'abri dans son aire ; mais le hardi chasseur sait gravir le rocher sur lequel l'aigle a posé son aire. Hâtez-vous donc d'aller remporter une victoire certaine, puisque Dieu est avec nous ; bonheur éternel à ceux qui mourront dans le combat, Dieu avait écrit que leur vie serait courte ; richesses et récompenses à ceux qui reviendront vainqueurs. Que Dieu répande ses grâces sur nous et sur notre seigneur Mohammed son prophète ! »

Cette prière fut répétée par tous les assistants. Elle fut suivie des cris frénétiques de *Allah iènsor el Sultan!* (que Dieu donne la victoire au sultan !) et les combattants se mirent en marche.

Les Coulouglis de Tlemcen, au nombre de trois cents, devaient aborder de front les positions les plus difficiles où s'étaient retranchés les Zouetnas ; l'émir voulait ainsi exciter la haine entre les Coulouglis en les forçant à se battre les uns contre les autres ; ces braves de Tlemcen gémissaient d'avoir à attaquer leurs frères qu'ils auraient voulu plutôt secourir ; mais que faire ? leurs femmes et leurs enfants étaient au pouvoir de l'émir, il fallait obéir. Le bataillon des Coulouglis était appuyé par le bataillon arabe de Tlemcen formant environ deux cents hommes.

Trois compagnies du bataillon de Milianah, trois compagnies du bataillon de Médéah devaient assaillir les ennemis par la gauche, six compagnies du bataillon de Mascara devaient les attaquer par la droite. Le makhzen et les cavaliers réguliers avaient ordre de se porter dans ces différentes directions soit pour soutenir l'infanterie, ramener les blessés et pour suivre les fuyards ennemis, soit pour aller mettre le feu aux villages qu'on apercevait sur les flancs et sur les sommets des montagnes. La fraction des Zouetnas qui n'avait pas voulu traiter, ou plutôt dont les agents de l'émir n'avaient pas voulu écouter les propositions, s'était retirée dans les positions les plus inaccessibles de ces âpres rochers. Elle s'y était retranchée avec ses femmes, ses enfants et ses objets les plus précieux. L'émir et les khalifas marchèrent d'abord avec l'armée, puis s'arrêtèrent sur un mamelon du sommet duquel la vue pouvait embrasser le terrain où allait se livrer le combat. Ils n'en étaient séparés que par un vallon très étroit.

On n'apercevait pas l'ennemi dont la présence était pourtant certaine; la musique d'Abd-el-Kader fit entendre ses sons discordants. Les tambours sonnèrent la charge, tous les combattants se précipitèrent vers le vallon en poussant des cris sauvages; ils le franchirent rapidement et ils commençaient à gravir les pentes escarpées lorsqu'un feu de mousqueterie partant de différents rochers arrêta subitement leur ascension en renversant les hommes des premiers rangs.

L'hésitation fut marquée sur toute la ligne : cependant les aghas et les makhzen ranimèrent le courage des réguliers; les cavaliers chargèrent au galop dans les lieux les plus difficiles et mirent le feu à plusieurs villages. Les hauteurs furent bientôt occupées. Les Coulouglis sortirent alors de leurs embuscades et le combat devint général.

Nous vîmes sur plusieurs positions une poignée de montagnards tenir des compagnies entières en échec.

Pendant le commencement de l'action j'étais resté avec les cavaliers rouges qui se contentaient de tirer des coups de fusils presque au hasard, car les Zouetna étaient tous embusqués; las de recevoir les balles de l'ennemi sans pouvoir l'atteindre, plusieurs cavaliers de la suite de l'émir qui se trouvaient avec nous rejoignirent l'agha des Coulouglis qui était à cheval à la tête de son bataillon ; je les suivis. Nous nous avançâmes alors dans la direction d'un rocher d'où partait un feu meurtrier.

L'action semblait se ralentir sur tous les points et les cris joyeux de nos bataillons et de notre makhzen annonçaient que la victoire était à nous. Cependant des balles dirigées avec habileté continuaient à éclaircir nos rangs ; notre mousqueterie ne produisait aucun effet, car nos adversaires étaient abrités derrière d'énormes rochers. Enfin, nous atteignîmes une éminence qui dominait ce terrible ennemi. Quel fut notre étonnement de voir que cinq hommes seulement résistaient avec tant d'acharnement à plus de six cents assaillants ! Ils occupaient l'entrée d'une grotte devant laquelle ils avaient amoncelé des pierres qui leur servaient de retranchement.

L'agha fit occuper la position où nous nous trouvions par deux compagnies chargées d'entretenir un feu nourri sur l'ennemi ; avec le reste de sa troupe il descendit du tertre et alla tenter l'escalade des rochers presque à pic qui défendaient les abords de la grotte.

Les cavaliers et moi fûmes forcés de rester spectateurs du combat. Deux des cinq montagnards avaient été tués, les trois autres continuèrent encore quelques instants à se défendre.

Leur feu cessa enfin et nous les vîmes précipiter sur les assaillants les pierres qui leur servaient de remparts ; quand cette dernière ressource fut épuisée, ils saisirent leurs longs fusils et ceux de leurs compagnons tués à leurs côtés, les brisèrent contre les rochers et en jetèrent les tronçons à la tête des réguliers, puis, tirant leurs yatagans, ils renversèrent encore plus d'un assaillant, en couvrant de leurs corps l'entrée de la grotte. C'étaient de véritables lions ; ils succombèrent enfin et furent liés par les ordres de l'agha, qui empêcha qu'on ne les tuât.

Ils étaient noirs de poudre et rouges de sang. Tout à coup des cris lamentables résonnèrent dans l'intérieur de la grotte, et nous en vîmes sortir des femmes et des enfants qui se précipitèrent aux pieds de nos soldats en demandant grâce avec des accents déchirants.

Heureusement les compagnies qui occupaient l'entrée de la grotte étaient composées des Coulouglis de Tlemcen ; l'agha fit rentrer les femmes, les enfants et les prisonniers dans la grotte et y laissa une garde imposante avec l'ordre formel de ne laisser pénétrer personne jusqu'à un ordre exprès du sultan. Des vociférations s'élevèrent alors parmi les bataillons arabes, mais la fermeté du brave commandant coulougli leur imposa et ils se dispersèrent pour aller prendre leur part de butin dans les villages des Zouetnas.

Pendant cette scène, l'émotion m'empêchait de respirer ; j'avais besoin d'être seul. Je gagnai les hauteurs, et fus rejoint par Sidi Ioussef oul'd Sid El Habchi (mon compagnon de voyage de Milianah au camp) qui, lui aussi, avait voulu prendre part au combat, afin de se faire bien venir de l'émir. Nous nous étions inspiré une confiance réciproque, nous nous témoignâmes l'admiration qu'avait excitée en nous la défense héroïque des Zouetnas, victimes de leur amitié pour la France et de la haine qu'inspire aux Arabes quiconque a du sang turc dans les veines. Nous marchions lentement, lorsque nous aperçûmes une trentaine de soldats réguliers au milieu desquels se dessinait un groupe de femmes et d'enfants; nous mîmes nos montures au galop et en approchant nous entendîmes des cris déchirants.

Ces misérables soldats arrachaient à ces pauvres femmes leurs vêtements et leurs bijoux. Le sang ruisselait de leurs oreilles et de leurs bras; à cette vue, Sidi Youssef et moi fûmes saisis d'indignation et, mettant le sabre en main, nous chargeâmes impétueusement ces misérables dont quelques-uns furent blessés et les autres prirent la fuite.

Il fallait reconduire ces pauvres femmes au camp; mais leurs pieds saignaient, le froid augmentait leurs souffrances, elles ne pouvaient plus avancer.

Heureusement nous fûmes rejoints par une troupe de cavaliers arabes conduisant des bêtes de somme chargées de butin. Nous les forçâmes à prendre en croupe nos malheureuses protégées, et, sous notre garde, ce triste convoi arriva au camp et fut remis aux soins de Ben Fakha, l'intendant et trésorier de l'émir.

Plusieurs tentes avaient été dressées pour loger les prisonniers qu'on avait déjà amenés et qu'on amenait encore; l'entrée de ces tentes était interdite à tous sans exception. Deux vieux nègres seuls, au service de l'intendant, étaient chargés de pourvoir à leurs besoins. La morne résignation de ces prisonniers inspirait plus de compassion que n'auraient pu le faire leurs plaintes.

Ces enfants des Turcs auraient cru s'avilir en montrant la moindre faiblesse devant les esclaves de leurs aïeux.

Cette fameuse journée qui doit jeter tant d'éclat sur les drapeaux de l'émir, cette victoire pour laquelle on va célébrer des réjouissances dans tous ses États, a été bien plus glorieuse pour les vaincus que pour les vainqueurs; en effet, trois cents montagnards ont résisté, pendant la moitié d'un jour, à quinze cents fantassins réguliers et à trois mille cavaliers, l'élite du camp.

Ces troupes ont eu environ cent hommes mis hors de combat.

Après l'affaire, Abd-el-Kader était revenu au camp et s'était renfermé dans l'outak avec ses khalifas et son conseil privé, assisté de deux kadhis, sorte de tribunal appelé à juger les prisonniers.

Le moudden annonça la prière de l'aâsseur ; chacun se dirigea vers la tente de l'émir, devant laquelle il récitait la prière à haute voix. Celui de ses pages qui était devenu mon ami vint me prévenir qu'une exécution aurait lieu aussitôt après la prière. La curiosité étouffant chez moi les sentiments d'horreur que m'a toujours inspirés ce genre de spectacle, j'entrai dans l'outak et me plaçai de façon à voir ce qui allait se passer.

Quand la prière fut terminée, l'émir, suivi de son entourage, vint prendre sa place accoutumée. Les chaouchs éloignèrent la foule qui se pressait à l'entrée, et un assez grand espace resta libre. On amena dix-huit prisonniers, tous avaient été dépouillés, leur nudité n'était cachée que par quelques haillons couverts du sang qui découlait de leurs blessures.

Ils ne laissaient paraître aucun signe de crainte ou de douleur, leurs figures martiales annonçaient autant de courage que de résignation. Un silence morne permettait d'entendre le claquement de dents d'un vieillard qui était parmi les prisonniers et qui grelottait de froid ; l'émir, les yeux baissés, égrenait avec rapidité son chapelet ; ce moment d'attente était affreux.

« Vous vous êtes révoltés contre la loi de Dieu, leur dit enfin l'émir d'une voix lugubre ; vous avez été pris les armes à la main, la loi de Dieu vous condamne à mourir.

— Ne profane pas ainsi le nom de Dieu, » s'écria d'une voix forte un des prisonniers que je reconnus pour être un des héros de la grotte ; « tu n'as pas consulté la loi de Dieu lorsque tu as dépouillé et emprisonné nos frères de l'Ouest, tu n'as pas consulté la loi de Dieu lorsque, après avoir donné hier encore l'aman à une poignée de musulmans, tu as lancé aujourd'hui sur eux tes milliers de soldats, et maintenant pour faire tomber nos têtes, tu allègues la loi de Dieu !

« Ordonne à tes bourreaux de frapper ; la mort est cent fois préférable à la honte de t'être soumis. Nous t'attendons au grand jour où Dieu jugera la victime et le bourreau. »

Les chaouchs et quelques autres assistants avaient tâché d'imposer silence à cet homme audacieux, mais sa voix s'élevait plus forte. Bien que chargé de liens, il semblait être le maître de l'assemblée ; son attitude martiale et ses regards foudroyants inspiraient une crainte respectueuse, c'était le kaïd *Birom*, chef de la tribu des Oued Zeitoun, c'était un ami des Français.

L'émir était méconnaissable, ses traits ordinairement doux, s'étaient contractés, ses lèvres étaient livides ; il releva ses yeux, l'expression en était effrayante.

Les chaouchs comprirent ce regard et firent avancer de deux ou trois pas le kaïd Birom qui récita d'une voix assurée l'acte de foi de l'islamisme ; sa tête roulait que ses lèvres prononçaient encore sa dernière prière. Sans doute l'émir fit un second signe on vit rouler une autre tête.

L'aspect sinistre des bourreaux procédant à leur œuvre exécrable, les regards féroces des assistants surexcités par la vue du sang ajoutaient encore à l'horreur de ce spectacle. Une troisième victime venait d'être frappée.

Le tour du vieillard à face vénérable et à la longue barbe blanche, était venu. Il avait si froid, le pauvre vieux, qu'il ne pouvait faire un pas, on fut obligé de le soutenir ; il n'allait pas tarder à être frappé, lorsqu'une troupe de petits enfants se précipita dans la tente ; les uns se jetèrent entre le vieillard et les exécuteurs. Les autres vinrent se prosterner devant l'émir ; une petite fille surtout, belle comme un ange, s'était emparée de ses mains qu'elle baisait et arrosait de ses larmes. « Au nom de ta mère, de la mémoire de ton père, au nom de tes enfants, au nom de Dieu, pardonne à mon père ! » criait-elle de sa voix si douce qu'elle pénétrait l'âme ; la pauvre enfant, inspirée de Dieu sans doute, avait oublié toute crainte : elle était presque sur le sein de l'émir et ses petits bras s'enroulaient autour de son cou.

Cette scène attendrissante avait changé l'attitude de l'assemblée. Les yeux, naguère injectés de sang, étaient remplis de larmes ; la physionomie du sultan redevint aussitôt douce et ascétique, il baisa le front de l'enfant et à un signe de sa main, les quinze prisonniers furent emmenés ; les traces de l'exécution disparurent.

La foule se dispersa et chacun rentra morne et silencieux dans sa tente. Pour moi je suis brisé. Adieu.

XXVI.

Appréciation de la conduite d'Abd-el-Kader vis-à-vis des Zouetnas. — Notice sur Ben Fakha. — Soumission nominale des Kabyles. — Discours d'un chef kabyle.

Si j'avais dû apprécier le caractère d'Abd-el-Kader sous l'impression immédiate du drame de Oued Zeitoun, mon jugement eût été terriblement sévère. Il venait en effet de m'apparaître injuste et cruel, et le sentiment de répulsion qu'il m'inspira était tel que le lendemain de l'exécution je me dispensai de me rendre, ainsi que je l'avais fait depuis mon arrivée au camp de l'émir, à la cérémonie du baise-main.

Mon compagnon de route, et mon nouvel ami, Sidi Youssef-el-Habchi, remarqua mon absence et vint à ma tente pour m'en demander le motif. Il m'avait inspiré déjà tant de sympathies et de confiance que je ne lui cachai point l'horreur que j'avais ressentie en face du traitement barbare infligé aux Coulouglis de Oued Zeitoun. Il me fit signe de me taire, et il m'emmena hors du camp. Quand il fut bien certain qu'aucune oreille indiscrète ne pouvait nous entendre : « Calme-toi d'abord, mon ami, me dit-il, et garde-toi bien de laisser soupçonner ici que tu désapprouves les actes dont tu es le témoin, tu mettrais ta vie en péril. D'ailleurs tu es encore trop inexpérimenté parmi nous pour juger équitablement les hommes et les événements. Tu sais que mes aïeux étaient partisans de la domination des Osmanlis, et que j'ai vu à regret s'ériger, à leur place, un gouvernement arabe. Je fais donc preuve d'une grande impartialité en appelant ton attention sur les causes qui expliquent et justifient même la conduite de l'émir vis-à-vis des Coulouglis et des musulmans qui ont eu des relations avec les Français.

« Ignores-tu qu'Abd-el-Kader se pose à l'égard des Arabes comme le régénérateur de l'islamisme ? qu'il ajoute à son titre de sultan celui de El moudjehed fi sebil Illah (le guerrier saint pour la gloire de Dieu), et que son but avéré est de chasser tôt ou tard les infidèles de la terre de l'Islam ? Eh bien, conséquent avec ses principes, ne doit-il pas châtier impitoyablement les musulmans qui pactisent avec les chrétiens ? La loi musulmane n'est-elle pas formelle ? Ne lisons-nous pas dans le Coran :

« *Tout musulman convaincu de connivence avec les infidèles*
« *est considéré lui-même comme infidèle et mérite la mort.* »

« Or, le cas des Zouetnas était encore aggravé par le fait qu'ils étaient en état de rébellion armée vis-à-vis de leur souverain et que leur exemple pouvait entraîner d'autres tribus ; la raison d'État s'alliait à la loi pour justifier un terrible châtiment.

« D'ailleurs Abd-el-Kader n'assume jamais sur lui la responsabilité d'une condamnation à mort. Il réunit son conseil et soumet la question à des ulémas, qui rendent une sentence conforme à la loi. L'émir n'en est que l'exécuteur. »

Sidi Youssef était parvenu à me calmer sinon à me convaincre, et me ramena dans le camp où nous prîmes part au baisement de main du soir.

L'émir, au moment où je m'approchai de lui, m'adressa quelques paroles flatteuses au sujet de mon attitude durant le combat de la veille. J'aime à me persuader que mon héros est toujours digne de mon admiration, mais je frémis en songeant aux actes barbares que peut être amené à commettre un souverain dont la religion intolérante est en même temps loi religieuse, civile et politique.

Sidi Youssef m'a dit qu'il avait appris d'une façon certaine que c'est le khaznadar Ben Fakha qui, gémissant de voir son maître forcé de procéder à une exécution, si contraire à ses instincts, a lui-même fait la leçon aux pauvres petits enfants des Zouetnas et les a introduits dans la tente de l'émir.

Ceci m'amène tout naturellement à entrer dans quelques détails sur cet excellent homme qui m'a donné tant de preuves d'affection et de confiance durant mon séjour auprès de son maître.

Mohammed ben Fakha est de race noire, mais sa tête et sa physionomie ont le type caucasien. Il est grand et sa force musculaire est remarquable. Il est aussi courageux qu'excellent cavalier. « Ses balles ne tombent jamais à terre, » disent les Arabes.

Il a donné ses premières leçons d'équitation à Abd-el-Kader qu'il a accompagné dans toutes ses expéditions. Souvent il l'a sauvé de véritables dangers, et quoique blessé deux fois grièvement à côté de son maître, il a voulu rester auprès de lui jusqu'à la fin de l'action. Arrivé au pouvoir, l'émir l'a nommé son khaznadar (1) en second.

En outre de ses fonctions il est chargé des intérêts privés de l'émir ; il administre son petit patrimoine et est en même temps *kaïd el dar el sultan* (kaïd de la maison du sultan). Il voit la mère, la femme et la sœur de l'émir et pourvoit à tous leurs besoins.

L'émir qui sait qu'il est le *seul* de tout son entourage qui soit absolument fidèle et dévoué, l'aime par-dessus tous et le

---

(1) Voir le tableau des fonctionnaires de l'émir à la fin de ce volume.

Abd-el-Kader.

consulte toujours dans les circonstances difficiles, il ne l'appelle que *Bouia Mohamed* (mon père Mohammed).

Il est craint des hauts personnages qui entourent l'émir, parce qu'ils savent que ce serviteur loyal et désintéressé lit dans leurs cœurs avides et ambitieux.

Dès que les Zouetnas auront payé les impôts arriérés de huit années, l'émir licenciera son armée et ira s'établir à Médéah où il s'occupera de l'organisation de toute la partie orientale de l'Algérie.

La victoire remportée par l'émir sur nos malheureux amis de Oued Zeitoun, a décidé les tribus kabyles à venir faire acte de soumission au camp de l'émir. Ils promettent de payer l'impôt prescrit par le Coran. De cette promesse à son accomplissement je crois qu'il y a loin, mais l'émir qui redoutait une révolte générale parmi ces terribles montagnards se montre très satisfait de cette marque d'obéissance et il a dit hautement qu'il ne continuerait pas son expédition jusque vers Bougie comme il en avait l'intention, puisque tous les habitants de ces montagnes, toujours inaccessibles aux Turcs, lui avaient envoyé leur entière soumission.

Il a recommandé au khalifa de Sebaou de s'entendre avec tous les cheiks des villages kabyles, afin d'éviter de mécontenter les populations en voulant prélever les impôts, et d'accepter ce qu'elles voudront bien payer.

Il a fait d'assez beaux cadeaux à tous les cheiks qu'il a investis régulièrement de leurs fonctions, et il a nommé le fameux Ben Zaâmoum (1) et Oulid ou Rebah aghas de toutes

---

(1) Ben Zaâmoum est le chef qui en 1830 et 1831 descendit plusieurs fois des montagnes que nous appelons le petit Atlas, à la tête de dix à douze mille Kabyles cavaliers et fantassins, ravagea toute la Mitidja et livra quelques combats acharnés dans les environs de la ferme modèle. Mais dans ces différents combats, les Kabyles furent tellement maltraités et perdirent tant de monde que depuis cette époque ils n'ont plus tenté la moindre attaque contre nous.

les tribus kabyles qui occupent les montagnes qui s'étendent depuis la vallée de Oued-el-Had près de Beni Djaad jusqu'à Bougie.

Tous les chefs kabyles, chargés d'apporter la soumission de leurs tribus à l'émir lui ont tenu à peu près le même langage, voici le texte très fidèle du discours prononcé devant l'émir par un des cheiks kabyles; il donne une idée exacte du caractère de ces fiers montagnards.

DISCOURS D'UN CHEF KABYLE A L'ÉMIR.

« Sois le bienvenu au milieu de nos montagnes; depuis longtemps nous attendions ta visite bénie et d'heureux augure, nous avons tous été comblés de joie en apprenant ton arrivée.

« Pendant que tu combattais les infidèles dans l'Ouest, nous priions Dieu pour le succès de tes armes et nous faisions nous-mêmes repentir le chrétien d'avoir osé s'emparer d'une de nos villes (1) que nous ne lui avons abandonnée que pour avoir l'occasion de nous purifier par la guerre sainte.

« Nous serions allés combattre sous ta conduite, mais tu sais toi-même que tous, parmi nos frères, nous avons des ennemis et que nous ne pouvons abandonner un seul jour nos villages, sans crainte de les voir ravagés; tu peux toutefois compter sur notre union et sur notre concours si jamais les Français voulaient pénétrer dans notre pays. *Depuis que nos aïeux habitent nos montagnes* (et qui peut remonter à leur ancienne origine ?) *jamais nous n'avons voulu reconnaître d'autorité étrangère, jamais nous n'avons obéi qu'aux cheiks choisis parmi nous.*

« *Nous avons toujours résisté victorieusement aux armées les*

(1) Bougie.

plus formidables qui ont voulu pénétrer dans nos montagnes. Elles n'y ont trouvé qu'une mort honteuse et ceux qui en sont sortis ne l'ont dû qu'à la miséricorde que Dieu avait mise dans nos cœurs.

« *Notre soumission doit donc te plaire d'autant plus que tu devais moins t'y attendre.* Mais malgré notre amour de la liberté, malgré notre haine pour toute l'autorité autre que celle des chefs que nous élisons nous-mêmes, nous te reconnaissons avec empressement pour notre émir, car tu sembles guidé par la main de Dieu pour la gloire de l'Islamisme. *En nous soumettant à toi nous nous soumettons au khalifa de notre saint prophète* que le Très-Haut a choisi pour nous faire connaître ses ordres, *c'est donc à Dieu que nous nous soumettons, à Dieu devant lequel les souverains et les sujets sont égaux.* »

Le langage des chefs kabyles exprime plutôt, il me semble, leurs sentiments d'orgueil et d'indépendance que leurs dispositions à se soumettre à l'autorité de l'émir.

Mais une sage politique lui commande de ne pas trop exiger de ces fiers et redoutables montagnards.

LIVRE IV.

EXIL A TLEMCEN.

CHAPITRE XXVII.

Départ du camp de l'émir, 26 décembre 1837. — Mascara. — Le khalife Hadj Mustapha ben Tehmi. — Ma lettre au capitaine Daumas.

26 décembre 1837.

Les Zouetnas ayant achevé de payer les sommes qui leur avaient été imposées, l'ordre fut donné de lever le camp, et nous venions de nous mettre en marche, lorsqu'un chaouch du bey de Milianah vint me dire que son maître m'attendait à l'arrière-garde ; arrivé auprès de lui, il m'annonça que le sultan lui avait donné l'ordre de me faire partir immédiatement pour Mascara où le khalifa avait besoin de moi pour traiter d'affaires importantes avec le consul des Français qui se trouvait dans cette ville. Je voulais aller recevoir ma mission de l'émir lui-même, il s'y opposa, prétextant la nécessité d'un départ immédiat. Mon domestique arabe était avec le convoi. Il avait mes effets et mes armes ; le khalifa, me disait-il, devait lui ordonner de me rejoindre. Enfin, malgré toutes mes représentations, je fus obligé de partir accompagné de trois cavaliers du khalifa de Mascara. Ce départ précipité me donnait de vives appréhensions, cependant l'air respectueux de mes guides et les recommandations expresses du khalifa à mon égard me rassurèrent ; je ne pouvais supposer, d'ailleurs, que l'émir, qui avait été si bienveillant pour moi la veille encore, eût pour m'éloigner de lui un autre motif que la mission qui rentrait du reste dans mes attributions ; je me mis donc en route avec confiance et les chansons joyeuses de mes compagnons abrégèrent les longues heures de nos marches. Notre allure était très rapide ; je ne fus dès lors point étonné de ne pas être rejoint par mon domestique.

Le septième jour, de bonne heure, nous étions à Mascara. Je fus bien reçu par le khalifa, Sidi El Hadj Mustapha ben Têhmi ; je fus logé chez un Algérien établi depuis longtemps dans cette ville où il exerçait la profession de sellier qui est très noble chez les Arabes (1). Il était en relations avec M. le capitaine Daumas faisant fonctions de consul français à Mascara. Je fus charmé de cette circonstance qui me facilitait une démarche que je jugeais indispensable, surtout après ce que j'avais pu comprendre des dispositions des Arabes et de l'émir à l'égard des Français. Il était urgent, en effet, de faire connaître au gouvernement de mon pays les motifs qui m'avaient engagé à venir auprès d'Abd-el-Kader et la détermination que j'avais prise de rentrer dans nos lignes dès que je pourrais prévoir la rupture de la paix entre la France et l'émir. Il eût été très imprudent d'écrire officiellement au gouvernement, car ma lettre courait le risque d'être soustraite ou de ne pas rester secrète, et les amis de l'émir (*il en a partout*) auraient pu lui en donner connaissance ; alors j'étais perdu. Toute crainte de cette nature cessait en écrivant confidentiellement à M. Daumas, mon compatriote, dont la loyauté, jointe à une grande circonspection, me donnait les plus sérieuses garanties. Je lui expliquai dans ma lettre les motifs qui

---

(1) L'ancêtre de la grande famille des Abencerrages, dont le dernier membre est le héros du délicieux roman de Châteaubriand, était sellier, serradj (de *serdj*, selle), et ses descendants se nommaient Ben Serradj.

m'avaient amené chez les Arabes ; je lui dis que j'étais décidé à servir fidèlement l'émir tant qu'il resterait en paix avec la France, mais que, le jour où la guerre éclaterait, je rentrerais dans mon pays si je ne périssais pas en tentant mon retour. Je le priai de conserver ma lettre pour, le cas échéant, attester mes intentions (1). J'eus le bonheur de lui faire parvenir ma missive sans exciter le moindre soupçon, et je ne voulus le voir qu'en présence du kaïd de la ville, El Hadj el Bokhari, encore m'énoncé-je en arabe que M. Daumas commence à parler assez bien.

Quatre jours s'écoulèrent sans que personne fît allusion à la mission dont je me croyais chargé. Les heures, du reste, passaient rapidement, car j'étais très bien chez mon hôte algérien et je recueillais force renseignements pleins d'intérêt.

Le khalifa est occupé à préparer les cadeaux que Miloud ben Arrêche, le plus puissant des aghas de l'émir, doit emporter en France. Le bruit court qu'il va traiter avec le roi du rachat de l'Algérie qui, à l'exception d'Alger, serait abandonnée à l'autorité du sultan ; rien que cela !

Ces cadeaux sont envoyés également en échange de ceux qui ont été offerts à l'émir après le traité de la Tafna, et qu'il a immédiatement offerts à l'empereur du Maroc, une partie comme présents et l'autre en payement des fournitures et des munitions qui lui sont expédiées régulièrement par le souverain du Gharb. Il réalise un profit bien clair et bien net dans cet échange de cadeaux puisqu'il vend ceux qu'on lui fait et qu'il prend à ses administrés ceux qu'il envoie en France (1).

Le khalifa de Mascara, Sidi El Hadj Mustapha ben Têhmi,

(1) Cet honorable officier a pleinement justifié la confiance que j'avais placée en lui et on verra que la lettre qu'il a conservée m'a été d'un bien grand secours.

(2) Ce profit, du reste, est pour l'État, car, à part les nombreux manuscrits qui composent sa bibliothèque, l'émir ne conserve aucun des cadeaux qu'il reçoit.

qui a acquis, hélas! une si triste célébrité en faisant massacrer les soldats français pris au combat de Sidi Brahim, m'a toujours été antipathique. Il est cousin germain d'Abd-el-Kader dont il a épousé la sœur. L'émir lui témoigne du respect parce que Ben Téhmi, qui est plus âgé que lui, a été son cheik (professeur) (1), pendant quelque temps.

Il est très instruit et passe pour être le meilleur rhétoricien et le meilleur logicien de l'Algérie. Aussi est-il chargé d'entretenir la correspondance avec l'empereur du Maroc et avec les grands personnages de l'islamisme.

Sa physionomie est froide et sévère. Ses yeux sont bleus comme ceux de l'émir, ses traits réguliers, mais la petite vérole y a marqué ses ravages. Il parle rarement et a toujours les yeux baissés. Il aime le luxe et s'y livrerait s'il n'était retenu par l'exemple de l'émir. Il manque absolument de courage. Dans l'intimité, Abd-el-Kader, faisant allusion à sa poltronnerie, l'appelle *Fatma*.

Il est, du reste, assez bon administrateur et sage conseiller ; personne plus que lui ne désire la paix et le repos, non point parce qu'il aime les Français, il est, au contraire, cruel et fanatique, mais parce qu'il a horreur des combats. Il est le premier parmi les autres khalifas et succèderait à l'émir si ce dernier venait à mourir. Il est certain que, dans ce cas, une révolution le renverserait lui et tous les employés du gouvernement actuel; car si les Arabes obéissent à Abd-el-Kader, qui a su les séduire, ils ne voudraient pas sanctionner, par l'acceptation d'un de ses successeurs, un gouvernement qui les soumettrait au paiement régulier des impôts.

(1) Cheik, signifie homme âgé (*senes*); par extension on donne ce nom à tous les chefs de corporations, aux chefs des douars, à tous les maîtres d'école, aux muphtis, aux kadhis et à tous les précepteurs publics et particuliers. Le grand chef du Cherâa (*justice*) se nomme Cheik-el-Islam.

CHAPITRE XXVIII.

Envoyé à Tlemcen. — Je redoute la vérité. — Sidi Mohammed Saïd, frère aîné de l'émir. — Le khalifa Sidi Mohammed-el-Bou-Hamidi.

Le cinquième jour, le khalifa me fit appeler et me dit qu'il venait de recevoir une lettre du sultan qui lui ordonnait de m'envoyer à Tlemcen pour y faire mon éducation religieuse. Cette nouvelle me surprit tellement que je ne fis pas la moindre observation. Je ne laissai paraître aucun signe de mécontentement, et quelques moments après j'étais sur la route de Tlemcen, accompagné par quatre m'khaznis du khalifa de cette ville.

Il n'y avait plus moyen de me faire illusion. J'avais été desservi sans doute auprès de l'émir par le khalifa de Milianah. On m'avait peut-être accusé d'être un espion envoyé par le gouvernement français et on s'était approprié mes armes et tous mes autres effets.

Je cachai mon désappointement aux m'khaznis qui étaient chargés de me conduire à Tlemcen et qui ignoraient les motifs de mon voyage ; à mes habits et à mon cheval ils me croyaient riche et me donnaient les marques du plus profond respect. Je me gardai bien de les dissuader.

Le second jour après notre départ de Mascara, nous traversions le territoire des Ouled Zeïr, fraction de la grande tribu des Beni-Aâmer, lorsque nous aperçûmes un grand nombre d'Arabes faisant la fantasia devant un groupe de cavaliers richement harnachés et vêtus de burnous en drap. Mes compagnons me dirent que c'était le frère de l'émir qui revenait de Fez où il avait été porter des présents à l'empereur. Ces présents étaient ceux qu'Abd-el-Kader venait de recevoir de la France.

Ils me proposèrent d'aller rejoindre le marabout. J'acceptai avec empressement et, chemin faisant, je leur demandai des renseignements sur celui que nous allions saluer.

NOTICE SUR SIDI MOHAMMED SAID, FRÈRE AÎNÉ DE L'ÉMIR.

Sidi Mohamed Saïd (1), fils aîné de Sidi Mahhi-ed-Din, a hérité des sentiments religieux et bienveillants de son père. Il ne s'est jamais occupé de politique et ne possède aucune des qualités d'un guerrier. Il est le successeur de Sidi Mahhi-ed-Din dans la zaouïa; il jouit de la plus haute considération comme chef de la famille et Abd-el-Kader a reversé sur lui l'amour et le respect qu'il avait pour son père. Une circonstance a rendu plus vive encore l'affection que Sidi Mohammed Saïd avait déjà vouée à son frère cadet. La voici :

En 1832, Sidi Mahhi-ed-Din avait réuni sous ses drapeaux toutes les tribus de la province d'Oran et, suivi de l'élite de leurs cavaliers et de leurs fantassins, il se présenta sous les murs d'Oran le jour de saint Philippe (1ᵉʳ mai). Sachant que la garnison était peu nombreuse et connaissant les endroits faibles des murs d'enceinte, il se promettait la prise de cette ville. Pendant trois jours de suite les assaillants renouvelèrent leurs attaques malgré les pertes énormes que leur infli-

(1) On verra dans la suite de mes récits quelle bienfaisante influence a plus d'une fois exercée Sidi Mohammed Saïd sur les décisions d'Abd-el-Kader.

geait le feu de notre artillerie et de notre mousqueterie. Guidés par le jeune Abd-el-Kader, ils se ruaient contre les murailles et se faisaient tuer dans les fossés.

Le troisième jour, le fils de Sidi Mohammed Saïd, jeune homme de dix-neuf ans, tomba mort à quelques mètres de la place. Personne n'avait osé enlever son corps pour le rapporter à son père et à son aïeul désolés. Abd-el-Kader, sans faire part de son projet à personne, se dirige vers l'endroit où son neveu a été frappé; il arrive près de lui, s'élance à terre, jette le précieux fardeau sur le cou de son cheval, remonte en selle et rejoint son père et son frère aux acclamations de toute l'armée. Ses vêtements étaient criblés de balles et son cheval avait reçu trois blessures. Lui était revenu sain et sauf.

Aussi les Arabes sont-ils persuadés que le fils de Sidi Mahhi-ed-Din est invulnérable comme l'était son père.

Mes compagnons descendirent de cheval et allèrent baiser la main du marabout. Pendant ce temps j'admirais une douzaine de beaux chevaux que l'empereur Mouley-Abd-el-Rahman envoyait à l'émir et qui étaient menés en main par des Marocains. Ils précédaient une caravane composée de mulets et de chameaux chargés de présents de toutes sortes, de munitions et d'effets d'habillement destinés aux soldats de l'émir. Lorsque Sidi Mohammed Saïd sut qui j'étais, il s'arrêta, fit étendre un tapis par terre, s'y assit et m'envoya dire d'aller auprès de lui.

Je m'approchai pour lui baiser la main, il m'attira vers lui et me serra dans ses bras avec effusion. On apporta des gâteaux et du lait; il me choisissait lui-même les meilleurs et me faisait boire le lait dans une écuelle en argent, réservée à son usage personnel. J'étais confus et touché de tant de bonté, de tant de délicates prévenances.

Sidi Mohamed Saïd a environ quarante ans. Sa physionomie annonce la bonté et la douceur; il a de grands yeux bleus, c'est le signe distinctif de la famille de Sidi Mahhi-ed-Din. Il m'inspira subitement une entière confiance et je lui racontai simplement la détermination que j'avais prise d'embrasser la religion musulmane et de venir offrir mes services à l'émir. Je ne lui cachai point que je considérais comme une injure à mon caractère l'ordre indirect qui m'éloignait de la personne de son frère.

Sidi Mohammed Saïd m'exprima avec tendresse le bonheur que lui causait ma conversion à l'islamisme et parut affligé de la décision de l'émir. S'il n'avait été forcé de le rejoindre immédiatement, pour lui rendre compte de sa mission, il m'eût bien certainement, me dit-il, emmené avec lui à la zouïa des Guiatna, où il se serait chargé lui-même de mon instruction religieuse ; mais, quoique l'aîné de la famille, il respecte les volontés d'Abd-el-Kader, qui est revêtu du titre vénéré d'émir El Mouminin (1), prince des croyants.

Il renonçait donc avec grand regret, ajouta-t-il, au bonheur de me conserver auprès de lui.

Il me jura de ne jamais m'oublier ; et me promit de me recommander chaudement à son frère. Il me donna deux lettres pour le kalifa de Tlemcen et pour son premier secrétaire, me fit cadeau d'un beau burnous blanc et se sépara de moi après m'avoir encore serré dans ses bras.

Sidi Mohammed Saïd a dû comprendre les respectueuses et tendres sympathies qu'il m'a inspirées par la façon dont je lui ai exprimé ma reconnaissance. Il a dû voir mon cœur sur mes lèvres.

De douloureuses pensées m'assaillirent quand je vis s'éloigner l'excellent marabout. Il me semblait perdre en lui le seul être bienveillant et sincère sur qui je pusse m'appuyer, abandonné que j'étais au milieu de gens hostiles ou indifférents.

---

(1) Plusieurs écrivains ont désigné ce titre par le mot de *Miramolin*.

Le troisième jour nous arrivâmes sur le territoire de *Beni-Adzen* d'où nous aperçûmes Tlemcen.

L'aspect de cette ancienne capitale d'un des grands royaumes de l'Afrique septentrionale, est splendide ; mais je suis en ce moment trop absorbé par les préoccupations de mon avenir et par la tristesse qu'elles m'inspirent pour accorder de l'attention aux objets extérieurs.

Nous descendîmes de cheval à la porte de *Dar el Beylic* (maison du gouvernement) où le kalifa rend la justice, tient son conseil et accorde ses audiences. C'est un palais en ruines dont quelques pièces du rez-de-chaussée seulement sont habitables. Ces pièces s'ouvrent sur une vaste cour carrée qui n'a pas moins de quinze mètres *de côté* et qui est entourée de colonnes en marbre soutenant d'élégantes ogives. Au milieu coule une fontaine dans une vasque également en marbre, dont le trop plein se déverse dans un bassin autour duquel sont plantés des orangers, des rosiers et des jasmins.

C'est dans l'appartement qui forme le côté nord de cette cour que se tenait le kalifa Bou-Hammidi.

Il m'accueillit froidement et me fit signe de m'accroupir. Après avoir lu les lettres que les cavaliers qui m'avaient accompagné lui avaient remises, il me lança quelques regards à la dérobée qui dénotaient peu de bienveillance.

Il m'adressa quelques questions banales auxquelles je coupai court en lui disant que le sultan m'envoyant à Tlemcen pour y compléter mon éducation religieuse et m'y fortifier dans la connaissance de la langue arabe, tout ce que je lui demandais c'était de vouloir bien me désigner un cheik capable de m'instruire.

Il me promit d'accéder à ce désir, et protesta de ses bonnes intentions à mon égard, me recommanda au kaïd El Dhiâf (fonctionnaire chargé de recevoir les hôtes) et me fit signe de me retirer.

Le kaïd El Dhiâf me conduisit à un fondouk (caravansérail) appartenant à l'État où il m'assigna pour demeure la chambre destinée aux hôtes de distinction. C'est une chambre carrée qui a tout au plus dix pieds sur chaque face, une natte, un matelas recouvert d'un vieux tapis et de deux coussins composent l'ameublement de ce *somptueux* appartement. Mon cheval fut heureusement bien installé.

Puisque je suis placé sous la surveillance du khalifa de Tlemcen, c'est le moment de le présenter à mes lecteurs.

Sidi Mohammed Bou-Hammidi est un marabout originaire des montagnes du Trara qui environnent la baie abritée par l'îlot de Rachegoun. Il exerce une grande influence sur les populations de ce poste montagneux, mais c'est à sa liaison intime avec Abd-el-Kader qu'il doit son avènement au khalifat important de Tlemcen. Ils ont été étudiants ensemble. Bou-Hammidi a quatre ans de plus qu'Abd-el-Kader; c'est un théologien illustre. Sa taille est un plus élevée que celle de l'émir. Il est maigre et fortement musclé. Son teint est bruni par le soleil, sa barbe noire et bien plantée. Ses yeux sont remarquables par la longueur des cils qui modèrent l'éclat de son regard. Ses manières manquent de distinction; elles sont rudes comme son langage. On lui reconnaît un grand esprit de justice. Il s'est conduit noblement à l'égard des Coulouglis de Tlemcen qu'il protège contre les rancunes des Arabes et des hadars (habitants de la ville).

Bou-Hammidi est un des meilleurs cavaliers de l'Algérie. Il manie le sabre et le fusil avec une adresse merveilleuse; il a de remarquables qualités militaires, courage, coup d'œil prompt, présence d'esprit, activité infatigable; c'est lui qui a dirigé toutes les attaques contre les Français dans la province d'Oran et surtout à la Tafna et à Sidi Yakoub.

Son entourage est, en grande partie, composé de Kabyles

dans lesquels seuls il a une entière confiance. Il se méfie des Arabes.

Il a l'humeur sauvage, mais il est ardent et fidèle dans ses affections. Il aime par-dessus tout ses livres, ses chevaux et ses armes.

CHAPITRE XXIX.

Arrivée à Tlemcen. — Lettre à mon ami. — Visite de Hadj Bouhir. — Ses révélations sur la cause de mon exil. — Souffrances morales et physiques.

Voici la copie de la lettre que j'adressais à mon ami, peu de jours après mon arrivée à Tlemcen :

Mon cher ami,

Tu me crois auprès de l'émir et tu supposes que j'ai pu faire des progrès dans son affection et sa confiance. . . . . Eh bien, détrompe-toi ; je suis ici exilé, considéré comme un espion, gardé à vue et brisé par la maladie. . . . . . .

(Ici ma lettre relate les détails qui précèdent sur mon départ du camp de l'émir et mon arrivée à Tlemcen.)

. . . . J'étais enfin seul, ce qui ne m'était pas arrivé une seule fois depuis que j'ai quitté l'hospitalité de Sidi Omar. J'éprouvais une sorte de soulagement à n'être plus sous le regard malveillant et toujours curieux des Arabes qui étaient jour et nuit auprès de moi. C'est un supplice dont tu n'as pas d'idée ; cette obsession enlève jusqu'à la possibilité de se recueillir et de penser.

Comme j'étais tourmenté d'affreuses démangeaisons, mon premier soin fut de me dépouiller de mes vêtements que je n'avais pas ôtés depuis plus d'un mois. Quelle fut ma consternation quand je découvris que j'étais dévoré par la vermine. C'était la première fois de ma vie que je voyais ces hideux insectes. Qu'était cette contrariété, me diras-tu, en comparaison des maux physiques et des peines morales qui m'accablaient déjà? Et pourtant, j'en éprouvai une telle humiliation que je ne pus retenir mes larmes.

Il était tard et j'allais, malgré ma douleur, succomber au sommeil lorsque j'entendis frapper distinctement à ma porte. A l'exception d'un poignard que je portais caché dans ma ceinture, je n'avais point d'armes; mon fusil et mes pistolets étaient restés, ainsi que mes autres effets, avec mon fidèle domestique Ahmed, qu'on avait sans doute empêché de me rejoindre. Qu'avais-je à redouter du reste? J'ouvris, et à la lueur du lampion fumeux qui était mon éclairage, je me trouvai en face d'un homme grand et maigre dont l'attitude n'annonçait aucune intention hostile et qui me fit signe de garder le silence. Il referma la porte avec précaution et vint s'accroupir près de moi sur mon pauvre petit matelas. Sa figure longue et décharnée, encadrée dans une barbe presque blanche, portait les traces du chagrin et de la souffrance. Sa physionomie noble et mélancolique inspirait la confiance et la sympathie.

« Tu parais étonné de ma visite, mon enfant Omar, me dit-il à voix basse, tu vas savoir qui je suis, comment je te connais et pourquoi je suis venu près de toi. Je suis Coulougli, mon nom est Hadj Bechir ben Heussein. On veut bien me donner le titre de âalêm (savant). Ma meilleure science est celle qui me fait comprendre mon infimité en face de la grandeur du Très-Haut. J'ai enseigné à lire le livre de Dieu et j'ai prêché dans la grande mosquée de Tlemcen. J'ai été le cheik de tous les enfants de mes frères les Coulouglis de Tlemcen et j'ai souvent quitté mes livres pour prendre le fusil et combattre avec eux. Comme ces braves, je serais tombé en disgrâce sans l'amitié et la protection du khalifa Bou-Hammidi qui m'a choisi pour être son secrétaire intime, car il aime la science et honore ses adeptes.

« Mon grand-père, qui était allé compléter ses études à Alger, était devenu Iman d'Omar pacha qui le combla d'honneurs et de richesse. Il appela mon père auprès de lui pour faire l'éducation de son fils Sidi Mohammed. Peu de temps après, Omar pacha était assassiné et mon père accompagnait sa famille à Milianah. Il fut encore comblé de bienfaits par la veuve d'Omar pacha, et revint à Tlemcen. Depuis cette époque, cette noble famille et la mienne ont continué entre elles de fréquentes relations. Lors de mon pèlerinage à la Mecque, j'ai reçu l'hospitalité à Milianah chez le jeune Omar oul'd Omar pacha. C'est lui, mon enfant, qui, averti par ton fidèle serviteur Ahmed, qu'on a empêché de te suivre, m'a écrit pour m'annoncer ton arrivée à Tlemcen et te recommander à moi. Il m'a également renvoyé par un de nos blessés une mule qui est ta propriété, me dit-il, et que le khalifa de Milianah a cru appartenir au muletier qui t'accompagnait. Les malheurs communs qui ont accablé les Coulouglis, dans toute la régence d'Alger, ont redoublé les liens créés par leur commune origine et une correspondance secrète est établie entre les lieux divers où ils habitent. Pour que tu ne doutes pas de ma sincérité, voici la lettre d'Omar. » Je reconnus, en effet, l'écriture et le cachet de mon ami Omar, auquel ma disgrâce ne faisait que trop prévoir de nouvelles épreuves. « Voilà qui je suis et pourquoi je m'intéresse à toi, reprit Hadj Béchir, j'arrive maintenant aux faits qui te concernent personnellement. D'après la lettre adressée par l'émir à Bou-Hammidi, lettre que j'ai lue, comme toutes celles adressées au khalifa, dont, comme je te l'ai déjà dit, je suis le secrétaire, tu es soupçonné d'être un agent envoyé par le gouvernement français pour espionner les actes de l'émir. Des Algériens, en qui Abd-el-Kader a confiance, lui ont donné des détails de nature à justifier cette accusation. Tu es donc exilé à Tlemcen. On doit te traiter avec égards, mais on ne doit pas te perdre de vue; on doit surtout t'empêcher d'avoir des relations avec d'autres personnes que celles désignées par le khalifa. Sous prétexte de t'interroger adroitement et de pénétrer tes projets, j'ai obtenu du khalifa la faculté, je pourrais dire la mission, de venir te voir; je n'ai rien à te demander; j'ai voulu seulement te dire que tu as ici un ami sincère qui fera pour toi tout ce qu'il pourra faire. Ce sera peu, hélas! Je reviendrai dès que je le pourrai. »

Il m'embrassa et sortit avec les mêmes précautions.

Je n'avais pu ni l'interroger ni le remercier; j'étais anéanti. C'était donc vrai. Considéré comme un espion, j'étais exilé et soumis à une surveillance honteuse et par l'ordre de qui? Par l'ordre d'Abd-el-Kader pour qui j'avais abandonné mon pays, ma famille et mon bien-être et que j'étais disposé à servir avec autant de fidélité que de dévouement! Et pourtant, ai-je donc lieu de m'étonner de ce qui m'arrive?

La méfiance d'Abd-el-Kader n'était-elle pas justifiée par l'invraisemblance de ma conversion et par tout ce qu'il y avait d'insolite dans ma détermination d'entrer gratuitement à son service? Ah! je comprends maintenant, mais trop tard, la légèreté de ma conduite et j'en entrevois avec terreur les terribles conséquences. Et ma pauvre Khadidja. Crois-tu donc que je l'aime moins parce que j'ai cessé de t'en parler? Ne suis-je pas l'unique cause de son malheur et puis-je aujourd'hui songer à y mettre un terme? Oh! mon ami, je ne trouve pas d'expressions pour te faire comprendre ce que je souffre moralement. Ma santé, en outre, est gravement altérée. Je sens un feu qui me brûle intérieurement et j'ai souvent de terribles accès de fièvre.

Eh bien, malgré tout, je ne désespère pas et me sens capable d'opposer courage et résignation aux épreuves que je subis. Et cette énergique résolution, je l'ai puisée dans la prière. . . . . . .Oui, mon cher ami, et ton âme chrétienne s'en réjouira, oui, j'ai prié et la prière a relevé mon courage abattu. Tant que j'ai été dans le monde dont le bruit m'étourdissait, tant que j'ai été entouré de gens qui m'aimaient, l'idée de prier ne m'était peut-être pas venue une seule fois depuis ma sortie du collège, mais quand, loin de mon pays, de ma famille, je me suis vu seul, abandonné, malade, au milieu d'un peuple hostile, oh! alors j'ai cherché un ami auquel je pusse confier ma douleur et demander des consolations et cet ami où le trouver, si ce n'est en levant les yeux au ciel !

Joins tes prières aux miennes, mon cher ami, demande au Très Haut qu'il daigne m'aider à sortir avec honneur de l'impasse où je me suis follement engagé.

CHAPITRE XXX.

Tlemcen. — Je crois mourir. — Arrivée d'Isidore. —
Visite à Sidi Bou-Medin.

Sid Hadj Béchir vient me voir chaque jour, et, sous prétexte de diriger mon éducation religieuse, cet excellent homme cherche à me consoler et à me donner de l'espoir dans l'avenir.

Je suis forcé de recevoir la visite de personnages indifférents qui ne sont attirés auprès de moi que par un sentiment de curiosité.

Tous les déserteurs se sont crus obligés de venir me voir, mais la façon dont je les ai reçus et le langage que je leur ai tenu ont dû leur donner la mesure du mépris qu'ils m'inspirent. La plupart sont des Allemands de la légion étrangère. A part de rares, de très rares exceptions, tous les déserteurs, qui sont auprès de l'émir ou de ses khalifas sont gens sans instruction et sans moralité. Aussitôt qu'ils arrivent en pays arabe, on exige d'eux une abjuration solennelle et ils sont soumis à la circoncision. Ils sont généralement méprisés et maltraités et aucun d'eux n'est arrivé à une position honorable.

Tous ces malheureux, du reste, se repentent d'avoir déserté, mais ils n'osent rentrer, les uns à cause des méfaits qu'ils ont commis dans leurs corps, les autres par crainte des dangers qu'ils courraient en tentant leur retour dans nos lignes. Toutefois, parmi les déserteurs dont je reçus la visite, j'en distinguai deux qui m'inspirèrent de l'intérêt, soit par leur attitude, soit par leur langage. L'un, déserteur de la légion étrangère, fils d'un ministre protestant poméranien, Charles Berndt (1); l'autre, Louiseleau (2), déserteur du premier régiment des zouaves, garçon intelligent et entreprenant. Ils étaient parfaitement décidés à rentrer à leurs corps.

Grâces à l'intermédiaire de Hadj Béchir, j'ai pu améliorer la situation de plusieurs de ces déserteurs dont un ou deux, depuis mon séjour ici, sont parvenus à fuir et à arriver à Oran. Mais je les tiens à distance, pour bien établir aux yeux de tous qu'il n'y a rien de commun entre ma position et celle de ces malheureux.

Hélas! je n'ai déjà que trop à me reprocher de feindre d'être musulman!

Février 1898.

Je copie sur mon journal ces phrases presque illisibles :

« Je suis en proie à d'atroces souffrances : les accès de fièvre qui se succèdent avec une violence croissante ont amené une telle prostration de forces que je ne puis plus me traîner hors de ma chambre et personne ne songe à me secourir..... et Hadj Béchir, que je croyais mon ami, ne vient plus me visiter! Se méfie-t-il de moi, lui aussi? Oh! mon Dieu! mourir seul, que c'est cruel! ».....

Je puis aujourd'hui me rendre compte des sensations qu'on éprouve quand l'heure de la mort approche. Ce souvenir restera ineffaçable dans ma mémoire. Je revoyais devant moi tous les êtres qui m'étaient chers, je les appelais, je voulais aller à eux et une main invisible me clouait sur mon grabat..... Que de douloureux regards vers le passé!..... Quelles

---

(1) Rentré dans son pays, il m'a écrit une lettre touchante que je publierai en son lieu.

(2) Je l'ai fait admettre dans le corps des interprètes où il a rendu de véritables services.

angoisses !..... quel profond repentir. Dans un suprême élan, j'élevai mon âme à Dieu, *je mourus*; je ne puis trouver d'autre expression, car réellement je sentis la vie m'abandonner. Combien de temps restai-je dans cette sorte de léthargie ? Je l'ignore absolument. Je me souviens seulement qu'en revenant à moi, et avant de pouvoir ouvrir les yeux, j'entendais une voix qui m'appelait par mon nom : « Monsieur Léon ! Monsieur Léon ! c'est moi, Isidore. » Je sentais une douce chaleur pénétrer mes pauvres membres engourdis par le mal et par le froid. J'ouvris enfin les yeux et, sous le costume arabe qui le couvrait, je crus reconnaître un des soldats que l'autorité militaire avait mis dans le temps à la disposition de mon père pour ses travaux agricoles. En effet, c'était Isidore Dordeleau, qui, pendant deux ans, avait pour ainsi dire habité chez mon père, car le détachement du 20e de ligne, auquel il appartenait, occupait le poste de la Poudrière situé à l'entrée du vallon de Braham-Reïs. Je l'avais souvent emmené à la chasse au sanglier et ce brave homme avait conçu pour moi le plus vif attachement. Après avoir fini son temps de service, il s'était rengagé et avait été envoyé en garnison à Oran. Un déserteur que j'avais eu l'occasion de secourir depuis mon arrivée à Tlemcen, et qui était parvenu à rentrer dans cette ville où il avait obtenu sa grâce, avait dit qu'il avait vu M. Léon Roches. (Les journaux avaient d'ailleurs raconté mon départ d'Alger et ma présentation à Abd-el-Kader.) Isidore interrogea le soldat en question et, ne doutant plus de la véracité de son récit, déserta pour venir me rejoindre. Après bien des difficultés, il arriva à Tlemcen et demanda à être conduit auprès d'Omar oul'd Rouche (1).

(1) Omar fils de Roches, nom que me donnaient les Arabes et qu'ils me donnent encore.

En entrant dans le misérable réduit où j'étais étendu, il me raconta qu'il m'avait cru mort. Il me frictionna pourtant, alluma un réchaud, me couvrit de ses burnous et parvint à grand'peine à me ramener à la vie.

Il faut avoir subi les épreuves cruelles par lesquelles je venais de passer pour comprendre la joie que j'éprouvai de sentir auprès de moi un serviteur dévoué, qui m'apportait des émanations de la patrie.

Une joie ou une douleur n'arrivent pas seules, dit-on. J'avais à peine repris connaissance que je vis entrer Sid el Hadj Béchir, dont les yeux se remplirent de larmes en constatant l'état auquel j'étais réduit. Il me dit l'impossibilité où il s'était trouvé de venir me voir, ayant été forcé de suivre le khalifa Bou-Hammidi dans une tournée qu'avait faite ce fonctionnaire afin de prélever les impôts. J'étais encore trop faible pour lui exprimer ma joie et lui donner des explications sur la présence d'Isidore, et celui-ci ne savait pas un mot d'arabe. Hadj Béchir, devinant la pénurie de toutes choses où nous nous trouvions l'un et l'autre, glissa dans les mains d'Isidore une bourse bien garnie, et quelques instants après nous vîmes arriver un de ses serviteurs, porteur de provisions de tout genre.

Je ne tardai pas à me remettre.

Mon vieil ami avait conçu pour moi une telle affection qu'il avait promis en mon nom une offrande au fameux marabout Sidi Bou-Medin el Ghouts, protecteur de Tlemcen, afin d'obtenir par lui ma complète guérison. Nous convînmes donc que, dès que mes forces me le permettraient, j'irais, avec lui, porter au marabout l'offrande promise. Appuyé sur le bras de mon brave Isidore, nous nous dirigeâmes par une belle journée vers Sidi Bou-Medin, c'est le nom du village situé à une demi-lieue à l'est de Tlemcen et adossé à une colline qui domine le plateau sur lequel s'étend la ville. Ce village est l'agglomération de maisons édifiées successivement autour du mausolée du grand marabout, qui, ainsi que la mosquée, ont été construits vers le milieu du quinzième siècle. L'architecture en est grandiose et la finesse des arabesques ne le cède en rien aux plus beaux vestiges de l'architecture mauresque en Espagne.

Je m'agenouillai près du sarcophage du marabout, après en avoir obtenu la permission de l'oukil (gardien et administrateur de la mosquée) auquel j'avais remis mon offrande, et Hadj Béchir, étendant sur ma tête le drap d'or et de soie qui recouvre le sarcophage, m'engagea à m'unir à ses actions de grâces. Ce n'est pas au santon musulman que j'adressai mes prières, mais à Dieu, à Dieu dont j'étais éloigné depuis si longtemps et vers lequel mes pensées s'étaient tournées lorsque, seul et abandonné de tous, je ne pouvais plus espérer de consolations qu'en lui. Au moment où chacun me croyait musulman, et certes tous mes actes tendaient à le faire croire, je redevenais chrétien. Jamais je n'avais adressé une plus fervente prière à l'Être suprême. Aussi Hadj Béchir et l'oukil, édifiés de ma piété, vinrent-ils me donner l'accolade musulmane.

J'admirais la richesse du sanctuaire dont l'immense coupole est brodée de délicieuses arabesques, fouillées dans du plâtre comparable au marbre par la solidité. Les murailles étaient ornées de grands drapeaux en soie verte, rouge et jaune, dont les hampes étaient surmontées de boules dorées et argentées. Deux lampes, garnies d'huile parfumée, répandaient une douce clarté dans l'intérieur de ce bel édifice. Dans des cassolettes suspendues autour du sarcophage brûlent sans cesse l'encens, la myrrhe et le benjoin.

De quel splendide spectacle nous jouîmes en rentrant à Tlemcen! La vue de la mer qu'on apercevait vaguement à l'horizon me rappelait les beaux jours que j'avais passés en face d'elle. Cette belle mer! je ne l'avais plus contemplée depuis la soirée du 25 août 1837 lorsque, partant d'Alger pour me rendre auprès d'Abd-el-Kader, je m'assis sur les hauteurs de Kouba et admirai, pour la dernière fois, la baie de Mustapha pacha. Que d'espérances déçues depuis cette époque! que d'illusions évanouies! que de souffrances déjà!

Nous voyons devant nous Tlemcen bâtie sur un plateau au nord duquel s'étend une plaine très bien cultivée. Elle est abritée des vents du sud par une montagne élevée dont les sommets sont en ce moment couverts de neige. Cette montagne présente plusieurs ressauts qui forment autant d'étages superposés où croissent mêlées les plantes d'Europe et d'Afrique. Des ruisseaux abondants et limpides tombent en cascade d'un étage à l'autre et entretiennent partout une végétation luxuriante.

En voyant cette cité s'élever majestueusement au milieu de ses beaux jardins et de ses importantes forêts d'oliviers, dont les plantations remontent à l'époque de l'introduction du catholicisme dans le nord de l'Afrique; en contemplant les ruines grandioses de ses fortifications sarrazines et les débris de ces constructions mauresques « qui tombent mais ne vieillissent pas, » a dit, je crois, Chateaubriand, on comprend que Tlemcen ait été la capitale de royaumes puissants.

Hadj Béchir me racontait avec orgueil les fastes de sa ville natale fondée, disait-il, par les Beni-Ifren sur les ruines d'une grande ville romaine et successivement capitale des grands royaumes des Benou-Zian, des Almohades, des Beni-Merin qui s'étendaient depuis Fez jusqu'aux limites de Constantine. Conquise enfin par les sheriffs de Hischam (dans le treizième siècle), son royaume fut divisé en quatre autres royaumes : Tlemcen, Ténès, Alger, Bougie.

« Au temps de sa splendeur, me disait-il, Tlemcen (qui signifie en arabe « qui réunit, » sous-entendu, tous les avantages) avait dix portes par chacune desquelles sortaient dix mille guerriers.

« Vois, là-bas, à l'ouest de la ville, ces immenses murailles et ce beau minaret, c'est Mansourah, camp retranché du sultan Lekhal qui pendant dix années a assiégé Tlemcen et a dû, après en avoir levé le siège, rentrer honteusement dans le Moghreb (Maroc).

« Le grand marabout Sidi Ahmed ben Youssef a fait sur Tlemcen ces trois vers :

> Oh ! Tlemcen, berceau des preux chevaliers,
> Tes eaux et ton air ne se rencontrent dans aucune ville.
> Quels braves ennemis ont pu se mettre à l'abri de tes atteintes?

Je ne pouvais me lasser de l'écouter et d'admirer ce splendide pays.

Nous traversions un bois d'oliviers adossé à une verte colline lorsque je respirai un parfum connu, mais dont je ne me rendis pas d'abord compte. Je m'élançai vers un talus recouvert d'une herbe épaisse et je tombai à genoux devant de belles touffes de violettes. Ces violettes me rappelaient la France ! Je les baisais avec passion et je les arrosais de mes larmes. Il faut être exilé et malheureux pour comprendre les émotions que cause la vue des moindres objets qui nous rappellent la patrie et les êtres chéris dont nous sommes séparés.

Hadj Béchir avait l'âme trop élevée et le cœur trop sensible pour ne pas comprendre mon émotion. Mon brave Isidore ramassa un gros bouquet de ces chères petites fleurs et je rentrai presque joyeux dans mon pauvre réduit, tant il est vrai que le bonheur est relatif.

J'admirai en rentrant les vestiges d'une porte romaine encastrée, pour ainsi dire, dans le solide pisé des murailles sarrazines.

CHAPITRE XXXI.

Renseignements donnés par Hadj Béchir sur les races qui habitent l'Algérie.

Chaque jour Sidi el-Hadj el Béchir venait, avec l'autorisation du khalifa, passer deux ou trois heures auprès de moi pour m'enseigner le Coran et m'initier aux pratiques religieuses. Nos séances, qui étaient pour moi des heures de jouissance, car j'oubliais les tristesses de ma situation, n'étaient pas entièrement consacrées à l'étude de la religion. Mon excellent professeur me donnait des notions générales sur l'origine des peuples qui habitent l'Algérie et sur la constitution de la société arabe.

D'après les auteurs arabes, sur le témoignage desquels s'appuie Hadj-el-Béchir, les premiers habitants de l'Afrique sont venus de l'Orient. Cette opinion est d'ailleurs confirmée par celle de Salluste qui dit que les plus anciens habitants de l'Afrique sont les Gétules qui occupaient les déserts et ensuite les Persans, les Arméniens, les Mèdes et les Lybiens qui étaient venus s'établir dans la partie septentrionale.

Mais je ne veux m'occuper ici que des populations que nous avons trouvées établies dans la partie de l'Afrique septentrionale que nous nommons aujourd'hui l'Algérie.

Deux races, différant essentiellement et par leur origine et par leurs mœurs et leurs coutumes, composent ces populations musulmanes : les Arabes et les Kabyles.

Les Arabes (1) se divisent en Arabes nomades et Arabes sédentaires (2).

Les Arabes nomades (en arabe R'hala) habitent le sud de l'Algérie. Ils se disent les descendants en ligne droite d'Ismaïl, fils d'Abraham, et en ont conservé les usages, les coutumes et les mœurs. Ils sont seulement pasteurs, n'habitent que sous la tente, et ne restent jamais plus de deux ou trois jours sur le même emplacement. Ils gravitent dans le désert sur une circonférence plus ou moins grande suivant l'importance de leur tribu et la nature de ses relations avec les autres tribus ses voisines.

Les Arabes sédentaires ou ouostanïa, c'est-à-dire, ceux qui habitent le territoire compris entre le désert et la mer, se divisent eux-mêmes en deux catégories :

1° Les Méhall (3) et 2° les Tellia (4).

Les Méhall sont les tribus qui occupent les hauts plateaux contigus au désert. Elles se vantent de descendre directement des Arabes de l'Orient qui ont fait la conquête de l'Afrique au septième siècle de J.-C. Ils sont en même temps pasteurs et agriculteurs ; ils habitent exclusivement sous la tente et sont également nomades. Elles ont pour chefs des Djouêd (5).

2° Les Tellia sont les Arabes qui occupent la partie du Tell située entre les hauts plateaux et le Sahheï (6). Ils pos-

---

(1) Du verbe arabe *Aáraba* qui signifie en latin *Alacer fuit*.
(2) *Aarab seknin*, qui ont des demeures fixes ou *ouostanïa*, qui habitent le milieu.
(3) *Méhall*, gens de campements, conquérants.
(4) *Tell*, mot arabe qui signifie collines, terrains accidentés ; c'est donc par erreur qu'on a prétendu que le mot Tell a pour étymologie le mot latin *Tellus*.
(5) *Djouêd*, pluriel de *Djûd*, de noble origine.
(6) *Sahhel*, rivage.

sèdent des troupeaux mais sont essentiellement agriculteurs ; ils ne sont pas nomades. Ils habitent sous la tente durant la belle saison, et pendant l'hiver dans des gourbis dont la réunion s'appelle Meschta (1).

Les Kabyles (2) ou Chelouah (3) ou les Berbers (4) sont les habitants des montagnes qui parlent une langue absolument différente de l'arabe et dont l'origine remonte, disent les savants arabes, aux Phéniciens et aux Lybiens. D'après eux également, les Kabyles, ou Chelouah, ou Berbers descendent des premiers habitants de l'Afrique que l'invasion des Carthaginois refoula dans les montagnes et dans le désert. Les Romains chassèrent les Carthaginois des plaines qu'ils occupaient, et ceux d'entre eux qui ne voulurent pas accepter le joug des Romains allèrent rejoindre les aborigènes dans les montagnes et dans le désert où ils s'étaient établis.

A l'invasion des Romains succéda l'invasion des Vandales, même refoulement des Romains dans les montagnes et le désert.

A l'invasion des Vandales succéda l'invasion des Arabes de l'Orient, qui refoulèrent encore une partie des populations des plaines dans les montagnes et dans le désert.

Les Touaregs, les Beni-M'zabs, les Bissêkera (Biskeris), les Chelouah, les Kabyles et les Berbers seraient donc les descendants des races aborigènes auxquelles se serait mêlée successivement une partie des races conquérantes chassées elles-mêmes par les invasions subséquentes. Ce qui vient à l'appui de ce fait historique, c'est que la langue que parlent les peuples ci-dessus énumérés est la même langue. On l'ap-

---

(1) *Meschta*, abri contre la pluie, de Sch'ta, pluie.
(2) *K'bail* (*gens plures familias continens*).
(3) Ces deux appellations sont usitées en Algérie.
(4) Appellation usitée au Maroc ; du mot arabe *beurbeur*, qui émet des sons confus, c'est-à-dire qui parle une langue étrangère.

pelle chellouah ou chaouïa. Elle est parlée par toutes les tribus des chaînes de montagnes qui traversent les royaumes de Tunis, d'Alger et du Maroc et par les habitants du grand désert, voisin du Soudan. Dans tous ces pays, elle diffère d'un lieu à un autre. Toutefois en parlant le dialecte d'une tribu, on peut se faire comprendre de toutes les autres.

Les Touaregs paraissent être restés les plus purs descendants de la race autochtone, car ils emploient encore pour écrire leur langue les caractères des Mèdes et des Persans. Cela tient sans doute à la position géographique qu'ils occupent, et qui les a mis l'abri des invasions successives.

Il est à remarquer que toutes les populations qui sont désignées sous les dénominations de Kabyles, Berbers, Chelouah, Biskeris, Mozabites et Touaregs, tout en se convertissant à l'islamisme, ont conservé leur langue, leurs mœurs et leur autonomie. Ils peuvent même être considérés comme musulmans dissidents, puisqu'à côté de la loi religieuse ils ont conservé leur loi civile, qu'ils nomment kanoun (1) (règle); or les musulmans n'admettent pas d'autre loi que la loi religieuse, qui seule règle les rapports des musulmans entre eux.

Les Hadhars ou Bledlia sont les habitants des villes. On leur donne également le nom de Maures, qui était commun à tous les habitants de l'Afrique septentrionale, parce qu'ils habitaient l'ancienne Mauritanie. Il y aurait lieu de croire que le nom de Maures, donné aux habitants de l'Afrique septentrionale, peut également s'écrire Mores, attendu que les Espagnols appelaient moros (noirs) les Arabes et les Berbères qui firent la conquête de l'Espagne.

Les habitants des villes de l'Algérie sont généralement de race arabe. Un grand nombre de musulmans, chassés d'Es-

---

(1) Du grec κανών.

pagne à la fin du quinzième siècle et au commencement du seizième, vinrent habiter les villes du Maroc, de l'Algérie et de Tunis. A cette population arabe sont venus s'adjoindre des Kabyles et des Turcs dont les enfants, issus de leur mariage avec des femmes arabes, se nomment Coulouglis. Dans les villes de la côte il faut ajouter à cette population d'origine arabe, turque et kabyle une quantité de marins renégats qui venaient y chercher un abri contre la justice de leur pays.

Au moyen âge et du temps des croisades, tous les auteurs employaient l'appellation de sarrasins pour désigner les Arabes que nos croisés combattaient en Terre-sainte et qui faisaient des incursions en Europe.

Quelques auteurs grecs et romains appelaient Saracenus l'Arabe de la Mésopotamie.

Des orientalistes ont dit que le nom de Sarrazin avait pour étymologie, les uns le mot arabe Cherguin (gens de l'Est), les autres le mot également arabe Serrakin (voleurs).

Je n'ai aucune prétention à la science, il me semble pourtant qu'il est plus naturel au point de vue linguistique de faire dériver sarrazin de Ensarreddin (défenseurs de la vraie religion) que se donnaient eux-mêmes les Arabes.

N'est-il pas également plus logique de chercher le nom d'un peuple dans une des appellations qu'il se donne lui-même ?

Jamais je n'ai rencontré un Arabe lettré qui n'ait souri quand je lui parlais du nom de Sarrazins qu'on donnait à ses ancêtres et des étymologies qu'on assignait à cette appellation.

CHAPITRE XXXII.

Tlemcen. — Bou Hammidi interdit à Hadj Béchir de venir m'instruire. — Projet de fuite. — Repris.

Tlemcen, 8 mars 1838.

Hélas !

Je n'avais pas encore vidé la coupe du malheur !

Mon excellent professeur Sid el Hadj el Béchir m'avait témoigné trop de tendresse ; il avait sans doute plaidé ma cause auprès du khalifa Bou-Hammidi avec trop de chaleur ; on s'est méfié de lui comme on se méfiait de moi, et le khalifa lui a interdit de continuer à m'instruire. Une lettre remise en secret à mon domestique par un nègre au service de Hadj Béchir m'annonçait cette triste nouvelle. Il me recommandait la plus grande prudence et me promettait qu'il veillerait encore sur moi. Quel noble cœur ! Pourrai-je jamais reconnaître les bontés dont il m'a comblé !

Il fut remplacé auprès de moi par un taleb antipathique à l'air faux et cauteleux, bien plus destiné à m'espionner qu'à m'instruire.

Je tombai dans un profond découragement. Aucune illusion ne m'était plus permise. Je devais renoncer à arriver auprès de l'émir et y arriverais-je, ne m'était-il pas désormais interdit d'aider Abd-el-Kader dans son œuvre, *soi-disant* civilisatrice, quand cette œuvre, d'après tout ce que j'avais vu et entendu depuis mon arrivée chez les Arabes, était tout à fait hostile à la France. D'un autre côté, quel avantage retirer pour moi ou pour mon pays de mon équipée, puisque, renfermé dans un cercle infranchissable de suspicion, il m'était désormais impossible d'acquérir des connaissances utiles sur les hommes, les choses et les contrées soumises à la domination d'Abd-el-Kader ?

Pouvais-je enfin conserver l'espoir de délivrer ma pauvre Khadidja, cause première de ma grave détermination ?

Témoin de mes tristesses, mon brave Isidore tâchait de me consoler en me parlant de mon père, de la belle position que je retrouverais sans doute à Alger. Le mal du pays s'empara de moi. Bientôt je ne pensai plus qu'aux moyens de rentrer auprès des miens.

J'avais mon cheval et une mule pour mon domestique. Il fut décidé que nous tenterions de nous rendre à Oran. J'avais obtenu de Bou-Hammidi la permission de faire de courtes promenades à cheval. Pendant quelques jours je fus observé par les gens chargés de me surveiller, mais au bout de quelque temps ils cessèrent de se méfier, et je pus constater que je n'étais pas suivi. Un matin, Isidore, sous prétexte d'aller laver mon linge, partit avec sa mule et se dirigea vers un marabout que je lui avais indiqué. Après midi, je montai à cheval comme d'habitude, je rejoignis Isidore et nous continuâmes à nous avancer dans la direction d'Oran en évitant de suivre la grande route. Après une marche de plusieurs heures, nous nous trouvâmes, au milieu de la nuit, dans une forêt de thuyas très accidentée.

Mon cheval, ordinairement tranquille, fut saisi d'une agitation que je n'avais jamais remarquée. A ce moment, Isidore me disait : « Monsieur, Monsieur, je ne peux plus tenir ma mule, il y a derrière moi une énorme bête qui me suit ! » A grand'peine je retournai mon cheval qui faisait des bonds terribles. Arrivé près d'Isidore, je vis effectivement l'énorme bête, et, à ses yeux étincelants, au bruit sourd que produisait sa queue battant contre ses flancs, je ne pouvais me faire illusion, c'était le lion.

J'avais présents à ma mémoire les récits que m'avaient faits mes amis de Milianah, et malgré la peur réelle que j'éprouvais en face de ce terrible animal, je conservai mon sang-froid. D'une voix aussi forte qu'il me fut possible d'émettre de ma gorge un peu resserrée, je lui adressai toutes les injures de mon répertoire arabe. Les regards du lion, attachés sur la mule de mon domestique, indiquaient évidemment qu'il voulait diriger son attaque sur la pauvre bête tremblante de peur ; aussi quand Isidore, sur mon ordre, lâcha la bride à sa monture qui partit au grand trot, je vis le lion se jeter de côté, comme s'il voulait s'élancer sur sa proie ; mais les sauts de mon cheval affolé et mes objurgations semblaient l'effrayer. Quand je jugeai qu'Isidore avait pris une avance suffisante, je parvins à rassembler mon bon chouchan (1) et, piquant des deux, je fus en un clin d'œil hors de la portée de notre terrible compagnon de route.

Notre émotion était grande ; nous jugeâmes prudent de ne pas continuer notre marche à travers la forêt, et ayant aperçu des feux à quelque distance, nous marchâmes dans cette direction et je demandai l'hospitalité au nom de Dieu (2).

Nous étions dans la forêt de Sidi Abd-Allah Abirken qui toujours sert de refuge aux lions de la contrée. Le lendemain, au point du jour, nous nous disposions à partir quand le douar où nous avions passé la nuit fut entouré par une centaine de cavaliers, envoyés à ma poursuite par le khalifa Bou Hammidi.

(1) Nom de mon cheval qui est noir. Nom qu'on donne aux jeunes nègres.
(2) Je ne fais pas ici la description des règles et des habitudes usitées chez les Arabes relativement à l'hospitalité demandée et accordée ; j'aurai plus tard de meilleures occasions de traiter ce sujet.

L'agha des Beni-Aâmer, qui les commandait, s'approcha poliment de moi et me dit qu'il avait l'ordre de me ramener à Tlemcen ; que je n'avais à redouter aucun mauvais traitement de sa part, mais qu'il serait forcé de recourir aux moyens extrêmes dans le cas où je tenterais de m'échapper. Si j'avais été seul et que j'eusse connu la route, j'aurais tenté de me frayer passage à travers les cavaliers de l'agha, car je pouvais compter sur la vitesse exceptionnelle de mon chouchan, mais en l'état, je n'avais qu'à me soumettre.

Nous n'arrivâmes à Tlemcen que le second jour. Quelle anxiété ! Je connaissais le fanatisme de Bou-Hammidi et je savais qu'il nourrissait contre moi des sentiments haineux !

Pendant la nuit, j'avais pu me concerter avec mon pauvre Isidore dont le courage et le sang-froid m'étaient connus. Il fut bien convenu entre nous que si Bou-Hammidi nous condamnait à mort, nous nous tuerions nous-mêmes plutôt que de nous exposer à être massacrés par ces affreux chaouchs qui ne manqueraient pas de prolonger notre supplice. Je les avais vus à l'œuvre ! Nous avions chacun un poignard caché sous notre haïk et au signal que je lui donnerais si je voyais notre supplice inévitable, il devait, comme moi, se percer le cœur.

Je fus introduit avec Isidore dans la grande cour où j'avais été présenté au khalifa en arrivant à Tlemcen. — Il était entouré de tous ses secrétaires ; il égrenait son chapelet d'une main convulsive ; il avait les yeux baissés. Dans la cour étaient les aghas, les kaïds et les chaouchs. — Je m'arrêtai à quelques pas en face de Bou-Hammidi.

« Tu connais le châtiment qui est réservé aux parjures et aux déserteurs, me dit-il, tu as feint d'être musulman pour nous espionner et tu retournais auprès des chrétiens pour leur porter les résultats de ton espionnage ; tu as mérité la mort et tu vas mourir. »

Cette menace n'était point vaine, car je voyais les préparatifs ordinaires d'une exécution.

Mon brave Isidore me demandait si le moment était venu. — Dieu m'inspira.

« Je ne mourrai qu'à l'heure indiquée par le Très-Haut, dis-je à Bou-Hammidi d'une voix forte et assurée. J'ai abandonné pour venir auprès de Sid el Hadj Abd-el-Kader, sultan des Arabes, ma religion, mon père et ma fortune ; arrivé près de lui ; il m'a envoyé à toi pour m'instruire dans ma nouvelle religion, pour m'entourer d'égards et de soins. Moi, fils de grande tente, tu m'as traité comme un juif, et à côté de ton luxe et de tes richesses, j'ai failli mourir de faim et de misère ; oui, je retournais chez les chrétiens, car il est écrit dans le Coran :

« Fuis ceux qui te maltraitent et te méprisent et vas chez ceux qui t'accueillent et t'estiment. »

« Je ne crains pas tes menaces. Tu n'as pas droit de me faire mourir sans l'ordre écrit du sultan. Montre-moi cet ordre et je tends la tête au sabre de tes bourreaux. Si tu ne l'as pas, crains la vengeance d'Abd-el-Kader qui te demandera un compte terrible de la vie du musulman qu'il t'a confié. »

Mon audace et mon attitude presque menaçante produisirent sur toute l'assemblée et sur le khalifa lui-même un effet prodigieux.

Les secrétaires de Bou-Hammidi qui sont, en même temps, membres de son conseil privé, s'approchèrent de lui et parlèrent à voix basse.

Au bout de quelques instants, le khalifa, me regardant à peine, me dit :

« Nous voulons bien te pardonner cette fois, mais malheur à toi si tu tentais encore de fuir !

— Mon seul désir est de fuir la terre où tu gouvernes, » lui répondis-je avec un redoublement d'audace (audace que, je dois l'avouer, je puisais dans les regards approbatifs de mon ami Hadj Béchir et de Mohammed Ben Nouna, dont je parlerai tout à l'heure.) « 'Mais ce ne sera point pour retourner dans les pays chrétiens ; je veux aller, j'ai le droit d'aller auprès de Sidi el Hadj Abd-el-Kader, ton maître et le mien. »

A ce moment Ben Nouna s'approcha de Bou-Hammidi. Il y eut entre eux un colloque à voix basse et le khalifa donna l'ordre qu'on me ramenât au fondouk que j'habitais. Je vis que les chaouchs s'apprêtaient à lier Isidore et le portier du fondouk, qu'on accusait d'avoir facilité ma fuite. Je m'élançai vers eux, je pris Isidore et le portier par la main, et je dis à Bou-Hammidi que ces gens étaient innocents puisqu'ils ignoraient complètement mes desseins, et que je considérerais comme infligés à moi-même les mauvais traitements auxquels ils seraient soumis.

« Qu'on les emmène tous ensemble au fondouk ! » s'écria le khalifa avec un accent de rage concentrée.

Mon cheval m'attendait à l'entrée, je sautai en selle et, faisant marcher devant moi Isidore et le portier, je rentrai triomphant dans mon pauvre fondouk. Quelles ardentes actions de grâces j'adressai au Très-Haut ! Oh! je sentais déjà que je ne pouvais plus goûter de joie ou subir d'épreuves sans élever mon âme à Dieu. C'étaient bien les musulmans, je le répète, qui avaient fait de moi un chrétien.

CHAPITRE XXXIII.

Ben Nouna, officier polonais sauvé.

J'arrive à Mohammed Ben Nouna, auquel Hadj Bechir m'avait présenté et qui m'avait témoigné les dispositions les plus bienveillantes. Nous avions souvent causé ensemble et je savais par mon vieil ami que ma conversation l'avait vivement intéressé. J'écoutais moi-même avec avidité les renseignements qu'il voulait bien me donner sur l'histoire contemporaine de son pays.

Pour comprendre le rôle joué par Ben Nouna, dans cette histoire, il faut reporter son souvenir au récit des événements qui se sont succédé depuis 1830 jusqu'au traité de la Tafna (1837), voir le livre III, chapitre 19.

Peu de temps après la conquête d'Alger par les Français, Ben Nouna, dont le père avait amassé une fortune considérable dans le commerce qu'il faisait avec le Maroc, Gibraltar et Livourne, se mit à la tête des *Hadars* de Tlemcen, soumit à son autorité une partie des tribus qui occupent le territoire situé entre la frontière du Maroc et une ligne à peu près directe, partant de Tlemcen et arrivant à Rachegoun.

Il serait devenu complètement maître de Tlemcen sans l'énergie des ennemis jurés des Hadars, les Coulouglis, qui s'étaient emparés du *Mechouar*, grande citadelle très bien fortifiée où ils soutenaient une lutte héroïque.

Ben Nouna rêva alors de se tailler une principauté dans ce pays où son nom et ses richesses l'avaient élevé au premier rang.

Il s'adressa à l'empereur du Maroc et lui proposa d'adjoindre Tlemcen à son empire. L'empereur cédant à ses intrigues, envoya une petite armée sous les ordres d'un scheriff son parent, nommé Mouley Ali, pour prendre possession de la province qui lui était offerte. Cette armée à laquelle se joignirent les contingents des tribus partisans de Ben Nouna, arriva près de Tlemcen où elle fut mise en complète déroute par les Coulouglis et leurs adhérents les Anguêd et les Beni-Ouernid.

A ce moment surgit le jeune émir Abd-el-Kader (1), qui proposa à Ben Nouna de s'unir à lui pour s'emparer de Tlemcen. Celui-ci refusa de reconnaître l'autorité d'Abd-el-Kader et continua à se poser comme le représentant de l'empereur du Maroc.

Mais, par suite de circonstances qu'il serait trop long de raconter ici, Ben Nouna se vit abandonné de tous ses alliés et dut se soumettre à Abd-el-Kader.

Cette soumission, plus ou moins sincère, créa entre l'émir et Ben Nouna une situation qui explique les craintes de ce dernier et son attitude vis-à-vis de moi.

Le soir même de ma comparution devant le khalifa, il vint me visiter avec l'excellent Hadj Béchir.

Ils m'adressèrent des compliments au sujet de mon attitude et de mon langage vis-à-vis Bou-Hammidi. « C'est un Kabyle, me dirent-ils, mais c'est un *homme*, et il aime les *hommes*. Tes supplications et une attitude craintive l'eussent laissé inflexible, ton courage et ton audace t'ont sauvé. Il te permet d'aller auprès de l'émir quand et comme tu voudras, seul

---

(1) *Traité Desmichels.*

ou en caravane. Inutile de te dire que tu seras soumis, sans que tu puisses t'en douter, à la plus sévère surveillance. Si tu veux réellement aller auprès du sultan, tu n'as rien à craindre, si au contraire tu tentais de rejoindre les Français ta perte serait certaine. »

Je répondis que j'étais décidé à me rendre auprès d'Abd-el-Kader.

Ben Nouna, qui avait accompagné l'émir durant sa campagne dans l'Est, me confirma les renseignements que m'avait déjà donnés El Hadj Béchir. Il les précisa. Il me dit que Ben Deran (juif algérien, banquier et fournisseur de l'émir), Bou-Dherba (maure algérien, mêlé à toutes les intrigues des ennemis de la France) et le khalifa de Milianah, Sidi Mohammed oul'd Sidi Allal oul'd Sidi Embarek (ennemi juré de mes amis les fils d'Omar pacha) m'avaient calomnié auprès d'Abd-el-Kader, lui avaient assuré que j'étais un espion envoyé par la France pour pénétrer ses secrets et étudier ses ressources. Ils avaient même été jusqu'à insinuer que je pourrais peut-être avoir été chargé de l'assassiner, en cas de déclaration de guerre.

« Sans ces calomnies, me dit Ben Nouna, le sultan t'aurait parfaitement accueilli et t'aurait conservé auprès de lui. Je le connais, ta conduite avec Bou-Hammidi lui donnera bonne opinion de toi. Hâte-toi d'arriver près de lui avant que de nouvelles intrigues s'ourdissent contre toi. Parle-lui comme tu sais parler « *en homme*, » et je te prédis que tu deviendras son favori. Il n'est entouré que de gens avides et ignorants. Deux serviteurs, qui me sont dévoués, se rendent après-demain auprès d'Abd-el-Kader. Ils sont porteurs de cadeaux que je lui envoie. Ils te serviront de guides

« Ils seront désormais attachés à la maison de l'émir en qualité de *ferraga* (employés du service des tentes), et ils ont l'ordre de t'obéir en tout ce que tu aurais à leur commander.

Ils se chargeront de faire parvenir ta correspondance, tu peux avoir en eux une confiance illimitée.

« Tout ce que je te demande en retour du service que j'ai pu te rendre en cette circonstance, c'est de ne pas dire à Abd-el-Kader que tu es en relations avec moi et, dans le cas où tu apprendrais que je suis menacé dans ma vie, ma liberté ou ma fortune, d'en avertir un de mes deux serviteurs. »

Le service que me demandait Ben Nouna, en retour de celui qu'il venait de me rendre, ne m'imposant aucun acte qui fût contraire à l'honneur, je lui promis de l'avertir dès que j'apprendrais qu'un danger quelconque le menacerait.

El Hadj Béchir me remit trente sequins d'or de la part du khalifa Bou-Hammidi pour mes préparatifs de départ et mes frais de route. « Il m'a remboursé également, me dit-il, les avances que je t'ai faites lors de ta maladie et te prie de l'excuser de l'abandon où il t'a laissé pendant ton séjour à Tlemcen. »

Cet excellent homme me serra alors tendrement dans ses bras en demandant à Dieu de me couvrir de sa sainte protection. Les sequins lui avaient-ils été remis par le khalifa? Avait-il été remboursé des sommes qu'il m'avait si délicatement prêtées? hélas! je n'ai pu vérifier le fait, car j'embrassais mon vieil ami pour la dernière fois. Il mourait un mois à peine après notre séparation.

J'allais donc me retrouver de nouveau en face d'Abd-el-Kader et tenter de gagner sa confiance. Malgré les déceptions cruelles que j'avais éprouvées et les souffrances morales et physiques sous l'impression desquelles j'avais désespéré et essayé de rentrer dans mon pays, je me raidissais contre les difficultés et je me sentais encore le courage nécessaire pour poursuivre le but que je m'étais proposé en venant offrir mes services à l'émir, c'est-à-dire de lui faire comprendre l'intérêt qu'il avait à vivre en paix avec la France et d'arriver à arracher Khadidja à son mari.

La veille de mon départ, j'avais reçu la visite d'un jeune polonais, officier d'artillerie, qui, séduit par les belles promesses que lui avaient faites l'agent d'Abd-el-Kader à Oran, était allé le rejoindre avec le dessein d'organiser son artillerie. Mais ses belles espérances furent bientôt déçues. Le *bach-tobji* (commandant en chef de l'artillerie de l'émir), jaloux de son autorité et craignant d'être convaincu d'ignorance, desservit l'officier polonais auprès d'Abd-el-Kader et l'enrôla dans sa troupe comme simple canonnier. Le malheureux jeune homme, frêle et délicat, fut affublé d'un sale uniforme, dépouillé de tous les effets et instruments qu'il avait apportés et envoyé à pied, à Tlemcen, rejoindre la compagnie d'artilleurs, dont il devait faire partie. Quand il entra dans ma tente il était dans un état pitoyable. « Sauvez-moi, me disait-il, rendez-moi à ma pauvre mère qui n'a que moi au monde ! » Je tâchai de le réconforter, et mon brave Isidore se chargea de le vêtir et de le nourrir, car le pauvre enfant mourait d'épuisement.

Le khalifa Bou-Hammidi devait aller prélever l'impôt sur les tribus qui habitent le littoral depuis Rachegoun jusqu'au grand lac Salé. Il emmenait avec lui la compagnie dans laquelle était incorporé l'officier polonais. Je le recommandai aux deux artilleurs Berndt et Louiseleau, dont j'ai parlé dans un chapitre précédent. Tous deux m'avaient confié leur résolution de rentrer à leurs corps respectifs. Ils me jurèrent d'emmener avec eux mon jeune recommandé. Ces braves garçons ont tenu leur parole et sont arrivés tous les trois sains et saufs à Mostaganem.

CHAPITRE XXXIV.

Départ pour Médéah. — Arrivée à Médéah.

Le 17 mars, tous mes préparatifs étaient achevés ; il était convenu avec les serviteurs de Ben Nouna que je les rejoindrais chez les Beni Aazan, à quatre lieues nord-est de Tlemcen.

J'étais accompagné de mon fidèle Isidore, monté sur sa mule, et de deux Arabes se rendant en pèlerinage à la Mecque. — Ils m'avaient demandé la permission de me suivre comme de simples serviteurs, afin d'échapper à la rapacité du makhzen et de jouir de l'hospitalité qui m'était due.

Nous descendîmes dans un douar voisin de l'emplacement où Bou-Hammidi avait posé son camp.

C'était l'heure à laquelle les Arabes des tribus voisines apportaient la dhifa au khalifa du sultan.

C'est l'occasion de donner des détails plus circonstanciés sur cette dhifa dont j'ai déjà parlé dans le chapitre intitulé (Ordre de marche du sultan).

La dhifa, tout le monde le sait aujourd'hui, se compose de couscoussou, de moutons rôtis et de l'orge nécessaire pour la nourriture des chevaux du khalifa, de son entourage, de sa cavalerie régulière et de son makhzen.

Le couscoussou est apporté dans des *methred* ou *djèfnas* (immenses plats en bois). Sur le couscoussou sont étendus des morceaux de mouton bouilli.

Les moutons entiers sont enfilés dans de longues broches en bois.

C'est un coup d'œil aussi pittoresque que comique de voir arriver la dhifa d'une tribu.

Trente ou quarante piétons (suivant l'importance du camp) portent les djefnas sur leur tête et tiennent à la main le vase dans lequel est le bouillon (*tessguïa*) sans lequel il serait impossible d'avaler le couscoussou. Ils sont suivis par un nombre égal de piétons portant, en guise d'étendards, les broches au bout desquelles sont enfilés les moutons rôtis (gachouches).

Viennent ensuite les cavaliers qui ont sur le devant de leur selle, leurs burnous pliés en forme de sac, remplis d'orge et des outres contenant du lait aigre (lébèn).

Les premiers plats et les premiers moutons, destinés aux grands personnages, furent apportés, avec assez d'ordre, devant leurs tentes ; mais le désordre ne tarda pas à s'introduire dans la répartition générale et il fallait voir les Askers et les M'khaznis s'emparer des djefna et des gachouches, se les arracher au milieu des cris, des coups de bâton, des hommes, du couscoussou et des moutons renversés, et se sauver poursuivis par les pauvres Arabes réclamant qui sa djefna, qui son halleb, qui sa broche.

La distribution de l'orge amena les mêmes scènes.

Au milieu de ce désordre, il arrive naturellement que quelques Askers ou M'khaznis n'ont pas eu leur ration. Ils emploient un moyen bien simple pour se la procurer. Ils enlèvent leurs burnous à un ou plusieurs Arabes et les menacent de les garder s'ils n'apportent telle quantité de couscoussou, de moutons rôtis et d'orge. L'Arabe gémit, crie, pleure, implore, mais finit par racheter son burnous.

J'ai été bien souvent, hélas ! témoin de scènes pareilles et je me suis rendu compte des haines qu'elles ont accumulées dans le cœur des malheureux Arabes contre le gouvernement du khalifa. — L'émir tente vainement de mettre un terme à ces abus ; l'Arabe, arrivé au pouvoir à tous les degrés de la hiérarchie, est incapable de réprimer ses tendances tyranniques et rapaces.

A part quelques rares exceptions, on peut affirmer que les musulmans qui habitent l'Afrique sont divisés en deux classes, les opprimés et les oppresseurs.

C'est l'opinion des Arabes eux-mêmes, exprimés en termes différents.

Il y a, disent-ils, les mangeurs et les mangés.

Le lendemain, ma suite s'était augmentée des deux hommes de confiance de Ben Nouna et de leurs deux domestiques. J'étais donc le chef d'une petite caravane. Je prévins ceux qui la composaient de la résolution inébranlable que j'avais prise, non seulement de ne laisser commettre aucune exaction sur les Arabes qui nous donneraient l'hospitalité, mais de ne pas demander cette hospitalité au nom du sultan. — Je veux être l'hôte de Dieu et me conduire en conséquence.

Une explication est nécessaire pour faire comprendre l'importance des précautions que je prenais à l'égard des gens composant ma suite.

Tout individu, quel que soit son rang, qui est de près ou de loin attaché au service de l'émir, s'arroge le droit de maltraiter les Arabes contribuables et d'exiger d'eux des cadeaux ou de l'argent. — Quand il arrive devant l'entrée d'un douar, il crie : Hôte du sultan (dhif el sultan).

Il choisit la tente où il veut descendre et là il donne cours à toutes ses exigences. Le beurre n'est pas assez abondant dans le couscoussou, le mouton n'est pas assez gras, son cheval n'a pas assez de paille et d'orge, etc., etc., etc.

Aussi est-ce avec terreur que les habitants d'un douar entendent le cri trop souvent répété de Dhif el Sultan.

Pendant tout mon voyage, je me suis moi-même présenté à l'entrée des douars et j'ai crié dhif Allah (hôte de Dieu).

En voyant mon costume, la beauté de mon cheval et la richesse de son harnachement, les Arabes ne pouvaient croire que je ne réclamasse pas l'hospitalité du sultan. Leur étonnement croissait lorsque je leur disais avec bienveillance que je ne voulais pas leur occasionner de dépense, et que, pour moi et ma suite, je me contenterais des mets qu'ils voudraient bien me servir. Aussi jamais kaïd ou agha n'a été hébergé comme je l'ai été par ces pauvres Arabes, qui voulaient tuer pour moi deux moutons au lieu d'un.

Quand je les quittais le matin, ils me comblaient de bénédictions et m'accompagnaient pendant des heures entières.

Les gens de ma suite étaient ébahis. « Tu as des sortilèges, me disaient-ils, pour les fasciner de la sorte. »

Le lendemain 18, nous nous mîmes en route par un temps superbe. — Les champs de blé et d'orge verdoyants, les vastes prairies naturelles émaillées de fleurs donnaient un aspect délicieux au pays que nous parcourions. Je me sentis réconforté. Mes anciennes espérances renaissaient peu à peu et j'augurais bien de mon retour auprès d'Abd-el-Kader.

Nous employâmes treize jours pour accomplir notre voyage de Tlemcen à Médéah. Partout je trouvai la plus large et la plus cordiale hospitalité.

Je dois encore répéter ici ce que j'ai déjà dit plusieurs fois, c'est que je laisse de côté le récit de ce voyage qui eût offert, à l'époque où je l'effectuais, un vif intérêt, et qui aujourd'hui serait une superfétation. Je me contente de relater deux circonstances qui ont trait à des événements subséquents.

Le jour où nous campâmes sur les bords de l'oued Melah, à peu de distance de la belle vallée du Sig, les Arabes qui m'accompagnaient me montrèrent la montagne qui domine Oran et sur le sommet de laquelle est construit le fort de Santa-Cruz.

Mon cœur battit à cette vue ; monté sur mon chouchan, j'aurais pu en trois heures me trouver au milieu de mes compatriotes ! Je chassai cette pensée, mais j'examinai cette position avec une grande attention et recommandai à Isidore d'en conserver le souvenir. Un pressentiment me disait qu'un jour ces observations me seraient utiles.

Arrivé à Bou-Khorchefa, je campai et envoyai un des serviteurs de Bou-Nouna à Milianah pour remettre secrètement une lettre à mon ami Omar, fils d'Omar pacha. On pensera que je commettais une grave imprudence en accordant une telle confiance à des Arabes que je connaissais depuis si peu de temps. Ma confiance prenait sa source dans l'intérêt qu'avait Bou-Nouna à mériter mon amitié et dans le choix qu'il avait fait de ses deux plus fidèles serviteurs.

Pendant tout mon séjour chez l'émir, ils ont été chargés de porter ma correspondance soit à mon père, soit à Sidi Omar et de me rapporter leurs réponses et *jamais* une seule lettre n'a été égarée. Et ces braves gens joignaient à leur dévouement une telle prudence, une telle adresse que ni l'émir ni aucun fonctionnaire de son entourage n'ont pu s'apercevoir qu'il existât entre eux et moi la moindre relation.

Le fidèle Ahmed, qui m'avait accompagné d'Alger à Milianah et de Milianah au camp de l'émir où on l'avait retenu lors de mon exil à Tlemcen, fut introduit nuitamment dans ma tente par le serviteur de Bou-Nouna. Il m'apportait la réponse de Sidi Omar.

La malheureuse famille était réduite à la plus affreuse misère. Abd-el-Kader s'était emparé de tout ce qu'elle possédait, meubles et immeubles. Je voulais aller porter des consolations à ces pauvres amis. Ahmed me fit comprendre que ma visite serait connue et qu'elle empirerait leur situation.

Il fut convenu entre nous que pendant mon séjour à Médéah, Sidi Omar se rendrait en cachette chez des Arabes, ses anciens serviteurs, qui habitent près de cette ville, et où je me rendrais moi-même dès que je serais prévenu de son arrivée.

Ces nouvelles m'affligèrent non seulement à cause de mes infortunés amis, mais elles m'inspirèrent la crainte qu'Abd-el-Kader se fût encore rendu coupable d'actes injustes et cruels. C'est sa religion qui, sans doute, lui ordonne de confisquer les biens de ces fils de Turcs accusés d'entretenir des relations avec les chrétiens. Et la France croit avoir fait un traité de paix avec l'émir !

Je me sépare bien tristement de mon brave Ahmed, qui est rentré au service de son ancien maître dès qu'il l'a vu dans l'infortune.

LIVRE V.

MÉDÉAH.

CHAPITRE XXXV.

Abd-el-Kader à Médéah. — Mon entrevue avec Abd-el-Kader. — Notes sur les personnages qui l'entourent.

Le dimanche 1er avril 1838, ma petite caravane passait sous les arcades de l'aqueduc qui conduit à Médéah des eaux abondantes et salutaires, et j'établissais mon campement sur l'esplanade qui précède la ville. Dès que ma tente fut installée, je me revêtis de mon seul costume de rechange, deux burnous, un haïk et une aâbeïa en laine blanche, et, animé de viriles résolutions, je me dirigeai, guidé par la foule, vers l'habitation de l'émir. C'était la maison de Bou-Mezrag, dans laquelle j'avais logé avec le général Desmichels en 1836.

La cour était remplie d'Arabes qui tous parlaient, criaient et se poussaient. Mon arrivée occasionna un instant de silence, chacun se retourna pour me regarder. Un passage s'ouvrit devant moi; j'arrivai facilement au premier étage où l'émir siégeait dans un appartement dont la porte était obstruée par les plaignants que maintenaient des chaouchs, armés de longs bâtons.

J'entrai dans une pièce voisine, et, afin de me soustraire

aux questions des Arabes qui commençaient déjà à m'entourer, je me mis à faire les prières du matin.

Quand je vis sortir l'entourage de l'émir, je me disposais à pénétrer auprès de lui, mais les chaouchs m'arrêtèrent, prétextant que le sultan voulait rester seul.

« Annoncez à l'émir qu'Omar, fils de Roches, arrive de Tlemcen et demande à lui parler », leur dis-je d'un ton impérieux. Un des chaouchs entra, ressortit peu d'instants après et mettant dans ma main quelques piastres espagnoles : « Voilà, dit-il, de quoi prendre un bain et boire du café. Le sultan a besoin de repos, il te recevra demain.

— Je ne suis pas venu demander l'aumône, » m'écriai-je à haute voix, en jetant les piastres à la figure de celui qui me les avait données et, écartant brusquement les chaouchs, j'entrai dans la chambre où se trouvait l'émir et restai debout devant lui :

« Assieds-toi, Omar, me dit-il, d'un ton sévère, calme-toi et explique-moi les motifs qui t'ont fait quitter Tlemcen sans mon ordre et pourquoi tu entres par force dans mon appartement; ce n'est la conduite ni d'un homme poli ni d'un sujet respectueux.

— C'est la conduite d'un *vrai croyant*, maltraité par des gens qui n'ont de musulman que le nom, » lui répondis-je d'un ton ferme et en restant debout.

Il allait m'interrompre. « Permets-moi de parler, continuai-je, accorde-moi du moins la faveur de m'écouter et sois indulgent pour la rudesse de mon langage, car mon cœur est plein.

— Parle, me dit-il, je t'écoute :

— Je mériterais la situation qui m'était faite à Tlemcen, repris-je avec calme, si je m'y étais soumis plus longtemps et tu m'aurais méprisé si j'avais accepté l'aumône que tu m'envoyais par tes serviteurs pour m'éloigner de ta présence. Pour toi, fils de Mahhi-el-Din, j'ai abandonné mon pays, ma famille et mon bien-être; séduit par la renommée de ton courage, de tes vertus et de tes nobles desseins, je suis venu t'offrir mes services sans arrière-pensée et tu m'as exilé comme un espion de la France! Tu as ajouté foi aux calomnies de vils Algériens qui redoutaient sans doute que je te dévoile leurs turpitudes.

« Est-ce là, je te le demande, ô prince des croyants! l'accueil que tu devais faire à un chrétien de distinction qui avait librement embrassé l'islamisme et qui venait apporter son concours à l'accomplissement de la tâche que tu as entreprise de régénérer ton peuple? »

Et comme il allait prendre la parole : « Daigne encore écouter ce qu'il me reste à te dire.

« Je te jure qu'aucun mobile intéressé ne m'a poussé vers toi et que je suis prêt à te servir fidèlement : mon bras, mon cœur, t'appartiennent. Mais si tu dois douter de mon dévouement je préfère te fuir au péril de ma vie. »

Malgré les efforts que je faisais pour rester calme, l'émotion me gagnait ; toutefois mon regard restait fixé sur celui d'Abd-el-Kader qui dut y lire la sincérité ; je vis en effet sa physionomie reprendre son expression douce et bienveillante et me faisant de nouveau signe de m'asseoir :

« Tu es un homme, Omar, me dit-il, et j'aime, par-dessus tout, celui qui est homme. Pardonne-moi de t'avoir méconnu, je réparerai mes torts envers toi; tu ne me quitteras plus désormais que de ta propre volonté, tu seras mon fils, mon frère plutôt ; je ne t'offre ni jouissances ni richesses ; ma nourriture sera la tienne, mes vêtements les tiens, mes armes et mes chevaux seront tes armes et tes chevaux ; celui qui aspire à la vie éternelle ne doit s'occuper dans celle-ci que des œuvres recommandées par le prophète.

Va te reposer. Que Dieu t'accompagne et fortifie ta foi. »

Je fus touché de sa bienveillance, je baisai sa main que

je pressais dans les miennes et me retirai séduit par cet homme qui exerce le même pouvoir fascinateur sur tous ceux qui l'approchent.

L'émir manda son intendant, mon ami Ben Fakha, dont j'ai tracé le portrait dans un précédent chapitre, et lui dit : « Bouïa Mohammed, je te recommande mon fils Omar. Donne-lui tout ce qu'il te demandera. Il a toujours vécu dans le bien-être et il doit avoir plus de besoins que nous. »

Quand je sortis les salutations des chaouchs ne finissaient plus « Sidi Omar, par-ci, Sidi Omar, par-là. » Cinq minutes d'entretien avec le sultan avaient suffi pour faire du renégat fugitif un personnage important.

Cette scène m'avait profondément remué. J'avais besoin de repos. J'allai au bain maure précédé de deux chaouchs, puis je revins au palais où je fus bientôt assailli de visiteurs.

J'avais été bien inspiré en demandant à être reçu immédiatement par l'émir, attendu que les lettres du khalifa de Tlemcen et de l'oukil, jointes à la malveillance de son entourage, n'auraient pas manqué d'achever de me perdre dans son esprit et qu'il eut certainement refusé de me recevoir.

Le jour même, je fis connaissance avec toute la maison d'Abd-el-Kader. Comme nous aurons chaque jour des rapports avec ces personnages, il n'est pas hors de propos de mettre sous les yeux de mes lecteurs, le portrait que j'en traçais sur mon journal.

A tout seigneur, tout honneur; je commence par le plus important : Sid El Hadj Mehammed-el-Kharroubi, *premier secrétaire* (khodja (1) el Kébir), ancien khodja des beys d'Oran. C'est un esprit fin et délié; son instruction est plus variée que celle de ses collègues; il a du tact et du savoir-vivre; il est lié avec plusieurs ministres de l'empereur du Maroc.

(1) *Khodja*, expression turque, écrivain; en arabe *katseb*.

C'est un grand bel homme, barbe rare, peau fine et excessivement blanche, yeux ardents, beaucoup de dignité et une apparente franchise, très gai, regrettant le luxe et les avantages de ses anciennes fonctions auprès du gouvenement turc. C'est un cavalier habile qui a donné plusieurs preuves de courage et de dévouement à l'émir. Il est estimé et craint par tout son entourage. Il est bien disposé à mon égard (1).

Deuxième secrétaire. — Sidi Mohammed, connu sous le nom de Ben Abd-el-Rahman, parent de l'émir du côté des femmes, élevé avec lui. Il a versé toutes ses économies, environ dix mille francs, dans la caisse du gouvernement et a gagné ainsi la confiance de l'émir. Grand, gros, brun, barbe noire, figure de Tartuffe, caractère idem; fanatique, courage indomptable; il a toujours combattu aux côtés de l'émir. Ami intime du khalifa de Tlemcen et de celui de Milianah. Prévenu contre moi (2).

Troisième secrétaire. — Sid Moustapha ben el Aouni, brave homme sans grande intelligence, mais remplissant très bien ses fonctions.

Sidi Ben Abou, kadi chargé de rendre la justice dans le camp, ancien maître d'école du sultan, vénéré par ce dernier, vieillard à barbe blanche, naïf, voulant se mêler de tout et ne comprenant rien, si ce n'est son Coran.

Ben Abbou *el Khann* (le nazillard), ancien nègre de la sœur de Sidi Mahhi el Din, père du sultan, affranchi ayant étudié le Coran et sachant lire et écrire. Lors de la défaite infligée à l'émir par les Douars et les Smalas, le cheval de ce dernier venait d'être tué, l'ennemi approchait. Il était entouré de son cousin germain Sidi El Miloud Bou-Taleb et de deux ou trois autres personnages. Ben Abbou, monté sur un beau

(1) Sid el Hadj Mehammed el Kharroubi est un des chefs arabes que j'ai conduits en France en 1844.
(2) Il a été tué en 1843 aux côtés de l'émir.

cheval, passe ; on lui ordonne de descendre et de donner son cheval à l'émir : « Ma vie m'est aussi chère que celle de l'émir, » répondit-il, et il se disposait à s'éloigner, lorsque Sid-el-Miloud se jeta sur lui, lui tira à bout portant un coup de pistolet dans la figure et le précipita de son cheval sur lequel l'émir s'élança et échappa ainsi à une mort certaine.

Ben Abbou, sur lequel avaient passé tous les cavaliers ennemis qui le croyaient mort, reprit ses sens à la fraîcheur de la nuit et eut encore la force de se traîner à quatre lieues de là dans un douar où on le reconnut. Il est guéri, mais défiguré. La balle, entrée par le coin du nez, lui a fracassé la mâchoire et le palais. Il est presque incompréhensible lorsqu'il parle, l'émir seul le comprend parfaitement. Comme il a un grand esprit d'ordre, qu'il est très avare, un peu voleur et détesté de tout le monde, il l'a nommé son intendant en chef. Son âme est aussi laide que son horrible figure.

Ben Fakha, on le connaît déjà, me témoigne une tendre et véritable affection

CHAPITRE XXXVI.

Hadj Bouzien, ami de mon père. — Arrivée de mon père. — Son entrevue avec Abd-el-Kader.

Au nombre des secrétaires de l'émir, se trouvait un ancien assesseur du kadhi Maléki, el Hadj Bouzien, que j'avais connu à Alger et auquel mon père avait rendu de grands services. Cet excellent homme usa de son crédit auprès d'Abd-el-Kader pour faire disparaître entièrement de l'esprit de son maître la fâcheuse impression qu'y avaient produite les calomnies débitées sur mon compte, et c'est à lui que je dus, en partie, la bienveillance dont l'émir me donna chaque jour de nouveaux témoignages.

Tous les soirs, je passais des heures entières auprès d'Abdel-Kader dans la maison appelée *la maison du bey*, et où, par parenthèse, sa famille et lui se trouvaient fort mal à l'aise, habitués qu'ils étaient à vivre toujours sous la tente. Je répondais aux mille questions qu'il m'adressait sur la puissance militaire de la France, sur le rang qu'elle occupe en Europe, sur la politique générale des grandes puissances, sur leur administration, etc.

Il m'interrogeait surtout au sujet des dispositions de la France à son égard et à l'égard de la portion de l'Algérie qu'elle s'était réservée par le traité de la Tafna. Mes réponses franches semblaient produire une fâcheuse impression sur lui et surtout sur son entourage ; à certains signes de Hadj Bouzien, je croyais comprendre que je devais être moins franc et moins explicite. Chaque jour, hélas! me fournissait une nouvelle preuve à l'appui de l'opinion que j'avais conçue dès mon arrivée auprès d'Abd-el-Kader. C'est que la paix conclue avec la France ne devait être qu'une trêve de courte durée et chaque jour détruisait de plus en plus les illusions que je m'étais faites sur le rôle que j'espérais remplir auprès d'Abd-el-Kader.

Je persistais toutefois à lui exprimer franchement mon opinion, et voici le résumé à peu près littéral du langage que je lui tenais:

« Je suis venu auprès de toi dès que tu as fait la paix avec la France pour me dévouer à ton service. Eh bien, pour te servir fidèlement, il faut que je te dise toute la vérité, dussé-je, en agissant ainsi, m'exposer à te déplaire. Ton désir est de régénérer les populations arabes et kabyles qui ont subi pendant trois cents ans le joug abrutissant des Turcs. Ma conviction est que tu ne pourras accomplir cette grande et noble mission qu'en vivant en paix avec la France; car, le jour où tu romprais cette paix, les horreurs de la guerre désoleraient les peuples que tu veux régénérer. Je suis jeune et n'ai pas d'expérience, mais je connais la nation française et son histoire, et je suis certain que la guerre que tu pourrais lui faire, au lieu de la forcer à abandonner les villes et le territoire qu'elle possède déjà, l'amènerait infailliblement à s'emparer de celui qui est soumis à ton pouvoir en vertu du traité de la Tafna. En un mot, si tu observes fidèlement les conditions de la paix conclue avec les Français, tu obtiendras d'eux tout ce que tu voudras; si tu leur fais la guerre, tu susciteras contre toi un ennemi contre lequel se briseront tes efforts.

« Voilà la vérité que mon devoir m'ordonne de te faire connaître.

— Je te sais gré de me dire la vérité, me répondit l'émir, mais désormais tu ne la diras qu'à moi seul. Et puis, écoute-moi, tu es animé de bonnes intentions à mon égard, mais cela ne suffit pas. En venant ici, c'est Dieu que tu es venu servir, et non pas moi. Le Très-Haut t'a inspiré la pensée d'embrasser l'islamisme, mais tu juges encore les choses de ce monde comme un chrétien. Étudie notre sainte religion, la seule vraie, et quand Dieu t'illuminera de sa grâce, tes yeux s'ouvriront à la vérité. »

J'étais venu pour faire pénétrer dans l'esprit d'Abd-el-Kader des idées civilisatrices et c'est lui qui voulait m'inspirer la foi musulmane !

L'émir m'avait confié à Hadj Bouzien ; je demeurais chez ce précieux ami. J'étudiais le Coran avec le fils de Sid El Hadj Mohammed-el-Kharroubi, premier secrétaire de l'émir, qui lui-même dirigeait nos études religieuses.

Cette étude m'amena naturellement à comparer la religion musulmane et la religion chrétienne, et jamais je n'avais été plus frappé de la divine beauté du christianisme.

Mon protecteur, Hadj Bouzien, parla de mon père à Abd-el-Kader. Il lui suggéra la pensée de le nommer son oukil (1) à Alger. « Personne mieux que Roches, lui répétait-il, ne prendrait tes intérêts, car la présence de son fils auprès de toi serait la plus sûre garantie de son zèle et de son dévouement. »

Abd-el-Kader me demanda si je désirerais revoir mon père et si je croyais qu'il acceptât les fonctions qu'il avait l'intention de lui confier.

A cette proposition, je n'aurais pu, six mois auparavant, modérer les transports de ma joie, mais je commençais déjà à réprimer mon premier mouvement, et à dissimuler mes

---

(1) Espèce de chargé d'affaires.

impressions, forcé que j'étais de feindre constamment des sentiments que je n'éprouvais pas, et d'entendre exprimer contre mes compatriotes et mes coreligionnaires les opinions fausses et offensantes qu'il ne m'était pas permis de combattre. Comment, dans de pareilles conditions, mon caractère, naturellement confiant et ouvert, ne se serait-il pas modifié?

Aussi accueillis-je les ouvertures de l'émir avec une indifférence parfaitement simulée. D'après son ordre, j'écrivis à mon père de venir à Médéah où l'émir avait une communication à lui faire. Je n'ai pas besoin d'ajouter que je rédigeai ma lettre de façon à ce qu'elle pût être lue par Abd-el-Kader.

Mais comme mon cœur battit à la pensée que j'allais revoir mon père! Je craignais de n'avoir plus le courage de me séparer de lui après m'être retrempé dans cette douce affection.

Il le fallait pourtant.

Le 19 avril, j'allai au-devant de mon père avec une escorte de quelques cavaliers du makhzen qu'Abd-el-Kader avait mis à ma disposition. Dès que je l'aperçus, je mis pied à terre, je l'aidai à descendre de sa mule et en l'embrassant à la mode arabe, je lui dis à voix basse de réserver nos épanchements pour le moment où nous serions seuls. Quelle énergie il m'a fallu déployer pour ne pas me livrer aux démonstrations de ma joie! Mon pauvre père pleurait. Nous descendîmes dans une maison que l'émir avait fait mettre à notre disposition. Ce ne fut que le soir, après le repas, quand tous les visiteurs se furent retirés, que nous nous élançâmes dans les bras l'un de l'autre. Quelles étreintes! quelles douces larmes! Il me semblait n'avoir jamais ressenti pour mon père une pareille tendresse : c'est qu'en lui je ne revoyais pas seulement l'auteur de mes jours; il personnifiait à mes yeux mon pays, ma famille et tous les êtres qui m'étaient chers.

Je lui expliquai la situation et la réserve qu'elle m'imposait dans mes relations avec lui. Ainsi, malgré mon vif désir de lui être utile auprès de l'émir, j'étais décidé à rester étranger à leurs négociations. Je lui fis également comprendre que je désirais prolonger mon séjour auprès d'Abd-el-Kader pendant toute la durée de la paix. Car, si je ne parvenais pas à convaincre l'émir des avantages qu'il retirerait du maintien de cette paix, je voulais au moins profiter de mon séjour auprès de lui pour acquérir la connaissance des hommes, des choses et de la topographie de la portion de l'Algérie que la France lui avait abandonnée par le traité de la Tafna.

Le lendemain, mon père fut reçu en audience solennelle par Abd-el-Kader. Un israélite algérien servait d'interprète. Ma présence à l'audience garantissait l'exactitude de l'interprétation.

Il obtint en outre plusieurs audiences privées de l'émir. Hadj Bouzien était seul admis à discuter les articles d'une convention qui devait fixer les attributions et les avantages de mon père, comme oukil du sultan. J'eus lieu de croire que Hadj Bouzien était intéressé dans ces affaires; aussi, malgré ses instances et celles d'Abd-el-Kader lui-même, refusai-je péremptoirement d'être mêlé, même comme interprète, à ces négociations.

Ce désintéressement, qui est du reste tout à fait dans ma nature, me servit singulièrement dans l'esprit d'Abd-el-Kader.

Quand les affaires d'intérêt furent réglées, Abd-el-Kader voulut recevoir mon père seul avec moi. Il voulut que j'écoutasse les engagements réciproques, pris avec lui, et que je fusse, pour ainsi dire, le garant moral de la fidélité de chacun à tenir ces engagements. Je déclinai obstinément toute responsabilité; je ne voulais pas m'exposer à de nouvelles difficultés en mêlant des questions d'intérêt à la situation déjà si difficile et si périlleuse que j'acceptais en restant auprès de l'émir.

La conversation prit alors un autre cours, et, malgré lui, mon pauvre père parla de son isolement, du chagrin que lui causait mon absence.

« Je n'ai qu'un fils, dit-il en pleurant à Abd-el-Kader, et tu me l'as pris.

— C'est Dieu qui l'a pris, lui répondit l'émir, vivement impressionné, mais il est libre et, s'il jure de vivre en fervent musulman, je ne mets aucun obstacle à ce qu'il parte avec toi. »

Obligé de traduire cette conversation, l'émotion me gagnait...

Il se fit un long silence, interrompu par les sanglots de mon pauvre père et la voix d'Abd-el-Kader qui répétait cette phrase du Coran que récitent les musulmans quand ils sont en face d'une situation délicate :

Il n'y a de force et de puissance qu'en Dieu très haut!

Je fis appel à toute mon énergie et je mis fin à cette pénible situation en protestant contre l'idée de m'éloigner de l'émir, tout en donnant à mon père les plus tendres assurances de mon affection filiale.

Mon attitude durant cette scène, si éminemment dramatique, fit une profonde impression sur l'esprit et le cœur de l'émir. Je puis dire que, dès ce jour, il m'a aimé et a eu confiance en moi. Et moi aussi je l'aimais et j'étais fier des sentiments que je lui avais inspirés. Il ne faut pas se dissimuler que le prestige exercé par un souverain maître vénéré et absolu d'un peuple, dont il est l'idole, donne à la faveur qu'il accorde un prix plus élevé que celui qu'on attache, dans les circonstances ordinaires, à la faveur de nos princes constitutionnels. Oui, j'aimais ce héros de la nationalité arabe, j'étais prêt à lui donner des preuves d'un entier dévouement et pourtant je le trompais. Il m'aimait et avait confiance en moi comme musulman, et j'étais ou plutôt je redevenais chrétien. Telles étaient les conséquences de ma folle détermination !

Abd-el-Kader ayant appris que, lors de mon départ pour Tlemcen, mes armes et mes effets étaient restés entre les mains des fonctionnaires attachés au khalifa de Milianah, Ben Allal oul'd Sidi Embarek, me donna l'ordre de faire une liste de tout ce qui me manquait, armes et vêtements, et tout me fut intégralement rendu.

Le 8 mai 1838, nous ressentîmes à Médéah un affreux tremblement de terre. J'apprenais le Coran avec le fils de Mohammed el Kharroubi, dans une petite maison où se trouvaient en même temps plusieurs tolbas (lettrés). Lorsque nous ressentîmes la première secousse, chacun se leva épouvanté par les craquements du toit dont un coin s'était entr'ouvert. Comprenant l'inutilité de la fuite, car si la maison eût dû s'écrouler, elle nous aurait écrasés avant que nous eussions pu atteindre la porte extérieure, je restai impassible à ma place en continuant de réciter le verset que nous apprenions.

Cette circonstance qui, en soi, n'avait rien de remarquable, augmenta encore la réputation de fervent musulman que j'avais déjà acquise en refusant de suivre mon père et en allant chaque soir dans la grande mosquée, à l'heure où personne ne s'y trouve. J'éprouvais une sensation indéfinissable de bien-être en priant le Dieu des chrétiens dans ce temple musulman, dont les arcades élégantes étaient à peine éclairées par quelques lampes suspendues à la voûte, et dont l'atmosphère était imprégnée du parfum de l'aloès, de la myrrhe et de l'encens.

CHAPITRE XXXVII.

Rencontre avec Sid Omar oul'd Omar pacha. — Nouvelles persécutions.
18 mai 1838.

Le lecteur se souvient, qu'en passant près de Milianah, j'avais mandé auprès de moi Ahmed, le fidèle serviteur de la famille d'Omar pacha, et qu'il m'avait promis de me ménager une entrevue avec mon pauvre ami Omar. Je le vis, hélas! et c'est à peine si je le reconnus. Nous nous rencontrâmes dans une cabane aux environs de Médéah, chez d'anciens fermiers qui étaient restés dévoués à sa famille.

Il était accompagné de Sid Sliman, son cousin, le descendant des Maures d'Espagne qui assistait à la *soirée de hachich* à Milianah.

Nous nous tînmes embrassés dans une longue étreinte; les sanglots étouffaient sa voix, je ne pouvais moi-même retenir mes larmes. Je n'osais l'interroger tant il paraissait accablé sous le poids de la douleur. Il parvint pourtant à maîtriser son émotion :

« Peu de jours après ton départ de Milianah, me dit-il, il me fut impossible de me faire plus longtemps illusion sur les dispositions des employés du khalifa Ben Allal qui ne cherchaient plus à me cacher leurs soupçons et leurs sentiments hostiles. Je fus soumis à une surveillance offensante et les marabouts, mes alliés mêmes, affichèrent vis-à-vis de moi une réserve malveillante. Lorsque nous apprîmes l'exécution du kaïd Birom et la dispersion des braves Zouetnas, nous comprîmes que l'heure de notre perte avait sonné. Mon serviteur Ahmed, qui t'avait accompagné chez l'émir, me confirma dans mes tristes pressentiments et m'annonça ton exil à Tlemcen, mesure que tu ignorais lors de ton départ du camp, mais dont Ahmed a eu connaissance par l'entourage du khalifa Oul'd Sidi Embarek. Quelques Coulouglis, blessés dans le combat de Oued Zeitoun et rentrant à Tlemcen, s'arrêtèrent à Milianah. Ahmed, auquel on avait laissé ta mule dans la persuasion qu'elle lui appartenait (tes armes et tes autres effets étaient restés entre les mains de l'entourage du khalifa), la prêta à un blessé, à la charge par lui de te la remettre à Tlemcen. C'est ce même Coulougli, sur le dévouement et la discrétion duquel je pouvais compter, à qui je confiai une lettre pour Sid El Hadj Béchir, ami fidèle de ma famille, avec lequel je n'ai cessé d'entretenir de fréquentes relations et qui m'a fait parvenir ta correspondance. Comment, après les mauvais traitements que tu as subis, es-tu revenu auprès du sultan ? Que Dieu te préserve de son ressentiment et des démons qui l'entourent. Quant à moi, mon ami, tu ne peux exiger que je te raconte moi-même mes infortunes et mon humiliation. La douleur étranglerait ma voix. Je charge mon cousin Sid Sliman de te faire ce terrible récit. »

Voici le résumé de la triste narration de Sliman :

« Les ennemis du fils d'Omar pacha n'avaient pas manqué de faire savoir à Abd-el-Kader le projet qu'avait formé le maréchal Clauzel (1) d'installer comme bey à Milianah mon ami Sidi Mohammed, frère aîné de Sidi Omar, et le commen-

---

(1) Voir le récit de l'expédition du maréchal Clauzel en mars 1836, chapitre cinquième.

cement d'exécution qui avait été donné à ce projet. L'émir n'attendait donc qu'une occasion favorable pour punir Omar des relations que son frère entretenait avec les chrétiens.

Après sa campagne victorieuse de l'Est, le sultan établit son quartier général à Médéah où il s'occupa de prélever les impôts arriérés dans le beylic de Tittery et de donner une organisation définitive à toutes les tribus qu'il venait de soumettre à son autorité.

Le khalifa de Milianah, Sidi Mohammed Ben Allal oul'd Sidi Embarek, acharné contre son ancien rival, dénonça de nouveau à l'émir les relations des fils d'Omar pacha avec les Français et attira son attention sur le scandale que causerait une pareille conduite si elle restait impunie. Il eut soin d'énumérer les trésors immenses que possédait, disait-il, cette famille, trésors extorqués aux malheureux Arabes et destinés à passer entre les mains des infidèles.

L'occasion attendue par l'émir était favorable et le 25 février 1838, Omar, fils d'Omar pacha, était chargé de fers et conduit à pied à Médéah où se trouvait l'émir. Arrivé en sa présence, le prisonnier lui demanda la cause de son arrestation.

« Si Dieu, lui répondit l'émir, n'avait versé la compassion dans notre cœur, ta tête serait déjà tombée en expiation de tes crimes et de ceux de ton frère. Non contents d'avoir opprimé les musulmans lorsque vos injustes aïeux gouvernaient le pays, non contents d'avoir amassé des richesses en dépouillant les Arabes, vous avez oublié votre religion ; vous avez vécu dans la débauche ; l'un de vous est allé chez les chrétiens pour venir ensuite asservir son pays, tandis que l'autre préparait les voies à l'infidèle. Le temps de la justice est venu. D'après la lettre même du livre saint, la mort devrait être votre punition, mais, je le répète, mon cœur est clément et je te laisserai la vie sauve à condition que tu me livreras les trésors que tu possèdes, trésors amassés aux dépens des fidèles musulmans et qui d'après notre loi sainte, sont devenus la propriété du *Bit el Mal* (Trésor de l'État).

« Fais connaître mes ordres à ta mère. »

Omar écrivit à Lella Yemna. Les agents de l'émir, porteurs de cette lettre et des ordres de leur maître, se rendirent à Milianah, et malgré les représentations des marabouts alliés d'Omar, ils pénétrèrent, au mépris même des lois les plus rigoureuses de l'islamisme, dans les appartements des femmes qui, pour la première fois furent exposées aux regards d'hommes autres que leurs maris.

Rien n'échappa à la rapacité de ces misérables, ni l'argent, ni les étoffes précieuses, ni les armes, ni les bijoux qu'ils arrachaient brutalement à ces pauvres femmes éplorées. Malheureuse Yemna, pauvre mère de deux fils dont l'un est à Alger chez les chrétiens, l'autre dans les fers d'un ennemi de sa race, et qui voit ses belles-filles exposées aux regards et aux mauvais traitements de vils Arabes, autrefois ses esclaves !

Les agents de l'émir ne se retirèrent que lorsque leurs yeux ne virent plus rien qui pût tenter leur cupidité. Deux secrétaires avaient dressé l'inventaire de l'argent et des objets les plus précieux.

On estime à environ 500,000 francs la valeur des bijoux et du numéraire qui furent enlevés dans la maison d'Omar.

Le khalifa de Milianah affirma à l'émir que les richesses, trouvées dans la maison d'Omar, ne constituaient pas toute la fortune de cette famille et que sa mère avait soustrait aux regards de ses agents un trésor dont elle seule et une négresse, qui l'avait aidée à le cacher, connaissaient la cachette.

D'un autre côté, parmi les papiers qui avaient été trouvés dans la maison d'Omar, les secrétaires de l'émir avaient découvert une lettre de son frère aîné qui lui écrivait d'Alger de lui envoyer la bague de son père.

Abd-el-Kader, agissant toujours conformément à la loi musulmane, qui exigeait la confiscation au profit de l'État de toutes les richesses possédées par les musulmans convaincus d'avoir entretenu des relations avec les infidèles, poussé d'ailleurs par le khalifa de Milianah et par son entourage, donna l'ordre qu'on amenât devant lui la veuve d'Omar pacha.

Quand la pauvre mère reçut cet ordre, elle crut que sa position malheureuse avait touché le cœur d'Abd-el-Kader ; elle partit le soir même de Milianah et arriva le lendemain à Médéah, soutenue par l'espoir que son fils allait lui être rendu. On l'amena en présence de l'émir. Son attitude digne, sa taille imposante, le prestige de son nom et de ses malheurs inspirèrent à tous les personnages présents à cette entrevue des sentiments de respect et de compassion. Tous baissaient les yeux devant cette personnification de la grandeur humaine déchue et du noble orgueil que ne peut abattre l'infortune imméritée.

Abd-el-Kader maîtrisa pourtant son émotion et dit d'une voix sévère :

« Oh ! femme, tes deux fils ont mérité la mort, car tous deux ont trahi leur foi en entretenant des relations avec les infidèles. Leurs richesses et ce qu'ils possèdent, tout est devenu, d'après notre sainte loi, la propriété du Bit el Mal (trésor public). Il est pourtant en ton pouvoir, grâce à notre miséricorde, de sauver la vie de celui de tes fils qui est notre prisonnier.

« Pour obtenir cette faveur, il faut remettre entre nos mains la bague du pacha, leur père, que tu as encore en ta possession et nous découvrir l'endroit où tu as caché le trésor, injustement acquis, qu'il t'a légué en mourant.

« O mon fils Omar ! pourquoi n'es-tu pas mort en naissant, s'écria la malheureuse Yemna, et ne devais-je pas m'attendre au triste sort que te destinait le Seigneur, puisque ta venue en ce monde a été le signal de la mort de ton père !

« Oh ! fils de Mahhi-ed-Din, regarde-moi. Hier j'étais la femme du pacha, devant lequel tremblaient ton père et tous les habitants du royaume d'Alger ; hier on venait implorer ma protection, aujourd'hui c'est moi qui t'implore. Songe à l'inconstance de la fortune et à l'inanité des grandeurs humaines ! Pense à Zohora, ta mère, à Aïcha, ta fille, et prends pitié d'une pauvre femme qui demande la grâce de son enfant ! Tu exiges la bague d'Omar pacha, c'est le seul souvenir qui me reste de lui ; la voici et rends-moi mon fils. Je donnerais avec ce bijou tous les trésors du monde, si je les possédais, mais je n'ai plus rien. »

Elle jeta, en même temps, devant l'émir la bague qu'elle tenait cachée dans son sein (ce bijou fut estimé 20,000 boudjoux, 40,000 francs environ).

Le khalifa de Milianah, dont la haine était inassouvie, insista encore auprès de l'émir pour qu'on fît mettre les victimes à la torture, seul moyen, selon ce barbare, d'obtenir des aveux sur le lieu où devait être caché le trésor supposé ; mais l'émir, repoussant ces affreux conseils, donna l'ordre d'élargir immédiatement Omar et de le remettre à sa mère. Yemna sembla oublier son infortune en serrant son fils entre ses bras ; d'autres épreuves, hélas ! lui étaient encore réservées.

La veuve d'Omar pacha, réduite au dénûment le plus complet, fut obligée d'aller demeurer chez le vieux Beba Djelloul, serviteur toujours fidèle et qui ne survécut que peu de jours à la dernière disgrâce de ses maîtres.

Là s'arrête le récit de Sidi Sliman. Je refusais de croire Abd-el-Kader capable d'actes si cruels, si contraires à son caractère naturellement bon. Je ne pouvais pourtant révoquer en doute l'affirmation de Sidi Sliman qui, répondant à mes doutes, me disait : « Les faits que je viens de te raconter sont connus de tous, grands et petits ; interroge et tu te convaincras que j'ai dit la vérité. »

Voilà donc où conduisent le fanatisme et la raison d'État ! Abd-el-Kader, j'en ai la certitude, est humain et incapable dans sa conduite privée de commettre un acte réprouvé par la morale, mais, comme émir, il est forcé, par la logique implacable de sa loi religieuse et de sa politique, de permettre des atrocités. Hélas ! j'ai encore devant les yeux l'exécution des héros de Oued Zeitoun.

Il fallut pourtant me séparer de mon pauvre ami. Nos adieux furent déchirants. Je remis à Sid Sliman une partie des sequins que m'avait donnés Sid El Béchir, en lui recommandant de les consacrer à l'allègement de la misère de la noble Yemna. Je n'eus pas le courage de demander à Sidi Omar des nouvelles de Khadidja, pouvais-je le détourner de son immense douleur pour une question qui m'était personnelle ? Dieu sait pourtant quelles étaient mes inquiétudes au sujet de cette malheureuse amie !

Je rentrai à Médéah en proie à de cruelles angoisses.

D'après ce que me dit alors mon ami et protecteur Hadj Bouzien, tout l'argent et les bijoux, qui ont été pris aux Coulouglis et à la famille d'Omar pacha étaient destinés à subvenir aux frais que nécessitait l'envoi en France de Miloud ben Arrêche. Abd-el-Kader attendait les plus grands résultats de l'ambassade qu'il venait de confier à ce personnage. Il avait en outre donné une mission secrète à son envoyé qui consistait à gagner à sa cause par des cadeaux ou à prix d'argent quelques députés qui devaient prêcher l'abandon de l'Algérie ; il exprimait même le désir d'acquérir le concours d'un ministre par l'emploi de semblables moyens !

Si j'avais pu alors le mettre au courant de nos affaires et de nos mœurs, comme je l'ai fait plus tard, il aurait su que ces transactions honteuses étaient impossibles chez nous, et que s'il lui plaisait de faire le Jurgurtha, notre sénat, Dieu merci, n'était pas à vendre comme celui de Rome. Si, d'ailleurs, comme plus tard je le faisais régulièrement, je lui avais lu les journaux de l'époque, il aurait compris que ces moyens de corruption étaient inutiles, puisqu'il se trouvait, hélas! dans nos chambres, des orateurs qui défendaient gratuitement la thèse qu'il importait tant à l'émir de voir triompher ; jamais, en effet, un orateur gagé n'aurait pu mettre plus de zèle que n'en déployèrent certains députés lorsqu'il s'agit de parler contre la conservation de notre conquête.

C'était avant mon retour à Médéah qu'étaient arrivés auprès de l'émir Bou Dherba et le juif Ben D'ran, négociateurs de mauvais aloi, habiles seulement à tromper les deux parties et que chaque gouverneur n'a jamais manqué d'employer, quoique leurs nombreuses perfidies fussent de notoriété publique. La politique, pour ces sortes de gens, n'était du reste qu'un masque et le bout de l'oreille commerciale se laissait toujours apercevoir sous la peau du diplomate. Je ne parlerais pas de ces individus si leurs méfaits s'étaient renfermés dans le cercle de leur association impure ; mais des notabilités européennes qui ont eu l'imprudence de se mettre en contact avec eux ne s'en sont point tirées sans quelques taches ; je considère donc comme un devoir de signaler avec énergie combien il est impolitique et dangereux de faire usage de pareils intermédiaires.

Ce sont eux qui avaient conseillé à l'émir d'envoyer Miloud ben Arrêche en France, et qui lui avaient suggéré l'idée qu'avec de l'argent et des cadeaux il pourrait corrompre et gagner à sa cause des membres influents du gouvernement. Ils s'arrangèrent, du reste, de façon à accompagner à Paris l'envoyé d'Abd-el-Kader.

J'appris également par mon ami Hadj Bouzien que l'émir ne se bornerait pas aux mesures cruelles qu'il avait déjà prises à l'égard des Coulouglis ; il avait résolu d'exiler à Tagdempt tous ceux de Médéah et de Milianah qu'il trouve beaucoup trop rapprochés du territoire occupé par les Français, avec lesquels il craint qu'ils n'entretiennent des relations.

Quel sort est donc réservé à Khadidja, dont le mari, Coulougli lui-même, sera fatalement compris dans l'ordre d'exil !

Me voilà encore menacé dans ce que j'ai de plus cher. Pauvre Khadidja ! ne la reverrai-je donc plus jamais ? La pensée que je ne puis rien tenter pour délivrer cette noble créature me tourmente incessamment et éveille dans mon cœur de terribles remords ; car c'est moi, je ne cesse de le répéter, c'est moi qui suis la cause des souffrances qu'elle a endurées et que Dieu lui réserve encore.

CHAPITRE XXXVIII.

Je rejoins Abd-el-Kader à Bou-Khorchefa. — J'apprends que de nouvelles persécutions ont été dirigées contre les Coulouglis de Milianah qui sont exilés à Tagdempt. — Arrivée à Tagdempt. — Entrevue avec Lella Yemna. — Nouvelles de Khadidja.

Abd-el-Kader quitta Médéah pour se rendre dans la vallée du Chéliff et de là dans les montagnes de Matmata où il allait jeter les fondements d'un nouvel établissement militaire nommé « Thaza. » Il donna à Miloud ben Arrêche ses dernières instructions dont j'ignorais le texte, mais j'avais la certitude que le but principal de l'émir était de gagner du temps, d'endormir la vigilance du gouvernement français afin d'établir solidement son pouvoir sur les tribus et de mieux se préparer à la guerre.

Il me laissa à Médéah pendant la durée de cette expédition ; je devais le rejoindre à Bou-Khorchefa, au dessous de Milianah, vers la fin du mois de mai.

Je continuai mes études religieuses et linguistiques. Je voulus me rendre compte de la façon dont l'émir prélevait les impôts et je rédigeai sur ce sujet une notice que j'ai placée à la fin de ce volume. (Note n° 6.)

Ce système de prélèvements des impôts est remarquable par sa simplicité. Il aurait produit des résultats excellents si les agents du sultan avaient été plus désintéressés. Mais leur rapacité neutralisait ses bonnes intentions.

Le 20 mai, j'allai rejoindre Abd-el-Kader à Bou-Khorchefa sous Milianah.

Là j'appris encore d'affreux détails sur l'internement à Tagdempt des Coulouglis de Milianah, dont m'avait prévenu Hadj Bou zien. Ainsi que je le pressentais, l'émir avait pris cette mesure pour éloigner le plus possible les Coulouglis des Français, pour lesquels ces malheureuses populations conservaient de vives sympathies malgré les fatales conséquences des relations qu'elles avaient eues avec eux.

Mon pauvre ami Omar se remettait peu à peu d'une maladie contractée dans les cachots de Médéah ; sa mère, la noble Yemna, heureuse de voir son fils revenir à la santé et espérant que son dénûment éloignerait d'elle désormais de nouvelles persécutions, commençait déjà à s'habituer à sa misérable situation, lorsqu'on vint lui donner l'ordre de se préparer à partir pour Tagdempt, où tous les Coulouglis de Milianah étaient internés. En vain, les marabouts, alliés d'Omar, et ses amis, les chefs des Hachem et des Djendel, offrirent-ils leur garantie pour conserver à Milianah Omar oul'd Omar pacha et sa famille. Il dut se soumettre aux ordres du sultan. Son fidèle serviteur Ahmed, qui l'avait accompagné à Tagdempt et qui était revenu à Milianah pour vendre quelques objets échappés à la rapacité des agents du khalifa, vint me raconter en pleurant le départ de ses maîtres. « Les m'kaznis, chargés de conduire la triste caravane, ne pouvaient, me disait-il, retenir leurs larmes en voyant les membres des plus illustres familles de Milianah s'éloigner, à pied, couverts de haillons, et tourner de temps en temps la tête vers la ville d'où ils n'étaient jamais sortis, où ils laissaient leur bien-être, leur patrimoine et leurs parents, pour aller mourir dans l'exil et la misère Leur résignation était admirable ; on entendait seulement les cris des petits enfants qu'accablait l'ardeur du soleil. Yemna donnait du courage à tous ceux qui l'entouraient, à son fils surtout qui fléchissait sous le poids de tant d'infortunes. L'énergie de cette noble femme redoublait devant l'adversité. Elle grandissait encore..... Elle était toujours la veuve d'Omar pacha. »

Les malheureux émigrés n'arrivèrent qu'après neuf jours de marche au lieu de leur exil.

De misérables gourbis leur avaient été préparés.

En me laissant à Médéah, l'émir avait voulu, sans doute, éviter que je fusse présent à l'accomplissement de ces mesures qu'il prenait à contre-cœur, je penche toujours à le croire.

L'émir m'annonça alors qu'il partait le 24 mai pour Tagdempt où je devais l'accompagner. Il me dit qu'il s'occuperait lui-même de mon instruction religieuse. Il donna l'ordre au brave Ben Fakha de mettre à ma disposition une tente qui devait être dressée à côté de celle du sultan. En outre des domestiques arabes qui m'étaient assignés, je conservais auprès de moi mon fidèle Isidore, qu'on appelait *Mèhmed*, qui était vêtu à la turque, mais qui ne savait pas un mot d'arabe. Quand Abd-el-Kader insistait pour qu'il embrassât l'islamisme, il répondait en français qu'il attendait pour se convertir d'avoir appris l'arabe. Il jouissait, d'ailleurs, malgré ce refus déguisé, de la considération qui entourait son maître. Il veillait lui-même à l'observance régulière de mes prières, car il comprenait combien il était important pour ma sécurité de remplir exactement les prescriptions de la religion musulmane. Il savait comme moi que j'étais placé sous une surveillance incessante. A l'heure fixe, il m'apportait le vase rempli d'eau, consacré aux ablutions. Il m'arrivait souvent de vouloir me soustraire à cette ennuyeuse cérémonie; il était inexorable. Combien je m'estimais heureux de sentir auprès de moi un être si fidèle, si affectueux et si dévoué! Naturellement Isidore avait gagné toutes les sympathies de mon père, lors de sa visite à Médéah. Aussi était-il tout fier de me dire : « Sidi

Omar (c'est toujours ainsi qu'il m'appelait), monsieur votre père vous a recommandé à moi. »

Il m'était doux également de m'exprimer en français et d'entendre parler ma langue. Je n'avais rien de caché pour lui et je pouvais l'entretenir de ceux que j'aimais. Malgré ce que je pourrais appeler cette intimité de cœur, mon brave serviteur a toujours gardé, vis-à-vis de moi, l'attitude et le respect dus à un maître.

Le 24 mai, nous quittâmes Bou-Khorchefa, et nous nous rendîmes à Tagdempt par la route de Teniet-el-Had. Nous traversâmes une grande et superbe forêt dont les arbres énormes se nomment en arabe *meddêh* (1). Jamais je n'avais vu d'arbres pareils et j'ignorai leur nom en français jusqu'à mon voyage à Paris (2).

L'émir était accueilli avec enthousiasme par toutes les tribus.

Nous campâmes à Tukrïa, ruines romaines situées sur le versant sud des hauts plateaux que les Arabes appellent le Seressou ; les Romains choisissaient toujours de magnifiques situations pour établir leurs villes ou leurs postes retranchés. Notre camp était établi à côté de sources abondantes et nous voyons s'étendre devant nous d'immenses pâturages s'inclinant vers le sud. Là nous fûmes rejoints par quelques-unes des belles tribus nomades (3) qui sont commandées par les fameux aghas El Nâaimi, Djedid et El Kharroubi, djoued (nobles) qui faisaient partie du makhzen des Turcs. Tous

---

(1) Qui s'étend. Le vrai nom arabe est *erza*.

(2) Lorsque j'allai pour la première fois à Paris en 1840, je visitai le jardin des plantes et là, en voyant le cèdre rapporté par de Jussieu, je m'écriai : « Voilà mes *meddêh* de Teniet-el-Had » et je m'empressai de dire au ministère de la guerre qu'il existait dans les montagnes au sud de Milianah une magnifique forêt de cèdres. On n'ajouta aucune foi à mon renseignement. On semblait dire : A beau mentir qui vient de loin !

(3) M'hall.

vinrent me visiter et me témoignèrent les plus vives sympathies. A quelques paroles, à quelques signes, je pus me convaincre que ces chefs ne voyaient pas avec plaisir l'émir étendre son influence dans leurs contrées. Nous devions trouver un jour en eux de précieux auxiliaires.

Nous campâmes ensuite aux environs de Tagdempt (1) sur les ruines d'une ancienne ville romaine (appelée Gadum-Castra) qui portait aussi le nom de Tahort, que les Arabes appellent *Tiaret* et où les Français ont établi un poste avancé. Tagdempt, au moyen âge, a été, pendant plus d'un siècle, la capitale d'un royaume arabe dont les souverains seraient les aïeux d'Abd-el-Kader. Et c'est pour ce motif que l'émir aurait projeté de faire de Tagdempt le siège de sa puissance.

Je n'ai pu vérifier l'authenticité de cette chronique assez généralement acceptée. Ce qu'il y a de certain, c'est que l'émir avait déjà construit un fort sur les ruines de l'ancienne capitale arabe, et c'est dans ce fort qu'il devait installer plus tard des ateliers destinés à fabriquer et à réparer des fusils. Il y avait déjà établi des magasins de munitions et de vivres. Quel dénûment ! C'est sur la colline située en face de ce fort qu'avaient été construites les chaumières où habitaient les malheureux Coulouglis de Médéah et de Milianah, ainsi que plusieurs familles arabes des environs.

(1) J'ai entendu dire par plusieurs personnages arabes qu'Abd-el-Kader avait fondé son établissement militaire le plus important à Tagdempt, parce que cette ville a été pendant quelque temps le siège du gouvernement de la dynastie berbère les Beni Yffren, qui seraient ses ancêtres. En effet, on lit dans Ebnou-Khaldoun que le sultan berbère Abd-el-Moula, vaincu par le chef de la famille rivale des Benou-Zian, se réfugia à Tagdempt, l'an 916 de l'Hégire (1510 de J.-C.), qu'il en fut ensuite chassé, Tagdempt détruite et que les Beni Yffren furent dispersés de tous côtés. Il en existe encore une petite tribu entre les Beni-Zeroual et les Medjeher. Ils ne se marient qu'entre eux. La beauté de leurs filles est proverbiale. Ils ont tous les yeux bleus, particularité qui est remarquable chez tous les membres de la famille d'Abd-el-Kader.

Je tenais absolument à voir mon ami Omar oul'd Omar pacha et sa mère, mais je dus prendre les plus grandes précautions pour ne pas compromettre et empirer leur sort, si c'était possible. Il fut convenu avec le brave Ahmed (le serviteur de la famille) qu'il viendrait me chercher au camp et qu'à l'aide d'un déguisement il me conduirait, de nuit, chez ses maîtres.

Je me revêtis d'un burnous rapiécé; je m'affublai d'un turban semblable à ceux de certains derviches, et, m'appuyant sur un long bâton, je m'acheminai tout courbé vers le village.

Dans une cabane, couverte de diss (1), sous laquelle je ne pénétrai qu'en me courbant, je vis assise sur une natte et appuyée sur une peau de gazelle, lui servant de coussin, la noble Yemna qui voulait se lever et me tendait les bras. Je me précipitai à ses genoux et je baisai ses mains que je couvrais de larmes. Elle, la pauvre victime résignée, ne pouvait plus pleurer. Elle prenait ma tête sur son sein décharné et répétait de sa voix grave et douce! « *Oul'di! Oul'di!* mon « enfant! mon enfant! Dieu l'a voulu! » me dit-elle après un silence que je n'osais interrompre, « il faut se soumettre aux « décrets du Très-Haut. »

Sidi Omar vint m'embrasser sans proférer une parole. Que dire? Je pus au moins faire pénétrer un rayon de joie dans ces cœurs meurtris en leur communiquant des lettres que j'avais reçues récemment de mon père, qui me donnait des nouvelles de Sidi Mohammed, fils aîné de Yemna et de sa chère petite fille Aouê-ouêche. Je remis également à Sidi Omar une sacoche remplie de douros d'Espagne que son frère m'avait envoyée par des émissaires que les fidèles serviteurs de Ben Nouna me procuraient.

(1) Sorte de chaume.

Yemna, dans cette misérable cabane, était toujours la femme d'un pacha. La majesté de sa personne jetait un reflet sur tout ce qui l'entourait. Elle fit signe à Sidi Omar de se retirer et m'attirant vers elle : « Khadidja était encore à Milianah lors des malheurs qui nous ont atteints, me dit-elle. Elle a été pour moi une fille plus tendre, plus dévouée que les femmes de mes fils ; que Dieu la comble de ses bénédictions ! Elle me respectait comme sa mère et n'a jamais osé prononcer ton nom devant moi, mais elle comprenait bien que je lisais dans ses yeux tout ce qui se passait au fond de son cœur. Oh! le malheur purifie l'amour, mon enfant, et elle est digne de celui que tu lui conserves. Elle est partie, il y a un mois à peine, avec quelques familles qui se rendaient, dit-on, à Fez, sous la conduite des marabouts de Sidi Ben Youssef. Que Dieu la protège ! »

Je rentrai au camp le cœur brisé et par la nouvelle du départ de Khadidja, et par le spectacle des souffrances de mes pauvres amis de Milianah.

En dehors de la raison d'État et des dures prescriptions de sa religion, l'émir, je l'ai toujours pensé, subissait l'influence néfaste des hommes fanatiques et vindicatifs qui l'entouraient ; je commençais alors à comprendre les paroles que j'entendais souvent répéter sous la tente des Arabes : *El sultan djenna oua etrafou nar* (le sultan c'est le paradis, son entourage c'est l'enfer).

CHAPITRE XXXIX.

Détails sur la vie privée d'Abd-el-Kader.

Deux mois s'étaient écoulés depuis que je vivais dans l'intimité d'Abd-el-Kader. J'avais été très souvent admis à partager ses repas ; j'avais même eu l'honneur de coucher sous sa tente avec deux de ses serviteurs qui ne l'avaient jamais quitté pendant la paix ou pendant la guerre et étaient avec lui sur un pied de familiarité, mêlée de respect, qui offrait un spectacle touchant. Il voulait que je fisse mes prières à ses côtés et cherchait, hélas ! plutôt à m'instruire dans sa religion qu'à m'interroger sur les choses qu'il ignorait et qu'il lui importerait tant de connaître ; le moment est donc venu de donner de nouveaux renseignements sur Abd-el-Kader et sa vie privée.

J'ai décrit les traits et l'aspect d'Abd-el-Kader dans la lettre que j'écrivais à mon ami après ma présentation au camp d'Aïn Chellala, le 15 décembre 1837. Je n'ai rien à y modifier.

Sa physionomie est on ne peut plus mobile, et malgré l'empire qu'il exerce sur lui-même, elle reflète les sensations qui agitent son esprit ou son cœur.

Quand il prie, c'est un ascète.

Quand il commande, c'est un souverain. Quand il parle guerre, ses traits s'illuminent ; c'est un soldat.

La conversation tombe-t-elle sur les infidèles que sa religion lui ordonne de haïr ? C'est un de nos féroces capitaines du temps des croisades ou des guerres de religion du seizième siècle.

Quand il cause avec ses amis, en dehors des questions d'État ou de religion, sa gaieté est franche et communicative. Il a même un penchant à la moquerie.

Il ne parle jamais de son père Sidi Mahhi-ed-Din sans que ses beaux yeux se mouillent de larmes. Il adore sa mère (1), pour laquelle il professe le plus profond respect.

Contrairement aux usages des Arabes, il n'a qu'une femme (sa cousine germaine, sœur des Ouled Sidi Bou Taleb), dont il a une fille âgée de quatre ans.

Il a quatre frères, dont l'aîné, Sidi Mohammed Saïd, que je rencontrai lors de mon exil à Tlemcen, a succédé à Sidi Mahhi-ed-Din, comme chef religieux de la zaouia de Guiatn'a des Hachem Gheris, près Mascara, berceau de la famille.

La fortune personnelle d'Abd-el-Kader se compose de l'espace de terre que peuvent labourer dans une saison deux paires de bœufs. Il a un troupeau de moutons dont la chair sert aux hôtes qui viennent demander l'hospitalité à sa tente et dont la laine suffit pour tisser ses vêtements et ceux de sa famille, burnous, haïk, aâbêia. Il possède en outre quelques vaches qui lui fournissent le lait et le beurre nécessaires à ses hôtes et à sa consommation ; quelques chèvres et quelques chameaux.

Sa mère, qui vit avec lui, sa femme et les femmes de ses serviteurs intimes qui composent sa maison particulière, tissent elles-mêmes ses vêtements.

Il se nourrit donc, même quand il est en tournée ou en campagne, de ses produits personnels.

Il s'intitule, comme je l'ai dit précédemment, inspecteur de la chambre du trésor. Il en est le gardien le plus économe

---

(1) J'aurai bien souvent l'occasion de revenir sur sa piété filiale.

et le plus vigilant. Il n'y puise jamais pour ses besoins personnels, excepté pour l'achat de ses chevaux et de ses armes, suivant les strictes prescriptions du Prophète.

Depuis deux mois, il m'a donné sept à huit douros (45 francs environ) pour mes menues dépenses, et il m'a fait observer que je devais économiser davantage.

Il est inutile de dire qu'Abd-el-Kader fait ses prières aux heures indiquées par le Coran. A propos de la prière, je l'ai entendu émettre l'aphorisme suivant :

> Le chrétien est très inférieur à un musulman.
> Le juif est pire qu'un chrétien.
> L'idolâtre est pire qu'un juif.
> Le porc est pire qu'un idolâtre.

Eh bien ! l'homme qui ne prie pas, à quelque religion qu'il appartienne, est pire qu'un porc. Il s'exprimait ainsi à propos des Arabes qui, pour la plupart, négligent de faire les prières prescrites par le Coran.

Quand le temps le permet, Abd-el-Kader prie hors de sa tente sur un emplacement nettoyé à cet effet — et ceux qui veulent participer à la prière en commun, qui est plus agréable à Dieu (1), viennent se placer derrière lui.

Ces hommes au costume ample et majestueux, rangés sur plusieurs lignes, répétant par intervalle d'une voix grave les répons. Dieu est grand ! — Il n'y a de Dieu que Dieu ! Mohammed est prophète de Dieu ! se prosternant tous ensemble, touchant la terre de leurs fronts et se relevant en élevant les bras vers le ciel, tandis que l'émir récite des versets du Coran : tout cet ensemble offre un spectacle saisissant et solennel.

Là ne se bornent point les exercices religieux d'Abd-el-Ka-

(1) Le prophète a dit : Dieu se complaît à voir les rangs serrés à la prière et à la guerre sainte.

der. Il se livre à des méditations entre chaque prière, égrène constamment son chapelet et fait chaque jour, dans sa tente ou à la mosquée quand il se trouve (*par hasard*) dans une ville, une conférence sur l'unité de Dieu. Il passe pour être un des théologiens les plus érudits de l'époque.

Il jeûne au moins une fois par semaine, et quel jeûne ! Depuis deux heures avant l'aurore jusqu'au coucher du soleil, il ne mange, ni ne boit, ni même ne respire aucun parfum. Je ne sais si j'ai dit qu'il proscrit l'usage du tabac à fumer et tolère à peine le tabac à priser.

Il s'accorde rarement les douceurs du café. Dès qu'il voit qu'il serait disposé à en prendre l'habitude, il s'en prive pendant plusieurs jours.

Ses repas sont pris avec une extrême promptitude. Il en a proscrit toute espèce de raffinements. Du couscoussou, de la viande bouillie et rôtie, des galettes au beurre et quelques légumes ou fruits de la saison. Pour boisson du *l'ben* (petit-lait aigre) ou de l'eau.

Ses secrétaires, les khalifas et les grands personnages qui l'entourent ou viennent le visiter, goûtent peu cette frugalité, — et sont loin de l'imiter quand ils ne sont pas sous ses yeux.

Ils sont loin également d'imiter son respect pour le trésor public. Chacun d'eux tâche d'y puiser le plus abondamment possible, et tous les impôts prélevés ou plutôt extorqués aux Arabes contribuables ne rentrent pas dans les coffres de l'État.

C'est le thème des reproches que l'émir ne cesse d'adresser à ses fonctionnaires de tous grades ; mais, je crois, bien inutilement.

LIVRE VI.

SIÈGE D'AÏN MADHI.

CHAPITRE XL.

Notes sur le désert. — Nom des différentes zones de l'Algérie. — Abd-el-Kader se décide à aller attaquer Aïn Madhi. — Départ fixé au 12 juin 1838.

Il paraît qu'Abd-el-Kader a l'intention de faire une expédition dans le désert. Avant d'examiner quels sont les causes et le but de cette expédition, il est indispensable de jeter un coup d'œil sur ces immenses territoires où le sultan va pénétrer et que les Arabes désignent sous le nom de *Sahara*, que nous traduisons par *désert*.

En traversant l'Algérie à vol d'oiseau, du nord au sud dans le méridien d'Alger, on rencontre différentes zones dont il est d'abord utile de connaître les noms par lesquels les désignent les Arabes qui les habitent :

1° Le Sahhel (rivage), collines ou terres basses qui bordent la mer.

2° Dahra (dos), chaîne de montagnes qui sépare le Sahhel de celle plus élevée que nous appelons le grand Atlas et entre lesquelles se trouvent une quantité de vallées larges et fertiles.

3° Le Tell (terrains accidentés), immense zone comprise

entre le Sahhel et les versants sud de la grande chaîne de l'Atlas.

4° Le Serressou (sommets), vastes plateaux situés entre le Tell et le Sahhara, où les Arabes cultivent encore des céréales, mais qui sont, en grande partie, couverts de pâturages arrosés par des sources abondantes auprès desquelles les Romains avaient établi des colonies et construit des villes dont on voit encore de nombreux vestiges.

5° Le Sahhara (1), que nous appelons *petit désert*, ne signifie pas, en arabe, le désert tel que nous nous le figurons ; c'est un pays plat et sans arbres, où se trouvent pourtant des sources et des cours d'eau et où une végétation particulière (2) fournit une nourriture très saine aux chameaux et aux moutons et remplace la paille et l'herbe pour les chevaux.

6° Enfin le désert proprement dit (3), où la terre ne produit aucune végétation et où il n'y a plus ni sources ni cours d'eau.

Dans le Sahhara ou petit désert se trouvent les oasis (4).

Une oasis n'a pu se former sur la surface calcaire du petit désert, que dans les dépressions de terrains où les pluies rares, mais torrentielles, ont amassé de la terre végétale et où cette terre est arrosée par une source.

(1) Sahhara, terrain uni dont une partie est molle et dure. *Terra aquałibis cum molli et duro solo* ou *campus amplus in quo non sunt plantæ*.

(2) Une grande partie du terrain, qu'on appelle Sahhara, produit une plante que les Arabes de ces contrées appellent *gueddim*, dont le vrai nom arabe est *halfa* et une autre plante appelée *cheih*, sorte d'absynthe (*absinthium Ponticum*).

(3) La partie de l'Afrique que nous appelons le grand désert a trois appellations en arabe littéral :

Ardh el Fellal, terre stérile, nue, *sterilis terra* ;

Ardh el Kifar, *terra aquâ, carens* ;

Ardh el Koff, *locus lapidosus in terra elata*.

(4) Les petites villes entourées de végétation, que nous appelons oasis, se nomment en arabe k'çours, au pluriel, et k'çar, au singulier.

Dans les parties sablonneuses du désert, un cours d'eau suffit pour former une ou plusieurs oasis, car le sable du désert est une terre végétale qui acquiert une fertilité merveilleuse quand elle est arrosée. Avec de l'eau et du travail, l'homme transforme en peu de temps un terrain de sable en un jardin délicieux. Chaque année il peut ainsi empiéter sur le désert; qu'il cesse pendant deux années seulement de travailler le terrain qu'il a conquis, le sable le recouvre.

Les oasis, en outre des palmiers qui portent les dattes, base de la nourriture des habitants et principal produit d'exportation, sont plantées d'arbres fruitiers de toutes sortes; les légumes y sont excellents et on y récolte le hennè (1) de première qualité. Les petites villes qui ont été fondées au milieu de ces oasis sont habitées par des populations d'origines diverses, parmi lesquelles doivent infailliblement se trouver des descendants des diverses races qui ont successivement occupé le sol de l'Afrique septentrionale et qui, successivement, ont été refoulées dans les montagnes et dans le désert. Dans la région du désert, où se trouvent les k'çours, gravitent de grandes tribus d'Arabes qui sont exclusivement pasteurs.

La force des choses a amené des alliances et des inimitiés entre ces tribus et les habitants des k'çours.

Ceux-ci, ne pouvant vivre exclusivement des dattes qu'ils récoltent, sont forcés d'acheter des céréales. Or pour acheter des céréales, il faut se rendre sur les marchés du Tell. Comment de pauvres fantassins, quelque courageux qu'ils soient, pourraient-ils traverser des espaces immenses occupés par des tribus turbulentes et constamment en guerre les unes

---

(1) Hennè (*cyprus*), herbe dont les femmes arabes se servent pour se teindre les cheveux, la paume des mains et la plante des pieds. Les Arabes l'emploient également comme astringent pour guérir les excoriations de leurs chevaux.

contre les autres ? Ils ont donc recherché des alliances parmi ces tribus qui, étant elles-mêmes obligées d'aller acheter des céréales dans le Tell, ne peuvent les emmagasiner que dans les k'çours, car là seulement ils sont à l'abri des ghazias de leurs ennemis.

C'est donc un échange de bons procédés.

Les Arabes conduisent sur les marchés du Tell leurs chevaux, leurs chameaux et leurs moutons. Les habitants des k'çours y apportent leurs dattes et les produits de leurs industries, laine tissée, vêtements, etc., et y achètent les céréales qui sont nécessaires à leur consommation.

Les Arabes du désert vendent les produits mâles de leurs chevaux aux habitants du Tell, car ils montent de préférence les juments. Ils conservent avec soin les plus beaux étalons.

Depuis mon arrivée à Tagdempt, je suis en relation avec les grands chefs des tribus sahariennes qui sont venus faire acte de soumission à Abd-el-Kader. La position que j'occupe auprès de l'émir m'a mis en évidence et mon origine française a excité leur curiosité ; de plus, ils me supposent un grand crédit auprès du sultan. Tels sont les motifs qui me valent leur visite et je pourrais dire leur confiance, car je sens que je leur ai inspiré de vives sympathies. Les Arabes du désert sont beaucoup moins fanatiques que ceux du Tell. Ils sont musulmans, mais s'occupent plus de guerre, de chasse, d'amour et de poésie que des pratiques de leur religion. La plupart de leurs chefs sont *djouêd* (1). Ils descendent en ligne directe des Arabes de l'Orient qui ont fait la conquête de l'Afrique septentrionale. Les djoued, essentiellement guerriers, méprisent dans leur for intérieur les marabouts qu'ils honorent au point de vue exclusivement reli-

(1) *Djoued* est le pluriel de *djid*, qui signifie *de noble origine*.

gieux, ce qui ne les empêche point de les combattre quand leurs intérêts sont *menacés* par ces saints personnages. Les djoued sont les Arabes que j'avais rêvés. J'aurai l'occasion d'en reparler.

Arrivons aux causes qui ont déterminé Abd-el-Kader à entreprendre son expédition dans le désert.

L'émir, désireux d'étendre son autorité sur tout le territoire compris entre Tunis et le Maroc, écoute avec satisfaction le récit des dissentiments qui existent entre les tribus turbulentes du Sahara et entre les k'çours. Il me paraît disposé à appuyer par la présence de sa petite armée et des goums contingents, qui l'accompagnent, les prétentions des chefs qui sont venus réclamer son appui.

Parmi les marabouts maîtres des k'çours, il en est un qui jouit d'une grande influence et qui compte des khoddem (1) dans toutes les tribus et les villes d'Algérie. C'est par lui qu'Abd-el-Kader pourrait établir d'une façon solide et permanente son autorité dans le désert central. A l'ouest, il semble compter sur la coopération des Ouled Sidi Cheikh et à l'est sur celle des Ouled Sidi Eukba dont il a des membres influents auprès de lui.

Ce marabout est Sidi Mohammed-el-Tedjini, dont un des ancêtres fut canonisé (2) au commencement du huitième siècle de l'hégyre, quinzième de l'ère chrétienne.

Or Sidi Mohammed-el-Tedjini, dont le frère a été empri-

(1) Nom que portent les affiliés à une secte religieuse (voir l'explication des appellations employées pour désigner les chefs de sectes, leurs adhérents, etc., à la notice sur le grand marabout Oul'd Sidi Embarek, note n° 1).

(2) Quand je parle des marabouts et de certains personnages religieux de l'islamisme, j'emploie des termes exclusivement consacrés à nos saints catholiques. Loin de moi la pensée d'une assimilation entre eux, mais je suis forcé de me servir de ces appellations qui, seules, donnent une idée précise du caractère et de la situation des marabouts.

sonné et l'oncle mis à mort par l'ordre du bey d'Oran, il y a trente ans environ, se méfie des souverains temporels et a juré de ne jamais se trouver en face d'un sultan. Il est très disposé à envoyer des représentants de sa ville à l'émir et à lui faire les cadeaux qu'on doit à un chef d'État, mais il refuse de venir lui-même et d'en ouvrir les portes à l'émir. Il proteste du reste de ses intentions pacifiques.

Au lieu de tenter un rapprochement entre Tedjini et l'émir, les marabouts de l'est et de l'ouest, jaloux de son influence, enveniment la question. Ils disent à l'émir que Tedjini est un ambitieux qui, fort de son influence et des richesses immenses qu'il a amassées, veut devenir le maître du désert et tenir en échec son autorité jusque dans le Tell. A Tedjini ils parlent des projets sinistres que l'émir nourrit contre lui. D'autres chefs du désert vont même jusqu'à pousser ouvertement Tédjini à la résistance en lui persuadant qu'Abd-el-Kader est dans l'impossibilité de s'emparer de sa ville de vive force.

En tête du parti qui excite Abd-el-Kader contre Tedjini, se trouve un marabout, nommé Sid El Hadj-el-Arbi oul'd Sidi El Hadj Aissa, nommé dernièrement khalifa de Laghouat où son influence est tenue en échec par Ahmed Ben Salem, chef du parti le plus important de ce k'çar. C'est un homme qui, poussé par une ambition personnelle et par sa haine contre Sidi Mohammed Tedjini, trompe la religion d'Abd-el-Kader. Il est faux et lâche ; il m'est antipathique.

Tout accommodement me paraît impossible et il me semble avoir compris dans le langage de mes nouveaux amis et le jeu de leur physionomie, quand ils causent entre eux, qu'ils doutent réellement du succès de l'entreprise d'Abd-el-Kader. Verraient-ils avec satisfaction triompher la première opposition faite à l'extension de l'autorité du jeune sultan, dont ils redoutent déjà la puissance ? J'entrevois donc de grandes difficultés et de graves complications dans cette entreprise de l'émir, mais je ne puis me permettre de l'entretenir d'une question pour laquelle il ne croit pas devoir me consulter.

Abd-el-Kader a rassemblé son armée régulière et ses goums, et pourtant je ne vois aucun préparatif qui indique l'intention de faire un siège. Or il faut prévoir un siège, car on s'accorde à dire qu'Aïn Madhi (1), oasis de Sidi Mohammed-el-Tedjini, est admirablement fortifiée. D'un autre côté, on prétend que la résistance du marabout cessera dès qu'il sera convaincu de l'arrivée, devant ses murs, de l'émir à la tête de son armée régulière et de ses contingents.

On dit que l'émir a conçu le projet de s'emparer d'Aïn Madhi pour y déposer son trésor et son matériel le plus précieux, dans le cas où les chances de la guerre qu'il compte recommencer feraient tomber entre les mains des Français les villes qu'il vient de fonder et où il veut établir ses entrepôts et ses fabriques d'armes?

J'entends émettre beaucoup de conjectures autour de moi, mais je n'ai aucune certitude. Toutefois nous saurons bientôt à quoi nous en tenir, car le départ est fixé au 12 juin.

(1) Le k'çar d'Aïn Madhi est célèbre par le siège qu'elle soutint victorieusement en 1788 contre Mohammed-el-Kebir, bey d'Oran.

CHAPITRE XL.

Départ de Tagdempt. — Route de Tagdempt à Aïn Madhi. — Mission que me confie l'émir auprès de Sidi Mohammed-el-Tedjini, seigneur d'Aïn Madhi.

Je fais de tristes adieux à Omar, fils d'Omar pacha et à sa malheureuse mère pour lesquels mon affection et mon admiration augmentent en raison de leur infortune et de la noble résignation avec laquelle ils la supportent.

J'ai rencontré chez Omar les capitaines qui commandent les quatre compagnies que les Coulouglis de Tlemcen ont dû fournir à l'armée régulière de l'émir. Ils connaissent les liens d'amitié qui m'unissaient à leur cheik Sid El Hadj Béchir, de chère et douloureuse mémoire (1), et ils ont été témoins de ma conduite lors du combat livré à leurs frères de Oued Zeitoun. De vives sympathies nous ont donc immédiatement rapprochés. Ils redoutent d'autant plus l'expédition d'Aïn Madhi qu'eux et la plupart de leurs soldats appartiennent à la confrérie de Sidi Mohammed-el-Tedjini.

Le 12, nous partons de Tagdempt. L'armée régulière se compose de quatre cents khièlas (cavaliers rouges), quatorze cents askers, soldats d'infanterie arabe, quatre cents askers coulouglis.

---

(1) Hadj Béchir, mon ami de Tlemcen, mort un mois après mon départ de cette ville.
Chap. XXXIII, livre quatrième.

L'état-major, c'est-à-dire la maison d'Abd-el-Kader et ses hauts fonctionnaires forment un corps de trois cents chevaux environ. L'artillerie ne compte que deux obusiers de montagne servis par vingt-quatre artilleurs commandés par le *bach tobji*, Mohammed ould' Kous-Koussi, tigre dont nous aurons occasion de parler.

Nous sommes accompagnés par les contingents des tribus dont nous traversons le territoire (1). Le nombre des cavaliers qui accompagnent le sultan s'élève constamment à deux mille. Ils marchent avec leurs femmes, leurs troupeaux, leurs tentes et leurs bagages qu'ils chargent sur cinq ou six cents chameaux dont quelques-uns portent les aâtatiches (2). Ceux-ci sont recouverts de tapis de différentes couleurs ornés de longues franges terminées par d'énormes glands qui pendent jusqu'à terre. L'aâttouch, qui est sur leur dos, est également recouvert de tapis plus légers et ornés de franges.

Pendant notre marche, une partie des cavaliers des contingents *jouent* la *poudre* (la fantasia) devant le sultan. D'autres se livrent à la chasse aux gazelles et aux antilopes avec des sloughis (chiens lévriers) ; d'autres enfin, les chefs, font la chasse au faucon. Le spectacle le plus intéressant dont nous ayons été témoins, j'ajoute le plus émouvant, c'est le simulacre d'un combat. Les cavaliers de la tribu qui nous accompagne se divisent en deux troupes d'un nombre égal. Chaque troupe place au milieu d'elle les aâtatiches où se trouvent leurs femmes. Les deux troupes, qui représentent deux tribus ennemies en marche, s'éloignent à une certaine

(1) Les Harrars. — Les Larbâa. — Les Ouled Chaaïb. — Les Ouled Khelif. — Les Mekhalif. — Les Ouled Naïl.

(2) A*âtatiche*, pluriel de *aâttouch*, sortes de cages placées sur le dos des chameaux les plus forts, dans lesquelles peuvent se tenir quatre femmes, leurs petits enfants et leurs ustensiles de ménage. Durant la marche, elles moulent le blé, tamisent la farine et accompagnent ce travail de chants qui ne manquent pas de mélodie.

distance et, à un signal donné par les chefs, l'attaque commence. Ce sont d'abord des cavaliers seuls qui s'avancent, qui s'interpellent comme les héros d'Homère et livrent des combats singuliers. Les tribus se rapprochent et la mêlée devient générale. Le but des combattants est d'enlever les aâtatiches. Les femmes qui y sont renfermées, et qui jusqu'alors sont restées cachées, écartent tout à coup les tapis qui les recouvrent et, debout, les cheveux épars, les yeux enflammés, elles prennent part aux péripéties de la lutte. Elles encouragent les guerriers qui les défendent, vantent les prouesses des plus audacieux, accablent de propos méprisants ceux qui semblent faiblir, invectivent les guerriers ennemis et les bravent de leurs gestes forcenés. Les chameaux qui les portent sont pris et repris, la mêlée est indescriptible et l'ardeur des combattants est telle que, sans la présence des chefs, *juges du camp*, le simulacre de combat deviendrait une réalité. Réalité qui se produit fréquemment, du reste, entre les tribus turbulentes du désert dont les habitudes et la constitution donnent lieu à tant de conflits d'amour-propre et d'intérêt.

Les Harrars, les Larbâa, les Ouled Chaaîb, etc., grandes tribus, qui comptent jusqu'à cinq et six-mille cavaliers, nous accompagnent successivement et leurs chefs témoignent de leur respect et de leur soumission à l'émir, mais mes Couloughis de Tlemcen, qui ont appris à connaître les Arabes, me paraissent avoir peu de confiance dans leurs protestations. « Ils attendent l'issue de la lutte qui va s'engager entre Abd-el-Kader et Tedjini, me disent-ils, et ils se rangeront infailliblement du côté du vainqueur, quel qu'il soit. »

La distance de Tagdempt à Aïn Madhi est d'environ soixante lieues (1).

---

(1) Itinéraire de Tagdempt à Aïn Madhi : 1re étape, Aïn el Beranes; 2e étape, Aïn Ziedi, territoire des Harrars; 8e étape, marabout de Sidi Saâd sur Oued-el-Oussakh; 4e étape, Menzel-el-Aâtach (campement de

Enfin Abd-el-Kader m'a fait part de son projet d'assiéger Aïn Madhi, confiant, m'a-t-il dit, dans les assurances données par son kalifa du désert Sid El Hadj-el-Aarbi oul'd Sidi El Hadj Aissa, qui me devient de plus en plus antipathique; il a compté sur la soumission de Tédjini et n'a, par conséquent, pris aucune des dispositions nécessaires pour faire le siège d'une ville fortifiée. Or ce siège est devenu indispensable, puisque les personnages qu'il a envoyés à Tedjini pour arriver à un arrangement pacifique viennent de rentrer à son camp, porteurs de la réponse suivante du marabout :

« Dites à votre maître que je ne suis ni un ennemi ni un révolté et que je suis prêt à reconnaître et à faire reconnaître par les habitants d'Aïn Madhi et par les tribus, mes alliées, l'autorité du sultan, mais que, chef d'une confrérie religieuse et ne m'occupant que des choses du ciel, je veux éviter tout contact avec les princes de la terre investis du pouvoir temporel. Mes ancêtres n'ont que trop été victimes de ce contact ! Je proteste de nouveau de mes intentions pacifiques, mais si le sultan veut me voir, il devra d'abord renverser les murailles de ma ville et percer la poitrine de mes serviteurs. »

Après m'avoir lu cette réponse, Abd-el-Kader me demanda si je connaissais les moyens employés par les Européens pour faire le siège d'une ville.

« J'avoue mon incompétence, lui dis-je, toutefois j'ai lu la narration de beaucoup de sièges qui ont illustré nos armes et je m'estimerai heureux de mettre à ta disposition les bien faibles connaissances que j'ai acquises dans ces lectures. Mais avant de pouvoir te donner le moindre conseil au sujet des dispositions à prendre, il est *absolument indispensable* que j'examine les fortifications de la place que tu veux assiéger. Pour que je puisse me livrer à cet examen, donne-moi une

la soif) ; 5ᵉ étape, à Sidi Bouzid près de Djebel-el-Aâlêg, dans le djebel Amour; 6ᵉ étape, Ould-el-Bidha.

mission pacifique auprès du chef d'Aïn Madhi. Si je réussis à l'amener à résipiscence, c'est, je crois, le résultat que tu voudrais obtenir, sinon, j'aurai reconnu sa position et les défenses de sa ville.

— Mais te confier une pareille mission, s'écria Abd-el-Kader, serait t'envoyer à une mort certaine et je ne dois pas y consentir.

— Ne m'as-tu pas appris, lui répondis-je, que l'heure de notre mort est écrite dans le livre de Dieu et que l'homme ne peut ni en avancer ni en reculer l'échéance fatale! Eh bien, confiant dans tes paroles, je veux, aux yeux de tous, amis et ennemis, te donner une preuve de mon dévouement. Prie pour moi et je te reviendrai sain et sauf. »

J'eus à combattre encore mille objections qui me prouvaient l'affection d'Abd-el-Kader, mais j'obtins enfin la permission de partir. Il me remit une lettre pour Tedjini dans laquelle il m'autorisait à traiter avec lui les conditions préliminaires d'un arrangement. Il voulut me faire monter un de ses chevaux, me donna pour compagnon de route un de ses plus fidèles serviteurs et, lorsque je vins prendre congé de lui, il sortit de sa tente, entouré de ses hauts fonctionnaires, et demanda à Dieu à haute voix de me couvrir du manteau de sa protection.

Je me mis en route accompagné du serviteur d'Abd-el-Kader et d'un guide. Partis le 20 à 6 heures du soir, ce n'est que le lendemain vers 10 heures du matin qu'en débouchant du défilé du djebel Amour, je vis se dérouler, pour la première fois, sous mes yeux, les immenses horizons du désert. A trois lieues de nous environ, le guide nous indiqua une importante oasis dont la végétation ressortait vigoureusement sur la teinte pâle et uniforme des terrains qui l'entourent à perte de vue. C'était Aïn Madhi située dans le méridien d'Alger, à 500 kilomètres environ de la mer.

CHAPITRE XLII.

Mon entrevue avec Sidi Mohammed Tedjini. — Sauvé miraculeusement. — Est-ce par l'intervention de Kadidja?

Cette ville est bâtie sur un petit monticule, au milieu de nombreux jardins admirablement plantés, de sorte qu'en dehors de ces jardins, on n'aperçoit que les terrasses les plus élevées et le haut des forts.

Avant de m'approcher, je fis le tour de l'oasis, qui formait un cercle entouré d'un mur d'enceinte de 15 pieds de haut sur 2 pieds et demi de large, percé de meurtrières, et flanqué, de distance en distance, de petits forts carrés, dépassant la hauteur des murs de 20 pieds. Je comptai, sur toute la circonférence, trente sept forts, dont deux principaux aux portes qui donnent entrée dans les jardins.

Mon guide se dirigea vers la porte nord de la ville, que nous trouvâmes murée. Interpellé par les gardes du fort sur l'objet de notre visite, je déclarai que j'étais porteur de lettres du sultan pour le marabout. Après un quart d'heure d'attente, ils me répondirent que désormais aucun étranger ne pouvait pénétrer dans la ville et que si j'avais des lettres adressées à Sidi El Tedjini je n'avais qu'à les leur remettre. Je dis que je ne les donnerais qu'à Tedjini lui-même et je tournais déjà bride lorsqu'une voix prononça mon nom et dit en bon français : « Attendez, Monsieur, je vais obtenir du marabout qu'il vous permette d'entrer. » En effet, un moment après, on me tendit une corde à l'aide de laquelle je me hissai en haut du mur, non sans inquiétude sur l'issue de cette imprudente démarche.

J'avais été reconnu par un misérable déserteur, ancien soldat du génie, qui avait fui le camp du sultan, séduit par les promesses des espions du marabout. Il avait persuadé à son nouveau maître que je suivrais son exemple. Ce fut la seule cause qui me donna accès dans la ville. Je fus tout de suite entouré par une foule immense, qui me conduisit, ou plutôt me porta, jusque dans le palais de Tedjini, sans que j'eusse le temps de me reconnaître.

Je me trouvai seul dans une cour carrée entourée d'une colonnade en marbre soutenant des ogives au-dessus desquelles régnait une muraille ornée de mosaïques en faïence et percée de fenêtres garnies de grillages à travers lesquels je pouvais deviner la présence de femmes richement vêtues. Malgré ma jeunesse et mon esprit aventureux, le voisinage d'un harem (car c'était celui de Tedjini) ne put m'arracher aux tristes réflexions que m'inspiraient les conséquences de mon aventureuse équipée. J'en fus distrait tout à coup par l'apparition d'un jeune mulâtre, élégamment vêtu et dont la physionomie douce et les traits distingués annonçaient une origine aristocratique. « Tu es Omar, fils de Roches ? me demanda-t-il avec intérêt. — Oui, répondis-je, mais toi qui es-tu et comment sais-tu mon nom ? — Peu t'importe, ajouta-t-il. Écoute, Omar, les habitants de la ville demandent ta tête à mon père qui n'ose pas la leur refuser. La négresse Messaouda, qui t'a reconnu à travers les grilles de cette fenêtre, m'envoie pour te sauver. Tiens, prends ce chapelet, c'est celui que mon père envoie à ceux auxquels il donne *l'aman*; la personne qui le tient en ses mains n'a rien à redouter. On vient; que Dieu te soit en aide ! »

A peine le fils du marabout avait-il disparu que huit ou

dix nègres, aux formes athlétiques et aux figures féroces, firent irruption dans la cour. Ils me saisirent par mon burnous et me conduisirent dans une vaste salle ornée d'arabesques, au fond de laquelle, sur une estrade garnie de coussins dorés, était nonchalamment appuyé un homme de quarante ans environ, dont la figure bronzée ne manquait ni de dignité ni de distinction. Ses yeux noirs perçants s'arrêtèrent d'abord sur moi avec une expression de curiosité et de bienveillance, puis son regard devint sévère et il me dit : « Tu sers un maître ingrat, pauvre serviteur de Dieu, car il reconnaît ton dévouement en t'envoyant à la mort. Tu es venu pour examiner ma ville et peut-être jeter un mauvais œil sur mes murailles, or tu connais le sort réservé aux espions ; prépare-toi donc à mourir, à moins que tu ne consentes à abandonner ton maître et à devenir un de mes serviteurs. Dans ce cas, je te comblerai de richesses et d'honneurs. »

« La mort et la vie sont entre les mains de Dieu, lui répondis-je avec hardiesse, et ce ne seront ni tes menaces ni tes promesses qui pourront m'effrayer ou me tenter. Tu connais bien peu ma race si tu me crois capable de trahir mon maître. Laisse donc tes serviteurs égorger un homme qui est venu à toi sans défiance et qui a entre ses mains le gage que tu envoies comme signe de *l'aman*. » En même temps, j'élevai au-dessus de ma tête le chapelet de Tedjini.

L'effet produit par mon langage et mon geste dépassa mon attente. Le marabout, irrité par les sourds murmures des habitants armés qui avaient peu à peu envahi le prétoire, fit un signe à sa garde nègre et instantanément cette foule exaspérée se retira. Je restai seul en face de Tedjini et des personnages qui l'entouraient. « Qui t'a donné mon chapelet? me demanda-t-il. — C'est moi qui l'ai demandé à ton fils, lui répondis-je, et le pauvre enfant n'a pas osé me le refuser. — C'est donc Dieu qui l'a voulu, » dit le marabout en se retournant vers ses conseillers avec lesquels il sembla conférer pendant quelques instants.

« Ta vie est sauve, me dit-il à haute voix, et pour te prouver combien peu je crains tes sortilèges et les conséquences des rapports que tu feras à ton maître, je vais donner des ordres pour que tu puisses te rendre compte par toi-même de la force de mes remparts, du nombre de mes guerriers et des munitions et vivres de tout genre contenus dans mes magasins. Puisque tu es un serviteur fidèle, tu rediras ce que tu as vu à ton maître, et peut-être tes rapports l'engageront-ils à renoncer à l'injuste agression qu'il dirige contre moi qui ne suis animé d'aucune mauvaise intention à son égard et qui ne désire que la paix et la tranquillité parmi les créatures de Dieu ! »

Des nègres apportèrent, en ce moment, une table couverte de mets de toutes sortes, couscoussou, dattes, lait, miel, etc. Le marabout me fit signe de m'approcher et je fis honneur à la collation qui venait fort à point. J'eus ensuite à répondre à mille questions qu'il m'adressait sur la France, sa religion, son armée, son organisation. Il se montra fort surpris du traité conclu à la Tafna entre l'émir et la France. J'en attribuai les causes à la bienveillance qui animait le roi à l'égard du peuple arabe.

Cependant la foule continuait à hurler et à demander l'exécution de l'espion chrétien. Quand le repas fut achevé, je vis entrer un Arabe manchot, aux traits intelligents et énergiques et qui paraît être le lieutenant de Tedjini [1] ; il s'entretint pendant quelques minutes avec Sidi Mohammed Tedjini et, sur un signe de ce dernier, il sortit du prétoire accompagné d'une douzaine de nègres formidablement armés.

[1] Ihaïa ben Salem, frère d'Ahmed ben Salem, chef de Laghouat, chassé par le khalifa El Hadj-el-Arbi.

Les cris, qui avaient redoublé à sa sortie, se calmèrent tout à coup et le manchot ayant rendu compte, sans doute, à son maître de la mission qu'il venait de remplir, le marabout me dit : « Tu peux suivre Ben Ihaia, le chef de mes guerriers, il te fera tout voir, tout visiter en détail et me répond de ta sûreté sur sa tête, va ! »

Je sortis alors sans le moindre signe de crainte en face d'une foule de gens armés qui me lançaient des regards féroces, mais tous étaient maintenus à distance par le brave manchot, mon guide, et par sa formidable escorte.

La ville est peu grande mais bien bâtie ; elle contient environ quatre cents maisons. Les habitants qui portent les armes s'élèvent au nombre de huit cents. Cinq ou six cents auxiliaires sont venus défendre Tedjini.

La ville est ronde et entourée d'un mur de 20 à 30 pieds. Il a plus de 12 pieds de largeur et forme un parapet de 8 pieds environ qui sert de chemin de ronde tout autour de la ville ; à partir de cette hauteur, ce mur est percé de meurtrières ; il est flanqué dans son pourtour de douze forts, faisant saillie de 4 mètres, de manière à battre par les meurtrières le pied du mur et des deux forts à droite et à gauche. Ils ont au moins 20 mètres d'élévation ; ils sont comblés jusqu'à la hauteur du parapet, et sont divisés en deux étages. La ville a deux portes, une à l'ouest, l'autre au midi ; les battants sont doublés de lames de fer ; elles sont surmontées d'un fort semblable à ceux du rempart. Un chemin étroit bordé de deux murs de même dimension conduit à un fort intérieur, dont la porte est elle-même défendue par des ouvrages d'une extrême solidité. Ces fortifications ont été construites, il y a trente ans, par un Tunisien, nommé Mahmoud.

On me fit ensuite examiner des magasins immenses, les uns remplis de blé, les autres d'orge, de beurre, de sel, de dattes, de bois à brûler. Cinq puits abondants suffisent à tous les habitants. Pendant tout ce trajet, les nègres avaient peine à contenir la foule. Toutefois je n'eus à subir aucun outrage et je rentrai sain et sauf dans le prétoire du marabout. « Eh bien, Omar, maintenant que tu as examiné ma ville, crois-tu que ton maître puisse s'en emparer ?

— Il éprouvera une terrible résistance, lui répondis-je, et il aura de grands obstacles à surmonter, mais il est inébranlable dans ses desseins et il restera devant ta ville jusqu'à ce qu'il s'en empare, dût le siège durer dix années. Aussi je t'en supplie, par la bénédiction de tes ancêtres, dis-je en baisant le pan de son burnous, ne persiste pas dans ton refus de te rendre auprès de mon maître, qui t'accueillera avec distinction et bienveillance. Je te dois la vie, eh bien, je resterai ici garant de la tienne ! Évite une effusion de sang inutile, car, je te le répète, Abd-el-Kader prendra ta ville. »

Tedjini ne répondit à mes supplications que par un sourire de mépris. Il se croyait invincible.

Il voulut me faire accepter de beaux présents. Je les refusai. « Je devrai te combattre demain, lui dis-je ; l'honneur m'empêche donc d'accepter tes largesses. Mais je n'oublierai jamais que tu m'as arraché à la mort et si, un jour, je puis te témoigner ma reconnaissance sans faillir à mes devoirs envers mon maître, sois certain que j'en saisirai l'occasion. Ma bouche te dira toujours la vérité, car le mensonge, signe de lâcheté, est en horreur à ma race. »

Je voulus lui rendre son chapelet ; il me pria de le conserver et me congédia.

Il était nuit. Les nègres me reconduisirent à l'endroit où j'avais escaladé le mur. Mon compagnon, mon guide et mes chevaux n'avaient manqué de rien et m'attendaient. Je m'éloignai, heureux d'avoir échappé à la mort et d'avoir rempli ma mission.

Mais qui était cette négresse Messaouda qui s'était intéressée à moi ? Serait-ce la nourrice de Khadidja ? Comment serait-elle à Aïn Madhi ? Et pourtant quelle autre négresse que Messaouda pouvait m'avoir reconnu et avoir osé se compromettre en le disant ?

Le mari de Khadidja était parvenu à tromper la surveillance des émissaires de l'émir puisqu'il n'était point arrivé à Tagdempt avec les Coulouglis de Milianah auxquels son sort était lié ? Le bruit s'était répandu et Lella Yemna m'avait dit elle-même qu'il s'était rendu au Maroc avec deux autres familles algériennes, mais on n'avait aucune certitude à cet égard.

Pourquoi ne pas admettre que Sidi*** (mari de Khadidja), affilié, comme la plupart des Coulouglis, à la confrérie de Tedjini, fût venu auprès de son chef religieux pour échapper aux mauvais traitements des agents de l'émir et à mes infatigables recherches ?

Cette hypothèse admise, l'intervention de la nourrice de Khadidja auprès du fils du marabout pouvait s'expliquer, mais alors à quel titre Khadidja se trouvait-elle dans le harem de Tedjini ?

Ces suppositions venaient encore ajouter de nouvelles angoisses à la douleur que me causait la situation de ma pauvre amie. Mais que serait-ce donc si j'étais forcé de prendre part au siège d'une ville où elle serait renfermée ?

CHAPITRE XLIII.

Retour auprès d'Abd-el-Kader. — Attaque des jardins d'Aïn Madhi. — Investissement d'Aïn Madhi. — Brèche. — Assaut impossible.

Le camp d'Abd-el-Kader s'était rapproché ; j'y arrivai le lendemain 22 juin. Le bruit avait couru que Tedjini m'avait fait mettre à mort. Aussi Abd-el-Kader, en me voyant, me témoigna-t-il une joie qui me toucha profondément.

Il écouta avec émotion le récit de mon entrée à Aïn Madhi et de ma conversation avec Tedjini. Je me gardai bien de donner le détail relatif à Messaouda, je lui dis, comme je l'avais dit au marabout, que j'avais pris le chapelet des mains de l'enfant parce que je savais que le chapelet d'un personnage vénéré est un gage d'aman.

Je ne cachai point à Abd-el-Kader l'impression que j'avais ressentie en constatant l'état des fortifications d'Aïn Madhi et les ressources dont disposaient ses défenseurs. Personne jusqu'à ce jour n'avait osé lui dire la vérité. Mais l'hésitation n'était plus possible. L'émir adressa à tous les khalifas l'ordre de lui envoyer *immédiatement* l'artillerie dont ils pouvaient disposer ; il organisa un service de convois pour amener devant Aïn Madhi les vivres et les munitions nécessaires ; et le 24, nous établîmes notre camp à deux kilomètres environ du mur qui entoure les jardins, mur flanqué de distance en distance de quelques tours peu élevées. Nous détournâmes le cours de la source abondante qui arrose l'oasis et qui lui a donné son nom et nous dûmes attendre, dans l'inaction, l'arrivée de l'artillerie.

Chaque jour Abd-el-Kader réunissait un conseil pour arrêter le plan d'attaque. Il m'admettait à ces délibérations. L'incohérence et l'ignorance de ceux qui y exprimaient des avis n'étaient pas de nature à me faire espérer le succès de son entreprise.

Nous parvînmes toutefois à organiser nos colonnes d'attaque et le 2 juillet, ayant reçu la veille quatre canons de petit calibre qui me parurent suffire pour faire brèche dans le mur d'enceinte des jardins, Abd-el-Kader fit prendre les armes à sa petite armée et, monté sur son beau cheval noir, la passa en revue, et enflamma son courage par une de ces harangues dont il avait si souvent éprouvé l'effet. Il fallait, en cette circonstance, vaincre dans l'esprit de ses soldats la répugnance qu'ils éprouvaient à combattre des coreligionnaires, commandés par un marabout, chef d'une confrérie. Aussi terminait-il ainsi son allocution :

« Tout musulman qui se révolte contre mon autorité, dit-il, à moi qui n'ai accepté le titre de sultan que pour arriver à chasser les envahisseurs de la terre des croyants, vient, par le fait seul de sa rébellion, en aide à nos ennemis et doit, par conséquent, être considéré comme ennemi de l'islam. J'affirme donc que ceux qui mourront en combattant le rebelle enfermé dans ces murailles, auront droit aux récompenses réservées à ceux qui meurent en combattant les infidèles ! »

L'armée se divisa en quatre colonnes : trois étaient destinées à opérer des diversions sur les trois faces du mur d'enceinte ; la quatrième, qui devait pénétrer dans les jardins, était précédée de notre petite artillerie.

J'avais demandé à l'émir la faveur de marcher avec le bataillon des Coulouglis de Tlemcen, dont les sympathies m'étaient acquises et sur le courage et l'énergie desquels je pouvais compter. Nous étions en tête de la quatrième colonne d'attaque.

L'artillerie avait à peine fait brèche dans le mur d'enceinte que les soldats d'infanterie, exposés au feu des assiégés, qui tiraient sur eux à travers les meurtrières pratiquées dans le mur d'enceinte, franchissent impétueusement la distance qui les sépare de ce mur. Tandis que les uns disputent les meurtrières aux fusils des assiégés, les autres, à coups de pioches, sapent les murs qui s'écroulent et nous pénétrons dans les jardins. L'ennemi se retranche derrière chaque arbre et chaque pan de muraille et ce n'est qu'à grand'peine que nos drapeaux s'avancent. La crainte d'être enveloppés par les autres colonnes, qui, à leur tour, ont fait brèche dans le mur d'enceinte, inquiète pourtant les assiégés que nous avons devant nous et nous les culbutons jusqu'aux remparts de la ville dans laquelle ils pénètrent par des issues qu'eux seuls connaissent. Pendant ce temps, d'autres ennemis, répandus sur le chemin de ronde des remparts, dirigent sur nous un feu meurtrier et nous sommes forcés de prendre position derrière les murs des jardins situés à cent mètres à peine des remparts. Les quatre colonnes se relient les unes aux autres et nous formons ainsi l'investissement complet de la ville.

Nous avons eu dans cette journée quatre-vingts tués et cent quatre-vingt-cinq blessés. La perte des assiégés doit être moins considérable, car tandis que nous marchions à découvert ils étaient constamment embusqués derrière les murs des jardins dont ils connaissaient les issues et les détours.

Le camp est situé, ainsi que je l'ai dit, à 2,000 mètres environ au nord de la ville. L'ambulance, les munitions, les vivres, les chevaux de l'état-major d'Abd-el-Kader, les chameaux, les bêtes de somme y sont installés sous la garde de deux bataillons et d'un escadron de khiélas.

SIÈGE D'AÏN MADHI.

Le soir même j'allai rendre compte de nos opérations à l'émir qui comprit à la vigueur de la résistance les obstacles qu'il aurait à vaincre. Malgré la fatigue de nos troupes, j'obtins de lui l'ordre de commencer immédiatement sous ma direction (quelle direction, hélas !) les travaux nécessaires d'abord pour mettre nos bataillons d'investissement à l'abri du feu des assiégés, et, ensuite, pour pratiquer à travers les jardins et au moyen des murs de clôture, des chemins qui fussent défilés et par lesquels les communications pussent être établies entre nos postes et le camp, sans trop de danger pour nos hommes.

Mon brave bataillon de Coulouglis donna l'exemple.

Notre travail fut interrompu par deux sorties des assiégés qui compromirent un instant la position d'un bataillon de réguliers composé d'Arabes.

Le bataillon des hadars de Tlemcen parvint à refouler ces furieuses attaques.

Dès le lendemain, le commandant d'artillerie et moi, nous choisîmes l'emplacement d'une batterie destinée à faire brèche. Nous l'établîmes derrière une muraille que nous avions minée à l'avance et que nous devions renverser au moment où notre batterie, revêtue de ses épaulements, serait prête à ouvrir le feu.

Composition de la batterie : quatre pièces de campagne du calibre six, deux pièces de siège du calibre douze, trois obusiers de montagne.

L'approvisionnement était d'environ quatre-vingts gargousses par pièce.

Nous fûmes aidés dans la construction de cette batterie par un déserteur hongrois, qui ne ressemble nullement aux autres déserteurs avec lesquels, du reste, il évite toute relation. Il est grand et admirablement fait, sa belle figure est empreinte de tristesse, il est toujours grave et taciturne. Lors de l'attaque des jardins, j'ai admiré sa froide intrépidité. J'ai chargé Isidore de prendre des renseignements sur son compte ; il n'a pu savoir son nom chrétien, il a seulement appris qu'il est Hongrois, qu'il a été sergent dans un régiment du génie en Autriche, qu'il a déserté de la légion étrangère après le traité de la Tafna et n'a pas abjuré. Cet homme m'inspire un vif intérêt et même de la confiance, et je crois que je trouverai en lui un collaborateur dont j'ai grand besoin pour diriger les opérations du siège, mission qu'Abd-el-Kader m'a confiée et pour l'accomplissement de laquelle je me sens à peu près incapable.

J'ai demandé à l'émir d'attacher le Hongrois à ma personne, il me l'a accordé. Son nom arabe est Hassan. C'est à peine si je peux le comprendre, car il ne parle pas le français et mal l'arabe ; le latin nous aide. Quelle belle âme perce à travers ses yeux et quel affreux événement a dû le forcer à quitter son pays dont le souvenir lui arrache des larmes ! Je n'ai jamais connu de Hongrois, mais d'après ce que j'entends de Hassan, ce peuple doit être poétique et chevaleresque. Hassan m'affirme que, malgré l'infériorité de notre artillerie, nous ouvrirons une large brèche dans la muraille qui n'est qu'à 150 mètres de notre batterie. Il faut donc songer à organiser nos colonnes d'assaut.

La perspective des conséquences terribles de l'entrée dans la ville d'une soldatesque barbare, avide de sang et de pillage, m'épouvante d'autant plus que j'ai lieu de croire à la présence de Khadidja dans Aïn Madhi et que je dois la vie au marabout dont le palais sera l'objectif des assaillants. Est-il possible d'imaginer une situation pareille à la mienne ? Les relations amicales qui existent entre moi et les officiers du bataillon des Coulouglis et la confiance que m'ont inspirée ces braves gens m'autorisent à leur faire part de mes scrupules à l'égard de Sidi Mohammed Tedjini, à qui Abd-el-Kader et toute l'armée savent que je dois d'avoir échappé à une mort certaine. Je n'ai garde de leur parler de Khadidja.

Ils comprennent parfaitement mes craintes et mes scrupules et les partagent, puisqu'ils sont tous *khoddem* (1) de Sidi El Tedjini. Il est donc convenu entre nous que leur bataillon qui formera la tête de la colonne d'assaut se dirigera en droite ligne vers le palais du marabout dont les terrasses élevées apparaissent au-dessus des remparts et qu'arrivé là, il prendra position et en gardera toutes les issues de façon à en interdire l'entrée aux autres bataillons. Du reste, ayant reçu d'Abd-el-Kader l'ordre de diriger l'attaque, je serai moi-même en tête du bataillon des Couloughs. Malgré ces dispositions, je suis en proie à des transes cruelles.

Le 8 juillet, au soleil levant, nos colonnes d'assaut sont massées derrière les murs à proximité de la batterie de brèche, une fausse attaque doit avoir lieu sur la face opposée de la ville. Le mur qui masque la batterie et qui était miné à l'avance s'écroule et le feu commence aussitôt. Au bout d'une heure presque tous les artilleurs étaient tués ou blessés. Il fallut détacher des soldats couloughis de bonne volonté pour assurer le service de la batterie ; enfin après deux heures d'un feu assez bien dirigé, un énorme pan du rempart s'écroule avec fracas. En un clin d'œil le brave bataillon de Tlemcen, les officiers en tête, escalade les décombres du rempart au milieu de la fumée de la poudre et de la poussière épaisse produite par son éboulement... Mais tout à coup la tête de la colonne s'arrête... Nous avions devant nous un rempart plus solide que celui que nous venions de renverser et qui évidemment avait été élevé pendant le temps que nous avions mis à construire notre batterie de siège. Nous étions à dé-

---

(1) *Khoddem*, affiliés à une secte religieuse (voir la notice sur Sidi Embarek, note 1 à la fin du volume).

couvert, nous n'avions aucun moyen d'escalader la nouvelle fortification, nos pertes étaient déjà très sensibles, il fallut donner le signal de la retraite ; mes braves Coulouglis pleuraient de rage.

Un nouvel assaut devenait pour longtemps impossible ; nous avions usé toutes les munitions d'artillerie qui existaient dans les arsenaux de l'émir !

Il fallait donc attendre l'arrivée de nouvelles munitions, entr'autres de quatre cents obus chargés que le maréchal Vallée avait promis d'envoyer à l'émir et quatre mortiers que devait expédier l'empereur de Maroc, Mouley Abd-el-Rahman.

CHAPITRE XLIV.

Suite du siège. — Razzia de Tedjmout.

Abd-el-Kader ne se montra nullement découragé par ce premier échec. L'investissement de la ville fut resserré et je m'occupai des moyens de pratiquer des mines au moyen desquelles il fût possible de faire sauter une portion des remparts.

Là j'arrête la transcription de mon Journal où j'ai consigné jour par jour les événements du siège qui a duré du 1ᵉʳ juillet, jour de la prise des jardins, jusqu'au 17 novembre, jour de la capitulation.

Un récit succinct suffira pour faire apprécier les difficultés d'une entreprise dans laquelle Abd-el-Kader s'était engagé sans prendre préalablement les mesures indispensables pour en assurer la réussite, trompé qu'il était par les rapports de son khalifa du désert et de quelques grands marabouts jaloux de l'influence de Tedjini.

On pourra juger, d'après ce récit, de la ténacité de l'émir et de l'autorité qu'il exerce sur ses soldats et sur son entourage. On admirera surtout l'héroïque défense des habitants d'Aïn Madhi.

Aidé de mon brave sergent hongrois, je me mis donc à pratiquer des mines en croyant le secret gardé et les résultats certains. J'ignorais que les habitants des k'çours (1) ont souvent

(1) Ce moyen d'attaque et de défense est très usité parmi les habi-

recours à ce moyen d'attaque. Aussi quel ne fut pas mon étonnement quand on vint m'apprendre que les assiégés avaient fait irruption dans une de mes mines ! Ce ne fut qu'après un combat acharné que nous pûmes les en déloger.

Toutes les mines que nous avons pratiquées ont abouti à un fossé que les habitants ont creusé autour de leurs remparts à 2^m, 50 de profondeur.

Presque toutes les nuits nos postes étaient exposés aux sorties des assiégés. Nos lignes d'investissement ont été plusieurs fois traversées. Les bataillons de Tlemcen, Hadars et Couloughs seuls n'ont jamais été surpris.

Les obusiers de l'empereur du Maroc et les munitions promises par le maréchal Vallée arrivèrent enfin.

On bombarda la ville pendant trois jours, sans qu'il nous fût possible de constater le moindre effet produit par nos bombes et nos obus. Les assiégés nous renvoyaient souvent ceux de nos projectiles qui n'avaient pas éclaté pour nous montrer le peu de crainte qu'ils leurs inspiraient.

La longue durée du siège commençant à inspirer des doutes sur la puissance d'Abd-el-Kader, plusieurs de nos convois furent pillés par les tribus alliées de Tédjini et l'exiguïté de nos rations et la mauvaise qualité des vivres étaient telles que nous étions presque tous atteints de la dysenterie. Beaucoup avaient la fièvre et nous perdions presque tous nos blessés. Le moral de notre petite armée s'affaissait donc sensiblement. Les personnages composant l'état-major de l'émir étaient d'avis d'entamer des négociations avec le marabout, fussent-elles toutes à son avantage, et de rentrer dans le Tell pour y préparer une

---

tants des k'çours dans les guerres qu'ils se font entre eux. Les habitants de Figuig surtout sont renommés par leur habileté à creuser des mines. Sidi Hamza, chef des Ouled Sidi Cheikh, avec lequel j'entretenais des relations très amicales, fit venir quelques mineurs renommés de Figuig qui furent mis à ma disposition.

nouvelle expédition dans de meilleures conditions. Mais Abd-el-Kader repoussait toute idée d'un arrangement de nature à amoindrir son prestige.

Vers le mois d'octobre, nous étions réduits depuis huit jours à ne manger que quelques onces de biscuit noir et rempli de vers que nous trempions dans de l'huile épaisse et puante. Nous fûmes informés que le convoi qui nous apportait des vivres venait d'être pillé par une fraction de la grande tribu des Larbâa. Nos espions nous apprirent que cette fraction était campée aux environs de Tedjmout à 7 ou 8 lieues N.-E. d'Aïn Madhi. Elle représentait une population de trois mille âmes dont 600 cavaliers environ. L'escadron de khièlas qui gardait le camp ne comptait guère que 50 chevaux en bon état et l'état-major de l'émir avait conservé une quarantaine de chevaux. Mais tous les maîtres de ces chevaux étaient des cavaliers d'élite. Poussés par la faim, c'est le mot, ils conçurent la pensée d'aller reprendre notre convoi aux Larbâa et ils déléguèrent deux des leurs auprès de moi afin de me faire adopter leur projet, car moi seul, me dirent-ils, pouvais obtenir d'Abd-el-Kader la permission de mettre à exécution ce coup d'audace. J'avoue que, malgré les dangers qu'offrait le projet de nos cavaliers il me séduisit, car il fallait à tout prix manger et relever le moral de nos pauvres soldats. Je remontai au camp. A la première ouverture que je fis à Abd-el-Kader de l'objet de ma démarche, il refusa en mettant devant mes yeux les conséquences fatales de notre entreprise si elle échouait. Je finis pourtant par le convaincre et il nous accorda la permission tant désirée. Seulement il exigea : 1° qu'un bataillon de soldats réguliers partît en même temps que nous de façon à nous servir de point d'appui dans le cas où les Lerbâa tenteraient un retour offensif et 2° que chacun de nous prît en croupe un fantassin qui devait nous aider à faire charger et conduire les chameaux du convoi enlevé.

Le 8 octobre, dans la nuit, notre escadron, composé de quatre-vingt-dix cavaliers admirablement montés, partait donc sous le commandement de l'agha des khiélas, homme de courage et de résolution. Tous, d'ailleurs, nous étions certains d'avance du succès de notre entreprise.

Nos guides étaient sûrs. Nous arrivâmes un peu avant les premières lueurs du jour sur un monticule de sable d'où nous découvrîmes le campement des Larbâa. Quelques restes de feux brillaient encore. C'est le moment favorable pour opérer les razzias. Le sommeil est plus lourd, disent les Arabes, et c'est l'heure des songes. Ordinairement les Arabes se gardent avec vigilance; mais les Larbâa, campant près de Tedjmout, k'çar leur allié, et sachant d'ailleurs que l'émir était sans cavalerie, ne pouvaient prévoir aucune attaque.

Nous fîmes mettre pied à terre à nos fantassins qui se rapprochèrent du campement et nous nous partageâmes en deux troupes égales de façon à y pénétrer par deux côtés à la fois. Pendant que nos cavaliers combattraient ceux des ennemis qui tenteraient de se défendre, nos fantassins devaient aider les conducteurs de notre convoi à charger leurs chameaux et à les diriger vers le bataillon d'Askers chargé de nous soutenir.

La manœuvre, ordonnée à voix basse, fut exécutée avec une promptitude miraculeuse. Dans un clin d'œil nous pénétrions comme un ouragan au milieu du campement endormi.

La poudre ne tarda pas à parler, mais surpris et terrifiés, les cavaliers Larbâa ne purent opposer qu'une résistance partielle à notre furieuse attaque. Une centaine environ furent mis hors de combat, la plupart se sauvèrent sur leurs juments qu'ils n'avaient pas eu le temps de seller et, une heure à peine après notre entrée dans le campement, nous chassions devant nous non seulement les chameaux chargés de nos vivres, mais les chameaux de l'ennemi et un magnifique troupeau de moutons. L'arrivée de notre bataillon d'infanterie qui avait franchi en moins de quatre heures la distance d'Aïn Madhi aux premières collines qui précèdent Tedjmout (28 kilomètres) nous délivra de toute inquiétude sur l'issue de notre razzia. Ce succès nous avait coûté la vie de deux braves khiélas. Sept cavaliers étaient blessés sans gravité. Les principaux habitants de Tedjmout, quoique alliés des Larbâa, jugèrent prudent de venir nous féliciter de la reprise de notre convoi, et une large dhifa fut apportée à notre bataillon qui était exténué de faim et de soif. Nous-mêmes et nos chevaux, nous avions besoin de nourriture et d'un peu de repos. Nous envoyâmes immédiatement un cavalier à l'émir; pour lui donner la bonne nouvelle.

A trois heures après-midi nous rentrions au camp en faisant la *fantasia* devant la tente de l'émir, qui félicita chaleureusement notre petite troupe du courage et de l'habileté qu'elle venait de déployer. — Ce coup de main audacieux ramena l'abondance dans le camp, et l'espoir succéda au découragement.

CHAPITRE XLV.

Ruse employée pour creuser une mine. — Hassan le Hongrois. — Scène du cimetière. — Abd-el-Kader me magnétise. — Ses extases.

Mais notre situation en face des murs d'Aïn Madhi était la même. Il était pourtant urgent d'arriver à une solution, et je passais des heures avec mon sergent hongrois pour trouver un moyen de pénétrer dans cette bourgade qui, depuis plus de deux mois, tenait en échec le sultan d'un grand royaume.

J'avais acquis la certitude que Tedjini avait des espions parmi nos soi-disant alliés et nos mineurs de Figuig, et qu'il était journellement informé de nos moindres mouvements et de tous nos travaux d'approche. Je demandai à Abd-el-Kader l'autorisation de construire une redoute que j'avais l'intention, lui disais-je, d'élever de façon à pouvoir dominer les remparts de la ville. L'émir et toute l'armée crurent à l'efficacité de ce moyen d'attaque. Mon bataillon de Coulouglis fut seul employé aux terrassements et à la construction de ma redoute dans l'enceinte de laquelle personne ne pouvait pénétrer. Tandis que l'attention des assiégés et des assiégeants se portait uniquement sur la construction de cette nouvelle fortification, dix hommes sûrs, dirigés par mon sergent hongrois, creusaient un puits dont *moi seul* et le chef de mon bataillon connaissions l'entrée. Ce puits communiquait avec une galerie d'où les mineurs ne sortaient que la nuit pour en extraire les déblais qu'ils mêlaient aux remblais de ma redoute. Cette opéra-

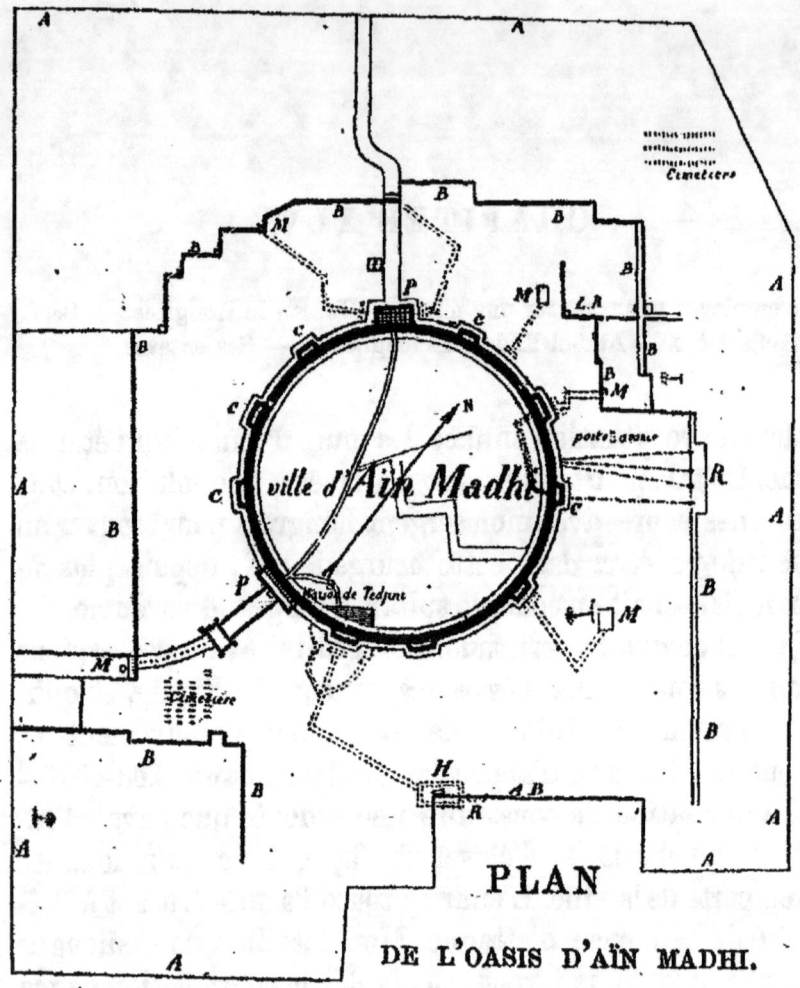

PLAN DE L'OASIS D'AÏN MADHI.

LÉGENDE.

A. Murs extérieurs des jardins de l'oasis.
B. Murs extérieurs conservés pour établir l'armée à l'abri des feux de la place.
C. Forts faisant partie des murailles.
P. Portes murées et surmontées d'un fort.
M. Mines creusées et qui *toutes* ont abouti à un fossé circulaire creusé par les assiégés à $2^m,50$ de profondeur.
R. Batteries.
H. Redoute construite par mon Hongrois, d'où partait la mine qui a déterminé la capitulation.
LR. Cabane que j'ai occupée pendant le siège.

tion se faisait sous mes yeux et *personne* ne pouvait communiquer avec aucun des mineurs. Ni eux, du reste, ni le chef de mon bataillon, ni Abd-el-Kader lui-même ne connaissaient mon projet combiné avec mon brave Hassan qui chaque jour acquérait de nouveaux titres à mon estime et à mes sympathies.

Pendant ce long et pénible travail, je souffrais terriblement de la dysenterie et d'une fièvre tierce dont les accès me causaient des prostrations effrayantes. J'avais eu le premier accès lors de notre arrivée devant Aïn Madhi. Nous avions demandé du bismuth et du sulfate de quinine pour nos malades, mais rien n'arrivait. Quelles ambulances ! et quels chirurgiens ! Toutes les blessures étaient traitées avec du beurre fondu bouillant qu'on versait sur la plaie, ou par une cautérisation pratiquée avec un fer rouge.

Je n'oublierai jamais les circonstances dans lesquelles j'ai éprouvé mon dernier accès de fièvre.

C'était à la fin d'octobre. Les travaux de ma mine avançaient et je voyais arriver le moment où plus que jamais ma présence serait nécessaire soit pour charger la mine sans éveiller les soupçons, soit pour diriger l'assaut si l'effet se produisait suivant mon attente et celle de mon Hongrois. J'étais très affaibli par les deux maladies que la mauvaise nourriture, les fatigues et les émotions de toute sorte aggravaient chaque jour. Un soir surtout, après un violent orage qui avait eu lieu dans la journée et qui avait inondé les réduits en terre et en branchages que nous avions construits contre les murs qui nous paraient des feux de la ville, j'étais exténué. Il fallait pourtant aller auprès d'Abd-el-Kader, pour lui rendre compte de la situation et lui demander les ordres qui m'étaient nécessaires, afin d'obtenir des munitions et de changer certaines dispositions de l'investissement. Le camp, on le sait, était situé à 2 kilomètres nord de la ville. La nuit était obscure, mes pauvres soldats étaient soumis à un service tellement pénible que je ne voulus en prendre aucun avec moi. Quant à mon fidèle Isidore qui ne m'avait jamais quitté, il me remplaçait à la redoute pour veiller à ce que personne ne s'approchât de l'ouverture de ma mine. Je partis donc seul. Après avoir fait un kilomètre environ, je sentis la fièvre arriver. Je marchais alors dans un terrain boueux où mes pieds rencontraient à chaque instant des obstacles dont je ne me rendais pas compte ; l'accès redoublait de violence, je heurtai un nouvel obstacle et je tombai presque sans connaissance. J'éprouvai toutefois un sentiment de bien-être, car j'étais couché sur la terre détrempée et ma tête était appuyée mollement sur un objet qui lui servait d'oreiller. Quand l'accès fut passé je sentis une odeur fétide... je me levai, le ciel s'était éclairci, je regardai autour de moi. J'eus un frisson d'horreur. J'étais au milieu du cimetière où nous avions enterré nos morts depuis le commencement du siège. On avait dû consacrer à cette triste destination le seul endroit où se trouvait un fond de terre que les eaux avaient successivement apportée dans une déclivité de ce sol calcaire. L'orage qui avait éclaté dans la journée avait amené des torrents d'eau dans cette déclivité et tous les corps avaient été découverts. Mon oreiller, qui m'avait paru si moelleux, était le ventre tuméfié d'un malheureux soldat récemment enterré.

Je parvins avec peine à sortir de cet amas de boue, de pierres tumulaires et de cadavres, et j'arrivai à la tente d'Abd-el-Kader dans un état déplorable. Mon burnous et mon haïk étaient souillés. En deux mots, j'expliquai ce qui venait de m'arriver. Abd-el-Kader me fit donner d'autres vêtements et je vins m'asseoir auprès de lui. J'étais sous l'influence d'une excitation nerveuse dont je n'étais pas maître. « Guéris-moi, lui dis-je, guéris-moi ou je préfère mourir, car dans cet état je me sens incapable de te servir. »

Il me calma, me fit boire une infusion de *schiehh* (espèce d'absinthe commune dans le désert), et appuya ma tête, que je ne pouvais plus soutenir sur un de ses genoux. Il était accroupi à l'usage arabe ; j'étais étendu à ses côtés. Il posa ses mains sur ma tête, qu'il avait dégagée du haïk et des chechias, et sous ce doux attouchement je ne tardai pas à m'endormir. Je me réveillai bien avant dans la nuit ; j'ouvris les yeux et je me sentis réconforté. La mèche fumeuse d'une lampe arabe éclairait à peine la vaste tente de l'émir. Il était debout, à trois pas de moi ; il me croyait endormi. Ses deux bras dressés à hauteur de sa tête relevaient de chaque côté son burnous et son haïk d'un blanc laiteux qui retombaient en plis superbes. Ses beaux yeux bleus, bordés de cils noirs, étaient relevés, ses lèvres légèrement entr'ouvertes semblaient encore réciter une prière et pourtant elles étaient immobiles ; il était arrivé à un état extatique. Ses aspirations vers le ciel étaient telles qu'il semblait ne plus toucher à la terre.

Admis quelquefois à l'honneur de coucher dans la tente d'Abd-el-Kader, je l'avais vu en prières et j'avais été frappé de ses élans mystiques, mais cette nuit il me représentait l'image la plus saisissante de la foi. C'est ainsi que devaient prier les grands saints du christianisme. Je me rendormis encore et le lendemain, après avoir rempli ma mission auprès de l'émir, je revins à ma redoute. Depuis cette nuit, je n'ai plus eu un seul accès de fièvre et j'ai guéri ma dysenterie en mangeant une grenade avec son écorce, grillée sur un feu ardent.

Devais-je cette guérison instantanée de la fièvre périodique qui me minait, à l'émotion éprouvée au cimetière, aux attouchements magnétiques d'Abd-el-Kader ou bien encore à ses ardentes prières ? Ce qu'il y a de certain c'est que, dans tout le camp de l'émir, ma guérison fut attribuée à la puissance de son intervention auprès du Très-Haut.

CHAPITRE XLVI.

La mine est achevée et chargée. — Arrivée de Sidi Mohammed Saaïd, frère aîné de l'émir.

Enfin, après quarante-six jours d'un travail pénible, le 16 novembre je pouvais m'assurer, par moi-même, à l'aide de ma boussole et d'un théodolite (que l'émir, à ma demande, avait fait venir d'Alger), que le sergent hongrois avait dirigé et amené sa mine à l'endroit que nous avions désigné, c'est-à-dire sous le rempart qui était presque contigu au palais de Tedjini. Pour éviter le fossé *pratiqué* par les assiégés à $2^m,50$ de profondeur autour de leurs remparts, nous avions *creusé* notre puits d'entrée à une profondeur de 5 mètres, puis nous avions donné une direction oblique à notre galerie de façon à rejoindre la portion du rempart que nous voulions faire sauter et qui était située à 200 mètres environ à l'est de notre redoute, vis-à-vis de laquelle nous avions pu nous convaincre que les assiégés avaient accumulé tous leurs moyens de défense. Arrivé sous les remparts, mon sergent avait pratiqué huit petites galeries qui aboutissaient à huit fourneaux chargés de plusieurs quintaux de poudre et murés par 6 mètres de terre glaise trempée d'eau. D'excellentes mèches qu'avait envoyées le maréchal Vallée, en même temps que les bombes et les obus, étaient renfermées dans des roseaux passés au feu qui les préservaient de l'humidité, ces mèches arrivaient à un endroit de la galerie principale que le sergent et moi seul connaissions.

Tout était donc prêt pour accomplir cette œuvre de destruction.

J'hésitai, je l'avoue, à livrer tout mon secret à Abd-el-Kader.

Il me semblait que j'allais commettre un crime en faisant ensevelir sous les ruines de son palais l'homme qui m'avait sauvé la vie, et en ouvrant traîtreusement une brèche par laquelle une soldatesque barbare pénétrerait dans cette ville si héroïquement défendue et où se trouvait peut-être ma pauvre Khadidja que notre amour avait soumise à de si cruelles épreuves!

Mon devoir pourtant me commandait de ne rien cacher au chef que je servais.

Une heureuse circonstance vint me permettre de concilier mon devoir envers l'émir avec mes sentiments de reconnaissance à l'égard de Tedjini et mes craintes au sujet de ma pauvre amie.

Sidi Mohammed Saaïd, frère aîné d'Abd-el-Kader, que j'avais rencontré avant d'arriver à Tlemcen (voir le chapitre 28) et qui m'avait témoigné une si tendre bienveillance, venait d'arriver au camp avec El Hadj-Mustapha Ben Thémi, khalifa de Mascara et beau-frère de l'émir.

Ils avaient appris la situation critique de leur frère en face d'une ville qui résistait victorieusement à ses attaques et qu'ils savaient entourée de tribus puissantes et hostiles. Ils accouraient pour lui prêter le concours de leur puissante médiation et pour lui donner des conseils de modération et de prudence.

J'écrivis aussitôt à Sidi Mohammed Saaïd pour lui demander une audience et l'accueil que je reçus de ce saint personnage redoubla mes sympathies. Sans lui donner connaissance de mon nouveau moyen d'attaque, je lui témoignai le désir de le voir assister à la visite que j'allais faire au sultan pour lui rendre compte des opérations du siège. « C'est Dieu qui t'a envoyé, lui dis-je, car la bénédiction attachée à tes pas peut éviter de grands malheurs. »

Il fut convenu que je remettrais au lendemain ma visite à Abd-el-Kader, afin que Sidi Mohammed Saaïd pût sûrement assister à cette conférence sans avoir l'air de nous être concertés.

Le 18 novembre, quand j'arrivai dans la tente du sultan, je lui dis à voix basse, en lui baisant la main, que j'avais une communication importante à lui faire et que je croyais ne devoir faire qu'à lui seul. Il congédia tous ses fonctionnaires qui étaient dans sa tente, mais il retint son frère. J'hésitais à parler, il comprit le sentiment qui m'imposait encore silence et il me dit : « Parle, Omar, Sidi Mohammed Saaïd, mon frère aîné, représente pour moi Sidi Mahhi-ed-Din notre père vénéré (que Dieu nous fasse participer à ses mérites). Je n'ai rien de caché pour lui, c'est mon seigneur. »

Mes vœux étaient exaucés :

Je racontai alors la ruse que j'avais employée pour creuser ma mine sans donner l'éveil aux assiégés et sans m'exposer à voir mon secret trahi. Je fis la description de la mine ; j'indiquai les effets terribles qu'elle devait produire et le plan d'assaut que j'avais préparé. Je vis briller des éclairs dans le regard de l'émir. « Demain, dit-il, d'un ton saccadé, ce soir plutôt, je vais donner des ordres pour l'assaut général, prépare-toi à mettre le feu à la mine ! Enfin le jour de la victoire est arrivé. »

Sidi Mohammed Saaïd parvint à grand' peine à calmer l'agitation de son frère. « Songe à notre père vénéré, lui disait-il, il était doux et miséricordieux et c'est Dieu qui m'envoie auprès de toi pour te faire entendre les paroles qu'il t'adresserait lui-même s'il était vivant. Songe que comme Sidi Mahhi-ed-Din, Sidi Mohammed Tedjini a été victime de la tyrannie et de la cruauté des Turcs. Songe que des démons de discorde ont suscité la méfiance dans son cœur et que peut-être ses intentions sont pures. Songe au sang qui sera répandu si tu livres assaut à la ville, songe aux femmes, aux enfants, aux vieillards qui seront massacrés par tes soldats avides de vengeance. Et puis malgré les assurances d'Omar, es-tu certain du succès? Ignores-tu que les grandes tribus du désert qui redoutent ta domination n'attendent qu'une heure propice pour attaquer ton armée déjà démoralisée? Accorde-moi quelques heures que j'emploierai à préparer une solution qui évitera l'effusion du sang tout en sauvegardant tes droits et ta dignité de sultan. C'est la prérogative de mon caractère comme chef de la Zaouïa de nos ancêtres. C'est mon devoir comme musulman, car Dieu est avec les miséricordieux; oh! mon frère! souviens-toi que notre saint prophète à dit : Je recommande le pardon, car le pardon est l'acte le plus voisin de la piété. »

L'émir résista longtemps. Il dut pourtant céder aux sages conseils et aux supplications touchantes de son frère.

Il l'autorisa, en conséquence, à faire une démarche de conciliation auprès de Sidi Mohammed Tedjini.

CHAPITRE XLVII.

Capitulation d'Aïn Madhi.

Le marabout de Gheris demanda une entrevue au marabout d'Aïn Madhi. Dans ces termes, Tedjini ne pouvait la refuser, mais il l'accorda à condition qu'elle aurait lieu dans son palais.

Le 19 novembre, Sidi Mohammed Saaïd, accompagné d'un de ses plus vieux serviteurs et de moi, entra dans Aïn Madhi par une étroite poterne, car toutes les portes étaient murées.

Les deux marabouts s'embrassèrent avec toutes les marques d'un respect réciproque et tinrent à voix basse une longue conversation à la fin de laquelle Sidi Mohammed Saaïd me fit signe d'approcher. Conformément à l'ordre qu'il m'en donna, j'affirmai devant Tedjini qu'une mine formidablement chargée était pratiquée sous la muraille de la ville à un endroit que moi seul et mon lieutenant connaissions, qu'à un signe de l'émir le feu serait mis à la mine dont l'effet certain était d'ouvrir dans les remparts une brèche assez large pour que l'armée pût y pénétrer au moment où les assiégés s'en douteraient le moins « et tu sais, ajoutai-je en m'adressant à Tedjini, qu'Omar ne ment pas *même pour éviter la mort.* »

« Et ce qu'il ne te dit pas, ajouta Sidi Mohammed Saaïd, c'est qu'avant de mettre le feu à ses mines redoutables, il a demandé lui-même au sultan de tenter auprès de toi une démarche pacifique. »

A mesure que je parlais, je voyais la consternation se peindre sur les traits énergiques de Tedjini. Son regard perçant scrutait mon regard où il put se convaincre de ma sincérité.

Il entra alors dans la salle du conseil et nous laissa dans celle où nous avions été reçus.

L'assemblée devait être nombreuse, les membres qui la composaient semblaient discourir avec exaltation. La discussion, dont nous saisissions à peu près le sens, témoignait de sentiments peu pacifiques. Cependant un instant de calme relatif nous permit d'entendre la voix grave de Tedjini. Un profond silence succéda à son allocution. Le conseil délibérait à voix basse. Le manchot qui m'avait fait parcourir la ville, lors de ma première visite à Aïn Madhi, Ihaïa ben Salem, entra dans la pièce où nous nous trouvions, baisa respectueusement la main de Sidi Mohammed Saaïd et m'embrassa sur l'épaule car je m'étais levé à son approche. Il nous dit de le suivre, une place était réservée à Sidi Mohammed Saaïd à côté de Tedjini. Je restai debout en face de lui. Il me dit de répéter devant l'assemblée la déclaration que je lui avais faite au sujet de la mine et de jurer que j'avais dit la vérité. Je me retournai vers les assistants qui occupaient le fond de la salle, je répétai exactement la déclaration que j'avais faite au marabout et je terminai en m'écriant d'une voix forte et assurée :

« Je jure devant Dieu que j'ai dit la vérité et que mon désir le plus ardent est de rétablir la paix entre mon maître et le vôtre. »

Pas une voix, j'en suis fier pour ma race, ne mit en doute ma sincérité, et les membres du conseil, à l'unanimité, autorisèrent Tedjini à traiter des conditions de la paix.

Sidi Mohammed Saaïd, dont tous les habitants de l'Algérie respectent la sainteté et les vertus, exerça certainement une heureuse influence sur la détermination de Tedjini et des assiégés, mais sans les appréhensions que leur causait la mine dont je leur avais juré l'existence et dont ils n'était plus temps de combattre les terribles effets, cette population héroïque eût refusé de capituler.

Nous retournâmes au camp. Toute l'armée, sans exception, et tout l'entourage de l'émir accueillirent avec une joie non dissimulée l'espoir d'un arrangement qui mettait fin à une situation pénible et dangereuse.

Sid el Hadj-Mustapha ben Therni fut chargé d'aller stipuler avec Sidi Mohammed Tedjini lui-même les conditions de la capitulation ; les voici :

1° Tedjini devait verser entre les mains du sultan une somme égale aux dépenses occasionnées par le siège.

2° Il devait évacuer Aïn Madhi dans l'espace de quarante jours.

3° Il avait le droit d'emporter toutes ses richesses mobilières sans exception.

4° Les habitants de la ville étaient libres d'accompagner Tedjini avec armes et bagages.

5° Le sultan lèverait le siège et se retirerait avec son armée à huit lieues d'Aïn Madhi pendant les quarante jours accordés à Tedjini pour évacuer la place.

6° Comme garantie de l'exécution des articles de la capitulation Tedjini remettrait son fils en otage entre les mains du sultan.

Je ne pris aucune part à ces négociations, malgré le désir qu'en avait témoigné Tedjini. Abd-el-Kader, redoutant quelque trahison, m'avait recommandé de veiller moi-même à la garde de mes travaux. Il avait donné l'ordre à l'agha de l'infanterie de tenir prêtes ses colonnes d'assaut et je devais mettre le feu à la mine sur un ordre écrit que m'enverrait le sultan au moindre soupçon qu'il concevrait sur l'exécution immédiate de la capitulation.

J'étais donc dans l'impossibilité de prendre le moindre renseignement sur le sujet qui me tenait le plus à cœur. Khadidja était-elle renfermée dans Aïn Madhi ainsi que l'intervention miraculeuse de Messaouda pouvait me le faire supposer? Et dans ce cas, à quel titre et dans quelles conditions se trouvait-elle dans le palais de Tedjini? Toujours mêmes inquiétudes et mêmes tourments!

Trois jours se passèrent; la capitulation fut signée et Tedjini remit son fils en otage entre les mains des plénipotentiaires. Le fier marabout refusa obstinément de se rencontrer avec le sultan. Cette capitulation était, il faut l'avouer, bien plus glorieuse pour les assiégés que pour les assiégeants. Quant à moi, cette solution pacifique mettait fin aux terribles angoisses que m'inspiraient les conséquences de la prise d'Aïn Madhi à la suite d'un assaut.

Je demandai à voir le fils de Tedjini. C'était l'enfant qui m'avait remis le chapelet; je lui baisai la main avec tendresse, le pauvre petit était ahuri, c'est à peine s'il me reconnut et en présence des personnages qui le gardaient, je ne pus lui adresser aucune question.

Le 2 décembre 1838, le siège fut levé. Deux compagnies seulement de l'armée régulière furent laissées à la redoute dans laquelle se trouvait l'entrée de la mine creusée par mon brave Hongrois. Lui seul la connaissait et il reçut l'ordre d'en conserver la garde. Abd-el-Kader avait consenti à prendre ces dispositions sur la demande expresse que je lui en avais faite. Je tenais à prouver au sultan et à Tedjini l'exactitude de mes assertions sur l'effet matériel de ma mine (1).

(1) On lira à la fin du chapitre l'effet terrible produit par cette mine

Il n'y a pas nouvelle plus sûre que celle donnée par les yeux, disent les Arabes.

que j'avais eu bien raison de faire garder par mon brave Hongrois. Je donnai ainsi une sanction éclatante aux déclarations que j'avais faites à Abd-el-Kader et à Sidi Mohammed el Tedjini.

~~~~

LIVRE VII.

TEDJMOUT, TUGGURTH ET LE DÉSERT.

CHAPITRE XLVIII.

Tedjmout. — Décoration. — L'émir me fait cadeau de Salem. — Messaouda m'annonce la mort de Khadidja.

Le soir même de notre départ d'Aïn Madhi nous campâmes à Tedjmout.

Le lendemain 3 décembre, Abd-el-Kader passa la revue de son armée régulière. Il loua les soldats et leurs officiers du courage et de la fermeté dont ils avaient donné tant de preuves durant les dangers et les souffrances du long siège d'Aïn Madhi ; il glorifia ceux qui y avaient trouvé la mort et distribua quelques décorations (1).

Après cette distribution, il m'appela à l'entrée de sa tente et en face de son entourage et de tous les personnages du camp, il attacha sur ma tête la décoration de sept plumes

---

(1) Abd-el-Kader a institué une décoration qui s'appelle *Richa*, la plume. L'origine de cette décoration remonte aux temps du Prophète Mohammed. Quand un guerrier se distinguait dans les combats, il avait le droit de porter une plume d'autruche sur son turban. La décoration de la Richa est une plaque d'argent sur laquelle sont gravées trois, cinq ou sept plumes, suivant le grade. Cette plaque est retenue sur le turban ou autour de la corde du chameau par deux chaînettes d'argent qui s'accrochent l'une à l'autre. Sur la plaque est écrit :

Nasser el Din (qui fait triompher la religion.)

(la plus élevée), et fit amener devant moi un magnifique cheval noir que deux saïs avaient grand'peine à maintenir.

Il m'adressa, en même temps, quelques paroles dont je n'ai gardé aucune souvenance, car j'étais sous le coup d'une trop profonde émotion.

Je baisai à plusieurs reprises les mains de l'émir et je reçus les félicitations plus ou moins sincères de tout son entourage.

Il me tardait d'examiner à mon aise mon magnifique coursier. Il se nomme Salem.

Salem est moins grand que le cheval noir de l'émir, mais il est mieux conformé. Sa tête plate est petite, gracieusement attachée à une encolure élégante quoique forte. Ses oreilles forment le croissant. Deux yeux grands et brillants apparaissant à travers son toupet, tellement long et fourni, qu'on est obligé de le lier quand il mange. Sa crinière pend jusqu'au-dessous de l'épaule. Son poitrail est exceptionnellement large. Le rein est court et la croupe n'est pas ravalée comme celle de la plupart des chevaux barbes. Sa queue très fournie est bien plantée.

Ses jambes, fines quand on les regarde de face, sont très larges quand on les voit de profil. Ses jarrets indiquent une force extraordinaire. Il mesure au garrot 1 mètre 55 centimètres.

Je n'ai pas résisté au désir de monter ce bel animal. Il est admirablement dressé. Il fait des bonds extraordinaires, mais il est très docile. J'ai fait une délicieuse promenade et compris les vers du poète arabe :

« Un verre de liqueur enivrante est placé entre les deux oreilles d'un noble coursier. »

Je ne connais pas de jouissance plus grande que celle de sentir entre ses jambes un cheval puissant et fougueux et qui pourtant obéit aux moindres désirs de son cavalier. Je dis *désirs*, car lorsqu'il y a union intime entre le cheval et soi, on ne s'aperçoit pas du mouvement presque imperceptible que l'on fait pourtant quand on veut obtenir de lui telle ou telle allure et que le noble animal comprend instinctivement.

Pourquoi les inquiétudes que je ressens au sujet de Khadidja viennent-elles troubler ma joie ?

Hélas! j'étais encore bien loin de prévoir la terrible réalité.

Je descendais de mon beau Salem et j'allais de nouveau remercier l'émir lorsque Sidi Mohammed Saaïd me fit dire d'aller dans sa tente. Deux ou trois familles algériennes réfugiées à Aïn Madhi demandaient à rentrer à Alger et, là, à s'embarquer pour l'Égypte. Connaissant la bonté de Sidi Mohammed Saaïd et l'influence qu'il exerçait sur l'émir, elles s'étaient adressées à lui afin d'obtenir un sauf-conduit. L'excellent marabout l'avait facilement obtenu de son frère et il me priait de donner à ces pauvres familles une lettre pour mon père que je prierais de faciliter leur embarquement. Avant d'écrire, je demandai le nom des individus composant les familles. Quelle fut mon émotion, quand je lus sur la liste qu'on me présenta le nom de Messaouda, négresse affranchie de Sidi*** Coulougli algérien, le mari de Khadidja ! Il n'y avait pas de doute, c'était Messaouda sa nourrice. Il fallait la voir en secret pour l'interroger. Je n'hésitai pas, je dis à Sidi Mohammed Saaïd que le maître de Messaouda avait habité une campagne voisine de celle de mon père et que j'avais entretenu avec lui des relations d'amitié; que je désirais non seulement interroger cette négresse sur le sort de son maître, mais la charger de commissions pour mon père. « Je l'enverrai dans ta tente, me dit le frère de l'émir, sans la moindre hésitation. »

Le soir même après la prière de l'eucha, Messaouda fut

amenée dans ma tente par deux serviteurs de Sidi Mohammed Saaïd qui se retirèrent discrètement.

Elle tomba à mes pieds en sanglotant. Vainement je la questionnais. Elle ne pouvait articuler aucune parole. Que Dieu épargne à mon plus cruel ennemi les tourments que j'éprouvai durant cette longue attente! Enfin la pauvre créature se remit sur son séant et, me regardant avec des yeux fixes, elle laissa échapper de ses lèvres devenues blanches ces deux syllabes que j'entendrai jusqu'à mon dernier jour : « *Mêtet!* (Elle est morte !) »

Oh! si je ne suis pas mort moi-même, c'est que la douleur ne tue pas.

Je ne puis encore aujourd'hui songer de sang-froid à cette scène déchirante. Messaouda eut pourtant la force de me raconter la lugubre histoire, et moi j'eus le courage de l'écouter. En voici le résumé :

En quittant Milianah, Sidi***, mari de Khadidja, avait fait courir le bruit qu'il allait au Maroc, mais son intention était de se rendre auprès de Sidi Mohammed Tedjini à la confrérie duquel il était affilié. Il avait formé ce projet avec deux Algériens et leurs familles. Ils arrivèrent à Aïn Madhi sans trop de fatigue et furent parfaitement accueillis par le marabout, qui donna lui-même l'hospitalité au mari de Khadidja. La santé de la jeune femme s'altérait de plus en plus. C'est elle qui, des fenêtres du palais de Tedjini où elle habitait, m'avait reconnu dans la cour intérieure et avait intéressé ses femmes au sort du jeune musulman condamné à mourir. Alors la mère du marabout elle-même avait chargé son petit-fils de me remettre le chapelet qui devait me sauver.

D'après le conseil de Khadidja, on avait recommandé à l'enfant de m'appeler par mon nom et de prononcer le nom de Messaouda qui devait m'inspirer confiance, parce que, leur dit-elle, il a connu ma nourrice à Alger.

L'émotion que ma pauvre amie éprouva en cette circonstance augmenta le mal qui la minait. Les inquiétudes qui l'assaillirent pendant le siège épuisèrent ses forces. « Elle mourut, me dit Messaouda, en demandant à Dieu de lui pardonner et de répandre sur son Lioune ses plus abondantes bénédictions. »

« J'ai enseveli de mes mains celle que j'avais nourrie et que ma tendresse aveugle n'avait pas su maintenir dans la voie de Dieu... c'était écrit. Son mari est le seul habitant qui ait été tué par une bombe quelques jours après la mort de ma pauvre fille. Ils reposent tous deux dans la *teurba* (1), où sont enterrés les ancêtres de Tedjini. »

Je m'arrête..... Il est des douleurs dont l'expression ne peut rendre l'intensité.....

Le lendemain, les deux familles algériennes et la pauvre Messaouda, que Sidi Mohammed Saaïd leur recommanda chaleureusement, partirent sous bonne escorte (2).

La nouvelle de la reddition d'Aïn Madhi a inspiré la terreur à tous les habitants des oasis du désert et aux Arabes nomades leurs alliés. Aussi chaque jour voyons-nous arriver au camp des cadeaux de toute nature apportés par les principaux chefs. Le jeune cheik Ali ben Djelleb, qu'on nomme le sultan de Tuggurth, a envoyé de superbes présents à Abd-el-Kader qui, comprenant l'importance de ces relations, envoie lui-même des cadeaux au jeune prince ; c'est son premier se-

---

(1) Sepulchrum.
(2) En 1878, lors d'un voyage que je fis à Alger, je vis encore Messaouda que je n'avais jamais perdue de vue et, qu'après la mort de tous les membres de la famille de Khadidja, j'avais fait inscrire sur les registres du bureau de bienfaisance. Elle était bien vieille, mais son cœur avait conservé sa sensibilité. Elle ne pouvait se lasser de baiser les mains de Sidi Lioune. Et elle pleurait en parlant de sa fille Khadidja. Et moi aussi je pleurais celle dont quarante ans avant j'avais bien inconsciemment, hélas ! causé la fin prématurée !

crétaire Sid el Hadj Mehammed el Kharroubi, qui est chef de cette ambassade ; j'obtiens de l'émir la permission de l'accompagner. Je cherche à échapper aux cruels souvenirs qui m'obsèdent. Je ne puis y parvenir. Je feins d'être malade pour excuser ma tristesse et mon découragement.

Nous nous mettons en route le 5 décembre. Notre caravane se compose de dix cavaliers, douze mules chargées de présents et vingt chameaux aux vives allures, race intermédiaire entre le chameau porteur et le chameau coureur (*m'hari*). Près de 80 lieues séparent Tuggurth de Laghouat. Nous avons mis six jours pour parcourir cette distance. Nos stations ont été k'çar el Haïran oasis, Zraïb lieu de station, situé près d'un immense marais nommé *M'ddaguin*. Nous cotoyons ce marais pendant deux jours, et nous arrivons à Mader el Atar en suivant un ruisseau qui porte le même nom.

Le cinquième jour, nous couchons à Djezioua, petite oasis sans importance.

Le sixième jour nous arrivons à Tuggurth. Après avoir traversé une suite d'oasis qui sont échelonnées sur la vallée nommée Oued *Righ* qui est bornée des deux côtés par des dunes de sable. Ces oasis, dont Tuggurth est la capitale, sont au nombre de trente-six, dont il serait fastidieux de donner les noms.

Cette magnifique vallée n'est pas arrosée par des sources à fleur de terre, mais par l'eau qui jaillit de puits creusés à de grandes profondeurs.

Sid el Hadj Mehammed el Kharroubi et moi sommes descendus de cheval pour examiner quelques-uns de ces puits dont l'orifice en moyenne est de cinq pieds carrés et d'où coule une quantité d'eau plus ou moins abondante suivant que le puits est plus ou moins ancien, car à la longue les dépôts de l'eau arrivent à les obstruer. Voici comment s'opère le creusement des puits : un ouvrier seul est employé à l'intérieur, à mesure qu'il enfonce il soutient le terrain au moyen de fortes solives en palmier qu'il pose en formant un carré. Suivant les divers points de la vallée on trouve l'eau à une profondeur qui varie de 40 à 100 mètres. Les indigènes ne creusent pas au delà de cette profondeur. L'ouvrier qui creuse le puits reconnaît à certains signes infaillibles qu'il approche de la nappe d'eau jaillissante. Alors il se fait attacher une corde solide sous les aisselles et continue son travail. Au moment où il donne le dernier coup de pioche qui perce la croute qui recouvre la nappe d'eau, il secoue la corde que ses camarades tirent aussi rapidement que possible, mais l'eau jaillit avec une telle force que souvent le pauvre ouvrier est asphyxié quand il arrive au haut du puits.

Il n'y avait pas à s'y tromper. Les Arabes de Tuggurth creusaient des puits artésiens avant nous.

Lorsqu'à Paris, en 1840, je donnais ces détails au ministère de la guerre, mes récits rencontraient la même incrédulité que lorsque je parlais de la forêt de cèdres de Teniet-el-Had. Et puis, deux ou trois ans après, je lisais dans certaines publications officielles les renseignements que j'avais fournis et dont on se gardait bien d'indiquer la source. Mais revenons à Tuggurth.

Durant tout notre voyage, nous avions été constamment escortés par cinq ou six cents cavaliers des tribus alliées du cheik de Tuggurth (1).

Que d'histoires, que de chroniques intéressantes, que de renseignements utiles sur les mœurs, les usages, et les relations de ces tribus nomades et de ces oasis (2) !

(1) Les Ftaït, les Ouled Moulat, les Ouled Sâaïd, les Ouled Sidi Abd Allah, les Ouled S'ghoud, les Salmia et les Ouled Rahman.
(2) Tout ce que j'ai vu et entendu pendant mon séjour dans le désert en 1888, M. le général Daumas l'a écrit dans ses intéressants ouvrages « *Le Sahara algérien* (1844), *Les Chevaux du désert* (1855) et *Le grand Désert* (1857). »

A quelques lieues de Tuggurth, les principaux habitants de la ville et quelques cavaliers réguliers composant la garde du cheik, qu'on nomme pompeusement le sultan, vinrent nous souhaiter la bienvenue. La ville de Tuggurth est entourée d'un fossé large et profond que les habitants peuvent remplir d'eau en cas d'attaque. On pénètre dans la ville par deux portes. Vis-à-vis de chacune d'elles est un pont-levis qu'on relève en temps de guerre. Le mur d'enceinte est en assez mauvais état. Dans plusieurs endroits, à la kasbah surtout, nous avons remarqué des vestiges de constructions romaines. Nous sommes entrés par la porte de l'Ouest et avons été conduits à la kasbah où une maison assez confortable avait été préparée.

On voit à leur teint que les habitants de Tuggurth contractent de nombreuses alliances avec des négresses. Mais l'aristocratie a conservé la pureté du sang. Nous croyons avoir reconnu le type juif chez plus d'un musulman et cette remarque s'accorderait avec une chronique qui fait descendre certaines grandes familles de Tuggurth des juifs contemporains des Lybiens et convertis à l'islamisme.

Le cheik de Tuggurth auquel, ainsi que je l'ai dit, les habitants donnent le titre de sultan se nomme Abd el Rahman bou Lifa ben Djellab. C'est le neveu du cheik Ali ben Djellab, mort récemment. Le pouvoir est héréditaire dans la famille depuis des siècles.

Le sultan de Tuggurth est un souverain absolu qui se livre, à l'égard de ses sujets, aux actes les plus arbitraires. Il vit renfermé dans la kasbah où on pénètre par sept portes gardées par des nègres qui forment sa petite armée régulière. Là, dit-on, se trouvent de grands trésors amassés par ses ancêtres.

Il survient souvent des compétitions entre les membres de la famille des cheiks appelés à régner, alors les révolutions ensanglantent le palais et donnent lieu à des atrocités sans fin (1).

Le lendemain de notre arrivée, nous fûmes introduits dans les appartements particuliers du soi-disant sultan. Quel fut notre étonnement de nous trouver en face d'un enfant de sept à huit ans qui était assis à côté d'une femme encore jeune, belle et richement parée. C'est sa mère qui est la régente. Elle se nomme Lella Aichoucha. Elle gouverne elle-même au nom de son fils et est assistée d'un khalifa et d'un conseil privé composé de quatre personnages choisis parmi les grandes familles. Elle a, dit-on, des mœurs très déréglées, et c'est, ajoute-t-on, un dangereux honneur de devenir son amant.

Ce fut elle-même qui adressa la parole à l'envoyé de l'émir. Elle avait l'air parfaitement digne. Elle faisait semblant de vouloir cacher sa figure sous son voile, mais elle n'y parvenait jamais. Tout en reconnaissant la suzeraineté d'Abd-el-Kader, elle le traitait d'égal à égal. Elle parut très flattée des présents que lui remit Sid el Kharroubi de la part de l'émir. Elle nous fit servir une collation recherchée, nous fit cadeau de quelques étoffes et nous congédia avec une majesté un peu prétentieuse.

Hadj Mehammed el Kharroubi avait hâte de rejoindre l'émir; nous repartîmes le soir même et nous allâmes coucher à El Bereg, première station à l'ouest de Tuggurth.

Cette ville, que nous n'avons fait qu'entrevoir, est un des marchés les plus fréquentés du Sahara algérien. Plus de quarante tribus du désert y apportent leurs denrées et les produits de leur industrie. Les Touâregs y amènent également quelques caravanes arrivant du Soudan.

(1) Une de ces révolutions a éclaté en 1869. Tous les membres de la famille régnante ont été massacrés, à l'exception d'un seul !

Tuggurth est en relations constantes avec Tunis par Nefta, grande oasis de cette régence. C'est Tunis qui l'approvisionne de tous les produits de l'industrie tunisienne et européenne.

Il sera possible aux Français de faire arriver ce courant commercial dans la province de Constantine.

Nos amis, les Ben-Guêna, cheiks el Arab, dont l'un Ferhat ben Saïd est appelé « le grand serpent du désert » feront facilement accepter notre domination dans l'oued Righ dont les populations, j'ai pu en acquérir la certitude, sont fort mal disposées pour Abd-el-Kader qui les effraie par sa rigidité religieuse. C'est bien d'eux que l'émir peut dire : « Vous n'êtes musulmans que de nom. »

Nous étions de retour à Tedjmout le 23 décembre. Nous avions employé dix-huit jours à ce voyage de cent cinquante lieues aller et retour, y compris deux journées de repos à Tuggurth.

Nous arrivâmes la veille de la petite pâque *Aid el Sghair*.

Le lendemain l'émir devait faire la prière du Fedjer (de l'aurore).

Des fractions de trente tribus sahariennes étaient venues pour saluer le sultan et assister aux cérémonies de cette grande fête musulmane.

Une partie des populations des k'çours environnants était également accourue pour cette solennité.

Le jour de la fête, Abd-el-Kader, suivi de son état-major et des chefs des tribus voisines, se rendit à cheval vers une immense plaine, bornée au nord par les premiers contreforts de djebel Amour. Au sud s'étendait le désert ; nous avions devant nous, à l'est, les dunes de sable qui précèdent Tedjmout et, au sud-est, cette jolie oasis avec ses beaux palmiers au milieu desquels apparaissaient deux élégants minarets.

Abd-el-Kader descendit de cheval, ainsi que sa nombreuse escorte, et s'accroupit la face tournée vers l'orient.

Son état-major et les chefs de Makhzen et des tribus, au nombre d'environ cinq cents, se placèrent sur une ligne à dix mètres en arrière de lui.

A dix autres mètres en arrière et sur une ligne parallèle à celle des premiers rangs vinrent successivement s'accroupir les Arabes des k'çours et des tribus, dont le nombre s'élevait au moins à douze mille.

Ils formèrent en effet douze rangs de profondeur sur un front de mille hommes. Je fis aisément ce calcul en remarquant que les lignes des Arabes offraient un développement double de celui de la ligne des chefs dont le nombre m'était connu.

Nos chevaux avaient été conduits vers un plateau situé sur notre droite, un peu en avant de Tedjmout.

Au moment où les premiers rayons du soleil lancèrent une clarté argentée sur la cime élégante des palmiers de Tedjmout, Abd-el-Kader se redressa, éleva les bras vers le ciel et s'écria : « Allah ou ekbar! »

Dieu est le plus grand!

Les douze mille assistants se levèrent en même temps que l'iman sultan et répétèrent :

Allah ou ekbar!

Cette immense acclamation au milieu du silence du désert, le hennissement de cinq cents chevaux, richement caparaçonnés que des saïs avaient peine à maintenir, les génuflexions de ces douze mille musulmans, au costume biblique, se prosternant, frappant la terre de leurs fronts, se redressant, élevant les bras vers le ciel et répétant la profession de foi de l'islamisme; Abd-el-Kader enfin, qu'on entendait distinctement réciter les versets du Coran, tout cet ensemble, éclairé par les rayons obliques du soleil qui montait à l'horizon, offrait un de ces tableaux indescriptibles qu'on ne voit pas deux fois en sa vie.

CHAPITRE L.

Séjour et chasses chez l'agha des Larbâa.

Le temps accordé à Tedjini pour évacuer Aïn Madhi n'était pas écoulé, je demandai à Abd-el-Kader la permission d'accepter les invitations des chefs des grandes tribus des Larbâa, des Ouled Khelif et des Ouled Néïl qui me suppliaient d'aller dans leurs tentes pour chasser les gazelles, les autruches, l'antilope et les outardes. L'émir, ayant déjà constaté ma tristesse qu'il attribuait à un état nostalgique, m'accorda la permission que je lui demandais, et deux jours après j'entrai dans la tente du noble agha des Larbâa.

Les tentes que nous voyons dans le Tell ne peuvent nullement nous donner l'idée, soit comme étoffes, soit comme dimensions de celles sous lesquelles habitent les chefs des tribus du désert.

L'étoffe de ces tentes est plus fine et est rayée de vert, de rouge et de blanc. Le *guntas*, sommet de la tente, s'élève, dans celles des chefs surtout, à 15 mètres au-dessus du sol. Les trois montants principaux sont en deux parties qui s'emboîtent l'une dans l'autre au moyen de cercles de fer (1).

(1) L'agha des Ouled Néïl fit tendre un jour une de ses tentes près du campement de l'émir qui en avait témoigné le désir. Je me souviens parfaitement que nous y entrâmes trente à cheval et que nous étions loin d'en couvrir toute la superficie.

Le faîte des tentes est orné de plumes d'autruches. Elles sont divisées en plusieurs compartiments par de grands tapis. Plusieurs montants rompent la ligne de déclivité qui va du sommet jusqu'au sol. A gauche du montant du milieu et sur le devant de la tente se trouve le compartiment destiné à recevoir les hôtes, à droite le compartiment des femmes ; ces deux compartiments forment deux pièces séparées du reste de la tente qui est consacrée suivant le degré d'inclinaison aux juments et aux jeunes poulains, dans la mauvaise saison, aux approvisionnements de grains et de dattes et aux brebis qui ont mis bas.

Un douar d'une tribu nomade se compose ordinairement de trente tentes.

Quand ces tentes aux couleurs variées sont éclairées par le soleil couchant, elles offrent un coup d'œil ravissant.

Les troupeaux occupent le *m'rahh* (intervalle situé entre les tentes).

Devant chaque tente, dont les ouvertures sont tournées vers l'intérieur de la circonférence, sont plantés les *retaâ*, cordes auxquelles sont attachés les chevaux.

Les Arabes du désert ne montent que des juments. Elles sont pour eux une source de richesses. Les poulains mâles sont élevés et vendus aux habitants du Tell. Dans chaque douar on conserve le plus beau comme étalon.

Les juments supportent mieux la soif que le cheval. Elles ne se battent pas entre elles. Quand les Arabes veulent faire paître leur jument pendant une halte, ils lui ôtent le mors, glissent la têtière de la bride sur son cou, font passer les rênes autour d'une jambe de devant et les rattachent au *guerbous* (pommeau de la selle). Jamais alors elles ne tentent de fuir et paissent tranquillement les unes à côté des autres. Elles ont en outre, pour les Arabes, l'immense avantage de ne pas hennir ; or, comme la guerre chez eux consiste surtout à surprendre l'ennemi, ils doivent éviter tout ce qui pourrait trahir leur approche.

J'ai passé près de quinze jours accueilli et fêté par ces nobles Arabes (djouad) dont chacun brigue la faveur de mon amitié. En me comparant aux Arabes qui entourent l'émir, ces braves gens veulent bien me reconnaître quelque supériorité. Ils admirent surtout mes manières qui, je dois l'avouer, sont plus polies que celles des personnages attachés à la personne de l'émir. Ils me supposent un crédit que je n'ai pas, et puis je suis persuadé qu'ils ne croient pas à la durée de la domination de l'émir et qu'ils se ménagent peut-être en moi un appui auprès des Français. Les Arabes voient de loin (1).

Pendant mon séjour chez mes amis du désert, j'ai chassé plusieurs fois la gazelle, l'antilope, une seule fois l'autruche, et j'ai bien juré que je ne recommencerais plus cette dernière chasse. Le lecteur comprendra ma résolution quand il en aura lu le récit.

J'étais chez l'agha des Larbâa ; on vint le prévenir que les traqueurs avaient signalé une *djeliba* (troupeau) composé de vingt à trente autruches à dix lieues au sud de Laghouat. L'agha décida que nous partirions le soir même pour nous trouver le lendemain au lever du soleil à l'endroit indiqué.

On ne peut faire cette chasse qu'avec des chevaux ou des juments entraînés à cet effet. Je dus en conséquence monter un des chevaux de chasse de l'agha. Nous étions vingt cavaliers suivis chacun de vingt domestiques montés sur des chameaux à allures rapides portant des outres remplies d'eau, quelques rations d'orge et quelques galettes.

Arrivés au lieu indiqué, nous trouvâmes les traqueurs qui

---

(1) En effet, quel parti n'ai-je pas tiré des relations amicales que j'avais établies avec les grands chefs du désert, marabouts et djouad, quand, interprète du maréchal Bugeaud, j'ai été chargé d'amener à nous les tribus et les k'çours sahariens !

nous confirmèrent la présence des autruches. Le harnachement de mon cheval fut réduit à sa plus simple expression. Je me dépouillai moi-même de mes burnous, de mes t'mag (bottes rouges) et de mes éperons. Nous nous armâmes chacun d'un long bâton dont le bout est pesant. Nous nous avançâmes avec précaution et en nous abritant derrière les moindres plis de terrain, car l'autruche a l'oreille fine et la vue perçante. Quand les chasseurs en vedette nous firent signe de nous arrêter, nous descendîmes de cheval et nous fîmes boire à nos montures un peu de l'eau portée par nos chameaux. Nous laissâmes tous nos bagages à cet endroit et nous nous remîmes en selle. Chacun des cavaliers prit sa direction de façon à former, sans être aperçus, un vaste cercle autour de l'endroit où étaient les autruches. N'ayant aucune expérience de cette chasse, je restai à côté de l'agha. Il fallut plus d'une heure pour que chacun arrivât à son poste. A un signal donné, les traqueurs marchèrent droit sur les autruches. Elles s'enfuirent effrayées et furent ramenées dans le cercle par les cavaliers embusqués. Ce manège dura plus d'une heure pendant laquelle les autruches affolées commencèrent à perdre un peu de leur vélocité; elles se disséminèrent, sortirent du cercle et prirent des directions diverses ; l'agha et moi, nous nous attachâmes à la poursuite d'un *dhelim* (autruche mâle), et d'une *ramda* (femelle). Le mâle se distingue facilement de la femelle, car les plumes de celle-ci sont grises, tandis que les plumes du dhelim sont blanches et noires. Nous maintînmes nos montures à un galop constant mais modéré, de façon seulement à ne pas perdre de vue les autruches. Au bout de trois heures, nous les vîmes ouvrir les ailes et incliner la tête. Nous hâtâmes alors l'allure de nos chevaux et bientôt l'agha atteignit les deux autruches et les assomma d'un seul coup de bâton, habilement frappé sur la tête de l'animal.

Quant à moi, j'étais brisé, harassé; mes jambes nues étaient déchirées par les courroies qui maintiennent l'étrier et par l'étrier lui-même. Et quelle chaleur ! quelle soif ardente !

Heureusement nos chameliers n'avaient pas perdu notre piste et au bout d'une heure de cruelle attente ils nous arrivèrent. Nos chevaux étaient incapables de faire une nouvelle course. On les fit boire par petites gorgées et, quand le soleil se coucha, on leur permit de manger l'orge. Nous dévorâmes nos galettes et seulement le lendemain nous rejoignîmes notre campement. Sur vingt cavaliers, douze étaient de retour. Les autres n'arrivèrent que le jour suivant. Nous avions rapporté huit peaux d'autruche dont trois mâles.

La chasse à la gazelle est beaucoup moins fatigante et ne nécessite aucun préparatif. C'est une longue promenade que nous faisions dans les parties les moins arides du désert en compagnie de beaux cavaliers superbement montés et de plusieurs paires de sloughis (lévriers), tenus en laisse par des serviteurs également bien montés.

Les gazelles voyagent par djeliba (troupeaux) de dix à cent têtes. On voit parfois des djeliba de trois à quatre cents gazelles.

Dès que les éclaireurs apercevaient une djeliba, nous profitions des accidents du terrain pour aller nous placer sous le vent. La gazelle a l'odorat très développé. Nous nous approchions autant que possible, et quand 3 ou 400 mètres seulement nous séparaient de la djeliba, les lévriers étaient lâchés et partaient comme autant de flèches. Nous les suivions au petit galop de façon à ne pas perdre leurs traces. Les lévriers n'atteignent guère la djeliba avant une course de 6 à 8 kilomètres. Chaque sloughi choisit sa proie. Au moment d'être atteint, le joli petit quadrupède brame tombe les vertèbres brisées par le coup de dent du sloughi.

L'hiver est la saison la plus favorable pour la chasse de la gazelle.

Nous prenions jusqu'à douze et quinze gazelles dans une chasse.

Lors de mon séjour dans la Mitidja à mon départ d'Alger, j'ai eu occasion de parler des sloughis; mais il faut voir ce noble animal dans le désert sous la tente des grands chefs et courant après les gazelles. Les Arabes du désert apportent à la reproduction des sloughis les soins qu'ils apportent à la reproduction des chevaux. Les uns et les autres ont leur généalogie. Le sloughi, comme je l'ai dit, n'est pas impur comme le chien ordinaire. Aussi a-t-il le privilège de coucher sur des tapis à côté de son maître. Il est vêtu pendant l'hiver d'un *djelell* (couverture en fine étoffe). A propos de *djelell*, j'ai oublié, je crois, de dire que les Arabes recouvrent toujours leurs chevaux, été et hiver, de couvertures plus ou moins épaisses suivant la saison.

El djellel nofs-el aâmara (la couverture équivaut à la moitié de la musette).

Comme au cou des chevaux, les Arabes de grande tente suspendent des *heurz* (talismans) au cou de leurs lévriers. Ils les nourrissent avec soin et avec une grande propreté. Le lévrier suit son maître dans ses visites et on le soigne comme un hôte.

Les Arabes échangent souvent un sloughi contre un cheval ou une jument troc pour troc.

J'arrive maintenant à la chasse vraiment princière, à la chasse de nos chevaliers du moyen âge, à la chasse au faucon (1). Tous les *djouad*, chefs des grandes tribus du désert et des hauts plateaux qui bornent la partie sud du Tell, se

---

(1) En arabe *Thir el heurr*, l'oiseau noble, ou bien seulement El Thir, l'oiseau (par excellence).

livrent à cette chasse qui exige des connaissances cynégétiques profondes et un équipage luxueux. Les chasseurs capables d'élever les faucons sont rares. Il y a plusieurs espèces de faucons. Chaque espèce chasse un gibier différent.

Nous avons chassé le lièvre, l'outarde et la gazelle.

Dès que le lièvre est signalé, le cavalier qui tient le faucon le décapuchonne et le lui montre. Le faucon part, s'élève en pointe à perte de vue, tout en suivant le lièvre de son œil perçant, puis tombe sur lui comme une flèche, l'étourdit et même le tue d'un coup de serres.

Quand nous rencontrions des *habbara* outardes les cavaliers les faisaient envoler vers le chasseur qui tient le faucon. Celui-ci, aussitôt décapuchonné, s'élançait dans les airs à la poursuite d'une outarde, cherchant toujours à la dominer; quand il y réussit, il fond sur elle, lui casse une aile, lui saisit la tête dans ses serres et ils tombent avec une rapidité vertigineuse; le faucon est toujours sur sa proie de façon à éviter le choc de cette effroyable chute.

Nous avons pris deux gazelles avec un faucon; c'est un spectacle écœurant de voir le terrible oiseau crever les yeux du pauvre petit animal qui pousse des cris plaintifs. Il arrive quelquefois que le faucon, en s'élançant sur la tête de la gazelle, est transpercé par ses cornes.

Pour arracher sa proie au faucon, son maître jette à côté de lui une peau de lièvre sur laquelle il s'élance. Ce n'est qu'au retour de la chasse qu'on donne la curée au faucon.

Quel ravissant et poétique spectacle que l'arrivée au douar d'une troupe de cavaliers djouad revenant d'une chasse aux faucons.

Les chefs sont en avant, un faucon sur l'épaule et un au poing, ganté du *guefass* (gant à revers).

Ces nobles oiseaux, la tête recouverte de leurs capuchons (*kembid*), enrichis de broderies et de plumes d'autruche, sont retenus par de petites chaînes d'argent qui s'accrochent aux anneaux qui entourent leurs jambes et qui sont garnis de grelots.

Les chefs djouad mettent un certain orgueil à laisser sur leurs burnous les traces de la fiente de leurs faucons. C'est un signe de noblesse.

Derrière les chefs vient la troupe des cavaliers et des serviteurs, les uns tenant sur le poing les faucons de réserve, les autres menant les sloughis en laisse.

C'est ainsi qu'au moyen âge nos grands seigneurs devaient, au retour de la chasse, faire leur rentrée dans leurs manoirs. Les grands aghas djouad du désert, par le pouvoir absolu qu'ils exercent sur leurs tribus, par l'état perpétuel de guerre dans lequel ils vivent, et par leurs habitudes, me représentent les barons de notre féodalité dont je lisais les chroniques avec tant d'admiration. Que de fois ai-je regretté de n'avoir pas vécu à cette époque poétique et chevaleresque!

CHAPITRE LI.

Adieux de l'Hôtesse arabe. Fin décembre 1838.

J'ai bien là sous les yeux l'Arabe tel que je l'avais rêvé, l'Arabe que n'a pas atteint notre civilisation et qui a conservé les mœurs et l'aspect des enfants d'Abraham et d'Ismaël. Je suis encore ému d'une aventure qui pourrait figurer parmi les récits des *Mille et une Nuits* et pourtant, je n'ai pas besoin de le dire, c'est un épisode scrupuleusement vrai.

Entraîné seul à la poursuite d'une gazelle tenue de près par une délicieuse levrette que l'agha Djedid m'avait donnée et qui déjà s'était attachée à moi, je m'étais tellement éloigné de mes compagnons que lorsque la gazelle fut forcée et étranglée par ma levrette, je les avais complètement perdus de vue et ne me rendais pas compte de la direction qu'ils avaient prise. Il me fallut encore descendre de cheval pour donner quelques gorgées d'eau, que j'avais dans une petite outre, à ma pauvre levrette qui était harassée et altérée. Je la laissai reprendre haleine et je me dirigeai au hasard vers le couchant. Les jours sont courts au mois de décembre et la nuit succède au jour sans crépuscule. J'allais dans l'obscurité, me laissant guider par mon beau Salem dont deux ou trois hennissements m'indiquaient qu'une ou plusieurs juments devaient être à proximité; en effet, j'aperçus bientôt les feux d'un douar vers lequel je m'acheminai avec une profonde satisfaction, car mon cheval, ma levrette et moi étions accablés par la faim et la fatigue. Je m'arrêtai à l'entrée du *m'rahh* (enceinte du douar) et m'écriai : « *Dhif Allah*, hôte de Dieu. »

Plusieurs Arabes sortirent des tentes voisines et me répondirent : « *Merrahhba B'dhif Allah!* Qu'il soit le bienvenu, l'hôte de Dieu ! » et en voyant la beauté de mon cheval et de ma levrette, la richesse de mon harnachement et de mes armes et la propreté recherchée de mes vêtements, ils se consultèrent à voix basse et me conduisirent vers une des tentes principales. « Sidi Saad-Allah, crièrent-ils en approchant. Voici un hôte de haute noblesse que t'envoie le Très-Haut. »

A cette interpellation, une femme (1) sort de la tente voisine, qui me paraît être la plus vaste du douar, et s'adressant à mes guides :

« Pourquoi l'hôte de Dieu n'apporterait-il pas la bénédiction dans ma tente, dans la tente de votre kaïd (que Dieu lui fasse miséricorde !). »

— Mais ta tente est vide d'hommes, » lui répond Sidi Saad-Allah (le voisin interpellé sans doute), qui déjà s'est élancé pour saisir mon étrier.

« La tente d'un *djiid* (noble) est toujours remplie, répond-elle, quand elle est habitée par un cœur généreux et, comme femme de Sidi Ibrahim, votre kaïd (que Dieu lui fasse miséricorde !) je veux recevoir l'hôte de Dieu. »

Elle s'avança vers mon cheval, repoussa l'Arabe qui s'ap-

---

(1) La première femme d'un noble arabe se montre dans le douar à visage découvert. On l'appelle *Moulet Elkheïma*, la maîtresse de la tente. Elle exerce une grande influence sur les décisions de son mari, qui ne fait rien sans la consulter. Elle prend même souvent part aux conseils tenus par les chefs du douar. Elle a sous sa direction les autres femmes que, d'après la loi musulmane, son mari a le droit d'épouser jusqu'au nombre de quatre.

prêtait à saisir mon étrier, prit doucement les rênes de Salem et le conduisit à la porte de sa tente. Deux nègres m'aidèrent à descendre de cheval et me posèrent, pour ainsi dire, sur les tapis étendus dans le compartiment des hôtes. Je fus entouré de coussins de toutes formes, et la maîtresse de la tente, jeune encore et vraiment belle, voulut elle-même, et malgré mes protestations, m'enlever mes éperons, mes bottes et mes armes, qu'elle accrocha pittoresquement au montant de la tente. Elle me baisa la main et se retira. Deux négresses arrivèrent aussitôt, l'une portant une aiguière en étain remplie d'eau chaude, et l'autre un bassin en même métal. Elles me lavèrent elles-mêmes les pieds, se retirèrent pendant que je fis mes ablutions, puis revinrent reprendre l'aiguière et le bassin et me tendirent une serviette imbibée d'eau de rose et de fleurs d'oranger.

Je fis mes prières de l'asser et du moghreb et me reposai délicieusement sur les moelleux *k'taïff* (1).

Je voyais devant moi mon beau Salem dont les nègres frictionnaient les jambes avec de l'eau tiède et qui plongeait sa petite tête dans une riche musette remplie d'orge. Ma Chénâa (la Renommée), nom de ma levrette, était étendue à mes côtés.

La maîtresse de la tente arriva, suivie d'une négresse portant un plateau. Elle m'offrit elle-même une tasse d'excellent café, puis plaça devant moi des dates dorées *Déglet-el-Nour* (Rayon de lumière), les plus estimées du désert, et des galettes au beurre.

« Mon Seigneur a apporté la bénédiction dans ma tente, me dit mon hôtesse en baissant modestement ses beaux yeux, puisse-t-il agréer avec indulgence l'hospitalité d'une pauvre femme à laquelle Dieu a retiré son appui, son bonheur et sa

---

(1) Tapis du désert excessivement épais, à longue laine intérieure.

gloire en ce monde. Que sa sainte volonté s'accomplisse ! »

Je lui exprimai ma satisfaction et la suppliai de restreindre son hospitalité au strict nécessaire.

« Mon Seigneur me permettra-t-il de lui présenter les nobles du douar ? ils l'entretiendront mieux que ne le peut faire une femme ignorante. »

Sur un signe affirmatif, elle donna un ordre à ses nègres et quelques instants après cinq ou six Arabes, aux types distingués, vinrent me saluer. Ils voulaient me baiser la main, je la retirai vivement et les embrassai sur l'épaule, signe d'égalité. Aucun ne m'adressa une question directe, les règles de l'hospitalité s'opposent à cette marque de curiosité; mais au tour qu'ils donnaient à la conversation, je comprenais leur désir de connaître le motif qui m'amenait seul dans leur douar. Ils appartenaient à la tribu des Larbâa.

Sans me nommer, je leur racontai qu'étant un des hôtes de l'agha Djedid, nous avions été à la chasse aux gazelles et que je m'étais égaré. A ce moment nous entendîmes des appels à l'entrée du douar et je vis entrer dans la tente quatre serviteurs de l'agha qui vinrent me baiser la main et m'exprimer leur joie de m'avoir retrouvé sain et sauf. L'agha, plongé dans la plus vive inquiétude, était retourné à son campement et avait envoyé des cavaliers dans toutes les directions, et attendait avec impatience leur retour. Deux d'entre eux devaient rester pour m'accompagner, et les deux autres allaient repartir immédiatement pour tranquilliser leur maître.

Les chefs du douar s'opposèrent à cette combinaison. « Vous et vos chevaux êtes fatigués, dirent-ils, vous resterez et l'un de nous va immédiatement monter à cheval et porter la *bechara* (bonne nouvelle) à notre agha dont nous connaissons le campement. »

On emmena mes compagnons dans les tentes voisines et

bientôt tous les habitants du douar savaient qu'Omar-el-Euldj, le favori du sultan Abd-el-Kader, était l'hôte de Lella Zohra, veuve du kaïd Ibrahim.

On apporta un *haouli*, mouton d'un an, rôti succulent. Le kadi du douar me servait lui-même les meilleurs morceaux avec des doigts dont la propreté et la délicatesse remplaçaient parfaitement les fourchettes de nos restaurants. Vint après un immense *metred* de coucoussou couvert de morceaux de moutons et de poules bouillis, d'œufs durs et de raisins secs. Après le repas les deux négresses apparurent avec l'aiguière, le bassin et la serviette. Je me lavai les mains, je me rinçai la bouche avec du savon noir, et comme j'avais fait mes ablutions en arrivant, je me mis en devoir de faire la dernière prière de l'aâcha (soir). Je fus obligé de m'avancer sur le devant de la tente, parce que tous les assistants voulurent que je fusse leur iman.

Après la prière, un cercle se forma autour de mon tapis et j'avais été trop bien accueilli pour ne pas satisfaire un peu la curiosité de ces braves Arabes. Je vous laisse à penser l'attention qu'ils prêtaient à mes récits. J'étais réellement pour eux un objet d'admiration; un Français musulman !

Mon hôtesse fit enfin comprendre à mes auditeurs que j'avais besoin de repos, et bien malgré eux ils se retirèrent.

Quand je fus seul, les nègres fermèrent l'entrée de la tente; le compartiment bien clos était chauffé par un énorme brasier creusé dans la terre dont la clarté et celle d'une torche résineuse éclairaient mon appartement.

A peine prenais-je mes dispositions pour dormir que le tapis qui me séparait du compartiment des femmes fut soulevé et donna passage à mon hôtesse qui s'accroupit sur le bord de mon tapis. Cette visite nocturne m'eut peut-être paru fort agréable en toute autre disposition d'esprit, mais en ce moment elle me contraria au-delà de toute expression et je ne pus le dissimuler ; mon hôtesse s'en aperçut et s'inclinant et baisant le pan de mon burnous :

« Seigneur, me dit-elle, d'une voix émue, ne te méprends point sur la démarche que je fais auprès de toi, démarche qui m'est inspirée par les sentiments les plus purs, et daigne répondre à la seule question que j'aie à t'adresser ; es-tu marié ? »

Cette question était loin de calmer ma contrariété. « Que t'importe ? » lui répondis-je, et pourtant je vis une telle expression de douleur répandue sur sa belle et noble physionomie que j'ajoutai : « Non, je ne suis pas marié et n'ai nulle intention de me marier. »

« Écoute, me répondit-elle d'un ton plus assuré, je suis fille de djouad et veuve d'un djiid, Sidi Ibrahim (que Dieu lui fasse miséricorde), qui m'a laissée seule et sans appui comme un jeune arbre sans tuteur que le vent fait plier de tous côtés. Vingt chefs arabes m'ont demandée en mariage ; tous me placeraient au milieu de *derret* (femmes rivales). Je ne puis accepter une pareille condition, moi qui étais la femme unique du kaïd Ibrahim. Ils ne sont attirés d'ailleurs que par l'appât de mes richesses, car je suis riche ; je possède trois mille moutons, cinq cents chameaux et dix juments de pur sang. J'ai dans mes entrepôts de Laghouat du blé et de l'orge pour dix années ; les coffres qui sont derrière toi sont remplis de douros ; eh bien, seigneur Omar, tout est à toi si..... »

Elle ne put continuer, je l'arrêtai ; car cette offre directe de sa personne achevait de détruire le charme de cette visite.

« Laisse-moi donc achever, au nom de Dieu, reprit-elle avec énergie, toutes ces richesses et le commandement de la plus importante fraction des Larbâa t'appartient si tu veux épouser ma fille Goucem bent Ibrahim qu'on nomme *Doubian-el-Sahara* (la gazelle du désert).

« Elle t'a vu, l'enfant, elle t'a entendu et elle m'a dit : « Mère, je veux être la femme de ce bel étranger ou je veux mourir. » Comprends-tu ma démarche maintenant, Sidi Omar ?

— J'en suis autant flatté qu'honoré », commençai-je à lui répondre..... mais elle était sortie et rentra quelques instants après suivie d'une femme enveloppée dans un haïk en fine laine blanche rayé de soie rouge qui se pencha vers moi, baisa le pan de mon burnous et tremblante resta debout à côté de mon hôtesse. Celle-ci, d'un geste précipité, enleva le haïk qui la couvrait et j'eus devant les yeux un type de beauté dont seule peut donner l'idée la Rébecca d'Horace Vernet offrant son amphore aux lèvres de Jacob. La simplicité du costume biblique rehaussait encore sa beauté et quelle dignité dans son maintien ! quelle tendresse modeste dans le regard qu'elle levait sur moi !

Je restais muet devant cette femme arabe venant me dire : « Voici ma fille, qu'elle soit ta femme ! »

« Oh ! Lella Zohra, lui répondis-je enfin après les avoir fait asseoir en face de moi, comment t'exprimer les sentiments qui remplissent mon cœur en face du trésor que tu m'offres. Que ne ferais-je pas pour m'en rendre digne, si j'étais maître de mon sort, mais hélas ! je ne m'appartiens pas. Mon seigneur le sultan dispose seul de moi. Aujourd'hui au sud, demain je serai au nord, aujourd'hui chez les musulmans, demain mon maître peut m'envoyer chez les chrétiens. Dieu me préserve de refuser définitivement une offre qui me comble d'honneur, mais ne me demande aucune promesse avant que je soumette ta proposition au sultan. »

Mon hôtesse comprit que je cherchais à dissimuler un refus, et, voulant mettre un terme à une situation également pénible pour moi et pour sa fille dont les beaux yeux se remplissaient de larmes, elle appela les bénédictions de Dieu sur mon sommeil et je restai enfin seul.

Le lendemain de bonne heure, mon hôtesse, en me servant le café, m'interrogeait encore du regard. Elle lut dans mes yeux, à côté de l'expression de mes regrets, la ferme volonté de maintenir ma résolution. L'heure du départ était arrivée. De nouveaux cavaliers, envoyés par l'agha m'attendaient en dehors du douar, je pris congé de la belle veuve en lui disant : « Si Dieu veut, il nous réunira dans une heure heureuse » et je montai à cheval ; à cent mètres environ de l'entrée du douar s'élevaient quelques dunes de sable au pied desquelles je devais passer pour aller rejoindre les cavaliers de l'agha. La plus élevée était couronnée d'une troupe de femmes et de jeunes filles arabes qui, à mon approche, poussèrent de longs *z'gharit* et agitèrent leurs haïks au-dessus de leurs têtes ; je m'arrêtai et je découvris au milieu d'elles Goucem, la fille de mon hôtesse, dont la tête, éclairée par les premiers rayons du soleil, resplendissait d'un nouvel éclat. Je saluai ce groupe pittoresque et j'allais rendre la main à mon superbe Salem qui piaffait et faisait des bonds sur place, lorsqu'une des jeunes femmes, se détachant du groupe, m'adressa d'une voix vibrante et sur une sorte de rythme cadencé les paroles suivantes que je n'oublierai jamais et que je traduis aussi textuellement que possible :

« Pourquoi pars-tu, bel étranger ? Pourquoi ne pas rester sous nos tentes où tu aurais trouvé tant d'esclaves heureuses de te servir ? Préférerais-tu les yeux bleus et la peau blanche de tes sœurs aux yeux noirs de la gazelle et à sa peau que dore le soleil ?

« Retourne plutôt vers nos douars la tête de ton coursier dont la croupe reluit comme l'aile du corbeau. Reviens à la *kheima* où tes pas ont apporté la bénédiction.

« Mais, non, tu crains le Sahara et la *gueïla* (l'ardeur du soleil). Pars donc, mais si Dieu te ramenait, car c'est lui qui dirige nos pas, garde-toi d'oublier la tente dont le *guntas* (sommet) orné des plumes du *d'helim* surpasse toutes les tentes. Elle abrite une gazelle qui, elle, ne t'oubliera pas. Pars, que Dieu te protège contre le mauvais œil de la vieille au regard envieux, contre le chant du corbeau qui vole à gauche et contre les djinn de ce monde et de l'autre. Pars avec la paix ! »

J'envoyai un dernier regard à Goucem qu'entouraient ses compagnes. Elles renouvelèrent leurs z'gharit et agitèrent leurs haïks, en me criant : *Belsléma! Belsléma* (1) !

Comment n'aurais-je pas été touché de ces adieux ?

Mais mon cœur ulcéré était fermé à tout autre sentiment que celui de ma douleur.

Deux jours après je rejoignis le camp d'Abd-el-Kader, je racontai mes aventures au brave ben Fakha qui envoya un de ses serviteurs de confiance porteur de quelques présents à la veuve du kaïd Ibrahim avec ordre de lui faire comprendre que le sultan ne consentirait jamais à me laisser marier dans le désert. Je n'ai jamais plus revu ma belle hôtesse ni sa fille, mais j'ai su que cette dernière était devenue la femme de l'agha Nâaïmi, *djüd* (noble) parmi les *djouad* (nobles) (2).

(1) « Avec la paix », sous-entendu « pars ».
(2) Quelques jours après mon retour à Alger, en 1839, je dînais chez M. Blondel, directeur général des affaires civiles ; après quelques récits qui semblèrent vivement intéresser notre hôte et les convives, je racontai ma visite à la veuve du kaïd Ibrahim. Ayant remarqué des sourires d'incrédulité parmi mon auditoire, je tins à en connaître le motif. Je restai après le départ de tous les convives et j'interrogeai mon hôte. « Eh ! parbleu, mon ami, me dit-il en riant, vous nous avez fait, très artistement du reste, une amplification d'une Orientale bien connue de Victor Hugo, les *Adieux de l'hôtesse arabe*.

— Je vous jure, lui répondis-je que je n'ai jamais lu la moindre poésie de Victor Hugo. C'est honte à moi, sans doute, mais je vous jure que je dis vrai. »

M. Blondel, ancien ami de ma famille, convaincu de ma véracité, parvint plus tard, je l'ai su, à faire revenir mes auditeurs des doutes qu'ils avaient exprimés au sujet de mon récit.

Quant à moi, je m'empressai de me procurer le volume des Orientales, et en lisant et relisant *les Adieux de l'hôtesse arabe*, il me semblait entendre les adieux de la jeune femme des Larbâa.

J'admirai l'intuition miraculeuse du génie du poëte qui devine le langage de peuples qu'il n'a jamais connus et décrit des pays qu'il n'a jamais vus !

CHAPITRE LII.

Tedjini a quitté Aïn Madhi. — Effet terrible produit par la mine de Hassan le Hongrois. — Prière sur la tombe de Khadidja. — Rapport sur le siège envoyé au maréchal Vallée.

Tedjini avait enfin évacué Aïn Madhi. Le sultan s'y rendit accompagné d'une partie de ses troupes régulières, de son makhzen et d'un grand nombre de contingents des tribus qui étaient venues successivement à son camp pour faire acte de soumission.

Je n'ai pas besoin de dire que ma première pensée fut d'aller rechercher la tombe de Khadidja. La *teurba* (mausolée) de la famille de Tedjini avait été respectée et le mur qui entourait la koubba et le cimetière était intact. D'après la description que m'avait faite Messaouda, il me fut aisé de reconnaître la pierre qui recouvrait la tombe de ma pauvre amie. Oh ! son âme dut tressaillir au spectacle de ma douleur. Pourquoi m'était-il interdit d'enlever la dépouille mortelle de celle que j'avais tant aimée !

Abd-el-Kader avait eu d'abord l'intention de conserver la ville d'Aïn Madhi et d'y laisser une garnison, mais il renonça à ce projet et me demanda si je pouvais encore compter sur l'effet de la mine que j'avais fait creuser par mon sous-officier hongrois. Celui-ci m'affirma que tout était resté en parfait état, grâce à la garde que j'y avais laissée. Il fut donc convenu que le lendemain, 12 janvier 1839, le feu serait mis à notre mine. La teurba du marabout et le cimetière étant situés dans la partie sud de la ville je n'avais aucune profanation à redouter.

Le 12, de bonne heure, Abd-el-Kader, suivi de son état-major, vint se placer sur une petite éminence située à environ 500 mètres du mur d'enceinte où se trouvait l'entrée de la mine, mon brave Hassan mit le feu à la mèche et revint tranquillement nous rejoindre.

Plus de vingt mille Arabes étaient venus pour assister à la destruction de la ville du marabout, hier encore l'objet de leur vénération.

Tout à coup la terre trembla sous nos pieds, une terrible détonation se fit entendre, l'air fut refoulé jusqu'à nous et une énorme colonne de fumée et de débris s'éleva au-dessus de la partie nord de la ville.

Au bout de quelques minutes, le nuage de fumée et de poussière se dissipa et à la place du mur d'enceinte et du palais de Tedjini nous n'eûmes plus devant les yeux qu'un amas énorme de décombres.

L'œuvre de destruction fut achevée par l'armée et les contingents des tribus et des k'çours environnants. Les murailles furent démolies et les poutres et tous les objets de menuiserie existant dans les maisons furent enlevés par les Arabes.

J'écrivis, par ordre de l'émir, un récit succinct du siège d'Aïn Madhi, ses péripéties et ses résultats, et je l'adressai au maréchal Vallée.

LIVRE VIII.

PRÉPARATIFS DE GUERRE.

CHAPITRE LIII.

Retour à Tagdempt. — Marabout de Sidi Bouzid. — Retour de Miloud Ben Arrache. — L'Émir refuse de ratifier les articles additionnels. — Abd-el-Kader veut me marier. — Maladie de la mère du sultan.

Pendant la durée du siège d'Aïn Madhi, Abd-el-Kader recevait des journaux que lui expédiaient régulièrement Miloud ben Arrache, pendant son séjour en France et ses oukils (agents consulaires) à Alger et à Oran. C'était moi, naturellement qui lisais d'abord toutes ces feuilles et en traduisais les articles de nature à intéresser l'émir. Hélas ! plusieurs discours prononcés par des députés venaient à l'encontre des renseignements que je donnais à Abd-el-Kader sur les dispositions du gouvernement français à l'égard de l'Algérie. J'étais du moins parvenu à détruire dans son esprit les idées que lui avaient suggérées Ben D'ran et Bou-Dherba sur la possibilité d'acheter la connivence de certains membres du gouvernement.

Si j'avais pu me trouver en contact avec Abd-el-Kader avant les traités de paix conclus avec le général Desmichels et le général Bugeaud, avant, par conséquent, les relations qu'il entretint avec les Ben D'ran, ses acolytes et ses complices, je me figure que j'aurais pu acquérir sur son esprit noble et droit une influence telle que je l'aurais mis en garde contre les menées de ces vils intrigants. Sa foi comme musulman fut restée aussi vive, mais je serais arrivé à en modérer les effets, et s'il eût contracté un traité avec les Français, il eût été rédigé de façon à ne pas donner lieu à de fausses interprétations. Vains regrets.

Deux jours après la destruction d'Aïn Madhi, l'émir à la tête de sa petite armée régulière et des contingents de quelques tribus sahariennes, reprit la route de Tagdempt où devait avoir lieu leur licenciement. Avant de pénétrer dans le pâté de montagnes appelé djebel Amour, Abd-el-Kader voulut visiter la koubba d'un célèbre marabout du désert, nommé Sidi Bouzid qui a donné son nom à un k'çar situé à quelques lieues au nord de l'oasis de Tedjmout.

Je l'accompagnai. Entré dans la koubba, Abd-el-Kader s'accroupit contre le sarcophage du saint qui était recouvert d'une riche étoffe de soie, je pris place de l'autre côté du sarcophage et nous nous mîmes en prières ; nous étions seuls dans la koubba. Au bout de quelques instants j'entendis quelques sanglots entrecoupés qu'Abd-el-Kader cherchait vainement à retenir ; cette expression d'une profonde douleur, raviva les tristes souvenirs qui m'avaient assailli en face de ce tombeau ; je songeais à la fois à ma mère que j'avais perdue, à mon père que je ne reverrais peut-être plus, à ma pauvre Khadidja enfin, et moi aussi je sanglotai. Quand nous pûmes maîtriser notre émotion, nous sortîmes du mausolée et nous remontâmes à cheval, le haïk relevé en guise de visière, signe de douleur chez les Arabes.

Nous marchions tous deux seuls bien en avant de l'escorte de l'émir. « Pourquoi pleurais-tu ? lui dis-je de ma voix la plus tendre.

— Je pensais à mon père, me dit-il ; à mon père à qui je dois plus que la vie, car c'est lui qui m'a appris à préférer le service de Dieu à tous les biens d'ici-bas. Jamais je ne m'approche du tombeau d'un saint sans que je ressente de nouveau la douleur immense que j'ai éprouvée, lorsque Dieu l'a rappelé à lui ; et toi, mon ami, pourquoi as-tu pleuré ?

— J'ai pensé à ma mère que j'ai perdue, et que j'aimais aussi passionnément que tu aimais ton père, lui répondis-je, et ma douleur est plus amère encore en songeant que, d'après la religion mulsumane, je serai séparé d'elle à jamais, dans ce monde et dans l'autre.

— Console-toi, Omar, reprit l'émir, si ta mère a marché dans la voix droite, si elle a fait le bien, la miséricorde de Dieu est sans limites, et au moment où elle allait rendre le dernier soupir, il a pu l'illuminer de sa grâce et la convertir à l'islamisme. Écoute ce récit : Un muphti de Tunis était mort. Sa mémoire étant vénérée, on plaça son corps dans un superbe sépulcre. Le lendemain de son enterrement, il apparut au muphti son successeur et lui dit : « Prie pour moi, mon corps est enseveli en terre chrétienne et je suis brûlé par les flammes de l'enfer » ; et il lui indiqua le pays des chrétiens où son corps était enseveli. Le sultan de Tunis instruit de cette apparition, envoya des ulémas dans le pays chrétien désigné. Là ils apprirent que des flammes apparaissaient au-dessus de la tombe d'un chrétien, qui, suivant leur foi, était mort en état de sainteté ; on ouvrit le sépulcre, et on y trouva le corps du muphti noirci par les flammes. Les ulémas de retour à Tunis racontèrent le fait dont ils venaient d'être témoins. Le sultan fit ouvrir le sépulcre du muphti, et on y trouva le corps d'un chrétien dont les traits étaient illuminés de la lumière des élus.

« Oh ! mon ami ! que de musulmans prévaricateurs iront prendre en enfer la place des chrétiens qui, par leurs bonnes actions, auront mérité de mourir dans la foi musulmane et d'arriver à la Djenna (Paradis), Dieu seul connaît ces mystères. »

Nous fûmes rejoints à ce moment par plusieurs chefs arabes qui venaient saluer l'émir et qui mirent fin à notre intéressante conversation. Rarement Abd-el-Kader s'était montré plus affectueux et plus confiant à mon égard.

Le lendemain du jour où nous avions pénétré dans le djebel Amour nous fûmes assaillis par une neige qui tombait si drue que bientôt son épaisseur sur le sol dépassait trente centimètres. Le froid était insupportable.

Malgré cette rigoureuse température, Abd-el-Kader, à l'heure voulue, descendait de cheval, faisait ses ablutions avec la neige et récitait ses prières comme s'il avait été dans sa tente. Bien rares étaient ceux qui l'imitaient. Quant à moi je faisais comme lui, et je m'en trouvais bien, car la neige produisait une réaction qui diminuait la sensation du froid. Après quatre journées d'une marche pénible, nous arrivâmes à Tagdempt, le 26 janvier 1839.

Miloud ben Arrache, de retour en France, y arrivait en même temps que nous. Si, pendant le siège d'Aïn Madhi, l'émir avait affecté d'être content du résultat de cette ambassade, parce qu'alors cette apparente satisfaction pouvait servir à ranimer le courage de son armée, il témoigna à son envoyé, en le recevant, des sentiments d'une tout autre nature. Il lui reprocha surtout d'avoir accepté quatre articles additionnels au traité de la Tafna, et lui signifia qu'il ne ratifierait jamais la convention conclue à cet effet avec le maréchal Vallée. Ces articles avaient pour but de nous ouvrir des communications par terre, entre nos possessions de la province de Constantine et celle de la province d'Alger.

L'émir n'entendait pas perdre le bénéfice de l'étrange rédaction du traité de la Tafna qui enfermait Alger dans un cercle formé par la mer au nord, la Chiffa à l'ouest, les crêtes du petit Atlas au sud et l'oued Khadra à l'est, de telle sorte que nous ne pouvions nous mettre en communication ni avec la province d'Oran, ni avec celle de Constantine autrement que par la voie de mer, à moins de violer la lettre du traité.

Le maréchal Vallée, conservant l'espoir d'obtenir d'Abd-el-Kader la ratification des quatre articles additionnels qui modifiaient nos frontières, lui avait expédié des armes, des munitions, des obus pour le siège d'Aïn Madhi; il annonçait, dans le même but, à l'émir l'envoi d'ouvriers français pour monter ses fabriques, etc., etc. Mais Abd-el-Kader me parut parfaitement décidé à ne faire aucune concession. Toutefois, comme il voulait gagner du temps, il continua à négocier.

Je retrouvai à Tagdempt, tous les malheureux Coulouglis de Médéah et de Milianah et, parmi eux le fils d'Omar pacha. Je ne pus le voir qu'en secret, car si nos entrevues eussent été connues, elles nous auraient également compromis. Lella Yemna prit une vive part à ma douleur quand je lui annonçai la mort de Khadidja; je trouvais une sorte de consolation à m'entretenir de ma pauvre amie avec la noble veuve qui l'avait connue et appréciée. Lella Yemna remerciait Dieu de m'avoir ramené sain et sauf de la périlleuse expédition d'Aïn Madhi et elle puisait un nouveau courage dans mes visites et dans l'assurance de mon inaltérable affection et de mon dévouement.

Abd-el-Kader licencia tous les contingents des tribus qui l'avaient accompagné. J'eus souvent l'occasion de me rencontrer avec leurs chefs, et pus me convaincre que la domination de l'émir dans le désert et parmi les tribus qui habitent les pentes méridionales des hauts plateaux était éphémère. Je comprenais clairement que le jour où les Français prendraient la résolution de soumettre toute l'Algérie, nous trouverions parmi les djouad des alliés sûrs et influents. L'armée régulière de l'émir, est rentrée dans ses cantonnements et sous peu de jours Abd-el-Kader se rendra de sa personne à Bou-Khorchefa, en-dessous de Milianah, où sa smala particulière est établie sous la protection du khalifa Sid Mohammed ben Allel oul'd Sidi Embarek.

Dans un entretien intime, Abd-el-Kader me fit une ouverture qui me bouleversa. Il voulait me marier. « Tu dois te marier, me dit-il ; c'est le complément indispensable de ta conversion, c'est le sceau mis à ta fidélité envers mon gouvernement. De grands événements se préparent, ta demeure doit être la mienne. Ta femme fera partie de ma smala ; je te destine une de mes parentes et je désire que cette cérémonie ait lieu aussitôt notre arrivée à Milianah. »

Je hasardai quelques objections, mais je compris bien vite qu'en opposant un refus formel à l'émir, je ne manquerais pas d'éveiller ses soupçons et je me tus.

Nous devions encore rester quelques jours à Tagdempt lorsqu'un courrier vint annoncer à Abd-el-Kader que sa mère, Lella Zohra, était dangereusement malade. Sans hésiter il annonce son départ pour Bou-Khorchefa. Il adore sa mère. « Je ne force personne à me suivre, » dit-il, mais tout son entourage se prépare à l'accompagner, tout en faisant des objections sur ce voyage précipité. Nous montons à cheval à trois heures après-midi ; il tombe encore de la neige et le froid est intense. L'ed'hem (le cheval noir) de l'émir se met à l'amble et l'escorte, composée de soixante cavaliers environ, le suit avec peine.

Rien n'arrête Abd-el-Kader qui à chaque instant s'écrie : « Oh ! Seigneur, permettez que j'arrive pour recevoir la bénédiction de votre servante. »

Nous rencontrons de malheureux Arabes prêts à mourir de froid ; l'émir ôte un de ses burnous et le jette à l'un d'eux, espérant que son exemple sera suivi, mais personne ne l'imite ;

nous sommes forcés de faire une halte de deux heures à Teniet-el-Had, halte que l'émir consacre à la prière. Nous remontons à cheval, et le lendemain à huit heures nous arrivons devant la smala où nous apprenons que Lella Zohra est hors de danger; nous avions parcouru 150 kilomètres en quinze heures.

Des soixante cavaliers qui composaient l'escorte, onze seulement étaient arrivés en même temps que l'émir; j'étais heureusement de ce nombre, grâce à mon beau Salem. Je dis heureusement, car j'assistai à une scène qui rehaussa encore dans mon esprit le caractère personnel d'Abd-el-Kader.

Il allait mettre pied à terre quand il vit s'approcher sa femme, vêtue d'un riche kaftan, et aperçut dans l'intérieur de la tente des tapis de Smyrne, des matelas et des coussins recouverts d'étoffes en brocard et en soie.

Il retourna la tête de son cheval et dit : « Cette femme n'est point ma femme! cette tente n'est point ma tente! Ma femme ne revêt que les étoffes qu'elle a tissées avec la laine de mes moutons, et mon père et moi n'avons jamais reposé sur du velours et de la soie. » A peine avait-il achevé que kaftan, tapis et coussins avaient fait place au costume de laine, aux oussed (1) en peau de gazelle et aux nattes de Mascara.

Sa femme et sa belle petite fille se précipitèrent sur ses mains et il entra dans sa tente où l'attendait sa mère bien-aimée.

J'ai déjà dit qu'Abd-el-Kader n'a qu'une femme, sa cousine germaine.

Le brave Ben Fakha n'oubliait pas son ami Omar, aussi trouvai-je ma tente prête à me recevoir, et un de ses nègres était mis à ma disposition jusqu'à l'arrivée de mon fidèle Isidore (Mehmed).

---

(1) Coussins, de *ousseda*, appuyer.

CHAPITRE LIV.

Grand conseil à Bou Khorchefa. — Mission du commandant de Salles chargé d'obtenir la ratifications des articles additionnels. — Abd-el-Kader est décidé à faire la guerre, mais il temporise. Mes observations.

Le lendemain de notre arrivée à Bou-Khorchefa, je présentai à l'émir les ouvriers français qu'avait enrôlés Miloud ben Arrache pour l'installation d'une manufacture d'armes à Tagdempt. Je fus heureux de me retrouver au milieu de compatriotes dont l'attitude et la conduite ont toujours été dignes d'éloge. Je présentai également à l'émir M. Alquier Case, minéralogiste distingué, qui était chargé d'installer une fonderie de fer à Milianah.

Aucun de ces établissements, du reste, n'a donné les résultats qu'on en attendait par des causes indépendantes de la bonne volonté et de l'habileté des Français qui étaient chargés de les installer.

Peu de jours après, nous vîmes arriver à la suite des kalifas de Tlemcen, de Mascara, de Médéah et de Sebaou, tous les chefs de ces provinces suivis d'un grand nombre de cavaliers. Venaient-ils simplement pour féliciter le sultan sur l'heureuse issue de son expédition d'Aïn Madhi, ou bien avaient-ils été convoqués? Je ne tardai pas à être fixé à cet égard.

Le maréchal Vallée, poursuivant toujours l'idée de faire ratifier les modifications apportées au traité de la Tafna et consenties par Miloud ben Arrache, avait envoyé son gendre, M. le commandant de Salles, qui est en même temps son aide de camp, pour reprendre les négociations relatives au traité. Le commandant a remis à l'émir de riches présents que celui-ci a accueillis avec un dédain très marqué, et quand M. de Salles a abordé la question de la ratification des articles acceptés par Miloud ben Arrache, l'émir lui a répondu qu'il n'avait pas le pouvoir de modifier un traité conclu avec l'assentiment des Arabes dont il était le représentant, et qu'il allait consulter leurs chefs à ce sujet. Un grand conseil fut tenu (tel était le véritable motif de cette réunion générale de tous les chefs arabes de l'Algérie), et, comme l'avait prévu ou plutôt ordonné l'émir, tous, unanimement, refusèrent d'apporter la moindre modification au traité de la Tafna. M. de Salles dut alors se retirer sans avoir rien obtenu.

Cependant Abd-el-Kader, tout en désirant recommencer la guerre sainte, ne voulait pas assumer l'odieux de la rupture du traité de paix qu'il avait signé et, de plus, les circonstances le forçaient à temporiser. En effet, à peine revenu d'une entreprise hasardeuse qui n'avait pas, à beaucoup près, réalisé les résultats qu'il en avait attendus, il fallait lever les impôts pour couvrir les dépenses énormes du siège d'Aïn Madhi ; il fallait enlever les récoltes, achever d'organiser les manufactures qu'il avait fondées ; pour cela la paix était nécessaire, aussi désirait-il la prolonger autant que possible.

Dans ce but, il prit la résolution de s'adresser directement au roi des Français, et à ses ministres, parce que Miloud ben Arrache et ses accolytes Ben d'ran, Boudherba et bien d'autres lui avaient persuadé que le maréchal Vallée ne s'inspirait pas, dans ses rapports avec l'émir, des véritables sentiments du souverain de la France à son égard. Ces déplorables intermédiaires avaient également fait concevoir des doutes à Abd-el-Kader sur la fidélité des interprètes français, et il exigeait que ses lettres au roi et à ses ministres fussent écrites par moi en langue française.

Ce fut à l'occasion de cette correspondance que l'émir, en me dévoilant ses intentions, m'enleva hélas! tout espoir du maintien de la paix. Je tentai pourtant à plusieurs reprises de le faire revenir sur une détermination que je considérais comme fatale pour lui, plus encore que pour mon pays, et je résume, en un seul discours, les fréquentes observations que je lui fis hardiment, en présence de ses secrétaires et de ses trois khalifas de Tlemcen, de Mascara et de Milianah qui formaient le conseil privé de l'émir, auquel je fus souvent admis pendant de longues heures.

« Depuis mon arrivée auprès de toi, disais-je à l'émir, je n'ai cessé de te répéter que la meilleure preuve de fidélité qu'un serviteur pût donner à son maître, c'était de lui dire la vérité. Eh bien, aujourd'hui que tu as pu te convaincre de ma sincérité et de mon dévouement, je vais, encore une fois, faire entendre à tes oreilles toute la vérité.

« Quoique jeune et bien que je n'aie jamais occupé aucun emploi auprès de mon gouvernement, je connais l'esprit de mon pays. Ne te laisse pas abuser par les rapports de tes agents, ou par les discours de quelques députés que je t'ai lus moi-même.

« Crois-moi, si la France a la certitude d'avoir en toi un ami sincère, elle sera disposée à te faire toutes les concessions que tu pourras désirer, en tant qu'elles ne porteront pas atteinte à son honneur. Avec l'amitié de la France et les ressources de tout genre qu'elle s'empressera de mettre à ta disposition, tu pourras sûrement arriver au but que tu t'es proposé, de régénérer moralement le peuple arabe abruti par une longue servitude, et d'améliorer son sort matériel en l'initiant aux progrès de la civilisation européenne. En un mot, tout ce que tu crois obtenir par la guerre, tu l'obtiendrais par la fidèle observation du traité que tu as contracté avec les Français.

« Si, au contraire, tu continues à considérer cette paix

comme une trêve pendant laquelle tu te prépareras à mieux combattre la France, elle pénétrera tes desseins, et tu sais qu'elle ne redoute pas la guerre. Et pour faire cette guerre, quelles sont tes ressources ? Elles sont nulles si tu les compares à celles dont elle dispose. Tu comptes sur le courage de tes guerriers, qui brûlent, t'ont dit leurs chefs, de combattre l'infidèle. Mais souviens-toi de leurs défaillances et de leurs trahisons que tu m'as racontées toi-même.

« Le Coran dit que dix guerriers musulmans ne doivent pas fuir devant cent infidèles, et vingt fois tu as vu de tes yeux cent guerriers musulmans fuir devant dix soldats chrétiens.

« Et, je veux admettre que tu remportes quelques victoires, et que tes cavaliers portent la ruine et la dévastation dans les champs et les fermes des colons. Eh bien, c'est alors que les Français deviendront plus redoutables. Ils décupleront le nombre de leurs armées, t'attaqueront de vingt côtés à la fois, pénétreront partout sur ton territoire, détruiront tous les établissements que tu as fondés à grands frais, dévasteront les récoltes des tribus que tu auras forcées à les combattre, couperont leurs arbres et videront leurs silos. Ce pays, que tu veux rendre prospère, ne sera plus qu'un champ de bataille désolé, dont les populations, objet de ta sollicitude, seront décimées par la misère et la famine. Ceux qui prétendent que la France abandonnera l'Algérie par la puissance de tes armes, te trompent ou se trompent eux-mêmes.

« Moi seul, j'ose te dire toute la vérité, parce que mon dévouement l'emporte sur la crainte de te déplaire. »

Mon langage excitait souvent des murmures parmi les assistants, et alors Abd-el-Kader, s'adressant à son entourage, disait : « Omar est sincère, mais il est jeune ; il s'exagère la puissance de son pays, et ne peut connaître encore les ressources dont nous disposons. »

Après avoir longtemps discuté sur les moyens à employer pour éviter de rompre les négociations et gagner du temps, on s'arrêta à la démarche que les agents de l'émir lui avaient conseillée, c'est-à-dire d'écrire directement au roi et à ses ministres, et on me remit des textes arabes que je devais développer en français.

Je donne ici la copie des lettres que je rédigeai à l'adresse du roi, de la reine, de M. Thiers et du maréchal Gérard.

CHAPITRE LV.

Lettres au roi, à la reine et aux ministres de l'intérieur et de la guerre. — Inutilité de cette correspondance. — L'émir envoie une ambassade au Maroc. — Mission secrète.

Lettre d'Abd-el-Kader à Louis-Philippe.

Roi des Français,

Je t'ai déjà écrit deux fois pour t'ouvrir mon cœur. Tu ne m'as pas répondu. Mes lettres ont été interceptées sans doute, car tu es trop bienveillant pour ne m'avoir pas fait connaître tes véritables dispositions à mon égard; puisse une dernière tentative avoir plus de succès! puisse l'exposé de ce qui se passe en Afrique y attirer ton attention et amener enfin un système propre à faire le bonheur des populations que Dieu a confiées à notre commune sollicitude.

La conduite de tes lieutenants est injuste à mon égard, et je ne peux supposer encore qu'elle soit connue de toi, tant j'ai confiance en ta justice.

On tâche de te faire croire que je suis ton ennemi, on t'abuse; si j'étais ton ennemi j'aurais déjà trouvé mainte occasion de recommencer les hostilités. Depuis le refus que j'ai fait au commandant de Salles, ambassadeur du maréchal Valée (refus qui est motivé dans une des lettres citées plus haut), il n'est sorte de dégoûts dont je n'ai été abreuvé par tes représentants à Alger. Mes soldats ont été arrêtés et retenus en prison sans motif légal ; l'ordre a été donné de ne plus laisser pénétrer dans mes États la moindre quantité de fer, cuivre, plomb, etc. Mes envoyés à Alger ont été mal reçus par les autorités, on ne répond à mes dépêches les plus importantes que par un simple accusé de réception; on s'empare des lettres qui me sont adressées d'Alger, et puis on dit que je suis ton ennemi, que je veux la guerre à tout prix ; moi qui, malgré ce prélude d'hostilité, facilite l'arrivée de toutes les productions de mon pays sur vos marchés, qui m'entoure d'Européens pour développer chez moi l'industrie, et qui donne enfin les ordres les plus sévères pour que tes ingénieurs, tes savants même, parcourent en sûreté mon territoire et n'y trouvent que le plus bienveillant accueil.

Mais, te dira-t-on, l'émir n'a pas encore rempli les premières conditions à lui imposées par le traité de la Tafna ! Je n'ai retardé l'accomplissement de ces clauses que parce que tes représentants ont les premiers manqué à leurs engagements.

En effet, où sont ces nombreux fusils, ces innombrables quintaux de poudre, ces approvisionnements de plomb, soufre qu'on devait me fournir ? pourquoi vois-je encore à Oran ces chefs des douars et des smalas dont l'extradition en France m'était promise ?

Tes généraux pensent-ils que je n'ai pas entre mes mains le traité particulier (1) (le seul qui m'intéressât) écrit de la main de l'un deux, et revêtu de son cachet? pourrai-je croire un instant à la non validité des promesses écrites d'un représentant du roi?

Je te l'avoue, nous avions une si haute idée de la bonne foi des chrétiens français que nous avons été effarouchés

(1) Abd-el-Kader fait allusion au traité secret conclu entre lui et le général Desmichels, traité complètement abrogé par le traité de la Tafna.

par ce manque d'exécution de leurs promesses, et que, sans de nouvelles instructions de ta part, nous avons refusé toute innovation au traité.

Oui, sultan de France, tes agents exclusivement militaires ne veulent que combats et conquêtes; ce système n'est pas le tien, j'en suis sûr, tu n'es point venu sur la terre d'Afrique, pour en exterminer les habitants, ni pour les chasser de leur patrie; tu as voulu leur apporter les bienfaits de la civilisation, tu n'es point venu asservir des esclaves, mais bien les faire jouir de cette liberté qui est l'apanage de ta nation, de cette liberté dont tu as doté tant de peuples, et qui est une des bases les plus solides de ton gouvernement.

Eh bien! la conduite de tes généraux est tellement contraire à ces sentiments (qui sont les tiens j'aime à le penser), que les Arabes sont persuadés que la France a l'intention de les asservir et de les chasser de leur pays. Aussi vois-je grandir chez eux, contre vous, une haine qui sera plus forte que ma volonté et mettra un obstacle insurmontable à l'exécution de nos projets mutuels de civilisation.

Je t'en prie, au nom du Dieu qui nous a tous créés, cherche à mieux connaître ce jeune musulman que l'Être suprême a placé malgré lui à la tête d'Arabes simples et ignorants et qu'on te dépeint comme un ennemi fanatique et ambitieux: fais-lui savoir quelles sont tes intentions, que surtout tes propres paroles arrivent à lui et sa conduite te prouvera qu'il était mal apprécié. Que Dieu continue à t'accorder les lumières nécessaires pour gouverner sagement tes peuples.

Écrit sous la dictée de mon maître el émir el Hadj Abdel-Kader dans son camp de Bou-Khorchefa, 15 avril 1839.

Signé : OMAR (Léon Roches).

Lettre de l'émir à M. Thiers, ministre de l'intérieur (1).

Je félicite la France de ton retour au ministère, les importants travaux qui y signalent ta présence et l'intérêt que tu portes toujours à la colonie française en Afrique et à tous ses habitants, m'engagent à saluer ton retour au pouvoir avec une joie mêlée d'espérances.

Les personnes de ton pays qui m'entourent m'ont expliqué que tes fonctions consistaient à t'occuper spécialement de la prospérité de la France. Une partie de l'Afrique étant devenue France aussi, je crois remplir un devoir en te parlant des dangers qui menacent cette prospérité comme celle des Arabes que je gouverne.

Conseil du roi des Français, c'est à tes hautes lumières, c'est à ta philantropie, à raffermir une paix que la France et l'Afrique, qui aspire aux bienfaits de la civilisation française, demandent en même temps.

Des caprices d'agents despotiques d'un gouvernement juste autant que puissant, des manques d'exécution d'un traité, d'une part, qui entraînent le défaut d'exécution, de l'autre ; des ambitions privées, des vanités blessées, menacent de faire verser le sang français et le sang arabe. Et pourtant, nous ne voulons que la paix qui doit être, pour mes Arabes, la source du bien-être, et pour la France la consécration de la gloire qu'elle a acquise en chassant les Turcs d'Alger.

Tu es grand pour les Français, sois-le pour les habitants de l'Afrique, quelle que soit leur religion ; et tous te rendront grâce ! Ton influence auprès du grand roi dont tu

(1) Il est à remarquer que nous ignorions la formation du ministère et que nous en formâmes un à notre idée ; ces lettres arrivèrent justement pendant un intérim.

es ministre, tes conseils à un jeune prince arabe, entièrement ignorant des détours de la politique européenne, voilà les éléments avec lesquels tu dois ériger un monument à la gloire de ta nation; monument qui rappellera en même temps, le bonheur de la nation arabe et sa reconnaissance. Que Dieu t'assiste, t'éclaire, et te maintienne la haute position dont tu es digne.

OMAR.

Lettre de l'émir au maréchal Gérard.

Lorsque j'ai appris que le puissant roi des Français t'avait chargé du ministère de la guerre, j'ai dû me réjouir parce que celui qui n'a plus rien à ajouter à sa gloire militaire, ne verra pas seulement dans l'occupation des Français en Afrique l'occasion de se distinguer dans les combats. Lorsque comme toi on a su faire la guerre, on sait aussi faire la paix pour en recueillir les fruits. Cette paix est menacée, et pourquoi? pour m'arracher quelques lieues de terrain et pour y faire une route (1) impraticable par les seules difficultés de la nature.

La France n'a-t-elle donc pas assez de gloire militaire, manque-t-elle donc d'espace qu'elle veuille encore en acquérir aux dépens de mon influence sur les Arabes que j'ai pris l'obligation de maintenir en paix? Ma religion m'empêche de contracter certaines clauses, pourquoi donc exiger de moi sans nécessité que je sanctionne ma déconsidération aux yeux de mes coreligionnaires en me faisant abandonner à la domination française des populations auxquelles ma loi me fait un devoir de prêcher la guerre sainte? Qu'on apprenne enfin à connaître ma religion, les obligations qu'elle m'impose et qu'on me tienne compte des sacrifices que j'y fais.

(1) La route de Constantine à Alger par le passage des Bibans.

Je viens donc appeler ton attention sur les exigences d'une administration locale que je me refuse à croire guidée dans ses actes par les vœux de la France et de son chef.

Ma dignité m'a forcé de défendre à mes agents d'avoir désormais des rapports avec certaines autorités françaises qui voulaient bien nous acheter le blé produit par notre sol, mais qui saisissaient le fer qui sert à le fertiliser. J'ai dit à mes Arabes : « Vendez, mais n'achetez plus ; Dieu qui vous a donné la terre pour la cultiver, a renfermé aussi dans nos montagnes tous les métaux que nous refusent nos prétendus civilisateurs. »

Je demande à Dieu que la juste influence que tu exerces auprès de ton roi seconde mes vues pacifiques et que pour t'éclairer ainsi que son noble fils, vous veniez vous-mêmes visiter cette nouvelle partie de votre royaume.

Une rencontre avec celui que vous croyez peut-être votre ennemi vous prouverait ma sincérité et mon désir du bien, et alors vous m'aideriez à modérer, soit par la civilisation, soit par les armes, le fanatisme de peuplades intéressantes mais qui ne peuvent encore concevoir les bienfaits des arts et de la paix.

Que Dieu rende tes armées victorieuses tant qu'elles combattront pour la bonne cause.

OMAR.

Lettre de l'émir à la Reine des Français.

Tous tes sujets vantent la bonté et la générosité de ton cœur, Dieu t'a alors comblée de ses dons les plus précieux ; puissent tes jours être prolongés, puisque tu ne les emploies qu'à soulager l'infortune et à consoler l'affligé ! Encouragé par cette espérance, je viens réclamer de toi une grâce pour de malheureuses mères, dont les larmes ont baigné mes mains. Tu connais trop bien le pouvoir d'une mère qui implore pour son enfant, et la mienne m'a trop habitué à céder à ses moindres désirs, pour que j'aie pu résister à leurs prières, je te les transmets, bien persuadé que tu appuieras leur demande auprès de ton auguste époux. Demande la grâce de El Habib ben el Kadhi (parent de l'émir) et Mohammed ben el Khanoussa détenus tous deux à Toulon ; je ne chercherai nullement à excuser leur conduite, ils méritaient cette punition puisqu'elle leur a été infligée : mais Dieu nous ordonne de pardonner, et le roi de France a le droit le plus précieux, celui de faire grâce ; tâche que ces pauvres mères reviennent à la vie ; aide-moi à faire des heureux, c'est du reste ton occupation la plus agréable. Sois aussi mon représentant auprès du roi pour l'engager à croire à nos dispositions pacifiques et à faire le bonheur de l'Afrique ; alors au lieu de m'envoyer tes glorieux fils pour me combattre, ils ne viendront que m'aider à jeter dans mon pays les fondements d'une civilisation à laquelle tu auras aussi coopéré ; tu auras rempli le double but de tranquilliser ton cœur maternel et de rendre heureux tes sujets et les miens.

Que Dieu te conserve tout ce qui t'est cher.

OMAR.

Je me faisais peu d'illusion sur l'effet que devaient produire ces lettres et il me répugnait d'exprimer des sentiments qui, je ne le savais que trop, étaient en contradiction avec les intentions et les actes de l'émir ; mais d'un côté, je devais interpréter fidèlement les notes arabes qu'il me chargeait de traduire, et d'autre part je voyais dans ces protestations pacifiques, affectueuses même, l'expression de mes propres désirs.

J'arrivais même à conserver l'espoir que ces protestations

auxquelles je tâchais de donner un accent de sincérité, pourraient peut-être, en arrivant sous les yeux roi, faire différer l'adoption des mesures énergiques réclamées par la conduite au moins équivoque de l'émir et amener une prolongation de la paix.

Abd-el-Kader voulant, en même temps, se ménager l'appui de l'empereur du Maroc, en cas de guerre, lui fit écrire par son beau-frère, El Hadj Mustapha ben Thémi, khalifa de Mascara, le savant et le logicien le plus renommé de l'Occident, une immense lettre dans laquelle il lui annonçait que les hostilités recommenceraient bientôt entre lui et les Français ; que, selon toute apparence, Dieu l'aiderait à sortir victorieux de cette lutte, et qu'il comptait sur sa coopération à cette œuvre sainte. Il lui rappelait tous les passages des livres sacrés qui menacent de la damnation éternelle, tout prince musulman qui refuserait de prendre part à la guerre entreprise dans le but de chasser l'infidèle qui foule le sol sacré de l'islam.

Il lui faisait entrevoir comme facile l'expulsion des Français de l'Afrique, se vantait d'être l'allié d'Ahmed, bey de Constantine et du bey de Tunis, et finissait par lui demander, comme gage de son adhésion, l'envoi du *cafetan*, insigne qu'il devrait revêtir avec le titre de khalifa en présence des populations.

Il lui adressait en outre les cadeaux magnifiques qu'il venait de recevoir de la France, y joignait des chevaux, des esclaves et confiait cette importante mission aux personnages les plus illustres et les plus habiles. Ces ambassadeurs étaient enfin secrètement chargés par l'émir, de réchauffer le zèle religieux des grands marabouts les plus vénérés et des grands chefs de tribus du Maroc, qui devaient soulever les populations au cri du *djihâd* (la guerre sainte), dût ce soulèvement avoir lieu sans l'assentiment de Moulay Abd-el-

Rahman, dont l'émir redoute l'apathie et la prudence. Les émissaires d'Abd-el-Kader se rendront à cet effet à Fez, à Maroc, à Rabat et à Tétouan, et devront surtout agir sur l'esprit des chefs des tribus turbulentes qui bordent la frontière de l'Algérie, chez lesquelles il importe de surexciter la haine contre les chrétiens.

CHAPITRE LVI.

Guet-apens. — Réunion de Taza. — Guerre sainte. — Mariage.

Abd-el-Kader revint encore sur la question mariage.

Je parvins à gagner du temps, en mettant en avant les déplacements fréquents que nécessitait la surveillance qu'il m'avait chargé d'exercer sur les travaux considérables qu'on exécutait à Milianah, à Taza et à Tagdempt pour l'installation de fonderies et de manufactures d'armes.

Je consacrai en effet les mois de mars, avril, mai et juin à inspecter ces divers établissements. Devant l'inertie ou la mauvaise volonté des kaïds de ces villes, qui ne mettaient à ma disposition aucun des objets réclamés par les ouvriers français, je fus souvent obligé d'aller réclamer des ordres directs à l'émir que j'allai rejoindre en Kabylie, jusque sur les frontières de la province de Constantine. Là je constatai que, si, comme marabout et guerrier saint, Abd-el-Kader avait lieu de s'applaudir de la réception qui lui avait été faite par les populations de ces contrées, il devait se convaincre que, comme sultan, il ne pouvait guère compter sur la soumission effective des Kabyles, qui passionnés pour leur indépendance, n'étaient nullement disposés à lui faire le sacrifice de leur liberté qu'ils défendaient bravement depuis tant de siècles contre tous les conquérants qui se sont succédés en Afrique. Dans la province de Constantine, les tribus de

Makhzen et les grands chefs qui étaient soudoyés par les Turcs et dont les Français ont eu l'habileté de se faire des alliés, opposaient aux agents de l'émir une résistance devant laquelle échouaient toutes les tentatives de l'émir et de ses lieutenants.

Lors de mon dernier voyage auprès d'Abd-el-Kader, je fus, pour la première fois, l'objet d'un guet-apens qui ne laissa pas de me donner de graves préoccupations. Je traversais la forêt de thuyas qui se trouve sur la route de Tagdempt à Taza, accompagné de mon fidèle Isidore monté sur sa mule, lorsque nous vîmes déboucher d'un fourré quatre cavaliers qui, la figure cachée par leur haïk, nous barrèrent la route le fusil haut, signes certains de leurs intentions hostiles.

Je m'attendais si peu à une mauvaise rencontre, que mon fusil était dans sa gaine. Au moment où je me préparais à fondre sur ces agresseurs le sabre à la main, des coups de feu retentirent, des balles sifflèrent à mes oreilles, et je vis en même temps deux des cavaliers entraîner rapidement dans l'épaisseur de la forêt leurs deux autres camarades qui s'affaissaient sur leur selle. C'était mon brave Isidore qui, plus méfiant que moi et toujours armé de mon fusil à deux coups, avait tué ou blessé deux de nos agresseurs au moment même où ils tiraient sur moi. Ces Arabes étaient-ils chargés de m'assassiner, étaient-ce simplement des voleurs ? je ne puis rien affirmer. Ma première pensée avait été de me lancer à leur poursuite, mais Isidore ne pouvait me suivre avec sa mule chargée de nos bagages, et je risquais d'ailleurs de tomber dans une nouvelle embuscade ; nous jugeâmes donc prudent de sortir le plus promptement possible de la forêt.

Il est bien certain que je devais encore une fois la vie à mon fidèle serviteur, dont le courage et le sang-froid venaient de nous préserver d'une mort certaine. Il reçut l'expression de ma reconnaissance avec le calme inaltérable qui le caractérisait.

Abd-el-Kader, que je rejoignis à Taza, parut fort préoccupé de cet incident ; il ordonna même au khalifa de Milianah de faire faire des recherches afin de découvrir les Arabes qui m'avaient attaqué. Je doute que ce haut fontionnaire ait donné suite aux ordres de l'émir. Il n'eût peut-être pas été charmé de découvrir les coupables.

A Taza m'était réservée la confirmation de mes tristes pressentiments. Voici, en effet, ce que j'appris en arrivant, le 5 juillet 1839.

Le maréchal Vallée, justement irrité de l'obstination d'Abd-el-Kader à refuser toute rectification conforme à l'esprit du traité de la Tafna, et jugeant que le soin de sa dignité lui commandait de mettre un terme au système de longanimité dont il avait usé vis-à-vis de l'émir, avait autorisé les indigènes de la Mitidja à faire des courses sur les tribus soumises de l'émir et à leur rendre une partie du mal qu'ils en recevaient. Le roi, ni ses ministres n'avaient répondu aux lettres d'Abd-el-Kader ; d'un autre côté, les ambassadeurs envoyés au Maroc étaient revenus avec l'assurance de la sympathie de l'empereur pour l'émir, des promesses de secours et des envois assez considérables de munitions ; un grand personnage de la cour de Fez était même arrivé avec l'ambassade, porteur du cafetan (1).

Tous les khalifas de l'émir avaient été mandés à Taza et y étaient arrivés suivis de tous les chefs de leurs provinces.

Le 3 juillet, Abd-el-Kader fut revêtu par l'envoyé marocain du cafetan, investiture qui lui donnait le titre de khalifa

---

(1) Mot turc qui signifie vêtement, longue robe en drap ou en soie. En arabe pur *khilâa*, sorte de dalmatique. (Vestimentum quo, a principe aliquis, honoris causâ donatur.) Autrefois la khilâa entraînait le don d'une armure et d'un cheval de guerre.

de Moulay Abd-el-Rahman sultan el Gharb, et, après un grand conseil, le *djihad* fut décidé.

On devait attendre une nouvelle infraction du traité commise par les Français pour commencer les hostilités. Toutefois l'envahissement de la plaine de la Mitidja, le pillage et la dévastation de tous les établissements des colons dans les provinces d'Alger et d'Oran, étaient bien irrévocablement fixés à l'époque de la réunion des chambre des pairs et des députés.

C'en était donc fait! La guerre avec la France était imminente. Adieu mes illusions, adieu mes espérances. Je ne devais plus songer désormais qu'aux moyens de rentrer dans nos lignes et je ne m'aveuglais nullement sur les terribles obstacles que je rencontrerais; mais l'hésitation n'était plus permise; mieux valait la mort que l'affreuse perspective d'être forcé de combattre mes compatriotes, forfaiture qui me serait infailliblement imposée.

J'étais forcé de retourner à Tagdempt où les ouvriers français, arrêtés dans leurs travaux par suite du mauvais vouloir des autorités locales, attendaient impatiemment mon retour.

Quand j'allai prendre les dernières instructions d'Abd-el-Kader, il m'entretint des résolutions prises dans la solennelle réunion du 3 juillet; je hasardai encore quelques réflexions sur les funestes conséquences de la reprise des hostilités, mais je compris à son regard que je devais désormais m'abstenir de revenir sur ce sujet.

« En face des événements qui se préparent, me dit-il, je vais fixer ma demeure à Tagdempt; c'est donc là que tu habiteras. J'ai donné des ordres pour qu'une maison convenable soit mise à ta disposition et, dès ton arrivée, tu épouseras la fille de l'ancien hakem de Médéah que j'ai demandée pour toi et qu'on m'a accordée. Cette fille des cités a des habitudes plus conformes aux tiennes que celles de la parente que je te destinais primitivement. »

Comme j'allais faire de nouvelles objections : « Ton mariage a été décidé en conseil, reprit-il, il ne te reste donc qu'à obéir. » Et je dus prendre congé de lui.

Ah ! qui pourra jamais comprendre les tortures de mon âme, en face de cette affreuse situation, conséquence fatale de la faute que j'avais commise en me présentant à l'émir sous le masque musulman.

J'eus d'abord la pensée de fuir immédiatement, mais en ce moment, c'eût été braver la mort sans aucune chance de salut. Il n'y avait pas encore, du reste, péril en la demeure et je pouvais espérer que quelque obstacle inattendu viendrait peut-être s'opposer à la consommation d'un acte qui me faisait horreur !

Je quittai Abd-el-Kader, à Taza, le 6 juillet 1839.

Le 9, j'arrivais à Tagdempt. J'y fus accueilli avec des témoignages de considération inusités. Les ordres de l'émir avaient été scrupuleusement exécutés ; ma maison, construite en pierres sèches et recouverte en chaume, était prête à me recevoir et le gouverneur de la ville ainsi que le kadhi avaient tout préparé pour mon mariage qui, malgré les prétextes que j'alléguai encore, fut célébré en grande pompe le 27 juillet 1839 !

Mes lecteurs comprendront, j'en suis certain, les sentiments qui m'interdisent de leur donner des détails sur la femme que les circonstances me forçaient d'épouser, et de décrire les cérémonies qui eurent lieu à cette occasion, cérémonies qui furent pour moi un long supplice.

CHAPITRE LVII.

Passage des Bibans. — Scène où j'avoue à Abd-el-Kader que je ne suis pas musulman.

Vers la fin du mois d'octobre, Abd-el-Kader vint à Tagdempt et me témoigna sa satisfaction au sujet de l'installation de sa fabrique d'armes dont je mis quelques produits sous ses yeux; installation bien élémentaire, qui ne devait donner que d'insignifiants résultats, mais qui avait nécessité de ma part une grande somme d'énergie et d'activité.

Chaque soir je me rendais auprès de l'émir, soit pour assister aux lectures pieuses qu'il faisait à son entourage, soit pour lui traduire les articles des journaux français qui pouvaient l'intéresser et que nous envoyaient régulièrement ses agents consulaires à Oran et à Alger. Il devenait de plus en plus évident, d'après leur langage, qu'en France aussi bien qu'en Algérie, on ne se faisait plus aucune illusion sur la durée de la paix.

Mais Abd-el-Kader voulait laisser aux Français la responsabilité apparente sinon réelle de la reprise des hostilités. L'occasion qu'il guettait ne tarda pas, hélas! à lui fournir le prétexte de la rupture qu'il préparait lui-même depuis longtemps.

L'émir, ayant appris que le maréchal Vallée, accompagné de monseigneur le duc d'Orléans, s'était rendu à Philippeville et à Constantine et qu'il réunissait un corps d'armée à Mila, avait ordonné à ses émissaires, il en entretenait partout, de surveiller les moindres mouvements du gouverneur général et de ses lieutenants. Un jour, le 31 octobre, date dont le souvenir me fait encore frissonner, je me trouvais auprès d'Abd-el-Kader, dans la chambre qu'il occupait à l'intérieur du fort de Tagdempt lorsque deux cavaliers exténués, harrassés furent introduits en sa présence. Ils arrivaient du fort de Medjana d'où ils étaient partis l'avant-veille. Grâces à des relais préparés à l'avance, ils avaient franchi en trente-six heures environ 400 kilomètres. Ils remirent au sultan des lettres du khalifa El Mokrani qui lui annonçait que le maréchal Vallée et le fils du roi, à la tête d'une nombreuse armée, venaient de franchir le passage des Bibans et se dirigeaient sur Alger.

A cette nouvelle, Abd-el-Kader laissa d'abord échapper des phrases saccadées qui exprimaient autant de surprise que d'indignation, puis maîtrisant bientôt son émotion, il dit aux assistants d'un air calme et serein : « Louanges à Dieu ! l'infidèle s'est chargé lui-même de rompre la paix ! à nous de lui montrer que nous ne redoutons pas la guerre ! »

Et, il faut en convenir, n'était-il pas évident qu'ayant refusé au commandant de Salles, envoyé du maréchal Vallée (1), la ratification des articles additionnels consentis par Miloud ben Arrache, son ambassadeur, Abd-el-Kader considérerait comme un *casus belli* le passage d'une armée française à travers des territoires qu'il regardait comme siens d'après la déplorable rédaction arabe du traité de la Tafna.

Séance tenante, le sultan expédia des courriers à tous ses khalifas afin qu'ils tinssent prêts leurs bataillons réguliers et leurs contingents et résolut de se rendre lui-même à Tlemcen et à Mascara où sa présence devait hâter les préparatifs de la guerre.

(1) Voir les chapitres LIV et LV.

La correspondance étant achevée et la nuit avancée, l'entourage de l'émir se retira et j'allais prendre congé de lui, quand il me fit signe de rester. Malgré moi, mes traits reflétaient les terribles émotions que me causait l'imminence de la guerre.

« Pourquoi cette tristesse peinte sur ta figure, me dit-il d'un ton sévère ; ne devrais-tu pas, au contraire, te réjouir de l'occasion que Dieu te donne de prouver ta foi en combattant les infidèles ?

— Je t'ai répété, maintes fois, lui répondis-je, que je redoutais la guerre parce qu'elle sera funeste à toi et à ton peuple ; mais en outre de cette considération, crois-tu donc que mon cœur n'est pas déchiré à la pensée d'être forcé de combattre les enfants de la France, cette mère qui m'a nourri, élevé et qui abrite mon père ?

— Tu prononces des paroles impies, reprit Abd-el-Kader avec plus de sévérité, que parles-tu de père, de frères et de patrie ? Oublies-tu que le jour où tu as embrassé notre sainte religion tu as rompu tous les liens qui t'attachaient aux infidèles ? Tu as parlé comme un chrétien, Omar, songe que tu es musulman. »

Depuis longtemps, j'étais sujet à une surexcitation fébrile que le langage de l'émir porta à son paroxysme et, n'ayant plus conscience de la situation, je le regardai fixement et lui dis d'une voix étranglée : « Eh bien, non, je ne suis pas musulman ! »

La foudre serait tombée aux pieds d'Abd-el-Kader qu'il n'eût pas été plus terrifié.

Il devint blême, ses lèvres tremblaient, il leva les yeux et les bras au ciel, puis il s'élança vers la porte. Je crus que ma dernière heure avait sonné, je fis un acte de profonde contrition et me préparai à mourir.

Abd-el-Kader qui, sans doute, avait voulu s'assurer que

personne ne pouvait écouter, referma avec précaution la porte qu'il venait d'ouvrir et revint s'asseoir en face de moi.

« J'ai mal entendu, Omar, me dit-il avec plus de douceur, tu n'as pas voulu prononcer cette parole impie qui mérite la mort. Ta langue a trompé ton cœur. Chasse le démon qui te possède en répétant avec moi la cheheda (1) de l'islam. Il n'y a de Dieu que Dieu et Mohammed est son prophète (2).

« Non, Seigneur, m'écriai-je, assez de mensonges ! non, je ne suis pas mulsulman ; prends ma vie, elle t'appartient. »

Et je restai anéanti devant lui.

« Joueur de religion ! joueur de religion (3) ! » répétait Abd-el-Kader consterné !

Puis se relevant et me lançant des regards courroucés :

« Va-t'en, me dit-il d'une voix sourde. Je laisse à Dieu la punition de ton âme. Que ton corps disparaisse de ma présence. Va-t'en et garde-toi de répéter devant un musulman le blasphème que viennent d'entendre mes oreilles, car je ne serais plus maître de ta vie ; va-t'en ! »

J'aurais préféré la mort à cette réprobation. Je ne la méritais que trop hélas ! Je courbai la tête et me retirai. Je rentrai inconsciemment dans ma demeure où je fus saisi d'un accès violent de fièvre pendant lequel je perdis complètement connaissance.

Je ne devais plus revoir Abd-el-Kader, ce héros de mes rêves pour lequel, en partie, j'avais abandonné père, bien-être et patrie et que pourtant j'avais trompé de la façon la plus cruelle en feignant d'être musulman. Je conservais du

---

(1) *Cheheda*, testimonium.
(2) La illa illallah Mohammed rassoul Allah.
(3) Laâb-ed-Din ! Laâb-ed-Din !

moins comme consolation la conscience de l'avoir servi avec un dévouement et une fidélité sans bornes, et il me semblait m'être réhabilité à mes propres yeux et aux siens en lui avouant ma faute au péril de ma vie.

CHAPITRE LVIII.

Préparatifs de fuite. — Adieux à Lella Yemma.

Quand l'accès de fièvre cessa, je repris mes sens et je pus me rendre compte de l'horreur de ma situation. La guerre était déclarée, Abd-el-Kader savait que je n'étais pas musulman, quelles mesures allait-il prendre à mon égard ? La haute opinion que j'avais conçue de la générosité de son caractère diminuait, je dois l'avouer, les craintes que j'aurais pu concevoir au sujet de ma vie, mais je redoutais d'être soumis à une surveillance telle qu'il me fût impossible de fuir. Or rester au milieu des Arabes pendant qu'ils combattraient les Français, c'était pour moi une perspective pire que la mort.

Je fus un peu rassuré en apprenant que l'émir était parti pour Tlemcen le lendemain de notre dernière et terrible entrevue et qu'il n'avait donné aucun ordre qui me concernât.

Il n'y avait pas un instant à perdre. Il fallait profiter de son absence pour tâcher de rentrer sur le territoire français.

Deux moyens de fuir s'offraient à mon choix. L'un était de voyager à pied pendant la nuit et de me tenir caché pendant le jour. L'autre, de partir ouvertement à cheval, sous un prétexte quelconque, de tromper la vigilance des cavaliers appostés à la frontière du territoire arabe ou de m'ouvrir un passage les armes à la main. C'était évidemment le parti le plus dangereux, mais l'amour-propre l'emporta sur la crainte. Il me répugnait de rentrer auprès de mes compatriotes sous l'accoutrement d'un misérable fugitif. Arrivé chez l'émir bien vêtu, bien armé et bien monté, je voulais m'en éloigner dans les mêmes conditions.

Est-il nécessaire de dire que je n'eus pas un seul instant, la pensée de me séparer d'Isidore. Toutefois je devais lui faire envisager la gravité de sa position personnelle s'il rentrait sur le territoire français, car alors, comme déserteur, il était passible d'une sévère condamnation. A peine lui avais-je expliqué les motifs qui me forçaient à fuir et la crainte que m'inspirait le sort qui l'attendait, qu'il s'écria :

« Eh ! Monsieur, il ne s'agit pas de moi. Votre devoir, à vous, est de fuir, mon devoir, à moi, est de vous suivre quoi qu'il puisse m'arriver. »

Et après une pause : « C'est monsieur votre père qui va être content. Quand partons-nous ? »

Je pressai dans mes bras ce brave serviteur qui trouvait tout naturel de se sacrifier pour son maître et qui paraissait fort étonné du prix que j'attachais à son dévouement.

Je lui soumis les deux moyens de fuite qui s'offraient à nous. Il n'hésita pas, il partageait instinctivement tous mes sentiments.

Une fois décidé à rentrer dans nos lignes avec armes et bagage, je ne pouvais songer à quitter secrètement Tagdempt. Il fallait donc donner à mon voyage un motif plausible. Je feignis d'avoir reçu de l'émir l'ordre de me rendre à Milianah pour inspecter la fonderie et la manufacture d'armes et j'annonçai mon départ pour le lendemain. Cette fausse indication devait donner plus de chances à ma fuite en dépistant les cavaliers qu'on voudrait envoyer à ma poursuite.

Trop de souvenirs et trop de liens m'unissaient à la veuve d'Omar pacha et à son fils, et j'avais en ces nobles caractères une confiance trop absolue pour leur cacher mon départ. Je me glissai donc pendant la nuit dans leur misérable chaumière et ce fut sans la moindre appréhension que je leur dévoilai mon projet de rentrer à Alger. Ah! si les malheureux avaient entrevu la moindre chance de salut en fuyant avec moi, avec quelle joie ils m'auraient suivi, mais c'était absolument impossible.

Je voulais également soumettre à la sagesse et à la moralité de Lella Yemna les scrupules que j'éprouvais à abandonner la femme que j'avais épousée.

Dès que j'abordai ce sujet, elle fit signe à son fils de se retirer, car une mère musulmane ne doit jamais traiter de pareilles questions devant ses enfants.

« Crains-tu d'être père ? » me demanda-t-elle avec angoisse aussitôt que nous fûmes seuls.

« J'ai la certitude de ne pas l'être » lui répondis-je.

« Eh! bien, reprit-elle, garde-toi de dévoiler ton secret à une enfant sans discernement qui te trahirait sans aucun doute parce qu'elle ne consentirait jamais à quitter sa famille, pour suivre un mari qu'on lui a imposé. Et dans le cas où elle y consentirait ta fuite deviendrait dès lors impossible. Non, mon fils, Dieu ne t'impose pas d'exposer ta vie si précieuse à ton père et à tes amis pour une femme qui, répudiée par toi, pourra se remarier comme se remarient celles qui, chaque jour se trouvent dans une situation identique.

« Qui sait d'ailleurs si un jour elle n'aura pas à remercier le Seigneur de t'avoir rencontré sur sa voie ! Crois-en l'expérience que j'ai acquise au milieu des plus cruelles vicissitudes de la vie. L'heure d'Abd-el-Kader sonnera. Il me semble lire sur le livre de Dieu que, demain, l'émir implorera la protection de ceux qu'il veut combattre aujourd'hui! vas avec la paix, sidi Omar, toi qui as été un frère pour mes fils et un fils pour leur malheureuse mère. Vas en paix, Dieu te protègera et nous réunira dans une heure fortunée, car le calme vient après la tempête et le Seigneur est avec les résignés. Reçois en dépôt ces deux baisers; l'un pour mon fils Sidi Mohammed, l'autre pour ma chère petite Aouéo-uêche, » et ses lèvres pâles et tremblantes déposèrent sur les miennes deux longs baisers. Quels dangers n'aurais-je pas affrontés, quels sacrifices n'aurais-je pas faits pour arracher cette admirable femme à la vie misérable à laquelle elle était condamnée!.... Il fallut nous séparer... Lella Yemna comme toujours donna à son fils et à moi l'exemple de l'énergie et de la résignation (1).

J'avais puisé encore du courage au contact de cette noble créature et ses conseils allégeaient ma conscience au sujet de l'abandon d'une femme que des motifs impérieux et indépendants de ma volonté et de la sienne avaient jetée dans mes bras et à laquelle ne m'attachait aucun lien d'affection. Toujours contraints l'un vis-à-vis de l'autre, nous étions restés complètement étrangers par le cœur. En lui rendant sa liberté, par une répudiation juridique, je ne lui infligeais aucune peine morale et sa position matérielle n'était nullement compromise. Je me promettais d'ailleurs de saisir toutes les occasions qui se présenteraient d'améliorer son sort et celui de sa famille (2).

(1) Ce n'est point une prédiction faite après l'événement que je mets ici dans la bouche de Lella Yemna. Il me semble encore l'entendre prophétiser d'un air inspiré la déchéance de l'ennemi de sa race. Plus d'une fois depuis, j'ai pu lui rappeler ce moment solennel de notre séparation. Il m'a été donné en effet, de revoir la noble veuve. Ainsi qu'on le lira dans la suite de mes récits, j'eus l'honneur de la présenter à M. le maréchal Bugeaud, et j'ai pu la voir tranquille et heureuse, grâce à la munificence du roi et de son gouvernement.

(2) Mes lecteurs me pardonneront d'anticiper sur les événements parce qu'ils comprendront combien j'ai hâte de les tranquilliser sur le sort de cette jeune femme. Ils liront dans le 2º volume de mes récits qu'elle, sa mère et ses frères faisaient partie d'une smala qui tomba au pouvoir du général Changarnier, qu'ils se recommandèrent de mon nom et furent envoyés à Alger où le maréchal Bugeaud, sur ma demande, leur rendit des immeu-

Enfin après une nuit agitée et sans sommeil, mon brave Isidore, aussi tranquille que si nous partions pour un rendez-vous de chasse, vint gravement me prévenir que mon Salem piaffait d'impatience. J'adressai mentalement une fervente prière à Dieu et quoique brisé par la fièvre et les émotions je montai en selle en disant un dernier adieu aux femmes de la maison qui, suivant l'usage arabe, vinrent répandre du café sur les pas de mon cheval.

bles qui leur avaient été confisqués. Remariée très convenablement en 1848, la jeune Arabe que j'avais épousée en 1839 était heureuse grand'mère en 1878 lors de mon dernier voyage à Alger.

CHAPITRE LIX.

Fuite et arrivée au camp français du Figuier.

Je chassai les fâcheux pressentiments qui m'assaillaient, je fis appel à mon énergie et je me réconfortai en songeant que, quels que fussent mes torts passés, je les rachetais, en partie, par la résolution périlleuse que je prenais, de rentrer dans mon pays avant que la guerre éclatât entre la France et l'émir.

Il s'agissait d'envisager de sang-froid les difficultés que j'allais rencontrer dans mon voyage.

Puisque j'en avais attribué le motif à un ordre d'Abd-el-Kader qui m'envoyait à Milianah, je m'engageai sur la route qui y conduisait, mais après trois heures de marche environ, je tournai subitement à l'ouest et à travers les forêts de thuya qui entourent Tagdempt, je repris la direction de Mascara et j'arrivai très tard chez les Ouled Sidi Abd-Allah.

Le second jour, je rencontrai des Arabes qui venaient de quitter le camp du sultan qui revenait à Tagdempt et qui m'indiquèrent exactement la route qu'il devait suivre.

Je possédais à Tagdempt des cartes de l'Algérie dressées par l'état-major et que Miloud ben Arrache avait rapportées à l'émir. J'avais coupé sur celle de la province d'Oran la partie que je devais parcourir. J'avais également une boussole. Après avoir quitté mes Arabes je consultai ma carte; je me rendis parfaitement compte de la route que suivait l'émir et je me dirigeai vers le nord afin de l'éviter. Plus de deux cents kilomètres séparent Tagdempt d'Oran. Le soir du second jour, j'en avais franchi cent environ. Je m'arrêtai dans la partie sud de la plaine de Gheris, chez des marabouts qui me connaissaient; je leur dis que je venais de quitter l'émir qui m'envoyait à Mascara puis à Tlemcen pour y inspecter les fabriques d'armes.

Il me fut facile de recueillir auprès de ces braves gens les renseignements qui m'étaient nécessaires.

Le lendemain j'évitai la grande route qui conduit à Mascara, et en suivant le pied des montagnes qui bordent la plaine de Gheris au sud, j'arrivai chez les Guetarnïas Tahta, tribu située à quelques lieues au nord-ouest de Mascara. Là était ma dernière étape.

Est-il besoin de dire les transes dans lesquelles je vivais depuis mon départ de Tagdempt? A chaque instant je m'attendais à être rejoint par des cavaliers lancés à ma poursuite. Comment alors justifier mon départ et la route que je suivais? et ce n'était point tant la mort qui me paraissait redoutable, je l'avais déjà si souvent bravée et vue de près, mais c'était l'ignominie des traitements auxquels je serais soumis si j'étais repris vivant.

Isidore restait calme et indifférent. Il avait une telle confiance en moi, qu'il ne semblait partager aucune des inquiétudes qui me torturaient.

Comme je devais le lendemain prendre la route d'Oran que je ne connaissais pas, il fallait interroger mes hôtes de façon à ne pas éveiller leurs soupçons. Je leur dis que je venais du camp de l'émir qui m'envoyait remplir une mission à Tlemcen et qui m'avait chargé de remettre, en passant à Mascara, des lettres importantes au khalifa El Hadj Mustapha ben Tehmi. J'ajoutai que je ne connaissais pas très bien la route directe de Tlemcen et que je voulais surtout éviter de m'engager sur celle qui conduit à Oran.

Ils me donnèrent alors des renseignements tellement précis, que je pus me rendre parfaitement compte de l'endroit où je devais rencontrer cette route. Je reconnus à leurs descriptions les collines et les forêts que j'avais suivies et traversées en me rendant de Tlemcen à Médéah et d'où j'avais aperçu la montagne d'Oran, ainsi que le fort de Santa Cruz sur lequel un pressentiment providentiel avait attiré mon attention et celle d'Isidore.

Le lendemain, 5 novembre 1839, nous nous mîmes en route de bonne heure ; le temps était sombre. Isidore avait mis nos armes en parfait état. Mon long fusil arabe et son fusil à deux coups étaient chargés de grosses chevrotines, car il était bien entendu que nous ne devions nous en servir qu'à bout portant, ou à courte distance. J'avais en outre une paire d'excellents pistolets, mon sabre et mon poignard. Il était convenu que, dans le cas où nous serions obligés de recourir à la fuite, Isidore devait abandonner sa mule et s'élancer sur la croupe de mon *Salem* dont la vigueur et la rapidité devaient nous donner de grandes chances de salut.

Il était environ midi, nous n'avions encore reconnu aucun des points qui nous avaient été désignés et qui devaient nous faire reconnaître la route d'Oran. Ma boussole, orientée sur mon lambeau de carte, m'indiquait bien que nous marchions dans la bonne direction, mais dans le cas où nous nous heurterions à un des postes des cavaliers de l'émir, chargés de veiller sur la frontière du territoire arabe, quelle distance aurions-nous à parcourir pour échapper à leur poursuite ?

J'étais sous le coup de cette affreuse perplexité quand un rayon de soleil, perçant les nuages qui nous cachaient l'horizon, éclaira tout d'un coup le sommet qui domine Oran. « Je vois le fort de Santa Cruz, s'écria Isidore dont la vue était perçante. — En êtes-vous certain ? lui dis-je. — Parfaitement certain. » Nous avancions pleins d'espoir, lorsque nous vîmes arriver à nous trois cavaliers dont un, le chef sans doute, me demanda où j'allais.

« A Oran, lui répondis-je, je suis porteur de lettres de l'émir pour Sid El Habib oul'd el M'hor, son oukil auprès des Français, » et je lui montrai deux enveloppes pliées et cachetées que j'avais préparées en prévision d'une pareille rencontre.

« As-tu un permis de passe ? me dit-il. — Quand on est porteur d'une lettre du sultan on n'a pas besoin de permis, lui répondis-je, et malheur à toi si tu retardes la mission importante dont je suis chargé, j'en rendrai compte à mon maître. » J'avais rejeté un pan de mon burnous sur mon épaule, et je parlais avec une grande animation. Isidore, ne comprenant pas un mot d'arabe et croyant que le moment était venu de faire usage de nos armes, s'était rapproché de moi et couchait déjà en joue mon interlocuteur. Je l'arrêtai bien vite en lui disant d'attendre mes ordres. Je me levai sur mes étriers et armant mon fusil je criai à l'Arabe qui m'avait interpellé : « Je t'ai dit la mission que m'a confiée le sultan, si tu t'opposes à mon passage, c'est toi qui seras responsable des malheurs qui arriveront. » Le cavalier, à moitié persuadé par mes réponses, et voyant d'ailleurs qu'il aurait de la peine à nous arrêter, me pria, pour couvrir sa responsabilité, de lui remettre un teskeré (note écrite) constatant que j'avais forcé la consigne.

J'ordonnai aux cavaliers de désarmer leurs fusils et, tout en les surveillant, j'écrivis à la hâte un billet constatant mon passage d'autorité ; j'y apposai mon cachet et le remis à leur chef. Nous continuâmes notre route, avec une tranquillité qui n'était qu'apparente, car il était à supposer que les cavaliers iraient chercher du renfort et se mettraient à notre poursuite. Aussi, tant qu'ils purent nous apercevoir, je n'accélérai pas notre allure ; mais arrivé sur le revers d'une colline qui nous dérobait à leur vue, je fis passer la mule d'Isidore devant moi, et nous prîmes le galop.

Nous nous croyions hors de danger, quand nous vîmes arriver devant nous une troupe de cavaliers armés et de piétons conduisant des bêtes de somme. En tête de la caravane marchait un personnage monté sur une superbe mule richement caparaçonnée. Il n'y avait pas moyen d'éviter cette rencontre. Je dis à Isidore de se rapprocher de moi de façon à pouvoir s'élancer sur la croupe de mon cheval au moment où je lui en ferais le signal. J'étais tellement surexcité depuis l'accès de fièvre que j'avais eu après ma terrible entrevue avec l'émir, et depuis quatre jours j'étais tellement exaspéré que je me sentais poussé aux extrémités. Mon intention était donc de m'approcher du chef de la caravane, sous prétexte de lui baiser la main, et de décharger sur la tête de sa mule le pistolet que je tenais caché sous mon burnous; à la faveur du désordre que cette brusque attaque ne pouvait manquer de produire dans l'escorte du personnage, Isidore s'élancerait en croupe derrière moi et dans moins d'une demi-heure nous devions atteindre le territoire français.

Je m'approchais déjà du chef de la troupe et j'allais mettre à exécution mon audacieux projet lorsque je reconnus dans ce personnage un marabout de Gheris qui avait accompagné Sidi Mohammed Saâid à Aïn Madhi. Il m'embrassa avec effusion et m'engagea à m'arrêter un instant avec lui pour apprendre de moi les nouvelles que j'apportais du camp de l'émir. Je lui dis, à voix basse, que j'étais porteur d'instructions importantes pour l'oukil d'Abd-el-Kader à Oran, que j'avais hâte de remplir ma mission et je lui montrai les plis cachetés dont j'étais porteur.

Il m'embrassa de nouveau et me recommanda hautement à Dieu pendant que je traversais la caravane, au grand ébahissement des cavaliers qui escortaient le marabout.

Nous étions enfin sauvés ? Peu d'instants après, en effet, nous arrivâmes au sommet d'un mamelon, j'entendis le son des clairons et je vis des soldats français. Je tombai plutôt que je ne descendis de cheval, j'embrassais ce noble animal, je serrais Isidore dans mes bras, je baisais la terre, j'aspirais l'air de la patrie, j'étais libre et j'adressais au ciel de ferventes actions de grâces.

Une prostration succéda alors à la surexcitation de ces terribles journées dont le souvenir m'a causé pendant si longtemps d'affreux cauchemars. Mon brave Isidore, toujours froid et calme, me lava la figure avec de l'eau qu'il avait conservée dans sa peau de bouc, et qui me ranima ; ce ne fut pas toutefois sans peine que je remontai à cheval. Mais on se remet vite des émotions causées par la joie. Je rassemblai mon beau Salem, auquel la fatigue n'avait rien ôté de son ardeur, et j'arrivai en caracolant dans l'enceinte du camp du Figuier.

LIVRE IX.

RETOUR A ORAN ET A ALGER.

CHAPITRE LX.

Réception du commandant du Figuier. — Réception à Oran.

Mon entrée dans le camp causa un grand émoi, car à la vue de mes vêtements en laine fine et blanche, de mes belles armes et de mon splendide coursier richement harnaché, on me prit pour un grand chef. Je demandai à parler au commandant du camp. On m'introduisit auprès de lui. C'était un brave chef de bataillon qui certainement ne s'était jamais occupé d'affaires arabes. Il ne me fit point asseoir et malgré les réponses en bon français que je faisais aux questions qu'il m'adressait en petit *sabir*, il m'appelait toujours *ia ouled* (1). « Mais, mon commandant, lui répétais-je, je m'appelle Léon Roches. J'ai passé auprès d'Abd-el-Kader le temps qu'a duré la paix, et comme les hostilités vont recommencer, je suis rentré dans nos lignes.

— C'est bon, c'est bon, je connais ces frimes, me dit-il, passe au corps de garde et je vais t'envoyer à Oran sous bonne escorte. »

J'étais navré, j'aurais été si heureux d'être accueilli avec

(1) Ohé, l'enfant ! façon familière que nos soldats emploient quand ils s'adressent à un Arabe.

bienveillance ! j'aurais tant désiré embrasser le premier Français en face de qui je me trouvais ! Je me rendis tout déconcerté au corps de garde où Isidore avait déjà raconté mon histoire et où m'attendaient deux jeunes officiers qui me souhaitèrent la bienvenue avec tant de cordialité que je les serrai dans mes bras ; c'est la France qu'il me semblait étreindre, et dans ces braves cœurs je la retrouvais, cette belle France que j'aimais d'autant plus que j'avais craint de mourir loin d'elle. Ils me conduisirent à la cantine et voulurent me faire servir un dîner en règle ; mais j'aperçus du pain frais et des bouteilles de vin et je me précipitai sur ces gourmandises dont j'étais privé depuis deux ans ; jamais de ma vie je n'ai fait repas plus délicieux, je mangeais et buvais sans respect humain. Pendant ce temps Isidore et mon beau Salem étaient soignés par les sous-officiers et les soldats.

Le maréchal des logis chargé de me conduire à Oran arriva, suivi de quatre chasseurs d'Afrique le fusil haut. Ils avaient ordre d'user de leurs armes si je tentais de fuir !

J'embrassai encore les braves officiers qui m'avaient si bien accueilli et hébergé ; j'aurais voulu serrer la main à tous les braves petits *pioupious* que je trouvais splendides et, en remontant à cheval, je fis faire à mon Salem deux ou trois bonds qui prouvèrent aux cavaliers de mon escorte qu'il leur serait plus facile de me tuer que de me reprendre, si j'avais le projet de fuir.

A quelques centaines de mètres du camp, le maréchal des logis ordonna aux chasseurs qui m'entouraient de marcher en arrière et me dit : « Monsieur Léon Roches, au lieu de vous garder, nous vous servons d'escorte. »

Malgré les tristes souvenirs qui me revenaient à l'esprit, la joie inondait mon âme en pensant que j'étais libre et que j'avais échappé aux dangers qui me menaçaient et dont le moindre n'était pas l'obligation de rester au milieu d'un peuple fanatique désormais en guerre avec la France.

Abd-el-Kader avait-il ignoré mon départ de Tagdempt ? j'ai peine à le croire, puisqu'il y arriva le lendemain de mon départ.

J'ai toujours pensé que, touché par l'aveu que j'avais eu le courage de lui faire et ne pouvant chasser complètement de son cœur l'ami qui lui avait donné tant de preuves d'affection et de dévouement, j'ai cru, dis-je, qu'il a feint d'ignorer ma fuite, et j'aime à lui en devoir une profonde reconnaissance.

Jamais, depuis la terrible soirée du 31 octobre 1839, je n'ai eu la chance de me rencontrer avec Abd-el-Kader et n'ai pu, par conséquent, éclaircir mes doutes à ce sujet. On se convaincra d'ailleurs en lisant la correspondance que je publie à la fin de ce volume, des sentiments d'estime et d'amitié qu'il a daigné me conserver et dont je suis heureux autant que fier.

Dès que mon arrivée à Oran fut annoncée à l'état-major du général de Gueheneuc, commandant la province, le capitaine Daumas, revenu récemment de Mascara où il était consul de France, se rendit auprès de moi ; avec quelle joie je reçus l'accolade de ce cher compatriote ! Il voulut me présenter lui-même au général, auquel il avait déjà communiqué la lettre que je lui avais adressée lors de mon passage à Mascara en janvier 1838.

Jamais je n'oublierai l'accueil bienveillant que je reçus à Oran du général et de Mme Gueheneuc, du colonel Randon mon compatriote, qui connaissait ma famille, et de tant d'autres officiers. Je fus surtout reçu comme un frère par un de mes anciens camarades de chasse à Alger, M. Bertèche, vérificateur des douanes. Des circonstances tout à fait indépendantes de ma volonté ont pu laisser supposer à cet excellent ami que je n'avais pas tenu compte de l'affection fraternelle qu'il m'avait témoignée et des services qu'il m'avait rendus; puisse-t-il, lui ou les siens, lire ces lignes que j'écris le cœur encore tout ému de la reconnaissance que je lui conserverai jusqu'à mon dernier soupir !

CHAPITRE LXI.

Acte de répudiation. — Ma lettre à Abd-el-Kader. — Départ pour Alger. — Commencement des hostilités.

Mon premier soin, en arrivant à Oran, fut de me présenter chez le kadi, accompagné de deux témoins, et, séance tenante, le magistrat musulman rédigea un acte par lequel je déclarais répudier, selon la loi musulmane, la dame***, fille de***, que j'avais épousée devant le kadi de Tagdempt.

Deux expéditions de cet acte me furent délivrées. Je conservai l'une et je renfermai l'autre dans la lettre que j'adressai à l'émir par l'intermédiaire de son oukil à Oran. Voici la traduction de cette lettre :

« A Sid el Hadj Abd-el-Kader ben Mahhi-ed-Din, etc., etc., etc.

« Dieu seul et toi, illustre Seigneur, connaissez les motifs qui m'ont forcé de m'éloigner de ton auguste présence.

« Dieu m'est témoin que je suis allé auprès de toi animé du désir de t'aider de mes faibles moyens dans l'œuvre que tu semblais vouloir entreprendre de régénérer les tribus musulmanes de l'Afrique. Je pensais que le seul moyen d'accomplir cette noble mission était de vivre en paix avec la France ; et jamais je ne me serais séparé de toi tant que cette paix aurait duré. Certes je n'ai pas laissé échapper une seule occasion de t'exprimer mon opinion à cet égard, et je crois t'avoir donné plus d'une preuve de ma tendre et respectueuse affection et de mon entier dévouement.

« J'ai eu le tort immense, pour arriver jusqu'à toi et pour obtenir ta confiance, de feindre d'avoir embrassé l'islamisme. Que Dieu me pardonne ce mensonge en faveur de mon repentir et des bonnes intentions qui m'animaient !

« Dès le jour où j'ai acquis la certitude que tu n'avais fait la paix avec la France que pour mieux te préparer à la guerre, dès le jour où pour continuer à te servir j'ai compris que je devais trahir mon pays et combattre mes frères, dès ce jour j'ai pris la résolution de te fuir. Pardonne-moi, je t'en conjure; pour moi, jamais je n'oublierai les témoignages de bienveillance, d'estime et de confiance que j'ai reçus de toi et je demande à Dieu de me fournir l'occasion de te prouver encore mon dévouement, et ma reconnaissance. Ces deux sentiments ne te feront jamais défaut, tant qu'ils seront compatibles avec mes devoirs envers mon pays.

« Je t'adresse dans cette lettre l'acte de répudiation qui rend la liberté à la femme que les circonstances m'ont forcé d'épouser. Je la place sous ta généreuse protection. Arrivé dans ton pays, monté, armé, et équipé, j'en suis reparti dans les mêmes conditions. Ma ceinture, qui renfermait alors cent douros, n'en contenait plus que douze. Je le répète, les marques d'estime et d'affection que tu m'as données m'ont largement récompensé des services que j'ai pu te rendre.

« Jamais je ne me séparerai du noble coursier que je dois à ta munificence. Tu regretteras un jour de n'avoir pas écouté les conseils de ton fidèle serviteur.

« OMAR, Léon Roches. »

Oran, 29 de moharrem 1255 (le 7 novembre 1839).

Je ne manquai pas, comme bien on doit le penser, de prévenir M. le général de Gueheneuc qu'Abd-el-Kader, ayant eu connaissance le 31 octobre dernier du passage des Bibans par le maréchal Vallée et le duc d'Orléans, avait pris toutes ses dispositions pour commencer immédiatement les hostilités et envahir la plaine de la Mitidja.

Il n'était pas à supposer, d'ailleurs, que M. le gouverneur général ignorât les décisions prises par l'émir, le 3 juillet dernier, à Taza, après un grand conseil, composé de tous les khalifas, le jour même où l'envoyé de l'empereur du Maroc l'avait investi du cafetan et, en outre, il devait bien s'attendre à ce qu'Abd-el-Kader, qu'il savait désireux de recommencer les hostilités, considérerait comme une déclaration de guerre l'entrée de l'armée française sur des territoires qu'il regardait comme lui appartenant. Sans doute, toutes les dispositions étaient prises pour mettre les établissements de nos colons dans la Mitidja et les alliés arabes qui nous restaient à l'abri des attaques de l'émir et de ses khalifas.

Hélas! par des motifs dont on ne peut se rendre compte, le maréchal Vallée persistait à croire qu'Abd-el-Kader n'oserait pas rompre si brusquement le traité de la Tafna, et ne prit pas les mesures que nécessitait la situation.

Le 16 novembre, jour de mon départ d'Oran pour Alger, nous apprenions que, le 10 et le 13, des attaques furieuses avaient été dirigées contre Bou-Farik et contre Blidah. Oh! que j'avais été bien inspiré d'arriver dans les lignes françaises avant la reprise des hostilités!

L'*Achéron*, bateau à vapeur sur lequel j'étais embarqué, entrait dans le port d'Alger le 19 novembre 1839, deux ans, jour pour jour, après mon départ de Bou-Farik et mon arrivée chez les Hadjoutes.

CHAPITRE LXII.

Retour à Alger 19 novembre 1839. — Départ pour Paris. — Ma tante madame Champagneux. — M. Thiers garde mon manuscrit. — Nommé interprète de 1re classe. — Attaché à l'état-major du duc d'Orléans.

La joie de revoir mon père fut empoisonnée par le tableau qu'il me fit de sa situation. Il avait dû vendre toutes les propriétés qu'il possédait et il était encore débiteur de sommes relativement considérables. Il comptait sur moi pour réparer ces désastres qui, grâce à Dieu, ont laissé son honneur intact. Je m'enquis des moyens de me créer une situation, de façon à vivre d'abord et ensuite à satisfaire les créanciers de mon pauvre père. J'aurais désiré reprendre une charge d'interprète assermenté, dont l'indépendance m'aurait convenu, mais toutes avaient leurs titulaires; et, je le répète, la situation était critique, il fallait vivre.

Le gouverneur général me fit offrir un poste d'interprète militaire de troisième classe, avec 1,500 fr. d'appointements et des rations pour moi et mon cheval.

Mais il me répugnait d'accepter des fonctions militaires qui m'amèneraient forcément à prendre part aux expéditions qu'on dirigerait contre Abd-el-Kader et à donner à ses ennemis les renseignements que j'avais recueillis grâce à la confiance que je lui avais inspirée sous le masque de l'islamisme. Non content de l'avoir trompé au point de vue religieux, irais-je jusqu'à le combattre ?

J'étais tellement obsédé par ces cruelles alternatives, que je me prenais souvent à regretter de n'avoir pas trouvé la mort dans mon périlleux retour ; j'étais, hélas ! plus que jamais découragé. Heureusement je trouvai réconfort et consolations auprès de deux excellents amis, Mgr Dupuch, évêque d'Alger et M. Léon Bloudel, directeur général des domaines, qui, au début de sa carrière, avait été sous les ordres de mon oncle Léon Champagneux, chef de division au ministère des finances.

Ils désapprouvèrent mes scrupules au sujet de l'emploi que m'offrait le maréchal Vallée. « Quand vous êtes allé auprès d'Abd-el-Kader, me disaient-ils, vous étiez convaincu qu'il observerait fidèlement les clauses du traité de la Tafna et que, tout en régénérant le peuple arabe, il vivrait en paix avec la France. C'est dans cette persuasion que, pour le servir, vous avez abandonné votre pays, votre famille et votre bien-être. Ce n'est pas pour le tromper que vous avez feint d'être musulman, c'est pour avoir la possibilité d'arriver jusqu'à lui, et de rendre votre concours efficace. Ne l'avez-vous pas servi avec fidélité et dévouement ?

« En allant chez l'émir, vous croyiez aller chez un allié de la France, et vous avez trouvé en lui un ennemi. N'est-ce pas Abd-el-Kader qui, par la rupture du traité de paix qui l'unissait à la France, a trompé vos convictions et vos espérances et, en restant à son service, n'auriez-vous pas compromis votre honneur et votre nationalité ? Vous aviez vous-même le pressentiment de cette situation quand vous adressâtes à M. le capitaine Daumas, alors consul de France à Mascara, la lettre où vous déclariez que vous rentreriez dans nos lignes le jour où la paix serait rompue entre la France et l'émir.

« En votre qualité de Français vous devez considérer comme ennemis les ennemis de la France. Que vous conserviez le souvenir de la bienveillance que vous a témoignée Abd-el-

Kader, que vous saisissiez avec empressement l'occasion de lui prouver votre reconnaissance d'homme à homme, rien de mieux ; mais votre devoir strict est de fournir à votre pays les renseignements que vous avez recueillis à vos risques et périls. Ce n'est pas Abd-el-Kader que vous combattez, c'est l'ennemi de la France. » etc., etc.

J'avoue que, sans la dure nécessité qui m'étreignait, les raisonnements de mes amis m'auraient peu convaincu, et que j'aurais donné suite au projet que j'avais formé de quitter à jamais l'Algérie. Mais, je le répète, il fallait vivre et faire honneur aux engagements de mon père.

J'acceptai donc l'emploi d'interprète de troisième classe que m'offrait M. le maréchal Vallée. D'après les conseils de M. Blondel, je m'occupai avec mon ami, M. Berbrugger, conservateur du musée d'Alger, de rédiger des notes sur ce que j'avais vu et appris pendant mon séjour chez Abd-el-Kader (1).

Je lus ce travail à M. Blondel qui, en ce moment, donnait l'hospitalité à M. le colonel de Tinant (aide de camp du général de Cubière, alors ministre de la guerre) en mission à Alger.

Ces Messieurs, frappés de l'intérêt qu'offraient mes notes, en entretinrent leurs ministères respectifs, et M. le maréchal Vallée, auquel je n'avais pas eu encore l'honneur d'être présenté, reçut l'ordre de m'envoyer à Paris.

Ai-je besoin de dire que, dès mon arrivée à Alger, je m'é-

---

(1) Ces notes avaient trait aux dispositions des tribus et de leurs chefs à l'égard de l'émir et aux tendances manifestées par plusieurs personnages importants de se rapprocher des Français. Les renseignements statistiques et topographiques y abondaient. Quant aux plans de campagne de l'émir, aux forces régulières et irrégulières dont il disposait, je n'avais rien à apprendre au gouvernement français. Le capitaine Daumas, pendant son séjour de deux ans à Mascara, avait recueilli à cet égard les renseignements les plus précis. En somme, l'émir ne m'ayant confié aucun secret d'État, je n'avais rien de secret à dévoiler.

tais rendu auprès de mon ami Sidi Mohámmed oul'd Omar pacha et que j'avais déposé sur ses lèvres et celles de sa charmante enfant, Aoué-ouèche, les baisers que m'avait donnés pour eux la malheureuse Yemna? Que de détails navrants n'eus-je pas à leur donner! détails qui leur brisaient le cœur et qu'ils voulaient toujours entendre. Je m'efforçai d'entretenir chez eux l'espoir de revoir sains et saufs leur noble mère et son fils Omar; mais j'étais loin moi-même d'entrevoir la possibilité de réunir les membres de cette famille si cruellement éprouvée. Cette douce satisfaction m'était pourtant réservée. Mes lecteurs n'ont pas oublié Ahmed, l'ancien serviteur de la famille d'Omar pacha, celui qui m'avait accompagné d'Alger à Milianah et de Milianah au camp de l'émir, qui m'avait ménagé une entrevue avec le fils d'Omar pacha après la confiscation de ses biens par l'émir, et qui après, *avoir donné à ses maîtres tout ce qu'il possédait*, avait voulu les servir de nouveau et partager leur infortune. Quels ne furent pas mon étonnement et mon émotion quand je vis arriver un jour ce serviteur dévoué qui avait bravé vingt fois la mort pour apporter des nouvelles des pauvres exilés à leur famille d'Alger et pour s'informer de mon sort, car le bruit avait couru à Tagdempt que j'avais été tué par des cavaliers de l'émir au moment où j'allais pénétrer sur le territoire français. Je laisse à penser la joie qu'éprouva mon ami Sidi Mohammed en revoyant le fidèle Ahmed. Quant à moi, je ne pouvais me lasser d'admirer l'héroïsme, pourrais-je dire, de cet Arabe qui exposait sa vie pour satisfaire aux désirs de ses maîtres. Nous les retrouverons plus tard.

Je revis également Messaouda, la nourrice de Khadidja, qui ne pouvait se consoler de la perte de celle qu'elle considérait comme sa fille. La famille de ma pauvre amie avait quitté Alger et s'était établie à Alexandrie. Lella Nefyssa était morte; conséquences à jamais regrettables de mes premières relations si innocentes et si poétiques avec ma jeune et belle voisine de Braham-Reïs!

J'arrivai à Paris dans le courant de janvier 1840. Je fus reçu successivement par les divers ministres, et j'eus l'honneur d'être présenté à Mgr le duc d'Orléans. Mes récits étaient d'autant plus intéressants qu'ils avaient le charme de la couleur locale. Je parlais arabe en français, pourrais-je dire. J'avais, au reste, le mérite de la nouveauté et je fus pendant deux mois à la mode. Les grands salons tenaient à exhiber le secrétaire intime d'Abd-el-Kader. Que de légendes sur mon compte!

Je voyais Paris pour la première fois ; or Paris, au retour de Tagdempt, aurait dû produire une profonde impression sur ma nature enthousiaste.

Mais le séjour de deux ans que je venais de faire parmi les Arabes, l'obligation où je m'étais trouvé de feindre constamment, la méfiance que m'inspiraient les dangers dont j'étais sans cesse environné, avaient calmé mon imagination.

Je fus moins frappé des merveilles que je voyais pour la première fois, que touché par les charmes de la vie de famille. Je retrouvais en effet, à Paris, mon oncle Champagneux et sa femme, cette tante si tendre auprès de laquelle j'avais passé mon enfance.

J'avais perdu ma mère que j'étais encore un enfant. A ma sortie du collège, mon père avait quitté la France ; j'ignorais donc les douceurs de cette vie de famille que je trouvais à Paris; aussi avec quelles délices je les savourais!

Je ne résiste pas au désir de donner ici sur ma chère tante quelques détails intimes qui feront comprendre la nature des rapports qui existèrent par la suite entre elle et moi.

Élevée jusqu'à l'âge de douze ans par M. et Mme Roland, ma tante Eudora fut confiée, après la mort tragique de ses parents, à la tutelle de M. Bosc, membre de l'Académie, républicain austère et libre penseur, qui fut tout à coup forcé de partir pour l'Amérique.

Il confia sa pupille à M. Champagneux, conseiller à la cour de Grenoble, qui avait défendu Mme Roland devant le tribunal révolutionnaire et qui, de ce fait, avait été incarcéré. Mis en liberté après la mort de Robespierre, il avait à craindre de nouvelles persécutions ; il crut donc sage, pour assurer une protection efficace à sa jeune pupille, de la marier à un de ses fils, M. Léon Champagneux, frère de ma mère.

Il n'était pas surprenant qu'à cette époque, et élevée dans un pareil milieu, la fille de Mme Roland fût libre penseuse.

En 1832, le choléra lui enleva en quelques heures une fille qu'elle adorait. Privée des consolations et de la résignation qu'on puise seulement dans les idées religieuses lorsqu'on est frappé par le malheur, ma pauvre tante s'isola complètement du monde, où elle brillait naguère. Son désespoir était tel, que les membres de sa famille n'étaient que difficilement admis auprès d'elle.

Cette situation, qui dura pendant près de trois années, intéressa beaucoup d'âmes pieuses et compatissantes ; mais leurs tentatives furent vaines. L'abbé Lacordaire prêchait alors à Notre-Dame : on lui parla du désespoir de Mme Champagneux. Ce fut avec peine qu'il parvint à obtenir d'elle une entrevue ; mais une fois en contact, ces deux natures d'élites devaient forcément sympathiser. L'illustre dominicain amena la pauvre mère désolée à tourner ses regards vers Dieu ; elle pria, elle était sauvée. Le père Lacordaire, obligé de quitter Paris, confia sa précieuse conquête à M. l'abbé Combalot et, au bout de quatre ans consacrés par ma tante à l'étude de la religion catholique, étude qui s'étendit jusqu'aux Pères de l'Église, un éminent prélat, en parlant d'elle, disait : « Mme Champagneux est Mme Roland chrétienne. »

De longues années s'étaient écoulées depuis que j'étais séparé de ma tante ; elle avait su ma fugue chez Abd-el-Kader. Elle croyait, comme tout le monde, que j'avais embrassé l'islamisme et elle me considérait comme perdu pour elle. Quand elle me retrouva tendre et l'aimant sinon plus, mais mieux que par le passé ; quand je lui fis le récit fidèle de mon existence depuis l'époque où elle m'avait perdu de vue, quand surtout elle put se convaincre que j'avais conservé les moindres souvenirs de mon enfance et que je gardais précieusement dans mon cœur l'affection et l'admiration que j'avais vouées à sa fille, Malvina, son cœur, engourdi pour ainsi dire par la douleur, se ranima. Elle reversa tout d'un coup sur ma tête une partie de l'amour maternel qu'elle avait pour la fille que Dieu lui avait reprise, et je fus désormais l'objet de ses plus tendres préoccupations.

Voici le fac-simile d'une note que j'ai retrouvée dans les papiers qu'elle m'a légués et que je conserve religieusement :

« Le 29 février 1840, après vingt ans de séparation, j'ai revu Léon, celui que d'abord je m'étais accoutumée à regarder comme l'un de mes enfants, que plus tard je considérais comme entièrement perdu pour moi, et dans le souvenir duquel je me croyais complètement effacée. Je l'ai revu bon, simple, conservant tous ces souvenirs d'enfance qui sont si chers à l'âme que le vice n'a pas flétrie ! Je l'ai revu, et mon cœur que je croyais fermé à toute affection sur la terre, s'est rouvert à la tendresse maternelle qu'il m'inspire. O mon Dieu ! voilà encore un de ces prodiges de miséricorde dont vous avez été si prodigue envers votre pauvre créature, j'aime à le penser, à le sentir, c'est vous qui me l'envoyez pour mettre un intérêt dans ma triste vie ! puisse la sienne être consacrée à vous aimer, à vous servir ! »

Je l'aimais moi-même comme j'aurais aimé ma mère.

Aussi les soirées passées en longues conversations dans le petit cabinet d'études de cette femme si exceptionnellement remarquable me paraissaient-elles bien préférables aux splendeurs de Paris et aux réceptions brillantes où je n'étais qu'un objet de curiosité.

Je n'avais rien de caché pour ma tante. Je lui fis part de la situation financière de mon père et de la mienne. Un mariage pouvait seul me permettre d'améliorer cette situation. Grâce à ses nombreuses et excellentes relations, Mme Champagneux obtint pour moi la main d'une jeune personne qui m'offrait toutes les conditions de bonheur que je pouvais désirer. Il fut convenu que le mariage n'aurait lieu qu'au bout de quatre années, délai qui était une sorte d'épreuves qu'on m'imposait et pendant lequel je devais me créer une position.

Cependant le temps s'écoulait; chaque jour je fournissais au ministère de la guerre des renseignements intéressants sur ce que j'avais vu pendant mon séjour chez Abd-el-Kader, et, tout en me donnant des espérances, on ne prenait aucune décision à mon égard. Enfin M. Thiers arriva à la présidence du conseil, et M. le baron de Gérando, pair de France, ami de ma famille, me présenta lui-même au premier ministre, qui m'accorda plusieurs audiences. Il parut prendre un vif intérêt aux renseignements que je lui donnais, et, à notre dernier entretien, il me dit qu'il désirait avoir par écrit le résumé de nos conversations.

Je lui parlai alors du manuscrit que j'avais rédigé en collaboration avec M. Berbrugger. « Il faut m'en remettre un exemplaire » me dit M. Thiers; j'eus la naïveté de lui répondre que j'avais le manuscrit dans ma poche. « Donnez-le-moi, ajouta-t-il, j'en ferai faire moi-même une copie. »

Je lui remis mon précieux travail et, quatre jours après,

le ministre de la guerre m'annonçait que j'étais nommé interprète de première classe, à 2,400 fr. d'appointements, et me donnait l'ordre de me rendre immédiatement à Toulon, où je devrais m'embarquer avec l'état-major de Mgr le duc d'Orléans, auquel je serais attaché pendant la campagne que le maréchal Vallée allait diriger contre Abd-el-Kader.

Il me fut impossible de rentrer en possession de mon manuscrit, dont copie fut transmise aux autorités militaires de l'Algérie, et dont je lus plusieurs fois des extraits publiés sous d'autres noms que le mien.

Loin de moi la pensée de faire remonter jusqu'à l'illustre homme d'État l'odieux de cette supercherie ; je n'en ai pas moins été victime de ma naïveté et de ma confiance. La publication de ce manuscrit eût, dès lors, nettement expliqué le rôle que j'avais joué auprès de l'émir et eût donné toute leur valeur aux renseignements que moi seul possédais.

CHAPITRE LXIII.

Retour à Alger. — Le maréchal Vallée m'enlève à l'état-major du Prince et m'attache au général Schramm. — Expédition de Médéah et de Milianah. — Ravitaillement de ces places avec le maréchal Vallée. — Relégué à Coleah. — Visite d'adieux au maréchal Vallée qui est remplacé par le général Bugeaud.

Je dus garder le silence. La position qu'on me donnait était infime, mais l'honneur d'être attaché à l'état-major du fils du roi et la certitude des services que je me sentais capable de rendre dans cette situation, me consolèrent de ma mésaventure et le 4 avril 1840 je débarquai à Alger, avec la ferme résolution d'arriver, durant le délai qu'on m'avait accordé, à mériter la main de celle que je considérais désormais comme ma fiancée.

Le maréchal Vallée, que je n'avais jamais pu approcher, était soumis à une influence que des gens mieux placés que moi pour en juger ont déclarée fatale. Cette influence m'était hostile; je n'ai pu en attribuer la cause qu'à la calomnie. Tant est-il que le maréchal Vallée fit comprendre au duc d'Orléans qu'il n'était pas convenable de m'attacher à sa personne, qu'en somme j'étais un renégat; et que, pour son compte, il n'avait pour moi ni estime ni considération.

Le prince était forcé de tenir compte des observations du maréchal Vallée, qui était son chef hiérarchique; il eut la bienveillance de me témoigner les regrets qu'il éprouvait de ne pas me conserver à son état-major et je fus attaché au général Shramm. Là, je me trouvai à côté de deux officiers, nobles natures qui connaissaient et comprenaient la mienne, M. le commandant de Courtigis et mon ami, le capitaine Vergé, l'ancien kaïd de Beni-Khélil dont j'avais pris congé à Bou-Farik en 1837 lorsque je me rendais auprès de l'émir. L'excellent général Shramm ne tarda pas à me témoigner une affection et une bienveillance qui depuis ne m'ont jamais fait défaut.

Au moment d'entreprendre l'importante campagne dirigée contre l'émir, le gouverneur général aurait pu mettre à profit ma connaissance du pays où nous allions pénétrer et des hommes que nous allions combattre ; je ne fus pas appelé une seule fois à fournir le moindre renseignement, et pourtant combien de fautes commises que j'aurais pu faire éviter !

Il ne m'appartient pas de parler de la façon dont fut conduite cette expédition qui eut pour résultat de laisser à Médéah et à Milianah des garnisons qui restèrent prisonnières dans les murs de ces deux villes et qui y furent décimées par la maladie.

Des écrivains militaires compétents ont parlé des brillants combats livrés par notre belle armée pendant cette campagne, et des résultats négatifs qu'elle produisit au point de vue de notre domination en Algérie.

Je ne m'occupe en ce moment que des faits auxquels se trouve mêlée ma modeste personnalité.

Tout le monde, dans la colonne, avait pu admirer mon magnifique cheval noir, *Salem*, que m'avait donné Abd-el-Kader. J'avais eu même l'occasion de prendre part, avec l'état-major du général Shramm, à deux ou trois affaires qui avaient mis en relief les qualités exceptionnelles de ce superbe animal. A notre rentrée à Alger, entre deux expéditions, un des aides de camp du duc d'Orléans vint me témoigner le désir qu'avait manifesté le prince, de faire l'acquisition de mon cheval. « Il n'y a pas de somme à débattre, me dit l'aide de camp, monseigneur connaît la valeur de votre beau coursier, et je suis chargé d'accepter le prix que vous fixerez vous-même.

— « Vous savez, lui répondis-je, que Salem m'a été donné par Abd-el-Kader. Je ne puis donc pas le vendre ; mais je puis le donner au prince, car l'émir trouvera tout naturel que j'offre mon cheval au fils de mon roi. Je le tiens donc à sa disposition. »

L'aide de camp me fit observer que jamais le prince n'accepterait un pareil cadeau de moi, pauvre petit interprète, et que, par convenance, je devais accepter les offres que daignait me faire l'héritier présomptif de la couronne de France. Je maintins mon refus.

L'excellent colonel Jamin vint lui-même. Il me fit comprendre avec le tact et la bienveillance qui le distinguaient, quel intérêt j'avais à saisir l'occasion qui se présentait d'être agréable au duc d'Orléans, en outre des avantages pécuniaires que j'y trouverais. « Je donne mon cheval et ne le vends pas, » répétai-je constamment. Des gens officieux ne manquèrent pas de mettre devant mes yeux le tort que me causerait mon refus obstiné dans l'esprit du prince ; je restai inébranlable.

La veille du jour où nous devions rentrer en campagne, un aide de camp du duc d'Orléans vint frapper à ma porte. Je vais moi-même lui ouvrir et je vois, dans la rue, un joli cheval noir tenu en main par un des palefreniers du prince. « Monseigneur m'envoie auprès de vous, Monsieur, me dit l'aide de camp, pour vous prier d'accepter ce cheval. » Voici les paroles textuelles que S. A. Royale m'a chargé en même temps de vous transmettre : « Dites à M. Léon Roches que, connaissant son ardeur à braver les balles arabes, je lui envoie un cheval sur lequel il pourra satisfaire son humeur guerrière, sans exposer son beau Salem qu'il a refusé de me vendre, refus, dites-le-lui bien, qui double l'estime que j'avais déjà conçue pour son caractère. »

Cette marque si délicate de bienveillance me toucha profondément. C'était un baume sur mes blessures. Je pus moi-même en exprimer ma respectueuse gratitude au noble prince que je ne devais plus revoir.

Après les deux expéditions de Médeah et de Milianah, je fus détaché de l'état-major du général Schramm ; c'était, à ce qu'il paraît, une position trop importante pour moi, et je fus envoyé à Blidah, poste réservé aux interprètes de 3e classe.

L'excellent général Schramm voulait réclamer contre cette injustice, je le suppliai de n'en rien faire, et je me rendis à ma nouvelle résidence où je ne tardai pas à me mettre en communication avec quelques chefs arabes, mes anciens amis, et d'où je pus adresser au gouverneur général des rapports qui fixèrent son attention.

Peut-être aussi reçut-il sur mon compte des renseignements de nature à modifier les fâcheuses impressions que lui avaient causées des rapports calomnieux, tant est-il que le 1er octobre je fus attaché au général Changarnier qui alla ravitailler Milianah, où nous avions laissé onze cents hommes valides le 12 juin, et où nous ne trouvâmes plus que trois cents hommes qui portaient la mort dans leur sein. Au 1er janvier 1841 il n'en rentrait que quatre-vingts, ainsi plus de mille hommes sur onze cents périrent en moins de six mois.

Dans cette courte et glorieuse expédition je pus rendre quelques services au général Changarnier qui, dès ce jour, n'a cessé de me donner les marques les plus significatives de son estime et de sa bienveillance.

Le 27 octobre le maréchal Vallée se porta lui-même, avec toutes ses forces disponibles, au delà des montagnes, afin de compléter pour l'hiver les approvisionnements de Médéah et de Milianah et tâcher d'attirer Abd-el-Kader à quelque combat sérieux.

Je fus attaché à l'état-major du maréchal, et, malgré l'influence dont j'ai parlé plus haut, je pus l'approcher plusieurs fois, et lui donner directement des renseignements, j'oserais presque dire des avis dont son esprit élevé et perspicace comprit la justesse. La bienveillance que me témoignait le maréchal avait d'autant plus de prix qu'il n'accordait ce sentiment qu'à de rares exceptions et qu'elle succédait pour moi à une malveillance dont, hélas! j'avais plus d'une fois ressenti les effets. Dans les longs interrogatoires qu'il me faisait subir, je trouvai l'occasion de lui donner la preuve que j'avais été et que j'étais encore calomnié, et lorsque le 22 novembre je pris congé de lui, il me témoigna sa satisfaction en termes qui, dans sa bouche, acquéraient une haute valeur.

Tout me faisait supposer que je resterais à Alger attaché à la personne du maréchal, mais les progrès que j'avais faits en si peu de temps dans son estime et sa confiance avaient donné ombrage au personnage auquel j'ai déjà fait allusion, et un ordre inattendu me fit partir immédiatement pour Coléah, soi-disant pour y surveiller les menées des Hadjoutes qui commettaient impunément leurs brigandages jusqu'aux environs d'Alger. C'était encore un exil.

J'étais donc à Coléah, lorsque nous apprîmes que le général Bugeaud venait d'être appelé au gouvernement général de l'Algérie, en remplacement du maréchal Vallée, tombé, disait-on, en disgrâce.

Les marques de bienveillance que m'avait récemment données ce chef illustre, m'avaient trop touché pour que je ne cherchasse pas l'occasion de lui en témoigner ma reconnaissance.

Les communications entre Coléah et Alger étaient très dangereuses et une escorte respectable accompagnait toujours les convois de vivres et de munitions qu'on dirigeait sur Coléah. Le départ du maréchal pour la France étant imminent, je ne voulus pas attendre un convoi et, monté sur mon beau Salem, je partis seul pour Alger, où j'arrivai (8 janvier 1841), sans fâcheuse rencontre.

Je me présentai à l'hôtel du gouverneur général, auquel je fis remettre ma carte. Je fus immédiatement admis en sa présence.

« Comment et pourquoi êtes-vous ici ? me dit le maréchal, il n'est pas arrivé de convoi de Coléah ; venez-vous m'annoncer quelque fâcheux événement ?

— Non, Monsieur le maréchal, il n'est pas arrivé de convoi et je ne suis porteur d'aucune nouvelle. Je suis venu seul parce que j'ai appris que vous rentriez en France, et que je tenais essentiellement à vous remercier des témoignages de bienveillance et d'estime que vous m'avez donnés. »

Les traits sévères du vieux soldat s'adoucirent, ses yeux s'humectèrent de larmes, et me prenant les deux mains :

« J'ai été injuste à votre égard, Monsieur Léon Roches, me dit-il, d'une voix émue, je vous ai connu trop tard ; je n'oublierai jamais la noble démarche que vous faites aujourd'hui, et si je puis vous être utile, comptez sur moi. »

Je me retirai heureux et fier d'avoir conquis les sympathies et l'estime de cet homme dont on a pu critiquer les actes comme général en chef d'armée et comme gouverneur de l'Algérie, mais qui était un grand caractère et le plus glorieux de nos généraux d'artillerie.

Le général Schramm, auquel le maréchal Vallée avait remis son commandement, me rappela immédiatement auprès de lui.

CHAPITRE LXIV.

Arrivée du général Bugeaud. — Je suis attaché à sa personne. Première campagne de Médéah et Milianah.

Le général Bugeaud arriva à Alger le 22 février 1841.

Dans le manuscrit que j'avais remis à M. Thiers, j'avais émis mon opinion sur le traité de la Tafna et sur ses fatales conséquences au point de vue de la domination de la France en Algérie ; or, ayant la certitude que mon manuscrit avait été mis sous les yeux du nouveau gouverneur, je pouvais redouter qu'il fût mal disposé à mon égard. Ainsi que c'est l'habitude, tous ceux qui naguère briguaient les faveurs du maréchal Vallée furent les premiers à aller saluer le soleil levant. Je restai à l'écart.

Je reçus une lettre d'audience, et je me présentai seul au général Bugeaud, qui me reprocha avec bienveillance de n'être pas venu plus tôt le saluer et me fit comprendre que je lui avais été chaudement recommandé à Paris.

Il me dit que son intention était de m'attacher à sa personne, et il me demanda s'il pouvait compter sur mon zèle et mon dévouement.

« Mon général, lui répondis-je, comme militaire j'ai des ordres à recevoir et pas de désirs à exprimer ; mais comme homme, permettez-moi de vous dire que le concours modeste que je pourrai apporter à l'accomplissement du grand œuvre dont vous êtes chargé ne sera efficace qu'autant que vous m'accorderez une confiance entière. La méfiance annihile toutes mes facultés, et malheureusement mes antécédents peu connus, mal interprétés, n'ont que trop prêté à cette méfiance dont je suis l'objet, et qui me cause des tourments que je ne puis exprimer. Je vous dirai toute ma vie, je ne vous cacherai aucun de mes actes, même ceux que je réprouve; je vous prie d'être indulgent pour mon passé et de ne pas me juger avant de m'avoir vu à l'œuvre. En un mot, je vous promets un dévouement absolu en retour d'une confiance absolue. »

Cette façon d'aborder la question plut à la nature franche et loyale du général, et dès le soir même de ma présentation je lui esquissai, à grands traits, les diverses phases de ma vie. Je lui dis toute la vérité.

Il devait aller dans la province de Constantine. Il me laissa à Alger et m'invita à lui faire un rapport sur la situation militaire et politique de l'émir, dans les deux provinces d'Alger et d'Oran.

Je devais également préparer les proclamations dans lesquelles le nouveau gouverneur général devait faire connaître ses intentions à toutes les populations de l'Algérie.

A son retour de la province de Constantine, mon nouveau chef trouva mon travail terminé et voulut bien à ce sujet m'adresser de vives félicitations.

Les opérations militaires conduites par le général Bugeaud en personne commencèrent le 1er avril. Il s'agissait d'aller ravitailler Médéah et Milianah.

Des plumes plus autorisées et plus compétentes que la mienne ont raconté les campagnes du maréchal Bugeaud; tout récemment encore, le comte d'Ideville vient d'ériger à la mémoire de l'illustre conquérant de l'Algérie un monument impérissable. L'auteur de ce consciencieux travail, nous fait suivre pas à pas depuis sa naissance jusqu'à sa mort, le soldat et le citoyen. Il nous initie aux tendresses de son cœur et à ses vastes pensées, et mettant sous nos yeux ses lettres intimes et sa correspondance officielle, il déroule devant nous, en s'appuyant sur des documents incontestables, toutes les phases de cette glorieuse existence.

Je n'ai donc point la prétention de faire le récit des campagnes auxquelles j'ai pris part en qualité d'interprète du général en chef et encore moins d'apprécier ses actes. Je crois toutefois que mes lecteurs ne liront pas sans intérêt certains détails et certains faits auxquels j'ai été mêlé et qui feront mieux connaître encore l'illustre chef qui m'a honoré de son estime et, je puis le dire, de sa tendre affection.

Pour se rendre à Médéah, le maréchal Clauzel en 1836 et le maréchal Vallée en 1840 avaient pris la route de Mouzaïa et avaient dû chaque fois enlever de vive force les positions du tenia de Mouzaïa défendues soit par les habitants de ces rudes montagnes, soit par les soldats réguliers d'Abd-el-Kader; chacune de ces opérations nous coûtait trois ou quatre cents hommes mis hors de combat.

Le général Bugeaud, désireux avant tout d'épargner la vie de ses soldats, prit une autre route, que l'ennemi, rassemblé au col de Mouzaïa, n'eut pas le temps de venir lui disputer. J'entendis blâmer hautement cette manœuvre par les généraux placés sous les ordres du gouverneur général. « C'est faire croire aux Arabes que nous avons peur d'eux, disaient-ils, c'est affaiblir le moral de nos soldats, etc. » Le général Bugeaud était instruit des critiques dont sa conduite était l'objet, mais il se gardait bien d'en tenir compte. Il avait atteint son but presque sans coup férir, et quant à l'effet moral, il allait bientôt apprendre à ses lieutenants comment il fallait le produire.

Médéah fut ravitaillé. Durant le trajet que parcourut l'armée depuis le bois des oliviers jusqu'à cette ville en suivant la rive droite du Chélif, notre aile droite fut constamment harcelée par deux ou trois mille cavaliers. Le général en chef me demanda des renseignements sur les gués de cette rivière, c'est-à-dire sur les passages pratiqués dans les berges, car le Chélif, à moins de crues exceptionnelles, est toujours guéable. Mais la rivière s'étant creusé depuis des siècles un lit très profond et les berges ayant souvent de huit à dix mètres de hauteur, on comprend que les Arabes pour traverser le fleuve doivent tracer dans ces berges des rampes plus ou moins rapides.

Ces rampes sont étroites, et les cavaliers sont obligés de les descendre et de les remonter un par un ; tels furent les renseignements que je fournis au maréchal. En revenant de Médéah les mêmes cavaliers vinrent harceler notre aile gauche. Le général Bugeaud fit arrêter la colonne et donna l'ordre à deux bataillons de mettre sac à terre et de marcher contre ces cavaliers dans la direction d'un passage de la rivière qu'il leur indiqua. « Ne brûlez pas une cartouche jusqu'à ce que vous arriviez sur les bords du Chélif, dit-il au lieutenant-colonel qui commandait ces deux bataillons, lorsque vous y serez, vous verrez vous-même ce que vous aurez à faire. » Quand on sut dans la colonne que le général en chef lançait des fantassins à la poursuite de cavaliers arabes, chacun se prit à rire. Un général surtout, vaillant parmi les vaillants, ne trouvait pas de critique assez mordante au sujet de cette manœuvre. Or les cavaliers arabes, voyant se diriger vers eux deux bataillons et supposant qu'ils n'étaient que l'avant-garde du reste de l'armée, jugèrent prudent de battre en retraite et de mettre le Chélif entre eux et les Français.

Mais pour traverser le Chélif il leur fallait passer un à un par les rampes des berges dont je parle plus haut ; un tiers à peine avait franchi le fleuve quand nos deux petits bataillons y arrivèrent. Nous entendîmes alors une vive fusillade et des officiers d'état-major envoyés sur le lieu de l'action, vinrent rendre compte au général en chef qu'un grand nombre de cadavres d'hommes et de chevaux gisaient dans le lit du Chélif; que nos soldats avaient pris une grande quantité d'armes et d'harnachements, et que nous n'avions pas perdu un homme.

« Voilà comment on attrape des cavaliers avec des fantassins, » dit le général Bugeaud au général auteur principal des critiques.

Le lendemain nous devions repasser le col qui n'avait cessé d'être fortement occupé par quelques-uns de nos bataillons. Nous racontâmes au général en chef que pour remonter à cette position l'armée avait toujours été harcelée par les Arabes et qu'elle avait eu chaque fois des centaines d'hommes mis hors de combat.

« Ne peut-on pas descendre du col de Mouzaïa par une autre route que celle suivie par l'armée ? » me demanda-t-il. « Il existe deux routes lui dis-je, dont l'une, quoique difficile, est praticable pour des cavaliers arabes. — C'est bien. »

Dans la nuit, au milieu du convoi qui montait au col pour débarrasser la colonne des impedimenta, manœuvre qui s'était toujours exécutée de la même manière et qui n'inquiétait nullement l'ennemi, le général fit remonter les trois escadrons de gendarmes maures du commandant d'Allonville et deux escadrons de spahis.

Dès le point du jour, l'armée se mit en marche pour remonter au col. L'arrière-garde avait l'ordre de se retirer devant les Kabyles et les réguliers d'Abd-el-Kader qui ne manqueraient pas de l'attaquer. Quand le maréchal vit que l'ennemi était profondément engagé dans les ravins que nous venions de traverser, il ordonna un retour offensif sur toute la ligne; en même temps, nous vîmes déboucher, sur l'extrême gauche des Kabyles et des réguliers nos escadrons de gendarmes maures et de spahis, qui à la faveur de la nuit s'étaient engagés dans le chemin que j'avais indiqué moi-même au brave commandant d'Allonville, s'y étaient embusqués pour attendre le retour offensif de l'arrière-garde, et se précipitaient sur les derrières de l'ennemi.

La déroute complète des troupes régulières et irrégulières de l'émir qui, suivant l'expression pittoresque du général Bugeaud, *voulaient manger notre queue,* cent cinquante tués, bon nombre de prisonniers et des armes en quantité, telles furent les conséquences de la nouvelle tactique du général en chef et les trophées de la victoire. « Voilà, disait-il le soir à ses lieutenants réunis autour du feu du bivouac, voilà ce que j'appelle produire un effet moral, » faisant allusion aux murmures qu'il avait entendus lorsqu'il avait renoncé à attaquer de front les positions du col de Mouzaïa.

Le ravitaillement de Milianah donna lieu à une manœuvre mieux conçue encore et sur une échelle plus vaste qui, sans des circonstances dont il serait absolument injuste de rejeter la responsabilité sur le général en chef ou sur ses lieutenants, aurait infligé aux Arabes le désastre le plus terrible qu'ils eussent jamais éprouvé.

Lors des expéditions précédentes, les troupes de l'émir et les nombreux contingents des Kabyles, qui habitent l'énorme pâté de montagnes qui s'élèvent entre Cherchel et Milianah, ne s'opposaient pas au ravitaillement ; mais quand, forcée de rentrer à Alger, l'armée quittait les positions qu'elle avait occupées pendant cette opération, l'ennemi, dont le nombre s'élevait à plus de douze mille combattants, se ruait comme une avalanche des hauteurs qui entourent Milianah sur notre arrière-garde et il fallait toute l'énergie de nos braves soldats pour résister à une pareille attaque. Cette retraite nous coûtait toujours quatre ou cinq cents hommes mis hors de combat.

Le général, la carte à la main, me fit subir un interrogatoire minutieux sur la topographie des environs de Milianah que j'avais habitée lors de mon séjour chez Abd-el-Kader. Là également je lui indiquai une route qui, partant de la ville, s'éloignait d'abord vers l'ouest et venait s'embrancher sur la route aboutissant aux positions qu'occupait notre armée en dessous de Milianah. La veille du départ, le général Bugeaud manda le colonel Bedeau et lui dit : « Mon colonel, vous allez profiter du va-et-vient du convoi qui aura lieu durant la nuit entre le camp et Milianah, pour vous faufiler vous et votre régiment dans la ville. Demain, quand j'aurai donné l'ordre du départ, les Kabyles, en masses compactes, se rueront sur mon arrière-garde à qui je donnerai l'ordre de se replier en bon ordre sur la colonne. Quand vous verrez que l'ennemi est tout à fait engagé, tirez un coup de canon, lancez votre brave régiment sur ses derrières, et jamais vous n'aurez assisté à une fête pareille. Mon interprète Léon Roches connaît la route que vous devrez suivre, je le mets à votre disposition. »

Comme guide, je devais être en tête du brave 17e, le plus splendide régiment d'Afrique ; aussi me gardai-je bien d'emmener mon beau Salem. Je montai à pied jusqu'à Milianah. Le colonel Bedeau, en me voyant venir, me demanda où était mon cheval. Je répondis qu'il était blessé au garrot. « Je comprends, me dit-il en riant, vous voulez faire tuer un de mes chevaux, » ce qui ne manqua pas d'arriver ; mais c'est un détail. Malheureusement, à la guerre, l'exécution ne répond pas toujours à la conception. Notre arrière-garde qui dut résister pour ne pas découvrir trop complètement l'aile droite, furieusement attaquée par les Kabyles et le coup de canon tiré peut-être trop tôt, hâtèrent le moment du retour offensif, et l'ennemi, toujours méfiant, put en grande partie échapper au désastre qui le menaçait. La leçon n'en fut pas moins sévère et, depuis cette époque, il s'est presque toujours tenu à distance.

Le général venait de justifier à leurs yeux la vérité de leur proverbe :

El harb khadâa. La guerre c'est la ruse.

A la suite de cette expédition, le général Bugeaud me cita dans son ordre du jour à l'armée et je fus élevé au grade d'interprète principal, dont l'assimilation est chef d'escadrons.

CHAPITRE LXV.

Campagne de Tagdempt. — Scène d'interprétation avec les Beni-Aâmer. Visite aux ruines du Fort et de ma maison à Tagdempt.

Vers le milieu du mois de mai 1841, le gouverneur général se rendit avec son état-major à Mostaganem, où se rassemblait l'armée à la tête de laquelle il allait détruire l'établissement militaire de Tagdempt et occuper Mascara.

La grande difficulté était de trouver des moyens de transport pour emporter les vivres et les munitions nécessaires à la colonne pendant la durée de la campagne.

Nous devions avoir recours aux tribus soumises, et parmi celles-ci aux Beni-Amer qui, à eux seuls, pouvaient nous fournir la plus grande quantité de chameaux et de mulets. Mais cette tribu, qui compte près de trois mille cavaliers, avait tour à tour fait sa soumission aux Français et à Abd-el-Kader, suivant qu'elle redoutait nos attaques ou celles de l'émir. Ces tergiversations avaient profondément irrité le général de Lamoricière qui fit partager son mécontentement au général Bugeaud, et il fut convenu qu'on prendrait des mesures sévères à l'égard des Beni-Amer.

Je connaissais particulièrement tous les chefs de cette grande tribu. Ils eurent connaissance des mesures projetées contre eux et vinrent auprès de moi. « Le général Lamoricière est fondé à nous adresser des reproches, me dirent-ils, nous lui avons fait notre soumission, et quand Abd-el-Kader est apparu sur notre territoire nous nous sommes soumis à lui. Mais, pouvions-nous lui résister sans exposer nos femmes et nos enfants à être emmenés en otage et sans voir vider tous nos silos ? Que la France nous protège contre les attaques de l'émir et nous lui resterons fidèles.

« On veut, dit-on, prendre à notre égard des mesures sévères; nous te le déclarons, toutes les fractions dont nous sommes les chefs feront défection, et vous ne trouverez pas une mule ou un chameau pour transporter vos vivres. Si au contraire vous fermez encore les yeux sur nos tergiversations qui sont la conséquence forcée de notre situation, tous nos efforts tendront à maintenir notre tribu dans de bonnes dispositions à votre égard, et nous vous amènerons tous les moyens de transport dont nous pouvons disposer. »

Le lendemain le général convoqua tous les chefs Beni-Amer qui se trouvaient à Mostaganem ; ils vinrent, accompagnés d'un grand nombre de leurs clients. La réunion avait lieu dans une immense cour de l'ancienne habitation des beys. Les généraux Lamoricière et Bedeau, le colonel Cavaignac et plusieurs officiers supérieurs assistaient à cette séance.

Le général Bugeaud adressa d'abord aux Beni-Amer des reproches terribles sur leur manque de foi et leur laissa entrevoir les mesures rigoureuses qu'il était décidé à prendre à leur égard.

Chargé d'interpréter les paroles du général, j'adoucis ce qu'elles pouvaient avoir de trop acerbe, et je laissai percer à travers la sévérité du langage, des sentiments de bienveillance.

Le chef des Beni-Amer, chargé de répondre au nom de ses compagnons, avoua les fautes qui leur étaient reprochées, mais en expliqua habilement les causes.

Ayant altéré le discours du général, je fus obligé d'altérer également les réponses du chef arabe.

Je voyais l'indignation peinte sur la physionomie des généraux et des officiers qui comprenaient l'arabe, mais je fixais sur eux des regards qui semblaient les braver, et je continuai la conversation de façon à amener une détente dans l'irritation du gouverneur général et un profond sentiment de repentir et de soumission dans l'esprit des chefs arabes.

J'atteignis le but que je me proposais, car tous les Beni-Amer, d'un mouvement spontané, se précipitèrent aux genoux du général, et lui baisant les mains et les pans de sa tunique, lui promirent tous les moyens de transport qu'ils avaient à leur disposition et désignèrent les otages qui devaient rester entre ses mains comme garantie de l'exécution de leurs promesses.

Je laissai le capitaine Vergé, qui parlait facilement l'arabe, terminer l'entretien, et me dirigeant vers le général Lamoricière et les officiers supérieurs qui l'entouraient : « Voilà, mon général, lui dis-je, comment un interprète fidèle traduit les paroles d'un chef irrité. Mais, je vous en supplie, que le général Bugeaud ignore le moyen que j'ai employé pour obtenir le résultat qu'il désirait. »

Le général Lamoricière et ceux qui l'entouraient me serrèrent cordialement la main et, depuis ce jour, je ne fus plus en butte à leurs soupçons.

Afin d'éviter, autant que possible, le retour de situations aussi délicates, et qui auraient été de nature à porter atteinte à la dignité du gouverneur général et au respect que je lui devais, il fut convenu que dorénavant, lorsqu'il s'agirait de traiter des affaires avec les Arabes, il me ferait connaître préalablement ses vues et ses intentions, et que pour les remplir je serais libre d'employer tels moyens de persuasion que je jugerais convenables. A lui le fond, à moi la forme ; et c'est ainsi que j'exerçais une grande influence sur les Arabes qui me considéraient comme la pensée vivante du grand chef.

Ainsi que je le dis au commencement de ce chapitre, je n'ai pas à raconter les opérations militaires du général Bugeaud, je me dispense donc de faire le récit de la campagne de Tagdempt à la suite de laquelle le général en chef voulut bien encore me citer dans son ordre du jour à l'armée.

Arrivé à Tagdempt, je conduisis mon ami le capitaine Vergé dans la chambre où avait eu lieu ma dernière entrevue avec Abd-el-Kader et sur l'emplacement de la maison que j'avais occupée et d'où j'étais parti.

En voyant tant de ruines et en songeant au sang versé depuis la rupture du traité de la Tafna, je gémissais de l'impuissance des efforts que j'avais tentés auprès de l'émir pour le convaincre que dans la paix avec la France, seulement, il aurait pu trouver les éléments de la régénération de son peuple. Et pourtant je pouvais me rendre cette justice que je n'avais rien négligé pour arriver à ce résultat.

N'était-ce pas heureux, d'ailleurs, que j'eusse échoué dans la mission que je m'étais donnée? Si Abd-el-Kader était devenu un allié sincère de la France, ne lui aurions-nous pas bientôt abandonné le gouvernement des Arabes, et cette belle Algérie, aujourd'hui partie intégrante de la France, ne serait-elle pas encore plongée dans la barbarie?

Il faut dire comme les Arabes :

« Tu ignores si le bien est devant ou derrière toi ; le bien est dans ce qui arrive par la permission de Dieu. »

CHAPITRE LXVI.

Le maréchal Bugeaud me confie une mission qui m'éloigne d'Alger. — Départ d'Alger fin juillet 1841. — Pressentiment de mon voyage à la Mecque.

La campagne de Tagdempt jeta un nouvel éclat sur la gloire militaire du général Bugeaud. Mascara, solidement occupée et largement approvisionnée, devait être la base des opérations confiées à l'habileté et à l'activité infatigable du général de Lamoricière.

Déjà plusieurs échecs avaient été infligés au prestige et à la domination d'Abd-el-Kader ; mais l'heure de l'action politique à exercer sur les tribus qui lui étaient soumises n'avait pas encore sonné.

Le général rentra à Alger dans les premiers jours de juillet 1841.

Là, une nouvelle déception m'attendait. Pour des raisons que j'ignore jusqu'à ce jour, les parents de la jeune personne que j'avais lieu de considérer comme ma fiancée étaient revenus sur leur première décision, et je recevais une lettre de ma tante qui me disait de considérer ce mariage comme définitivement rompu. Adieu donc mes doux projets de vie de famille et mon espoir de liquider ainsi la situation de mon père !

D'un autre côté, et malgré la confiance dont m'honorait le général Bugeaud, je sentais que j'étais encore, de la part de beaucoup d'officiers de l'armée, l'objet de soupçons injurieux, conséquence toute naturelle, hélas ! de la situation fausse où je m'étais placé en feignant d'être musulman et en acceptant des fonctions auprès d'Abd-el-Kader. Le public, ne connaissant pas les motifs qui m'avaient poussé à ces résolutions, ignorant la façon dont je m'étais séparé de l'émir, me jugeait d'après les apparences, et les apparences étaient loin de m'être favorables.

La désespérance s'empara encore de mon âme et je n'aspirais qu'à m'éloigner d'Alger et à en finir avec une existence où l'avenir m'apparaissait encore plus sombre que le présent. Non point que j'eusse l'idée du suicide, mais je désirais mourir, mourir sans imprimer à ma mémoire ce stigmate indélébile. Afin d'arriver à ce double résultat, il fallait obtenir de mon chef une mission périlleuse qui m'éloignât d'Alger. Voici la combinaison à laquelle je m'arrêtai :

J'avais acquis la conviction que la plupart des tribus arabes que leurs intérêts devaient rallier à la cause française, étaient retenues par cette pensée que le Coran menaçait de peines éternelles les musulmans qui consentaient à vivre sous la domination des chrétiens. Et c'était en effet sur ces versets du livre sacré de l'islam que s'appuyait Abd-el-Kader pour entraîner les populations de l'Algérie à la guerre sainte.

Eh bien, en lisant attentivement le Coran et quelques-uns de ses commentateurs, on peut soutenir la thèse contraire.

Ainsi, quand un peuple musulman a résisté à l'invasion des chrétiens autant et aussi longtemps que ses moyens de résistance le lui ont permis, et lorsqu'il reconnaît l'inutilité et les dangers de cette résistance, d'illustres commentateurs ont écrit que, dans ce cas, il doit discontinuer la lutte et accepter la domination des conquérants si ceux-ci lui permettent d'observer les rites de sa religion.

La France aurait donc un grand intérêt à obtenir d'un concile, pourrais-je dire, composé des plus illustres ulémas de l'islamisme, une décision qui autorisât les populations de l'Algérie à vivre sous la domination des Français.

Je savais que telle était l'opinion de Sidi Mohammed-el-Tedjini, mon ami d'Aïn-Madhi et ennemi irréconciliable d'Abd-el-Kader qui avait détruit sa ville, opinion partagée par Sidi Mohammed Sghaïr oul'd Sidi Eukba, kahlifa du Ziban et par Sidi Hamza des Ouled Sidi Cheikh, limitrophes du Maroc, que j'avais connus également à Aïn-Madhi, et enfin par Sidi Ahmed ben M'rabet de Besness, Mokaddem de Sidi el Hadj-el-Aarbi, descendant vénéré de *Moulay Taïeb* (1). Cette confrérie, en Algérie, marche de pair comme influence avec la confrérie de Sidi Abd-el-Kader el Djilani, la première du monde musulman. Toutes les tribus de l'ouest, surtout celles qui faisaient partie de l'ancien Makhzen des Turcs, appartiennent à la confrérie de *Moulay el Taïeb*.

J'avais également pu me convaincre que plusieurs autres marabouts, chefs de zaouïa importantes, redoutaient les conséquences prolongées de la guerre et désiraient ardemment la paix.

Il s'agissait donc de réunir, à l'abri des atteintes d'Abd-el-Kader, et, en même temps, hors des territoires soumis à la domination chrétienne, un certain nombre de grands personnages musulmans renommés par leur science et leur sainteté et d'obtenir d'eux la *fattoua* (2) désirée.

---

(1) Sid-el-Hadj el Aarbi était alors, sans contredit, le marabout le plus vénéré de l'Algérie et du Maroc où sa zaouïa, située à Ouezzan, est devenue, grâces à sa réputation de sainteté, un véritable pélerinage. On lira dans le second volume de cet ouvrage le récit d'une visite que j'ai faite à cet illustre personnage lors de mon voyage à Maroc en 1846.

(2) *Fattoua*, décision religieuse. *Responsum à jurisconsulto datum.*

Cette réunion ne pouvait avoir lieu que sous les auspices de Sidi Mohammed Tedjini qui seul était en situation de convoquer les marabouts, chefs des différentes confréries, ses alliés. Mon intention était donc de me rendre auprès de ce personnage.

Je soumis mon projet au général Bugeaud. Je me gardai bien de lui laisser entrevoir mon désir d'en finir avec la vie, et, comme il émettait des craintes au sujet des dangers auxquels cette mission m'exposait, je m'efforçai de le tranquilliser; je devais, lui disais-je, trouver de grandes garanties de sécurité dans les sympathies dont m'avait donné tant de preuves Sidi Mohammed el Tedjini, et dans la connaissance parfaite que j'avais acquise des hommes et des choses de l'islamisme. Le général comprit tout le parti qu'il pouvait tirer, pour la conquête et la pacification de l'Algérie, de la réussite du projet que je lui soumettais et il m'autorisa à prendre les dispositions que je croirais nécessaires pour son accomplissement.

J'envoyai aussitôt à Sidi Mohammed el Tedjini un émissaire dont j'avais éprouvé maintes fois l'intelligence et la fidélité; il était porteur d'une lettre qui l'accréditait auprès du marabout d'Aïn-Madhi auquel il devait expliquer *verbalement* mon projet.

Au bout d'un mois, mon émissaire était de retour. Il avait rencontré el Tedjini à Laghouat et il m'apportait une lettre de mon ancien ami, qui me félicitait de mon idée qui devait, disait-il, ouvrir une ère de tranquillité aux tribus algériennes excitées par l'émir à soutenir une guerre désastreuse contre les Français, et il me disait d'ajouter foi aux communications verbales qu'il avait faites à mon émissaire.

Voici le résumé de ces communications : Sidi Mohammed el Tedjini avait repoussé l'idée que j'avais émise de me rendre auprès de lui. Ce serait, disait-il, m'exposer à une mort certaine et, dans tous les cas, attirer l'attention de l'émir sur l'objet de ma mission, dont le secret le plus absolu était le premier élément de succès. Dès la réception de ma lettre, l'illustre assiégé avait mandé auprès de lui les mokadden des khouans de Mouley-Taïeb, de Sidi Okba, des Ouled sidi Cheikh, etc., etc., dont les zaouïa étaient les plus rapprochées de Laghouat et là, il avait été convenu que chacun des mokaddems présents se rendrait auprès des grands chefs de leurs khouans et que des délégués, choisis par ces derniers et munis de pouvoirs en règle, se rendraient le 1er de redjeb 1257, 19 août 1841 à Kairouan (Tunisie) où je devrais moi-même me trouver à cette date.

Là seulement une décision serait prise après avoir consulté les ulémas de l'université religieuse de Sidi Eukba, une des plus anciennes de l'islamisme (1).

Mon ami avait pensé lui-même à m'envoyer une sorte de passe circulaire qui me recommandait à tous les mokaddems et khouans de la confrérie. Cette circulaire était un surcroît de précautions, car j'étais en outre porteur de la lettre de Tedjini qui indiquait le but de ma mission et qui m'accréditait auprès des divers membres de l'assemblée de Kairouan.

Tous mes préparatifs étant faits, je quittai Alger à la fin de juillet 1841. Le général Bugeaud me munit d'une lettre de recommandation circulaire, adressée aux agents consulaires français avec lesquels je pouvais être appelé à entrer en relations. Il m'ouvrait auprès d'eux un crédit illimité. Il me remit en outre une somme assez considérable en sultanis d'or, monnaie très recherchée par tous les Arabes.

Lorsque je pris congé de mon chef déjà bien-aimé, il me serra dans ses bras et me recommanda la plus grande prudence.

(1) C'est à Kairouan qu'est enterré Sidi Okba ben Nafé, le plus illustre chef des Arabes orientaux qui firent la conquête du Moghreb; ce fut lui qui fonda la ville de Kairouan, en l'an 50 de l'hégire.

J'avais peine à contenir mon émotion, d'autant plus violente, que je partais avec la persuasion de périr en tâchant d'accomplir la mission que j'avais réclamée. J'étais du reste tranquillisé sur le sort de mon père auquel le général avait donné à la mairie d'Alger une place dont les émoluments lui assuraient une aisance convenable. J'abandonnais mes appointements d'interprète principal aux créanciers qui, devant mon désir de les satisfaire, me promirent de ne pas inquiéter mon pauvre père.

Je ne fis connaître ni à lui, ni à personne le but de mon voyage. J'adressai à ma tante une lettre où se peignait mon désespoir, lettre de suprêmes adieux et je m'embarquai sur un bateau à vapeur qui se rendait à Tunis, où je devais encore revêtir l'habit musulman et me lancer de nouveau dans de périlleuses aventures.

Lorsque je quittais Alger en 1837 pour me rendre chez Abd-el-Kader, je ressentais une grande tristesse en me séparant de mon père et en quittant mon pays; mais j'étais soutenu par de brillantes illusions et par l'espoir de retrouver ma chère Khadidja.

Aujourd'hui toutes ces illusions avaient fait place à une cruelle réalité, et je partais avec la persuasion que je ne reverrais plus ni mon pays ni les êtres aimés que j'y laissais. J'emmenais avec moi mon fidèle Isidore qui, malgré toutes mes observations sur les dangers auxquels j'allais m'exposer, ne voulut jamais se séparer de son maître.

Je confiai mon cheval, mon beau Salem, à mon meilleur ami, le capitaine Vergé, attaché comme officier d'ordonnance au général Bugeaud, dont il avait, à juste titre, gagné l'affection et la confiance. Sa connaissance de la langue et du caractère des Arabes rendaient son concours très utile au gouverneur général; toutefois j'avais fait agréer à mon chef, pour me remplacer comme interprète M. Schousboë, fils d'un ancien consul général de Danemarck à Tanger qui s'était engagé dans la légion étrangère et m'avait été chaudement recommandé par le colonel Bedeau. Il méritait une pareille recommandation et par sa connaissance approfondie de l'arabe et par son honorabilité et son courage.

Mais au point de vue de la politique arabe, il ne pouvait suffire au gouverneur général.

Durant notre campagne de Tagdempt, M. le capitaine Daumas, attaché à l'état-major du général de Lamoricière, avait donné des preuves d'une grande habileté au point de vue des affaires arabes, et, comme dans la correspondance très suivie que nous entretenions depuis mon retour de chez Abd-el-Kader, il m'avait souvent fait part de son désir d'être attaché au gouverneur général, comme directeur politique des affaires indigènes, j'en entretins le général Bugeaud et j'eus le bonheur d'aider puissamment à la réalisation du désir du capitaine Daumas.

Je partais donc avec la satisfaction de savoir le chef que je quittais entouré d'hommes dévoués et intelligents qui me remplaçaient avantageusement au double point de vue de l'interprétation et de l'expérience des affaires arabes.

Lorsque je demandais au général Bugeaud de me confier la mission dont je viens d'expliquer le but, je prévoyais que mon voyage ne se bornerait pas à Kaïrouan et que, d'après les termes mêmes de la lettre de Tedjini, je serais amené, pour assurer le succès de cette mission, à soumettre la décision des ulémas de Kaïrouan aux grandes universités de l'Orient. L'événement justifia mes prévisions, et les circonstances m'obligèrent à me rendre à la Mecque comme pèlerin musulman.

Le récit de ce voyage et de ses dramatiques péripéties formera le premier livre du second volume de cet ouvrage.

On ne connaît que deux Européens qui aient visité et

habité la Mecque avant moi et qui aient fait la description des cérémonies du pèlerinage musulman, ce sont : Domingo Badia, Espagnol, connu sous le nom d'Ali bey, en 1807, et l'Anglais John Lewis Burckhard, en 1814.

Dans l'ouvrage intitulé *Campagnes de l'armée d'Afrique*, S. A. R. Mgr le duc d'Orléans parle de la part que j'ai prise au siége d'*Aïn Madhi*.

NOTES.

Le *National*, dans son n° du 18 janvier 1846, qui nous tombe par hasard sous la main, s'élève avec beaucoup de violence contre la nomination présumée de M. Léon Roches au consulat de Tanger.

« Ce choix, dit le *National*, serait le plus grave que l'on pourrait faire. M. Roches est dans une position toute particulière et qui le rend impropre aux fonctions qu'on lui destine, *il a embrassé la religion mahométane et consacré son abjuration par un mariage avec une Algérienne*. Depuis, M. Roches a, dit-on, fait le pèlerinage de la Mecque qui lui a valu le titre d'*hadj*, lequel, avec celui de *chérif* que lui avait conquis son abjuration, lui assurait le respect et la sympathie de tous les musulmans ; les sujets de l'empereur de Maroc ne pourraient donc voir sans dépit et même sans indignation un de leurs coreligionnaires servir la cause des chrétiens contre les fidèles croyants. »

Il est difficile d'entasser d'un même coup plus de mauvaise foi et plus d'ignorance, et, pour ces deux raisons, nous nous ferions fort de signer en toutes lettres, du nom de son auteur, l'incroyable article que nous signalons et que nous allons réduire à sa juste valeur.

Pour ce fait que M. Roches a embrassé la religion mahométane, c'est une erreur très volontaire, ou, si l'on veut, un mensonge, que le rédacteur du *National* commet à bon escient. Quand l'esprit d'aventure qui distingue tous les grands voyageurs, et en particulier M. Roches, le poussa chez Abd-el-Kader, il y arriva, il est vrai, en se faisant passer pour musulman, secondé dans cette ruse, très pardonnable, par un habitant de Médéah qui avait été adoule du cadi Maléki, et qu'Abd-el-Kader devait croire et crut sur parole. M. Roches n'eut donc pas besoin, avec cette recommandation, de faire abjuration de sa foi. Devenu plus tard l'ami intime d'Abd-el-Kader, M. Roches, qui avait rêvé de jouer auprès de l'émir le noble rôle que joue le colonel Selves, en Égypte, auprès de Méhémet-Ali, ne fut inquiété par aucune récrimination, jusqu'au moment où sa faveur ayant éveillé de nombreuses jalousies et surtout celle de Ben-Allal, Sidi-Embarek, il dut, pour sauver sa tête, donner un dernier gage de sa fidélité. Sidi-Embarek avait surpris une lettre de M. Roches père qui sollicitait son fils de revenir à Alger. C'était une accusation terrible que cette lettre ! Fuir était impossible ; restait cette alternative de prendre femme ou d'être considéré comme espion et, comme conséquence, d'avoir la tête tranchée. De deux maux, M. Roches choisit le moindre : il se maria. Était-ce là consacrer une abjuration ? et s'il est vrai qu'il affecta d'être bon musulman, qui donc en veut à René Caillé et à tant d'autres voyageurs pour avoir joué le même rôle dans des circonstances à peu près analogues ?

Les hostilités étant sur le point de recommencer entre la France et l'émir, M. Roches n'hésita point, cette fois, à tout risquer pour quitter le camp ennemi, et pour venir se mettre à la disposition de M. le gouverneur général.

Le voyage de M. Roches à la Mecque ne fut point le pèlerinage d'un musulman, comme semble l'insinuer le *National*, mais le pèlerinage d'un audacieux voyageur curieux de s'instruire. Pour les Arabes, l'inconnu qui faisait au milieu d'eux ses prières dans la Kaâba était *Hadj* Omar ; pour l'histoire, ce sera M. Léon Roches le seul chrétien peut-être assez savant, assez adroit, assez courageux pour avoir affronté, non sans dangers, cette périlleuse exploration.

Quant au titre de *chérif*, M. Roches ne l'a jamais eu, car ce titre là ne se donne pas ; il désigne les descendants du prophète. Ce n'est pas la première fois que le *National* fait des tours de cette force à ses lecteurs, à l'endroit des choses de l'Algérie ; mais qu'importe !

L'important est de savoir si, au cas où M. Roches serait nommé consul à Tanger, « les sujets de l'empereur du Maroc, comme le dit le *National,* ne pourraient voir sans dépit et même sans indignation un de leurs coreligionnaires servir la cause des chrétiens contre de fidèles croyants. »

Si nous nous en rapportons aux précédents diplomatiques de M. Roches dans le Maroc, le *National* peut se rassurer. On sait, en effet, que tout dernièrement M. Roches, après de grandes difficultés, que seul peut-être il pouvait vaincre, a été admis à voir Mouley-Abderrhaman ; qu'il en a été non seulement bien accueilli, mais qu'il en a obtenu tout ce qu'il demandait au nom de la France ; et qu'enfin au moment de donner congé à son hôte, après une visite de deux heures, l'empereur l'a couvert de son burnous et a dit sur lui la prière. En sortant du palais impérial, un cortége magnifique attendait *l'envoyé du sultan des Français*, et l'a reconduit jusqu'à sa demeure qui n'était autre que celle du fils même de l'empereur. — Ceci se passait à Rabat.

En résumé, nous ne craignons pas de le dire, et nous ne serons démenti par aucun Algérien, les services que M. Roches a rendus à la France, en Algérie, par son intelligence et par son courage proverbial, ses connaissances spéciales des mœurs, de la langue et de la loi des Arabes, le rendent tout à fait digne du poste éminent qu'il est question de lui confier.

Un mot encore : nous croyons, avant de clore cette réfutation désintéressée de l'article, peut-être moins intéressé du *National*, devoir affirmer sur l'honneur que M. Léon Roches ignore complètement que nous écrivons ces lignes et qu'il y est tout à fait étranger.

(Extrait du journal *l'Akhbar*, janvier 1846.)

LÉGENDE DES MARABOUTS OULED SIDI EMBAREK DONT UN DESCENDANT A ÉTÉ UN DES PLUS CÉLÈBRES KALIFES D'ABD-EL-KADER. IL A ÉTÉ TUÉ DANS UN COMBAT ET SA TÊTE A ÉTÉ APPORTÉE A ALGER EN 1843.

Kaddour Berrouila m'ayant annoncé comme prochaine l'arrivée des frères, cousins et neveux de Sidi Mohammed oul'd Sidi Aallal oul'd Sidi Embarek, khalifat de Milianah, je crois opportun de reproduire la légende de cette grande famille des marabouts de Coléah. Cette légende, où sont relatés les faits miraculeux qui ont entouré le berceau de son ancêtre, Sidi Embarek, est répandue parmi tous les musulmans de l'Algérie, et aucun d'eux n'oserait la révoquer en doute. Elle offre d'autant plus d'intérêt que quelques-uns des membres de la famille des ouled Sidi Embarek ont accepté notre domination et que l'un d'eux a joué un grand rôle auprès d'Abd-el-Kader et sera souvent mêlé à mes récits. D'ailleurs cette légende, ressemblant à celles de la plupart des saints personnages de l'islamisme, fera comprendre l'influence que les marabouts exercent sur les musulmans.

Afin de ne pas encombrer mon récit de notes pourtant indispensables pour la compréhension des termes arabes, termes que j'emploierai à chaque instant dans le cours de cet ouvrage, je donne ici l'explication des termes techniques du *maraboutisme*, qu'on pardonne ce barbarisme. Marabout, مرابط, est la traduction littérale du mot français religieux. Du verbe arabe ربط *ligavit*. Koubba, قبة, en français coupole, nom que donnent les Arabes aux coupoles ou aux chapelles qui abritent le ou les tombeaux des saints musulmans.

Les Français ont donné à ces coupoles le nom de *marabout*, c'est-à-dire au *contenant* le nom du contenu. Les Arabes se servent également des deux appellations suivantes pour désigner marabout. سيّد, Siid, seigneur par excellence. صالح, Salahh, le saint. Zaouia, زوية, monastère, hôpital; la zaouia est une maison ou une tente, ou la réunion de plusieurs maisons ou de plusieurs tentes, construites ou dressées auprès de la koubba d'un marabout, où habitent les descendants de ce marabout et où ils donnent l'hospitalité aux voyageurs et aux malades. Les zaouia sont également des écoles, et des sortes d'universités où se réunissent les *tolbas* pour enseigner à lire aux enfants, pour étudier la théologie et pour faire des conférences.

Taleb (*studiosus sapientiæ, postulans scientiæ*), lettré طالب au pluriel tolbas, طلباء. Dhikre ذكر (*Preces Deo factæ*), formule de prière adoptée par tel ou tel marabout. Khedim, خديم, serviteur, خدام, khoddem, serviteurs, dévoué au culte de tel ou tel marabout. خوان khouans, frères, de خ1, Akh, frère nom que prennent les serviteurs de tel ou tel marabout. Ces khouans forment autant de confréries religieuses qui sont liées entre elles par une sorte de franc-maçonnerie. Chaque musulman appartient à une confrérie et doit réciter chaque jour aux heures prescrites le dhikre du saint à la confrérie duquel il est affilié.

On comprend dès lors l'intérêt que doit avoir un gouvernement à surveiller les menées de ces confréries et à s'attacher les descendants et les représentants du marabout qui les a fondées. Les représentants de ces marabouts, qui sont plus ou moins répandus dans tous les pays musulmans, suivant le degré de sainteté et d'influence des saints personnages fondateurs des confréries, portent plusieurs appellations : oukil (وكيل) *curator administrator*, au pluriel oukela (وكلا) ; nêib (نايب) *vicarius alterius*, au pluriel nouêb (بواب) ; moukaddem (مقدّم) *prepositus*, au pluriel moukadma (مقادما).

Voici comment j'ai pu obtenir le texte pour ainsi dire de la légende des Ouled Sidi Embarek :

Dans une gorge profonde des Beni-Menad Gherabas, au milieu de bois de pins et de chênes, paraît à peine un gourbi de misérable apparence adossé à un rocher escarpé dans les flancs duquel la nature a creusé une grotte profonde. Cette grotte et ce gourbi sont habités par un vieillard arabe, le plus ancien des serviteurs des Ouled Sidi Embarek. Cet homme, qui vit en anachorète depuis l'entrée des Français à Alger, possède mieux qu'aucun de ses maîtres vivants les traditions de la famille des marabouts de Coléah.

Quoiqu'il ne s'éloigne jamais de son ravin, il est au courant de tout ce qui se passe sur toute l'étendue de l'Algérie ; les Arabes prétendent qu'il se met en rapport avec les âmes de ses anciens maîtres qui lui font connaître jusqu'aux pensées des hommes.

Sans croire, il va sans dire, aux moyens surnaturels qui procurent à notre solitaire la connaissance des événements, je résolus d'aller puiser à cette source respectable des renseignements précis sur l'origine et l'histoire de la famille du khalifat de l'émir.

Je m'adressai à l'agha des Beni-Menêd, ami de Sidi Omar, et grâce à l'ancienne amitié qui existe entre lui et le vieillard, il me conduisit dans sa demeure où bien peu d'Arabes vont demander l'hospitalité.

Le vieillard nous reçut avec affabilité ; au coucher du soleil, un frugal repas, préparé par sa vieille compagne, nous fut apporté dans la grotte qui était éclairée par une torche de bois résineux. La conversation tomba naturellement sur l'arrivée prochaine des marabouts de Coléah, et l'agha sut avec habileté amener notre hôte à raconter, pour la millième fois sans doute, l'histoire des Ouled Sidi Embarek ; je rapporte ici presque mot à mot ses paroles que j'écoutais avec une attention profonde.

En face de ce vieillard dont la belle tête était encadrée dans la neige de ses cheveux et de sa barbe qu'il n'a pas émondés depuis la conquête des Français, dans cette grotte éclairée par les reflets vacillants d'une torche résineuse, je pouvais me croire en face d'un anachorète du Liban, au temps des croisades.

Je le laisse parler :

Vers le milieu du dixième siècle de l'hégyre, un pauvre habitant de la tribu des Hachem Gheris, nommé Embarek, quittait son pays natal où il avait été victime de l'injustice de ses chefs, et dirigeait ses pas vers l'Orient sans autre projet que celui de se rapprocher des contrées où repose le corps du prophète de Dieu. Accompagné de sa femme *Roubba*, de son fils *Ali* et de trois habitants des Hachem qui avaient voulu le suivre, le pauvre Embarek tentait un voyage de plus d'une année sans la moindre ressource, et sans la moindre connaissance des lieux qu'il avait à parcourir. Son désir était d'aller visiter le temple de Dieu et le tombeau de Mohammed ; mais le Seigneur avait ses desseins sur lui ; ses pas étaient comptés, les heures de son repos marquées, et ses moindres actes ne devaient tendre qu'à l'exécution des vues du Très-Haut.

Après plusieurs journées d'une marche pénible, Embarek arriva dans la tribu des Ouled Kocir; là il entendit parler d'un saint homme de Medjedja, nommé Sidi Mohamed ben Ali qui lisait dans le livre déposé sous l'arche de Dieu et dont la charité et la science faisaient l'objet de la vénération de tout le pays. Il demeurait dans un simple gourbi sur les pentes de la chaîne des montagnes dont les pieds son baignés au sud par le Chelif et au nord par la mer.

Embarek s'y rendit avec les siens, il y reçut l'hospitalité la plus franche et la plus amicale. Sidi Mohammed lui fit comprendre l'imprudence de son voyage, et la nécessité de faire instruire son fils, il lui donna un champ à cultiver, et se chargea lui-même de l'éducation religieuse du jeune Ali. Celui-ci, au bout de cinq années, dirigé par un professeur aussi habile, et surtout éclairé par la grâce de Dieu qu'il servait et adorait comme le meilleur de ses serviteurs, Ali, dis-je, était devenu savant parmi les savants. Sa mémoire était ornée des soixante chapitres du saint livre, et son cœur était imbu des préceptes que Dieu y a dictés.

Son père avait réussi dans son agriculture et il avait pu amasser une somme assez considérable pour entreprendre son pèlerinage.

Toute la famille partit un jour pour l'est en recevant les bénédictions du saint de Medjedja. Arrivé sous Milianah, Embarek fut atteint de douleurs subites, et peu d'heures après il expira; il fut enterré sur les bords du Chelif, par son fils et les trois habitants des Hachem.

Ali donna à ces derniers toutes les épargnes qu'il venait de recueillir en héritage; il leur ordonna de rester sur le terrain même où était enseveli Embarek, d'en acquérir une certaine étendue et de la cultiver; il leur prédit qu'ils seraient les fondateurs d'une tribu florissante dont les habitants peupleraient les deux rives du Chelif au-dessous de Milianah. Il se sépara de ses compagnons, fit ses derniers adieux à l'humble tombe de son père et continua sa marche vers l'est soutenant avec courage les pas chancelants de sa mère. Dieu les conduisit à Coléah, pauvre bourgade fondée autour d'un fort nouvellement construit par les Turcs.

Affecté par la mort de son mari et fatiguée par la route, Lella Roubba, dès les premiers jours de leur arrivée, mourut. Ali l'enterra lui-même au lieu nommé *Seïahh*, à 1/2 lieue ouest de Coléah.

Inconnu dans sa nouvelle résidence, ne possédant plus de quoi pourvoir à ses besoins, Ali, au lieu de faire parade de sa science, résolut de la cacher à tous les yeux. Afin de parvenir à son but et de pouvoir se livrer à la contemplation qui était le propre de son caractère, il se proposa comme *khammès* (1), et après plusieurs refus, il fut enfin accepté par un Turc nommé Ismaël qui possédait une vaste propriété aux environs de Coléah.

Tous les matins Ismaël remettait à chacun de ses Khammès une mesure de grain qui devait être semée dans la journée ; Ali quoique le plus faible avait toujours fini sa tâche bien avant les autres. Le Turc le soupçonna de quelque supercherie, il le fit épier et le lendemain l'Arabe qu'il avait chargé de la surveillance du khammès vint lui faire un rapport auquel il ne voulut ajouter aucune foi : l'Arabe disait avoir vu Ali couché à l'ombre d'un lentisque, entouré de perdrix qui étaient occupées à dévorer les insectes qui presque toujours abondent sur la tête et les vêtement des Arabes misérables ; pendant ce temps, la charrue, traînée par la paire de bœufs qui devait être dirigée par Ali, traçait les sillons les plus réguliers et les plus profonds.

Le lendemain Ismaël alla lui-même épier son fermier, et quel fut son étonnement lorsqu'il vit exactement ce que lui avait raconté l'Arabe.

Il se précipita vers Ali, baisa malgré lui ses pieds et ses mains, et lui demanda mille fois pardon, de n'avoir pas découvert plus tôt en lui un élu du Seigneur. Cependant avant de répandre le bruit du miracle dont il venait d'être témoin, il voulut éprouver davantage le pouvoir du jeune marabout.

Depuis longtemps il avait perdu un emploi lucratif dans le gouvernement turc et il n'avait aucun espoir d'y être réintégré. Il pria tellement Ali d'user de son influence mystérieuse pour lui obtenir l'objet de ses désirs, que ce dernier lui répondit : « Eh « bien ! présente-toi jeudi prochain au palais du pacha et Dieu « fera le reste. »

(1) Fermier au 5°, de خمس Khoms, cinquième.

En effet le jeudi suivant Ismaël n'arriva pas plutôt devant les yeux du pacha, que celui-ci l'appela, lui reprocha d'être resté si longtemps sans le visiter, et lui conféra immédiatement une charge plus élevée que celle qu'il avait perdue.

De retour à Coléah, Ismaël publia les deux faits miraculeux; il amena Ali devant toute la population réunie et là, il déclara qu'il faisait don à Sidi Ali oul'd Sidi Embarek et à tous ses descendants, de sa belle ferme qui prit dès ce jour le nom qu'elle a encore de Haouch Bou-Ismaël; il lui fit également don de tous les esclaves, troupeaux et instruments aratoires qui se trouvaient dans cette ferme, de sorte que Sidi Ali se trouva à la tête d'une grande fortune.

Sa réputation grandit chaque jour et de toutes les tribus arrivaient en pèlerinage, les malades, les malheureux et ceux qui avaient de grandes faveurs à demander. Les richesses de Sidi Ali servaient à héberger ses hôtes et à faire des aumônes à ceux qu'il ne pouvait secourir par l'intercession du ciel. Tous se retiraient satisfaits en le comblant de bénédictions.

Les années qu'il avait parcourues au milieu des saintes œuvres et de l'adoration de Dieu lui avaient blanchi la barbe, et cependant il n'était pas marié. Un jour, en voyant passer une jeune fille, il s'écria : « Oh merci, mon Dieu! tu me donnes un fils « digne de te servir, je le nommerai Mahhi-ed-Din (1). »

Il avait, dit-il, aperçu dans le sein de la vierge l'enfant qu'il devait avoir d'elle. Dieu par sa puissance avait montré aux yeux de son corps la partie matérielle de son fils et aux yeux de son intelligence les qualités précieuses dont le Seigneur devait doter son âme.

Il demanda la jeune fille en mariage; et quelque temps après, elle donna le jour à un fils qui fut nommé *Mahhi-ed-Din*. Sidi Ali donnait des leçons publiques de droit et de théologie; un concours immense écoutait ses savantes paroles qu'il savait mettre à la portée de tous, mais il avait choisi parmi ses nombreux auditeurs une vingtaine d'hommes intelligents qui ne le quittaient

---

(1) Mahhi-ed-Din, en arabe, signifie qui donne de l'éclat à la religion.

jamais, et qu'il avait destinés à aller répandre au loin la science de Dieu.

C'était beau de voir ce saint vieillard entouré de ses élèves dont les yeux intelligents semblaient boire avec avidité les paroles souvent divines qui sortaient avec tant d'éloquence de la bouche de l'élu de Dieu.

Ce furent ces mêmes élèves qui devinrent eux-mêmes marabouts et allèrent édifier et instruire les diverses tribus où ils fondèrent les *zaouia* qui existent encore de nos jours : telles que celle de Guerrouma, des Beni-Menèd, Beni-Meniâ, etc., etc.

Un jour que Sidi Ali expliquait le Coran à ses disciples assemblés, parmi lesquels se trouvait Sidi Mahhi-ed-Din, son fils, une jeune femme vêtue d'une tunique d'or parsemée de pierreries, et parée des plus riches ornements, apparut tout à coup au milieu de l'assemblée ; ses traits brillaient d'une beauté ravissante, son sein et ses membres découverts était d'une blancheur éclatante. L'assemblée de marabouts éclairés eurent bientôt reconnu el Denia (1).

Elle s'adressa successivement à chacun des assistants en lui proposant de l'épouser, tous lui répondirent : « Je ne le puis, j'ai « déjà épousé ta derra (2) El Akhra (3) » ; arrivée à Sidi Ali, celui-ci lui fit la même réponse, puis il la prit par la main et la conduisant vers son fils Mahhi-ed-Din : « Voilà le seul de nous qui « puisse t'accepter pour deuxième épouse ; sois-lui fidèle, mais ne « le détourne jamais de ses devoirs envers ta rivale *El Akhra* que « je ne tarderai pas à aller retrouver. »

Le soir même Sidi Ali rendait le dernier soupir. Il fut enterré hors de la ville, à l'endroit où avait eu lieu cette apparition et où les fidèles musulmans lui ont érigé depuis la koubba (coupole) où reposent ses descendants.

Ses disciples, après lui avoir rendu les derniers devoirs, se dispersèrent dans diverses directions. Dieu les a tous bénis. Sidi

(1) *Denia*, qui signifie, en arabe, monde terrestre, est ici l'allégorie des biens de cette vie.
(2) *Derra*, rivale ; nom d'une femme par rapport à une autre lorsqu'elles ont le même mari.
(3) *Altera vita*, l'autre vie.

Mahhi-ed-Din resta dès ce moment chargé de l'administration des biens et de la zaouia de son père; ils augmentèrent tellement par la bénédiction de Dieu, l'intercession de son père et par les offrandes des musulmans, qu'au bout de quelques années, cinq cents charrues recouvraient chaque année pendant trente jours les semences qu'il jetait sur ses terres.

Ses occupations mondaines ne le détournaient nullement de ses occupations religieuses. La lumière de Dieu brillait plus encore en lui qu'en son père.

Le Seigneur l'avait choisi pour faire éclater plus d'une fois sa puissance par d'étonnants miracles; sa réputation de sainteté avait franchi les bornes de l'empire d'Alger, les maîtres de Tunis se déclarèrent ses *khoddem* et leur offrande royale (1) arrivait chaque année entre ses mains.

Je passe sous silence les faits nombreux qui illustrèrent la vie de Mahhi-ed-Din, trop de pages seraient remplies par ses bonnes et miraculeuses actions, et nous arriverions trop tard à celui de ses descendants dont vous me demandez l'histoire (que Dieu lui fasse miséricorde).

Sidi Mahhi-ed-Din eut quatre enfants seulement; il est utile de vous faire connaître leurs noms, car ils sont les chefs de quatre branches de cette nombreuse famille dont la division existe encore aujourd'hui et qui ont conservé avec la désignation de leurs aïeux respectifs le caractère qui avait été légué par Mahhi-ed-Din à chacun d'eux.

Le 1er, Sidi Braham, reçut le don de l'agriculture, de la générosité et de l'éloignement des honneurs.

Le 2e, Sidi Ahmed Zerrouk, reçut le don de la science sacrée.

Le 3e, Sidi Lekhal, reçut le don de prophétiser et de punir dans ce monde ses mauvais serviteurs.

Le 4e, Sidi el Hadj Mahhi-ed-Din, reçut le don de la science profane, de la politesse et de l'éloquence.

---

(1) Chaque fois qu'un bey nouveau est salué à Tunis, son premier devoir est encore d'envoyer sa ziara * (offrande) au marabout de Coléah.

* Ziara (زيارة) visite, par extension présent qu'on offre au marabout en le visitant.

Lorsque Sidi Mahhi-ed-Din sut que l'heure de sa mort allait sonner (car à cette époque heureuse Dieu cachait peu de ses secrets à ses élus), il fit venir ses quatre fils, leur annonça qu'il allait mourir et qu'il allait leur donner ses derniers conseils.

Il s'exprima en ces termes :

« Mes chers enfants, écoutez et retenez bien les paroles qui vont arriver à vos oreilles ; ne les considérez point comme les paroles d'une vile créature ; lorsque l'homme a toujours été en paix avec son Seigneur, lorsqu'il a fait sur cette terre autant de bien qu'il a pu, cet homme, au moment où il va comparaître devant le Juge suprême, obtient des grâces surnaturelles. Son âme, à peine retenue dans sa dépouille mortelle, a déjà atteint le ciel où est déposée l'arche du Seigneur, et ses paroles sont des émanations divines.

« Rappelez-vous donc toujours mes conseils, et répétez-les sans cesse aux nombreux enfants que Dieu vous donnera.

« Tous les descendants de Sidi Ali Embarek sont voués au culte du Très Haut, chacun suivant les dons qu'il aura reçus de lui. Aucun d'eux ne devra quitter le service de Dieu pour le service des hommes. Aucune autre ambition ne leur est permise que celle de chanter les louanges de l'Éternel et de secourir ses créatures.

« Malheur à tout esclave qui ne remplit pas la mission qui lui a été confiée par son maître, mais trois fois malheur à celui qui abuse des dons de Dieu pour une cause qui n'est pas la sienne.

« Notre père Sidi Ali veillera sur vous tant que vous suivrez la voie qu'il vous a tracée ; il vous poursuivra de sa colère si vous vous en écartez.

« *Soyez fidèles aux princes qui seront forts sur votre terre ; car le royaume terrestre n'arrive dans les mains des hommes que par la volonté de Dieu ; ne vous révoltez jamais contre ses décrets.* Mais hélas tous ne suivront pas ces conseils ; l'arbre le meilleur porte quelquefois du mauvais fruit. Dans la suite des temps je vois de nos neveux donner l'exemple de l'ambition et de la débauche, je vois de grands malheurs arrivant des pays au delà des mers et fondre sur nos frères les croyants, ce sera la punition de leurs crimes, ô mon Dieu, reprenez mon âme et protégez vos enfants. »

Sidi Mahhi-ed-Din fut enterré ainsi qu'il l'avait demandé aux pieds de la tombe de son père Sidi Ali. Leurs deux catafalques sont ceux auprès desquels vous allez prier dans leur koubba (coupole servant de mausolée). Pendant plus de deux cent cinquante années, les descendants de Sidi Embarek ne s'écartèrent jamais de la voie tracée par leurs aïeux. Dieu ne cessa de les combler de bénédictions, de considération et de richesses. Ils employaient toutes ces faveurs à venir en aide aux malheureux.

Le gouvernement turc les vénérait et ses chefs se déclaraient leurs khoddem et leurs défenseurs. Chaque année, après la grande Pâque, l'élite de la population algérienne, au nombre de trois et quatre mille, se rendait à Coléah pour porter des offrandes à l'illustre marabout. Cette caravane précédée par la musique même du pacha, et escortée par les plus beaux cavaliers des tribus environnantes, se rendait d'abord à *Sidi Ferruch*, سيدي فرج, marabout vénéré dont on ignore l'origine, et de là arrivait à Coléah où le concours des pieux serviteurs était tellement grand que tous les environs de la ville étaient couverts de tentes; on eût dit un immense camp.

La joie la plus vive régnait de tous côtés; c'était des courses de chevaux, des combats simulés, plus loin des lutteurs faisaient admirer leurs forces; les plus paisibles s'assemblaient autour des musiciens profanes; les plus pieux allaient se mêler à la musique sacrée. La bénédiction du marabout était si grande, que cette immense multitude était nourrie au delà de ses besoins par les soins de la seule famille des Ouled Sidi-Ali Embarek.

Les réjouissances duraient trois jours; le quatrième était consacré à donner la *ziara* (offrande).

D'après les statuts de cette famille, le plus âgé des quatre branches était le successeur de Sidi Ali et le chef de la zaouïa; lui seul avait un cachet et lui seul avait le droit de commander et de recevoir les communications du pacha.

C'était lui qui recevait les offrandes; le signal était donné par l'envoyé du dey, qui était suivi par les ministres et tous les employés du gouvernement; après eux chaque visiteur venait à son tour porter sa ziara. Le produit de ces offrandes était partagé en quatre parts égales qui étaient remises au chef de chaque branche.

Le gouvernement turc avait accordé le droit d'asile à la zaouïa des Ouled Sidi Ali Embarek; ils avaient exempté les membres de cette famille de toute sorte d'impôt et de corvées eux et leurs serviteurs. Ils y trouvaient leur intérêt, d'abord par les grandes bénédictions que ces saints attiraient sur les gouvernements qui les protégeaient, et ensuite par l'immense influence de cette famille, qui avait pour khoddem des tribus entières du Tell, du Kabla et du Sahara.

Les Turcs employaient cette influence pour prévenir les révoltes, faire payer les impôts et mettre fin aux discussions entre les tribus. Un seul descendant du grand marabout suffisait pour séparer mille combattants au moment où la poudre obscurcissait l'air, et où la terre tremblait sous le galop et le choc des chevaux.

Un billet du chef de la zaouïa obtenait du pacha les plus grandes faveurs; on ne jurait à Alger et aux environs que par la tête de Sidi Ali Embarek.

Un pacha (inspiré sans doute par le démon) voulut ravir ses privilèges à cette famille.

L'époque du paiement de l'Aâchour était arrivé, l'ordre fut donné au chef de la zaouïa de faire transporter son aâchour à Alger. Le marabout n'opposa aucune résistance; il fit charger mille chameaux d'un grain jaune comme de l'or; c'était loin d'être le dixième de ses grains, car sa famille possédait une partie des terrains occupés actuellement par les Beni Kelil, les Hadjoutes, et les Beni-Mened, et ses greniers renfermaient les récoltes de dix années; mais il savait ce qu'il convenait de faire.

Il donna le commandement de ce convoi à un de ses plus fidèles serviteurs, en lui recommandant de faire verser les charges des neuf cent quatre-vingt-dix-neuf premiers chameaux et de ne faire entrer que le dernier dans les magasins du beylic, un chameau noir qu'il lui désigna.

Ses ordres furent exécutés. Lorsque le chameau noir entra dans le magasin où devait être déposée sa charge, il se mit à pousser des cris horribles, on vit des flammes sortir de ses naseaux, et se diriger dans tous les sens. Les grains des marabouts et ceux du gouvernement, tout fut réduit en cendres.

La punition était trop évidente ; le pacha demanda son pardon qu'il obtint, et un nouvel édit rendit à la zaouïa de Coléah toutes ses franchises.

Cependant nombre d'années se sont écoulées, et mon récit arrive à une époque où j'ai été le témoin des événements.

Oh! Sidi Ali, soutiens mon courage et pardonne à ma langue audacieuse de révéler la honte de tes enfants et le malheur de nos frères les croyants.

Puissent ces terribles catastrophes servir d'exemple à d'autres générations et les persuader toutes, que Dieu punit un pays entier des désordres de ses chefs et de ses seigneurs.

Oui, c'est l'injustice des gouvernants, leur mépris du droit des gens, ce sont les désordres des gouvernés et leur négligence à observer les lois de notre sainte religion, ce sont tous ces crimes qui amenèrent les infidèles sur la terre des croyants. Vainement, insensés que nous étions, nous voulûmes les combattre ; que pouvaient les misérables efforts de nos faibles bras contre les décrets du Très Haut.

La victoire ne vient que de Dieu, et il la donne à ceux de ses serviteurs qu'il lui plaît de choisir. Or il avait amené les infidèles pour punir les croyants qui étaient sortis de ses voies saintes, et Alger l'inexpugnable devint le siège de la puissance de notre ennemi. O jour de deuil et de désespoir, pourquoi n'avons-nous pas tous succombé dans les plaines de Staouéli et de Sidi Ferruch ! mais c'était écrit là haut !

Nous étions accablés par une catastrophe aussi imprévue. La nation capable d'envoyer des armées et des flottes aussi formidables nous inspirait une crainte indéfinissable ; nous la voyons déjà conquérant tout le pays gouverné par les Turcs, et nous étions prêts à recevoir les lois qu'elle aurait à nous dicter.

Mais heureusement le chrétien ne profita pas de ce moment de terreur qui faisait alors de nous autant d'esclaves craintifs ; il chassa du pays ses anciens dominateurs qui auraient pu le guider sûrement dans la marche à suivre pour gouverner sa nouvelle conquête, et il resta seul, ignorant et n'ayant autour de lui que quelques démons, décorés injustement du titre de musulmans, qui le faisaient agir suivant que cela convenait à leurs intérêts personnels.

Lorsque nous vîmes sa marche incertaine, lorsque nous pûmes nous approcher et regarder de près ce monstre qui nous effrayait nous le trouvâmes moins terrible; nous lui portâmes des coups qui l'atteignirent; nous conçûmes quelques espérances. Elles furent augmentées par une victoire éclatante que nous remportâmes sur les infidèles à leur retour de Médéah; nos enfants jouèrent avec leurs têtes, les musulmans se levèrent en masse et fondirent sur eux. Au nombre de dix mille ils se ruèrent sur *Haouch ben Hassan pacha* (1) et sur deux maisons de bois (2) qui l'avoisinaient; mais, hélas! tous leurs efforts furent encore vains. Aucune tête ne dirigeait ces membres désunis; les plus braves tombèrent et le reste se retira honteusement sans avoir occasionné le moindre dommage à l'ennemi. Décidément Dieu était contre nous.

Le lendemain de cette malheureuse entreprise, un grand conseil était tenu à Coléah sous la présidence de *Sidi-ed-Hadj Mahhi-ed-Din, descendant de Sidi Brahim oul'd Sidi Mahhi-ed-Din oul'd Sid Ali Embarek.*

Ce vieillard vénérable, chef de la famille des marabouts de Coléah, avait peine à ramener les esprits des assistants à la juste appréciation des choses. Là se trouvaient les Berakna, seigneurs de Beni-Menasser, les Ouled Sidi Ahmed ben Youssef, seigneurs de Milianah, les Ouled Sidi el Habchi, seigneurs de Beni-Khelil, etc., etc., et presque tous les marabouts influents des tribus environnant Alger à plus de vingt lieues à la ronde.

La plupart disaient qu'ils voulaient la guerre sainte, la plupart mentaient, car leur foi religieuse était trop peu vive, et tous préféraient intérieurement le repos dans ce monde au bonheur dans l'autre; le respect humain les retenait, ils voulaient mentir aux hommes, mais Dieu lisait dans leur cœur. Sidi Mahhi-ed-Din devina ce qui se passait dans le fond de leur âme et il leur dit:

(1) Ferme modèle, située dans la plaine de la Mitidja, à 8 kilomètres S. d'Alger.
(2) Block-house.

« Il ne suffit pas, pour plaire à Dieu, de dire je ; veux faire la guerre sainte ; il faut observer les lois établies par lui pour cette guerre.

« Songez que c'est un moyen de vous sanctifier, qu'il faut aller au combat exempt de toute impureté, et mû seulement par le désir de travailler à la gloire de la religion ; songez que vous ne devez pas tourner le dos à votre ennemi, quand dix des nôtres devraient combattre contre cent des leurs ; *mais songez surtout que cette guerre est une impiété, si vous reconnaissez que vous êtes dans l'impuissance de chasser l'infidèle de votre pays.*

« Où est le chef qui vous commande ? où sont vos soldats réguliers ? où sont les trésors qui assurent leur solde et l'achat des munitions ? Vous n'avez rien de tout cela, et pourtant ce sont les premières conditions indiquées par le prophète.

« Pensez plutôt à implorer le Seigneur pour qu'il ravive votre foi et vous pardonne vos crimes passés, et laissez-lui le soin d'amener des circonstances plus favorables.

« Jusque-là, ménagez vos forces, n'exposez pas inutilement vos vies, et ne livrez pas sans défense à vos ennemis, vos femmes, vos enfants et les biens que vous possédez sur cette terre. »

Ces paroles étaient vraies. Sidi Ali Embarek les lui inspirait sans doute ; mais les oreilles des assistants n'entendaient pas, ainsi que cela arrive toujours dans les assemblées arabes. La discussion devint vive, mais sans résultats ; on se retira la haine dans le cœur, et sans la puissante intercession des marabouts de Coléah, la voix du fusil aurait étouffé celle des orateurs.

Satan, auquel Dieu a donné une puissance immense, excepté celle de faire le bien, fit arriver les conseils de Sidi el Hadj Mahhi-ed-Din dans le cœur de Sidi el Hadj Sghaïr, descendant de Sid Ahmed Zerrouk, second fils de Mahhi-ed-Din, fils de Sidi Ali Embarek ; mais il ne les fit résonner que dans la partie du cœur occupée par la cupidité.

Le chef de la noble famille ne voulait, en faisant la paix avec les Français, que se soumettre aux décrets du Très-Haut et soustraire les musulmans aux malheurs d'une guerre inégale ; son but était noble, mais son neveu n'entrevit dans cette suspension d'armes que le moyen de réparer la fortune qu'il avait perdue, et de satisfaire son désir honteux de posséder des richesses.

Il oublia les prédictions de son saint aïeul ; il oublia les prescriptions imposées par lui à tous ses descendants ; il quitta la voie d'Allah (1) pour la voie d'Ebliss (2) ; il alla vers les Français (que Dieu lui fasse miséricorde!) ; il s'associa à quelques habitants de cette ville dégénérée, et fit trafic de son nom et de son influence ; hélas ! Dieu sait s'il ne vendit pas aussi son âme.

Il mit dans ses intérêts tous les chefs de la plaine de la Mitidja et se fit nommer agha des Arabes. A cet emploi fut attachée une solde de deux mille douros par mois.

La tranquillité se rétablit dans tout le pays ; le commerce s'établit entre les chrétiens et les musulmans ; mais rien ne dure de ce qui n'est pas sanctionné par Dieu.

Nous vîmes nos marabouts de Coléah, nos seigneurs et nos maîtres qui nous donnaient autrefois l'exemple de toutes les vertus, nous les vîmes à Alger fréquenter les lieux les plus obscènes, et troubler, par la boisson défendue, la raison qui nous est donnée pour discerner le bien du mal.

Sidi Mohammed ben Aâllel, descendant de Sidi Lekhal, second fils de Sidi Mahhi-ed-Din oul'd Sidi Ali Embarek, les dépassa tous par ses débauches ; en vain son père Sidi Aâllel lui envoyait-il émissaire sur émissaire pour le retirer de ce fatal aveuglement ; il n'écoutait rien.

Il passait ses journées à s'enivrer avec les chrétiens, et la nuit il se plongeait dans les voluptés les plus éhontées ; et pourtant sa lèvre était à peine ombragée du duvet de l'adolescence.

Six mois s'étaient à peine écoulés depuis sa nomination d'agha, que le remords s'empara de l'âme de Sid el Hadj Sghaïr ; tous les jours il recevait des lettres de ses amis de dehors qui lui reprochaient son apostasie ; plusieurs, ennemis de la tranquillité et de l'ordre, lui firent craindre pour ses jours. Trop faible pour résister, soit au mal soit au bien, après avoir été cupide, il fut traître envers ceux qui l'avaient enrichi ; il se retira à Coléah,

(1) Dieu.
(2) Démon.

réunit tous les chefs de la plaine, excusa son séjour chez les Français par mille mensonges, et finit par leur promettre de les conduire à la guerre sainte.

Aussitôt que Sid el Hadj Mahhi-ed-Din, chef de la famille, vit cette folle conduite, il fit venir Sidi el Hadj Sghaïr, et tous les descendants du noble marabout; il les conduisit tous vers le mausolée de leur aïeul et leur adressa ces paroles que je crois encore entendre :

« Enfants de Sidi Ali Embarek, vous n'avez pas écouté mes avis; vous m'avez traité de vieillard insensé et de prophète de malheur; vous avez menti à votre origine, mais le châtiment du Ciel ne s'est pas fait attendre. Notre ville, jusqu'à ce jour protégée par la bénédiction de votre aïeul, va être envahie par l'infidèle; vous allez être dispersés; ceux qui resteront seront faits prisonniers, et bien peu de ceux qui émigreront reverront le lieu de leur naissance, témoin de leur gloire et de leur bonheur; heureux encore si leurs ossements sont déposés à côté de ceux de leurs pères.

« Adieu Sidi Ali, adieu, implore le Seigneur pour qu'il ne détourne pas pour toujours de tes descendants ses regards de bonté et de miséricorde. »

Le lendemain Hadj Sghaïr, à la tête de deux mille hommes, cavaliers et fantassins, attaquait les Français à Boufarik (fin de 1832) et se retirait en déroute vers les Beni-Menèd.

Les prédictions des marabouts nos seigneurs se sont accomplies. Leurs descendants sont sortis de la voie tracée par leurs vertus. Quel sort misérable les attend! je n'ose plonger mes yeux dans l'avenir. Oh! Seigneur, couvrez-les du manteau de votre miséricorde et rappelez à vous votre misérable créature qui n'a que trop vécu. » Et le vieillard, se couvrant la face du capuchon de son burnous, murmura des prières entrecoupées de profonds soupirs.

Sa vieille compagne nous fit comprendre que l'heure de la retraite était arrivée. Le jour commençait à paraître quand nous rentrâmes à Milianah.

CACHET ET TITRES DE L'ÉMIR.

Khalife de Dieu sur la terre (1).
Prince des croyants (2).
Inspecteur du trésor public (3).
Khalife de l'empereur du Maroc (4).
Le guerrier combattant pour la cause de Dieu (5).
Qui fait triompher la religion (6).

KALIFES DE L'ÉMIR (7).

1. Khalifat de Mascara : Sidi Mustapha ben Tehmi, cousin et beau-frère de l'émir (voir pour son portrait livre IV, chapitre 27).

2. Khalifat de Tlemcen : Sidi Mohammed el Bou-Hammidi (voir son portrait livre IV, chapitre 28).

3. Khalifat de Milianah : Sidi Mohammed oul'd Sidi Allèl oul'd Sidi Embarek (voir son portrait livre III, chapitre 21).

---

(1) Khalifet Allahfi ardihi. — خليفة الله فى أرضه

(2) Émir el mouminin. — امير المؤمنين

(3) Nadhir Bit-el-Mel. — ناظر بيت المال

(4) Kalifet sultan el Gharb. — خليفة سلطان الغرب

(5) El Moudjehed fi sebil illah. — المجهاد فى سبيد الله

(6) Nacer-ed-Din. — ناصر الدين

(7) Tous les khalifes de l'émir sont descendants des marabouts les plus vénérés dans les provinces dont Abd-el-Kader leur a confié l'administration.

4. Khalifat de Médéah : Sidi Mohammed el Berkani.

5. Khalifat du Sebaou : Sidi Mohammed ben Mahhi-ed-Din.

6. Khalifat de la Medjena : Sidi-el-Hadj Mohammed Tobal-el-Mokrani.

Ce dernier n'a accepté le titre de khalifa que pour rester maître dans sa province où, d'ailleurs, Abd-el-Kader n'oserait pénétrer au milieu de pays difficiles défendus par les Kabyles les plus indépendants.

7. Khalifat de Hamza : Sidi Ahmed ben Salem.

8. Khalifat des Ziban : Sidi Mohammed oul'd el Hadj Sghair oul'd Sidi Okba.

Khalife *in partibus*, car les principaux chefs de province sont fidèles à la France.

Et 9. Khalifat du Sahra : Sidi Kaddour ben Abd-el-Baki.

Ce dernier n'a jamais pu se faire accepter par les populations sahariennes.

Chaque khalifa a sous ses ordres des aghas qui commandent à un certain nombre de kaïds ; chaque kaïd commande une tribu qui est divisée en fractions, ferka, فرقة, et chaque fraction en douars. Les fractions sont sous les ordres d'un khalifa du kaïd et chaque douar est sous les ordres d'un cheikh, شيخ (Senes).

Le khalifa réunit en ses mains les pouvoirs civils et militaires. On peut l'assimiler à un gouverneur de province. Les aghas seraient les préfets. Les kaïds les sous-préfets et les cheikh les maires. En temps de guerre ils se mettent à la tête du makhzen et des contingents.

Chaque khalifa a sous ses ordres un ou plusieurs bataillons d'infanterie régulière (عسكر, aâsker) et un ou plusieurs escadrons de cavalerie régulière (خيالة, khiela), suivant l'importance de la province.

ARMÉE RÉGULIÈRE DE L'ÉMIR.

Infanterie : — Teriss, fantassins, تريس

L'armée régulière se nomme en arabe Aâsker, عَسْكَر

Cavalerie : — Khiela, cavaliers, خياله

Elle se divise en bataillons commandés par un agha, et le bataillon en compagnies commandées par un capitaine, un lieutenant et un sous-lieutenant.

Les officiers se nomment, sièf, سياف, de sif, سيب (sabre).

MARQUES DISTINCTIVES DES OFFICIERS.

Officiers d'infanterie : Sur la manche droite est écrit en caractères brodés :

Rien n'est plus utile que la crainte de Dieu et le courage.

لا انفع التقى والشجاعة

et sur la manche gauche :

Rien n'est plus nuisible que la division et la désobéissance.

ولا اضر من المخالفة و قلّة الطاعة

Officiers de cavalerie : Sur la manche droite seulement :

Le bonheur est attaché aux crins des chevaux.

الخيل معقود في نواصها الخير

L'agha de l'infanterie : Sur la manche droite :

Le courage patient est la clef de la victoire.

الصبر مفتح النصر

et sur la manche gauche :

Il n'y a de Dieu que Dieu et Mohamed est son prophète.

لا اله الا الله و محمد رسول الله

et sur le pan droit de la veste :

Dieu.

الله

L'agha de la cavalerie ; sur la manche droite seulement :

O combattant, élance-toi sans songer aux conséquences, si tu aspires à la gloire et au butin.

ايها القاتل احمل تغنم ولا تتفكر فى العاقبة فتنهزم

Le commandant de l'artillerie : Bach-Tobji, باش طبجي

Tu lances et Dieu dirige.

رميت والله رشاء

ÉNUMÉRATION DES FONCTIONNAIRES QUI ENTOURENT CONSTAMMENT L'ÉMIR.

AGHA-EL-ASKER. — اغة العسكر

Agha. — Général de l'armée régulière. Il commande aux autres aghas des différentes provinces. Il accompagne toujours l'émir. Son autorité ne s'étend que sur les soldats réguliers. Sa tente a droit d'asile dans certains cas. Il a une paye régulière. De plus il reçoit une part dans les sommes versées par tous les fonctionnaires lors de leur investiture.

Bach-Tobji. — باش طبجي

Chef de l'artillerie. — Il commande à tous les autres bach-tobji des provinces. Il est chargé de la confection de toutes les munitions, de leur répartition dans les provinces, ainsi que du matériel. Il est également chargé des travaux du génie. Il a droit d'asile. Son traitement est le même que celui de l'agha.

L'agha et le chef de l'artillerie accompagnent l'émir partout où il se trouve.

Bach-Chaouch. — باش شاوش

Chef des chaouchs. — Il fait exécuter par les chaouchs les ordres de l'émir soit pour les exécutions, soit pour les emprisonnements, soit pour les amendes à percevoir, soit pour des missions importantes. Il reçoit une somme de... pour chacun de ceux qui passent par ses mains. A la fin de chaque mois, il partage avec ses chaouchs. Sa part est deux fois plus forte que celle des chaouchs.

Chouach (pluriel). — شواش

Les *chaouchs* sont les exécuteurs immédiats des ordres de l'émir. Ils sont commandés par le bach-chaouch.

Kadhi (juge). — قاضى

Il rend la justice dans le camp.

Bach-Ketseb. — باش كاتب

Chef des secrétaires.

Ketseb ou Khodja. — كاتب اوخوجه

1º, 2º, 3º secrétaires sous les ordres du bach-ketseb.

Khodjet-el-Aasker. — خوجة المسكر

Secrétaire de l'armée.

Khaznadar-el-Kebir. — خزناذار الكبير

Premier intendant. Chargé de payer l'armée et les fonctionnaires, et de recevoir les impôts et les amendes des mains des khalifats.

Khaznadar-el-Sghair. — خزندار الصغير

Deuxième intendant. Directeur des subsistances; gardien des munitions et des habillements de l'armée; trésorier du sultan.

Oukkaf (au singulier) وقاف; **oukkafa** (au pluriel) اوقافا

Pages chargés de servir l'émir. Ils doivent être lettrés.

Kaïd-el-Ousfan. — قايد الوسفان

Le chef des nègres.

El-Ousfan, oussif (au singulier). — وسيف وسفان

Les nègres chargés de faire la garde autour de la tente de l'émir.

Bach-Mekahlia. — باش مكحليه

Chef des porte-fusils; il porte le sabre de l'émir.

Mekahlia. — مكحليه

Porte-fusils; ils marchent devant l'émir et portent des fusils garnis d'argent appartenant au gouvernement.

Bach-Sièr. — سيار (courrier).

Chef des courriers.

Sièra. — سيارة

Les courriers.

BACH-ALLEM. — علام (âallem, drapeau).

Chef des porte-drapeaux.

ALLEMIN. — علامين

Porte-drapeaux.

BACH-KUMMENDJI, de كهانية (lieu où on conserve).

Chef du magasin des vivres.

KUMMENDJIA. — كهانجيه

Employés des vivres.

BACH-SAÏS. — باش سايس

Chef des palefreniers et premier écuyer de l'émir; c'est lui qui tient l'étrier, lorsque l'émir monte à cheval et lorsqu'il en descend.

SAÏS (singulier) SYÈSS (pluriel). — السياس سايس

Palefreniers.

BACH-KHAZNADJI, باش خزناجي de خزنه (khazna, coffre), parce que les mulets portent des coffres.

Chef des muletiers.

KHAZNADJIA. — خزناجيه

Muletiers.

BACH-DAOUEDJI. — باش دواجي

Comptable chef des chameliers.

DAOUEDJIA. — داواجيه

Chameliers.

BACH-FERREG. — باش فرّق

Chef des tendeurs des tentes.

FERRERGA. — فرّاقة

Tendeurs de tente.

CHINCHERI. — شانشري

Comptable chargé des troupeaux et de la distribution de la viande.

BACH-TEBAKH. — باش طبّاخ

Chef des cuisiniers.

TEBBAKHA. — طبّاخة

Cuisiniers.

KAÏD-EL-DHIÈF. — قايد الضياب

Chargé de veiller aux hôtes.

BACH-ZORNADJI. — باش زرناجي

1er hautbois, chef de musique.

ZORNADJIA. — زُرناجيه

Hautbois.

NAGHRADJIA. — نغراجي

Tymbales.

TABBÊLA. — طبّاله

Grosses caisses.

AAZARA. — عُزارة

Domestiques de toutes sortes.

tribu. Cette liste lui est fournie par les kaïds. Vers le milieu du printemps, époque fixée pour le prélèvement du zekket, il envoie des mekhaznia accompagnés de khodjas auprès de tous les kaïds sous ses ordres. Ces derniers les divisent par douars et les font accompagner par leurs délégués.

Les mekhaznia vont compter eux-mêmes les troupeaux et font jurer aux bergers qu'ils ne font paître qu'un tel nombre de têtes de bétail; aidés de ces renseignements et des listes remises préalablement aux aghas, ils sont parfaitement fixés sur le nombre.

Voici dans quelles proportions le zekket est prélevé sur les différentes espèces de bétail.

Moutons. — Un sur cent. Il faut qu'il y en ait quarante de plus que la centaine pour qu'un mouton soit exigé en sus du nombre de centaines. Ainsi pour trois cent trente-neuf moutons on en donne trois et pour trois cent quarante on en donne quatre. Le gouvernement ne reçoit que des moutons d'un an à deux ans au plus (1).

Bœufs ou *vaches.* — Un sur trente.

Chameaux. — Un sur quarante. Lorsque le gouvernement y consent, il reçoit deux moutons par chaque dizaine de chameaux, au lieu d'un chameau par quarante, c'est-à-dire huit moutons pour un chameau. Le gouvernement ne reçoit que des chameaux capables de porter la charge ordinaire d'un chameau.

Chevaux. — Les chevaux de selle ne sont pas sujets à l'impôt. Si pourtant une tribu se livrait à l'éducation des chevaux, les propriétaires éducateurs devraient payer un douro par tête de cheval.

Mulets et *ânes.* — Ne sont pas sujets à l'impôt.

Avant de commencer le prélèvement du zekket, on établit contradictoirement le prix des moutons, des chameaux, bœufs, chevaux, etc., et suivant ses besoins le gouvernement se fait payer soit en argent, soit en produits du pays soit en telle ou telle espèce de bestiaux.

Le zekket, est également prélevé sur la laine, le beurre, le miel,

(1) Cet impôt paraît d'abord moindre que celui prélevé sur les autres espèces; mais il faut songer à la laine des moutons qui est imposée, et aux épizooties qui souvent enlèvent des troupeaux entiers.

la cire, les dattes sèches, les marchandises de toute espèce et les produits manufacturés des diverses contrées.

L'impôt prélevé sur ces objets s'élève généralement à 3 % du capital; il varie du reste suivant les années et sa quotité est abandonnée à la décision de l'agha.

Quant à l'argent, lorsque l'agha apprend par un kaïd ou par quelque dénonciateur obligeant qu'un tel a un capital monnayé, il le fait comparaître devant le secrétaire et lui ordonne de payer le zekket de l'argent qu'il possède. L'Arabe, craignant d'être obligé de prêter un serment solennel, acte toujours redoutable pour un musulman, consent à payer la dîme et se venge en dénonçant tous ceux qu'il suppose être possesseurs de quelques richesses monnayées. C'est seulement ainsi que le gouvernement peut parvenir à percevoir une faible partie de l'impôt sur l'argent.

Le prélèvement du zekket se fait par douars; les habitants s'arrangent ensuite entre eux afin que cet impôt soit réparti sur tous également suivant leurs troupeaux respectifs.

Lorsqu'il arrive une année malheureuse ou que, par suite de la guerre, les populations ont fait de grandes pertes, le chef de l'État peut retarder jusqu'à l'année suivante le paiement entre les mains du trésor, du zekket et de l'aachour, mais il ne peut délier ce qui a été lié par Dieu. Ce retard de paiement se nomme alors *self* (emprunt).

L'agha prélève aussi un dixième sur le produit du zekket qui est versé au gouvernement. Il est facultatif au khalifa ou à l'émir de donner plus ou moins aux mekhaznia qui ont recueilli; il n'y a rien de fixe, leur générosité dépend de leur amitié pour ces mekhaznia, ou de l'habileté de ces derniers. On peut pourtant évaluer la récompense qui leur est accordée à environ un dixième de produit net de l'impôt.

El-Moaouna.

Lorsque le chef du gouvernement a de pressants besoins, il frappe un impôt en argent d'une somme de... sur tous ses États; cette somme est repartie par khalifat, puis par aghalic, puis par tribu, et enfin par douar. Généralement les collecteurs de la moaouna ne doivent recevoir que de l'argent, mais dans l'impossibilité d'en avoir ils acceptent des bestiaux, chevaux ou marchandises suivant leur valeur préalablement estimée (1).

L'agha a également le droit de prélever son dixième sur la somme qui rentre par ses soins dans les caisses de l'État; mais il paie sur ce dixième tous les collecteurs subalternes.

Khettia (amendes).

Lorsqu'une faute est commise par plusieurs membres d'une tribu et que les auteurs de cette faute ne sont pas parfaitement connus, une amende, fixée par l'agha ou par le khalifa, ou par le sultan, est imposée à toute la tribu. Les mekhaznia sont chargés de recueillir cette amende; ils ont droit à un dixième de l'amende qui doit leur être payée en sus par la tribu condamnée. Ces amendes sont versées dans les coffres de l'État.

Les tribus sont également condamnées à payer une amende lorsqu'elles mettent du retard à payer l'impôt; lorsqu'elles ne fournissent pas le contingent d'hommes et de chevaux qu'elles doivent fournir lorsqu'elles en sont requises etc., etc.

Les cheiks, kaïds et aghas ont en outre le droit de condamner des particuliers à des amendes pour la moindre faute. Comme ils s'approprient le montant de ces amendes, ils ne laissent échapper aucune occasion d'en imposer.

Oukil-el-sultan.

Auprès de chaque agha, l'émir a un employé nommé *Oukil-el-sultan* (le procureur du sultan), chargé de représenter ses intérêts. Il contrôle les opérations de l'agha en ce qui concerne la rentrée des impôts de toute nature; l'émir choisit toujours un homme religieux et dévoué et lui donne des appointements fixes en outre de sa provision de blé, orge, beurre etc., etc.

(1) C'est à l'aide de cet impôt extraordinaire que l'émir a pu subvenir pendant si longtemps aux énormes dépenses que lui occasionnaient la guerre et l'entretien de ses troupes régulières. C'est aussi le prélèvement de cet impôt qui a pour beaucoup contribué à lui désaffectionner un grand nombre de tribus.

Il est chargé de tenir compte de tous les grains qui sont en silos ou en magasins dans l'aghalic dont il est l'oukil, ainsi que des produits de toute espèce du zekket ; il leur donne la destination qui lui est indiquée par l'émir ou le kalifa.

Il doit veiller à tout ce qui appartient au gouvernement et il a plein pouvoir pour faire valoir les droits du beylic (1).

Dans chaque tribu le beylic possède des terrains, et ce sont ordinairement les meilleurs.

Ces terrains sont cultivés par les soins de l'oukil qui a sous ses ordres les khâmemsa du beylic (fermiers du gouvernement). Ils sont chargés de ce travail de père en fils depuis un temps immémorial, et le gouvernement a le droit d'employer la force pour les faire travailler. Du reste ils sont bien traités puisqu'ils ont le cinquième de toutes les récoltes du beylic dans la tribu.

Thouiza.

En outre des labours faits par les khâmemsa, le gouvernement a encore droit à la *thouiza ;* voici en quoi consiste la *thouiza :*

A un jour fixé par l'oukil, et par les ordres de l'agha, tous les laboureurs sans exception de la tribu, se réunissent sur les terrains du beylic et sont obligés de labourer avec leurs bœufs et d'ensemencer avec leurs semences ces terrains pendant deux ou trois jours suivant leur étendue.

Les khamemsa sont chargés de sarcler, transporter, dépiquer et mettre en silos ou en magasins ; la tribu est obligée de fournir les moissonneurs nécessaires pour moissonner tous les grains du beylic.

Si les chevaux ou les mulets du gouvernement ne suffisent pas pour dépiquer, la tribu doit fournir le surplus.

La thouiza est un impôt très productif, parce que les terrains du beylic sont excellents, et que les travaux sont toujours faits en temps opportun.

(1) Gouvernement.

Destination donnée aux produits du zekket.

Les produits en nature du zekket qui ne sont pas vendus à l'enchère par le gouvernement sont ainsi répartis :

Les chameaux sont marqués au cou et confiés à un employé nommé *bach-daoudji* (chef des chameliers), qui est comptable et responsable. Il les confie lui-même à des employés sous ses ordres, nommés *daouedjia*, qui existent dans toutes les tribus, et qui sont de père en fils chargés de veiller aux troupeaux du beylic.

Ils ont pour bénéfice la laine du chameau, le lait de la chamelle et la peau et la chair de ceux qui meurent ; pour constater la mort, ils n'ont qu'à représenter le morceau de la peau du cou ou est l'empreinte de la marque du beylic. L'oukil tient note des naissances et des morts ; ses livres de comptes font foi.

Les moutons sont confiés au *bach chincheri* (chef des gardiens des moutons) ; il les confie lui-même aux *chincheria* sous ses ordres qui existent dans toutes les tribus ; ils sont obligés de garder les moutons du beylic, et ils ont pour eux le cinquième de la laine et tout le lait des brebis.

L'oukil du sultan est chargé de tenir compte exact des naissances et des morts.

Les bœufs de labour sont confiés au *khamemsa*, sous la surveillance de l'oukil. Les vaches et les bœufs impropres au labour sont toujours vendus.

Les chevaux sont confiés au *bach saïs* (1), qui les distribue aux saïs sous ses ordres.

Les mulets sont confiés au *bach-khaznadji*, qui les distribue aux khasnadjia sous ses ordres (2).

Les *saïs* et les *khaznadjia*, n'ayant pas de produits à espérer des chevaux et des mulets, se font payer un douro et plus par chaque mulet ou cheval qui est versé et un douro et plus pour chaque mulet ou cheval qui est donné par l'émir. Il est bien

---

(1) Le bach-saïs est le chef des palefreniers, il remplit auprès de l'émir ou du khalifat les fonctions de grand écuyer.

(2) Le bach-khaznadji est le chef des muletiers.

entendu que cette somme est payée par celui qui verse ou qui reçoit (1).

Lors des expéditions de l'émir ou des khalifas, tous ces employés sont obligés de se réunir au lieu et jour indiqué et ils continuent pendant toute la campagne à être chargés de leur service respectif.

Ils font partie du makhzen, et sont dispensés des impôts extraordinaires.

Lorsqu'une ghazia est faite soit par un agha, soit par un khalifa, soit par l'émir, le gouvernement prélève un cinquième sur le produit de la ghazia. Les aghas présents se partagent un dixième, et le reste est distribué entre les troupes régulières et les mekhzenia qui ont pris part à l'affaire.

Chaque année Abd-el-Kader renouvelait les pouvoirs des employés du gouvernement civil. Tous, à l'exception des khalifas, étaient changés. A chaque renouvellement ils devaient payer *haq-el-burnous*, le prix du burnous dans les proportions suivantes.

Le khalifa : 500 boudjoux (2), plus 50 boudjoux de cadeau pour les employés du khalifa ou de l'émir.

L'agha : 100 boudjoux plus 50.

Le khaïd : 70 boudjoux plus 50.

Le cheik : 20 boudjoux plus 50.

C'est avec le produit de cet impôt prélevé sur les fonctionnaires que tous les employés de l'émir et des kalifas étaient rétribués, suivant leur importance respective. Si l'on tient compte de la quantité de fonctionnaires qui recevaient le burnous d'investiture, et du nombre de ceux qui étaient destitués et renommés dans le courant de l'année, on sera persuadé que les employés de l'émir et des khalifas étaient largement rétribués.

Lorsqu'un agha voulait être nommé, il ne devait pas se contenter de payer le prix du burnous, car alors jamais il n'aurait été choisi par le gouvernement. La place était donnée au plus offrant,

---

(1) A la première réquisition les *bach-duoudji, bach-cainchert, bach-saïs, bach-kharnadji* sont obligés de représenter tous les chameaux, moutons, chevaux et mulets dont ils sont responsables.

(2) Le boudjou valait environ 2 francs.

C'était un nouvel impôt prélevé par le gouvernement sur le pauvre arabe ; en effet, aussitôt qu'il avait revêtu le burnous, l'agha parcourait les tribus sous ses ordres, et malheur à ceux qui ne lui apportaient pas une offrande capable de le contenter, et de lui prouver leur satisfaction de son avènement au pouvoir. Cette offrande à l'agha se nommait *barouk-el-burnous* (la bénédiction du burnous). Qu'on ajoute à cela le dixième sur l'aachour le zekket, la moaouna, la khettia, et on ne s'étonnera pas de l'attachement des kalifas, aghas et kaids pour leur émir.

Car, ce que je viens de dire de l'agha est applicable à tous les employés du gouvernement arabe, petits et grands.

L'émir, qui plus d'une fois avait gémi de voir ses peuples forcés de satisfaire à tant d'avidité, avait tenté de réprimer ces abus en allouant des émoluments fixes à ces fonctionnaires ; mais sa caisse était grevée de cette nouvelle charge et les revenus du trésor n'en étaient nullement augmentés.

CORRESPONDANCE.

TRADUCTION DE 19 LETTRES CHOISIES DANS LA NOMBREUSE CORRESPONDANCE DE L'ÉMIR ABD-EL-KADER AVEC M. LÉON ROCHES, DE 1848 A 1883.

Depuis la lettre que j'adressai à Abd-el-Kader, dès mon arrivée à Oran, le 7 novembre 1839 (1), je n'eus plus aucune relation avec l'émir jusqu'en 1843, époque à laquelle le maréchal Bugeaud m'autorisa à lui écrire pour lui faire comprendre l'inutilité de la lutte qu'il soutenait contre la France et lui offrir une magnifique situation en Orient, s'il consentait à se rendre à discrétion au roi de France. Abd-el-Kader saisit avec empressement l'occasion d'entrer en relations avec moi, relations qui ont duré jusqu'à sa reddition (23 décembre 1847). Toutes les lettres qu'il m'écrivit alors furent successivement transmises soit à M. le maréchal Bugeaud, tandis que j'étais interprète en chef de l'armée d'Afrique, soit au ministre des affaires étrangères lorsque je fus nommé secrétaire de légation au Maroc.

Cette partie officielle de la correspondance de l'émir trouvera sa place dans le récit des événements que je raconterai dans le second volume de cet ouvrage.

(1) Voir livre IX, chap. LXI.

Aujourd'hui je me contente de publier quelques-unes des nombreuses lettres que j'ai reçues d'Abd-el-Kader depuis sa reddition jusqu'au 22 février 1883, date de sa dernière missive.

Outre l'intérêt inhérent à la correspondance de l'homme qui, après avoir lutté héroïquement contre la France, a donné un si bel exemple de fidélité à sa parole, les lettres que je publie sont une preuve irréfutable de l'affection et de l'estime que m'a conservées mon illustre ami, sentiments qui, dans le cœur de ce fervent champion de l'islamisme, eussent fait place à la haine et au mépris si, au moment de me séparer de lui, je ne lui avais pas avoué, au péril de ma vie, que je n'étais pas et que je n'avais jamais été musulman.

Tenant à donner une authenticité incontestable à ma correspondance avec Abd-el-Kader, j'ai transmis les originaux à un orientaliste distingué, M. Scheffer, directeur de l'école des langues orientales vivantes, qui a bien voulu en faire faire la traduction et en constater l'exactitude dans la lettre dont je joins ici copie :

A M. Léon Roches,
ancien interprète de l'armée d'Afrique,
ancien ministre plénipotentiaire.

Paris, 26 juin 1883.

Monsieur,

Je vous fais remettre aujourd'hui, avec leur traduction, les lettres de l'émir Abd-el-Kader, que vous m'avez fait l'honneur de me confier. Ce travail a été fait avec le soin le plus scrupuleux et je suis persuadé qu'en en prenant connaissance et en reportant vos souvenirs sur les faits qui sont relatés dans cette correspondance, vous reconnaîtrez la parfaite exactitude du texte français.

Veuillez, etc...

Signé : Ch. Scheffer.

Amboise, 4 décembre 1848.

A MON AMI L'INTELLIGENT, L'HONORABLE LÉON ROCHES, KHALIFA DU CONSUL DE FRANCE, A TANGER.

Après les compliments d'usage :

J'ai enfin reçu ta lettre que j'attendais avec tant d'impatience. J'y ai d'abord trouvé de bonnes nouvelles de ta santé. Que Dieu te protège dans ce monde et dans l'autre ! et ce qui m'a été plus précieux encore, c'est l'assurance de ton amitié. Je t'ai déjà donné de longs détails sur ma situation. Nous devons nous soumettre aux épreuves que Dieu juge à propos de nous envoyer. J'attends donc avec résignation l'heure où je pourrai diriger mes pas vers le but de tous mes désirs, les villes saintes où vécut et mourut le prophète de Dieu, à lui prières et salut.

Si tu peux faciliter l'exécution de la promesse faite à ton ancien ami, ton devoir est de le faire. Écris-moi souvent ; tes lettres sont pour moi une consolation.

Par ordre d'Abd-el-Kader ben Mahhi-ed-Din el Heusseni (1).

(1) Les chérifs prennent ce nom de Heusseni pour indiquer qu'ils descendent de Heuissein et de Hassan, les deux fils d'Ali et de Fatma, fille du prophète Mohammed.

8 de moharrem 1265.

Ton fidèle ami, Sid Mohammed Saïd (frère aîné de l'émir), qui a écrit cette lettre, te supplie de faire mettre en liberté son fils Sadok, qui est retenu en prison à Fez.

Brousse, 24 avril 1853.

Louanges à Dieu unique ! Que Dieu répande ses bénédictions sur tous ses prophètes vénérés ! Salut à toi l'ami fidèle, l'homme d'esprit et de conciliation, Léon, fils de Roches.

Après avoir fait des vœux pour ton bonheur présent et futur, je t'informe que ta lettre m'est parvenue. Je n'ai pas été surpris des témoignages que tu me donnes au sujet de la permission que j'ai obtenue d'aller vivre en pays musulman, car je connais ton amitié pour moi et je te considère comme un de mes enfants.

Dès mon arrivée en France et durant tout mon séjour, j'ai espéré ta visite, car un long entretien avec toi eût diminué ma tristesse. Ta présence m'eût aidé à attendre patiemment que se levât pour moi le soleil de la clémence de l'empereur Napoléon. Il a apparu et les ténèbres qui m'environnaient ont été dissipées. Grâces en soient rendues à Dieu d'abord et ensuite à lui qui, seul, a compris ce qu'il y a dans mon cœur. Aussi demandé-je à Dieu de lui donner l'empire dans ce monde et dans l'autre. Quand je passerais ma vie à le louer, je ne lui rendrais pas le dixième du dixième du bien qu'il m'a fait. Celui qui est ingrat envers les hommes est ingrat envers Dieu. La religion et la raison nous commandent d'être reconnaissants du bien qu'on nous fait.

Je demande à Dieu d'être au nombre des reconnaissants envers Lui, Très Haut, et envers l'empereur qu'il a choisi pour être l'instrument de ma délivrance.

Ne manque pas de m'écrire. Je demande des livres au

Maroc et en Égypte. Si tu peux m'en procurer, tu me causeras une grande joie.

Salut, ton ami dévoué,

Abd-el-Kader el Heusseni (chériff).

Brousse, 3 octobre 1853.

A LÉON ROCHES.

Après les compliments d'usage :

J'ai reçu ta précieuse lettre, ainsi que le remarquable commentaire sur la *Maksoura de Hazim*. Je ne croyais pas qu'il fût donné à quelqu'un de faire un pareil présent. Car si, en réalité, tu ne m'as donné qu'un livre, par la richesse de son contenu c'est une bibliothèque entière dont tu m'as fait cadeau. Que Dieu te récompense à ma place de la meilleure des récompenses ; qu'il te guide dans la voie du bien et te donne la meilleure part dans l'autre monde.

J'avais demandé des livres en Égypte et au Maroc et c'est toi seul qui as satisfait mon désir. Tu es toujours l'homme des bonnes actions et le refuge vers lequel se dirigent ceux qui ont besoin de secours.

Salut, ton ami dévoué,

Abd-el-Kader el Heusseni.

30, de dhi el heudja, 1269.

Damas, 9 octobre 1855.

A L'AMI FIDÈLE, LÉON ROCHES.

Après les compliments d'usage :

J'ai reçu ta lettre à Marseille, à mon retour de Paris, où je m'étais rendu pour rendre visite à l'empereur Napoléon III, qui a témoigné une grande joie de me voir, lui, ainsi que ses ministres et toute la population de Paris. Certes, je n'osais pas espérer une pareille réception, qui est bien au-dessus de mes mérites.

L'empereur m'a dit d'abord : « Brousse n'est plus une résidence qui puisse te convenir ; où veux-tu demeurer ? — C'est à toi de choisir, lui ai-je répondu. — Damas te plairait-il ? a-t-il alors ajouté. — Il me plaît, a été ma réponse. — Eh bien, tu iras à Damas, m'a dit Napoléon, et je vais donner l'ordre qu'un vaisseau t'y conduise. » Que Dieu lui donne la récompense qu'il donne aux hommes de bien et de justice.

Ta lettre m'a apporté une grande joie. Son contenu m'a donné une nouvelle preuve de l'amitié sincère que tu m'as vouée et de l'empressement que tu as mis à me rendre des services qui ont manifesté ton désir de faire le bien. Tout ce qui m'est arrivé d'heureux j'aime à le reporter à ton intermédiaire ; que Dieu te comble de bonheur et de joie et qu'il t'accorde la grâce la plus précieuse, celle de l'autre vie ! Si ta lettre m'était parvenue à Paris, je n'aurais pas manqué de parler de toi à l'empereur Napoléon et de lui dire tout ce que je dois à ta précieuse amitié.

Tu me dis de te renseigner sur le compte de Sidi Mohammed Sghair ould Sidi Eukba. Je ne l'ai jamais connu que parfait, honnête et digne, mais les hommes peuvent changer avec les événements.

Ton ami sincère,
ABD-EL-KADER EL HEUSSENI.

27 moharrem 1272.

Le bey de Tunis m'avait fait cadeau d'un burnous tissé dans sa manufacture de drap de Tébourba avec la laine de jeunes chameaux d'un brun foncé. L'étoffe en était chaude, légère et admirablement souple. Je l'envoyai à Abd-el-Kader et voici la lettre qu'il m'adressa en remercîments.

Damas, 15 mars 1856.

AU FIDÈLE AMI, LÉON ROCHES.

Après les compliments d'usage :
J'ai reçu ta précieuse lettre toujours si ardemment désirée. J'ai reçu en même temps le magnifique burnous que tu m'as envoyé en présent. Que Dieu te revête, en échange, du riche vêtement du paradis et qu'il te préserve des épreuves dans ce monde et dans l'autre ! Ainsi soit-il.

Ce vêtement m'est arrivé à l'heure favorable, au moment où je me rendais en pèlerinage dans les deux villes illustres la Mecque et Médine. Je l'ai revêtu dans ces saints lieux et là, comme toujours, j'ai prié Dieu pour toi. C'est un devoir que m'impose ton amitié qui se manifeste à mon égard et à l'égard de ceux qui m'appartiennent, amitié qui est devenue un sujet de louanges dans tous les pays. Que Dieu te réserve la récompense qu'il donne à ses élus !

Salut, ton ami dévoué,
ABD-EL-KADER EL HEUSSENI.

8 redjeb 1272.

Damas, 4 avril 1859.

A L'AMI FIDÈLE, LÉON ROCHES.

Ta lettre m'est enfin parvenue après une longue interruption dans ta correspondance, mais je t'excuse, je suis certain de ton amitié et mon cœur pénètre le tien. Quand les amis ne s'adressent plus de reproches, c'est que l'amitié est altérée. Tant que l'amitié dure, les reproches mutuels durent aussi. Un sage a dit : « Cesse pendant quelque temps de visiter ton ami ; s'il ne t'adresse aucun reproche sur l'absence de tes visites, sois certain que son amitié a diminué. »

Nous sommes tous heureux et te félicitons des faveurs que t'accorde ton gouvernement (1). Tu es du nombre de ceux qui méritent tous les honneurs. Moi, je demande à Dieu qu'il t'accorde un honneur et une félicité que la mort ne peut faire cesser, l'honneur et la félicité dans l'autre vie.

Ton ami sincère,
ABD-EL-KADER EL HEUSSENI.

1er de ramadhan 1275.

Damas, 14 février 1860.

A L'AMI FIDÈLE, LÉON ROCHES.

Je commence cette lettre en t'adressant les vœux les plus sincères pour que Dieu te donne le bonheur que tu mérites. Ta lettre a réjoui nos cœurs. J'ai donné à la oualidé (2) le salut que tu m'as envoyé pour elle. Elle est encore la bénédiction de la famille, elle fait toujours des prières pour que Dieu t'éclaire et te permette d'arriver à la félicité de l'autre vie, cent fois préférable à la félicité de celle-ci.

Sid Mohammed Sghair (3) est arrivé auprès de nous. Il ne cesse de nous raconter les services que tu lui as rendus et les bontés dont tu l'as comblé. Certes Dieu te récompensera. Le poète a dit :

L'homme vertueux peut seul apprécier le mérite de l'homme vertueux ;
Heureux qui place sa gloire dans l'achat de la reconnaissance des hommes,
Dût-il l'acheter au prix des joyaux les plus précieux.
La vie n'est qu'un prêt de quelques jours que nous fait le Très Haut ;
La véritable vie ne commence qu'au moment où on vante nos bonnes œuvres !

(1) Il fait allusion à ma promotion au grade de commandeur de la Légion d'honneur après quatorze ans de grade d'officier.
(2) On nomme *oualidé* la mère d'un souverain ou d'une famille illustre.
(3) C'est le fils du mokaddem de Sidi Eukba qui, lors de mon voyage

J'ai écrit à l'empereur Napoléon d'abaisser son regard sur l'infortune des Ouled Sidi Eukba, mais c'est sur toi que je compte pour diriger leurs affaires. Ce que tu feras sera bien fait.

J'ai reçu les livres que tu m'as envoyés ; ils m'ont causé la joie que causent les présents et les lettres de ceux qu'on aime. En vérité, ta générosité surpasse ma reconnaissance, aussi est-ce à Dieu que je m'adresse pour te récompenser, car les récompenses de Dieu sont préférables aux récompenses des hommes.

Ton ami sincère,
ABD-EL-KADER EL HEUSSENI.

22 de redjeb 1276.

Damas, 26 septembre 1860.

A L'AMI FIDÈLE, LÉON ROCHES.

Que Dieu fasse durer ton bonheur et te donne dans ce monde et dans l'autre le complément de ce que tu peux désirer ! Qu'il te donne place parmi ceux auxquels est réservée la félicité éternelle, parmi ceux dont la fin est plus heureuse que le commencement. Tels sont les vœux que je forme sans cesse pour toi. L'oualidé vénérée et mes enfants se joignent à moi pour demander de tes nouvelles et t'envoyer mille saluts. J'ai reçu ta lettre qui, comme tout ce qui vient de toi, nous a comblés de joie.

Oui, tu es de toutes les créatures de Dieu celle qui ressent la satisfaction la plus profonde quand elle apprend que j'ai fait une action agréable à Dieu et aux hommes. Je ne puis t'exprimer dans une lettre toutes les pensées renfermées en

à la Mecque, avait facilité ma mission à Kaïrouan pour l'obtention de la fameuse *Fettoua*.

mon âme. Je me borne à te dire que, pour mesurer ton amitié, j'interroge mon propre cœur. Je comprends alors combien tu m'aimes en sentant combien je t'aime. Le sage a dit : « Demandez à votre cœur si vos amis vous aiment sincèrement ; le cœur est un témoin qui ne se laisse pas suborner. »

Tu me loues de ce que j'ai fait à Damas (1). J'ai agi simplement d'après les enseignements de la loi mahométane et les sentiments d'humanité. J'aurais dû même faire bien davantage, mais la présence des autorités turques dans la ville m'a empêché d'arrêter le mal avant qu'il arrivât, et certes avec l'aide de Dieu j'aurais pu l'empêcher. En tout cas je remercie Dieu de m'avoir donné l'occasion de faire un acte qui apporte de la joie dans le cœur du sultan Napoléon III, car je ne pourrai jamais assez reconnaître ses mérites et ses bienfaits ; que Dieu prolonge ses jours pour le bonheur de ses sujets et le dirige dans la voie du bien !

Ton ami sincère,
ABD-EL-KADER EL HEUSSENI.

10 de rabiâa el ouel 1277.

DE LA PART DE SID MOHAMMED, FILS AINÉ D'ABD-EL-KADER,
A M. LÉON ROCHES.

Damas, 15 janvier 1861.

Après les compliments d'usage :

Je t'écris ces lignes au nom de *l'oualidé* (mère d'Abd-el-Kader) qui veut te remercier directement des saluts que tu lui envoies dans chacune de tes lettres à notre père vénéré,

---

(1) Au sujet des massacres de Syrie et du secours apporté par Abd-el-Kader aux chrétiens de Damas.

ton ami le plus sincère. Tu n'ignores pas que près de cent années se sont écoulées depuis la naissance de l'oualidé et qu'elle ne peut plus marcher. Chaque jour notre père la prend dans ses bras et la porte sur la terrasse de notre maison pour lui faire respirer l'air de l'espace ; il tourne sa tête vénérée vers la kaâba (temple de la Mecque) et elle récite ses prières. Hier, vendredi, jour où est parvenue ta lettre précieuse à notre père (et avec cette émanation de ta personne, la joie a rempli tous nos cœurs), la mère a prié pour toi en portant son regard vers les villes saintes. Quelles prières plus agréables à Dieu que celles de l'oualidé vénérée ! Écrit avec la permission de notre père.

Celui qui aspire à ton amitié,
Mohammed ben Abd-el-Kader.

14 redjeb 1278.

Damas, 20 juillet 1861.

A L'AMI FIDÈLE, LÉON ROCHES.

Que Dieu répande ses bénédictions sur ta tête (1).

El oualidé (la mère) est entrée dans la miséricorde de Dieu ! Que le Seigneur nous fasse participer à ses mérites ! Elle a dit sa dernière *scheheda* (2) entre mes bras. Que Dieu soit loué de me l'avoir conservée jusqu'à ce jour ! Oh ! Seigneur, donnez-moi la résignation, car vous êtes avec les résignés. La mère t'aimait comme un de ses enfants, tu prendras donc ta part de notre douleur. Que Dieu nous donne une fin comme la sienne. Ainsi soit-il.

Ton ami sincère,
Abd-el-Kader el Heusseni.

22 moharrem 1279.

(1) Phrase consacrée, qui doit précéder l'annonce d'une mort.
(2) Profession de foi.

Damas, 17 octobre 1861.

A L'AMI FIDÈLE, LÉON ROCHES.

Tes sentiments ne trompent jamais mon attente. Tu es bien l'ami du présent comme l'ami du passé, l'ami dans les joies et les épreuves de ce monde. Puisses-tu être notre ami dans la vie future qui est la meilleure. Tu me dis que tes larmes ont coulé en apprenant la mort de l'oualidé : pouvait-il en être autrement? L'ami ne ressent-il pas le coup qui frappe l'ami ! Et pourtant nous devons nous réjouir, car Lella Zohra (nom de la mère) est allée rejoindre notre père vénéré Sidi Mahhi-ed-Din, et tous deux occupent la place que nous devons tous envier. Que Dieu nous fasse participer à leurs mérites !

Ton ami sincère,
ABD-EL-KADER EL HEUSSENI.

12 du rabia el Teni 1279.

Paris, 30 août 1865.

A L'AMI SINCÈRE, LÉON ROCHES (1).

Je suis toujours anxieux de recevoir de tes nouvelles et tourmenté du désir de te revoir, toi mon ami illustre et bien aimé. Quant à moi je n'ai qu'à remercier Dieu du bien-être qu'il m'accorde. Je te fais savoir que j'ai eu la joie de voir ton épouse et tes gracieuses filles, que Dieu te les conserve. J'ai éprouvé un grand bonheur en pressant tes enfants sur mon sein, mais il n'était pas complet, car tous mes désirs volaient vers ta personne chérie. Je demande chaque jour à Dieu de prolonger ta vie et la mienne jusqu'au jour qui éclairera notre rencontre.

(1) J'étais alors ministre au Japon.

Je vais bientôt quitter Paris et retourner à Damas. Il m'est impossible de te faire comprendre les bienfaits dont m'a comblé l'empereur et l'accueil que j'ai reçu de la France ; que Dieu le récompense en mon nom ! Je suis toujours l'ami que tu connais faisant des vœux pour ta félicité dans les deux demeures, celle qui est éphémère et celle qui est éternelle.

Ton ami sincère,
ABD-EL-KADER EL HEUSSENI.

7 de boabia el Teni 1282.

Damas, 2 juin 1868.

A L'AMI SINCÈRE, LÉON ROCHES, MINISTRE AU JAPON.

Tu me faisais espérer dans ta dernière lettre que ton gouvernement te permettrait de rentrer en France où ton cœur a soif des caresses de tes enfants ; que Dieu te les conserve ! et tu me promettais de me faire connaître l'époque de ton retour. Si tu peux venir à Damas, ce serait le comble de mes désirs ; mais en tout cas je veux te rencontrer, dussé-je aller à Suez. Je n'accepte aucune excuse à ce sujet et je vais t'attendre d'heure en heure. Je prie le Seigneur de m'accorder cette joie de la rencontre dans cette vie et surtout dans l'autre. Puisses-tu mériter cette grâce ! Quant à mon amitié, ai-je besoin de te répéter que chaque jour y ajoute un nouveau lien ?

Ton ami sincère,
ABD-EL-KADER EL HEUSSENI.

10 de moharrem 1285.

Damas, 1ᵉʳ novembre 1868.

A L'AMI FIDÈLE, LÉON ROCHES.

Ton neveu Gustave Robin m'a remis ta lettre et m'a expliqué les motifs sérieux qui t'ont empêché de me prévenir de ton passage à Suez où j'étais décidé à aller te voir à ton retour du Japon. Dieu m'a refusé cette consolation. J'espère encore que cette rencontre aura lieu dans une heure fortunée.

M. Robin est en bonne santé. Je suis heureux de son séjour auprès de moi, car je retrouve en lui plus d'une des qualités qui te distinguent. Il m'a parlé du bonheur que tu as éprouvé en revoyant ta famille et tes amis, que Dieu te les conserve ! J'envoie mes vœux à tes enfants. Ne mets pas tant d'intervalle entre tes lettres qui font la joie de ton ami sincère,

ABD-EL-KADER EL HEUSSENI.

15 redjeb 1285.

Damas, 15 août 1873 (1).

A L'AMI FIDÈLE, LÉON ROCHES.

Il n'y a de puissance et de durée qu'en Dieu très haut et très magnanime ! L'heure de la mort est écrite à l'avance sur le front de chaque créature et aucune main humaine ne peut effacer ce que Dieu a écrit. Oh ! l'ami des jours malheureux, mes entrailles ont ressenti le déchirement de tes entrailles paternelles quand mes yeux ont lu la lettre par laquelle tu m'annonces la mort de ta fille bien aimée (que Dieu lui fasse miséricorde) ! Que le Très Haut t'accorde patience et

---

(1) A l'occasion de la mort de ma fille cadette.

résignation, seuls remèdes capables d'alléger ta douleur. Ses décrets sont impénétrables. Il envoie souvent les plus cruelles épreuves à ceux auxquels il réserve les plus précieuses consolations. Lui seul connaît ce qui nous est profitable, car il est le seul savant, le seul juste, le seul miséricordieux. Que ses volontés s'accomplissent. Le poète a dit : « La flèche qui perce le sein de notre ami perce notre sein. » Tel est l'état de mon cœur. Que Dieu te donne la résignation, car il est avec les résignés.

Ton ami sincère,
ABD-EL-KADER EL HEUSSENI.

20 djomead el Teni 1290.

P. S. Mes enfants partagent comme moi ta douleur. Ne cesse pas de m'écrire.

Damas, 15 avril 1877.

A L'AMI FIDÈLE, LÉON ROCHES.

J'ai reçu ta lettre, qui est une émanation de ta personne chérie. J'ai reçu également l'*emeroha* (éventail arabe) merveilleux que tu m'as envoyé. Dans son genre je n'ai rien vu de plus admirable. Quelle jouissance pour moi de m'en servir en pensant que c'est ta main qui l'a peint et ton esprit qui a choisi les sentences qui y sont écrites ! Que Dieu te récompense et t'accorde tout ce que tu peux désirer parmi les choses désirables. Qu'il te couvre du manteau de sa miséricorde !

Ton ami sincère,
ABD-EL-KADER EL HEUSSENI.

1er rabia el teni 1294.

26 février 1878.

A L'AMI SINCÈRE, LÉON ROCHES.

J'ai reçu ta lettre, qui toujours me paraît trop courte. Tu me dis que mon fils aîné Mohammed t'a écrit une lettre en français pour te prier de lui envoyer les documents que tu peux avoir relativement à la guerre que j'ai soutenue en Algérie, ainsi que les lettres qui ont été échangées à cette époque entre nous et entre d'autres amis au sujet de ces événements, et avant d'obtempérer à ce désir, tu me demandes si j'autorise la communication de ces documents. Je reconnais là la délicatesse de tes sentiments. Je t'autorise à donner à mon fils les documents qu'il te demande, car j'approuve le projet qu'il a formé d'écrire mon histoire. C'est d'ailleurs avec ma permission qu'il t'avait fait cette demande.

Salut de la part de ton ami sincère,

ABD-EL-KADER EL HEUSSENI.

23 safar 1295.

Damas, 21 avril 1882.

A L'AMI FIDÈLE, LÉON ROCHES.

J'ai reçu ta lettre ainsi que la sentence enluminée que tu m'as envoyée. J'ai placé ce nouveau souvenir dans la chambre où sont réunis les objets précieux. Tous ceux qui l'ont vu ont admiré l'habileté prodigieuse de ta main et la sagesse de ton esprit qui a composé la sentence, sagesse digne de Lokman (1).

---

(1) Philosophe arabe.

Que Dieu te récompense des joies qui nous arrivent par toi!

Tu nous dis que, cédant aux instances de tes amis, tu te décides à écrire un ouvrage historique sur les événements dont tu as été témoin pendant ta vie. C'est une entreprise méritoire qui immortalisera ton nom, et qui aura droit à mes louanges et à celles de tous les hommes doués de raison. Mais j'ajoute que tu dois traduire cette histoire en arabe, pour que le grand nombre de ceux qui savent l'arabe et qui ignorent le français puissent profiter de ton œuvre.

La généralité des hommes ne s'occupe aujourd'hui que des choses de ce monde; l'homme complet est celui qui se préoccupe également dans ses actes et ses écrits des affaires de ce monde et des espérances de l'autre.

Un ami m'a apporté un portrait de moi en me priant d'y écrire une pensée. J'y ai tracé de ma main ces quatre vers :

> *Ce portrait est vraiment la reproduction de mes traits ;*
> *Mais si le pinceau a reproduit l'apparence matérielle,*
> *Il existe derrière la peinture une individualité morale*
> *Qui élève ses aspirations au-dessus des cieux.*

Que Dieu t'accorde tout le bonheur que je ne cesse de lui demander pour toi et qu'il te conduise aux félicités éternelles!

Ton ami sincère, ABD-EL-KADER EL HEUSSENI.

1ᵉʳ djounad el ouel 1299.

DERNIÈRE LETTRE ADRESSÉE A M. LÉON ROCHES PAR L'ÉMIR ABD-EL-KADER BEN MAHHI-ED-DIN.

Damas, 22 février 1883.

A L'AMI FIDÈLE, LÉON ROCHES.

Après des compliments plus tendres encore que d'habitude. Je t'adresse les hommages dont tu es digne et je m'informe avec une égale sollicitude et de l'état de ta santé et de l'état de ton cœur. Puisse Dieu combler tes désirs!

Ta lettre m'est parvenue dans une heure fortunée et elle a comblé ma joie. J'ai reçu la nouvelle sentence que tu as écrite et peinte pour moi; elle m'a causé une nouvelle satisfaction. Ah! certes, si tu fais des vœux pour moi, de mon côté je ne cesse de prier Dieu pour qu'il répande sur toi ses bénédictions et qu'il te conduise dans la voie qui mène au séjour des élus. L'amitié qui existe entre nous durera autant que notre vie. *Quand donc sonnera l'heure de notre réunion?*

Ta sentence ne contient que le premier vers du poète. Tu devais y ajouter le second qui exprime la réciprocité de l'amitié.

Toute ma famille t'adresse mille saluts.

Ton ami sincère,

ABD-EL-KADER EL HEUSSENI.

14 de rabia el teni 1300.

FIN DU TOME PREMIER.

TABLE DES MATIÈRES.

LIVRE PREMIER.
ALGER.

Pages.

Avant-propos.. 1

CHAPITRE PREMIER.

Détails sur ma famille et mon éducation. — Répugnance à me rendre à Alger auprès de mon père. — Mon arrivée à Alger et mes premières impressions. — Braham-Reïs........................ 7

CHAPITRE II.

Course dans la Mitidja. — Visite chez Mamma Nefissa. — Khadidja. — Elle est emmenée par ses parents........................ 15

CHAPITRE III.

Je retrouve Khadidja mariée. — J'apprends l'arabe. — Je corresponds avec Khadidja.. 24

CHAPITRE IV.

Mes relations avec la famille d'Omar pacha. — Notice sur Omar pacha. — Ma liaison avec Sidi Omar, frère de Sidi Mohammed, et fils, comme lui, de Lella Yemna et d'Omar pacha.......... 31

CHAPITRE V.

La famille d'Omar pacha, à Milianah. — Ma liaison avec Sidi Omar, frère cadet de Sidi Mohammed et fils, comme lui, d'Omar et pacha de Lella Yemna.. 46

CHAPITRE VI.

Je suis nommé interprète traducteur assermenté. — Expédition dirigée par le maréchal Clauzel pour installer un bey à Médéah. — Je l'accompagne. — Épisode du capitaine Gastu. — Rentrée à Alger avec le désir de devenir soldat.............................. 50

CHAPITRE VII.

Je parviens auprès de Khadidja. — Enlèvement de Khadidja par son mari. Projet de la suivre. — Je décide de me rendre auprès d'Abd-el-Kader. — Je feins d'être musulman.................. 59

LIVRE II.

SÉJOUR DANS LA MITIDJA ET A MILIANAH.

CHAPITRE VIII.

Départ d'Alger. — Séjour chez les Béni-Moussa.................. 67

CHAPITRE IX.

Haouch-Chaouch près Bou-Farick. — Le lieutenant Vergé. — Visite à Blidah. — Muphti Bel-Kassem. — Émissaire de l'émir.... 72

CHAPITRE X.

Adieux au lieutenant Vergé. — Rencontre des bandits hadjoutes. — Hospitalité de Mohammed ben Kciouar, chef des Hadjoutes. — Départ pour Milianah.................. 80

CHAPITRE XI.

Arrivée à Milianah, 28 novembre 1837. — Réception d'Omar oul'd Omar pacha. — Ses confidences. — Visites aux autorités de Milianah.................. 87

CHAPITRE XII.

Fêtes pour un mariage. — Présentation à la veuve d'Omar pacha... 93

CHAPITRE XIII.

Pratiques religieuses.................. 101

CHAPITRE XIV.

Scène à propos de la guerre contre les Français. — Soirée de hachich. — Zuleikha.................. 106

CHAPITRE XV.

Mœurs du lion.................. 112

TABLE DES MATIÈRES.   503

CHAPITRE XVI.

Sauk Tléta des Beraz, décembre 1837.................... 117

CHAPITRE XVII.

Départ de Milianah. — Soirée à Médéah. — Récit du kaïd de Bouira. — Arrivée au camp de l'émir, chez les Ouennogha, 14 au 15 décembre 1837.. 125

LIVRE III.
AU CAMP D'ABD-EL-KADER.

CHAPITRE XVIII.

Situation des Turcs dans la régence d'Alger avant la conquête.... 133

CHAPITRE XIX.

Biographie d'Abd-el-Kader............................. 140

CHAPITRE XX.

Événements qui se sont succédé en Algérie depuis 1830 et depuis qu'Abd-el-Kader a été nommé sultan (juin 1832), jusqu'à mon arrivée auprès de l'émir, fin 1837..................... 144

CHAPITRE XXI.

Présentation à Abd-el-Kader. — Son portrait.............. 153

CHAPITRE XXII.

Politique de l'émir.................................... 159

CHAPITRE XXIII.

Description du camp de l'émir......................... 168

CHAPITRE XXIV.

Ordre de marche du sultan en campagne. — Pose et lever du camp.. 177

CHAPITRE XXV.

Oued Zeïtoun. — Détails historiques sur les Zouetnas. — Combat. — Délivrance des femmes de Coulouglis. — Exécution du kaïd Birom. — Intervention des petits enfants................. 186

CHAPITRE XXVI.

Appréciation de la conduite d'Abd-el-Kader vis-à-vis des Zouetnas. — Notice sur Ben Fakha. — Soumission nominale des Kabyles. — Discours d'un chef kabyle... 198

LIVRE IV.

EXIL A TLEMCEN.

CHAPITRE XXVII.

Départ du camp de l'émir, 26 décembre 1887. — Mascara. — Le khalife Hadj Mustapha ben Themi. — Ma lettre au capitaine Daumas.. 205

CHAPITRE XXVIII.

Envoyé à Tlemcen. — Je redoute la vérité. — Sidi Mohammed Saaïd, frère aîné de l'émir. — Le khalifa Sidi Mohammed-el-Bou-Hammidi... 209

CHAPITRE XXIX.

Arrivée à Tlemcen. — Lettre à mon ami. — Visite de Hadj Béchir. — Ses révélations sur la cause de mon exil. — Souffrances morales et physiques.. 216

CHAPITRE XXX.

Tlemcen. — Je crois mourir. — Arrivée d'Isidore. — Visite à Sidi Bou-Medin... 221

CHAPITRE XXXI.

Renseignements donnés par Hadj Béchir sur les races qui habitent l'Algérie.. 228

CHAPITRE XXXII.

Tlemcen. — Bou Hammidi interdit à Hadj Béchir de venir m'instruire. — Projet de fuite. — Repris................................... 233

CHAPITRE XXXIII.

Ben Nouna, officier polonais sauvé...................................... 239

CHAPITRE XXXIV.

Départ pour Médéah. — Arrivée à Médéah................................ 244

LIVRE V.

MÉDÉAH.

CHAPITRE XXXV.

Abd-el-Kader à Médéah. — Mon entrevue avec Abd-el-Kader. — Notes sur les personnages qui l'entourent...................... 251

CHAPITRE XXXVI.

Hadj Bouzien ami de mon père. — Arrivée de mon père. — Son entrevue avec Abd-el-Kader............................. 257

CHAPITRE XXXVII.

Rencontre avec Sid Omar oul'd Omar pacha. — Nouvelles persécutions, 18 mai 1838..................................... 264

CHAPITRE XXXVIII.

Je rejoins Abd-el-Kader à Bou-Khorchefa. — J'apprends que de nouvelles persécutions ont été dirigées contre les Coulouglis de Milianah qui sont exilés à Tagdempt. — Arrivée à Tagdempt. — Entrevue avec Lella Yemna. — Nouvelles de Khadidja......... 273

CHAPITRE XXXIX.

Détails sur la vie d'Abd-el-Kader......................... 280

LIVRE VI.

SIÈGE D'AIN MADHI.

CHAPITRE XL.

Notes sur le désert. — Nom des différentes zônes de l'Agérie. — Abd-el-Kader se décide à aller attaquer Aïn Madhi. — Départ fixé au 12 juin 1838................................... 285

CHAPITRE XLI.

Départ de Tagdempt. — Route de Tagdempt à Aïn Madhi. — Mission que me confie l'émir auprès de Sidi Mohammed-el-Tedjini, seigneur d'Aïn Madhi................................... 292

CHAPITRE XLII.

Mon entrevue avec Sidi Mohammed Tedjini. — Sauvé miraculeusement. — Est-ce par l'intervention de Kadidja?.................. 297

CHAPITRE XLIII.

Retour auprès d'Abd-el-Kader. — Attaque des jardins d'Aïn Madhi. — Investissement d'Aïn Madhi. — Brèche. — Assaut impossible.. 304

CHAPITRE XLIV.

Suite du siège. — Razzia de Tedjmout...................... 311

CHAPITRE XLV.

Ruse employée pour creuser une mine. — Hassan le Hongrois. — Scène du cimetière. — Abd-el-Kader me magnétise. — Ses extases.. 316

CHAPITRE XLVI.

La mine est achevée et chargée. — Arrivée de Sidi Mohammed Saaïd, frère aîné de l'émir.. 321

CHAPITRE XLVII.

Capitulation d'Aïn Madhi.. 325

LIVRE VII.

TEDJMOUT, TUGGURTH ET LE DÉSERT.

CHAPITRE XLVIII.

Tedjmout. — Décoration. — L'émir me fait cadeau de Salem. — Messaouda m'annonce la mort de Khadidja.................. 331

CHAPITRE L.

Séjour et chasses chez l'agha des Larbâa...................... 342

CHAPITRE LI.

Adieux de l'hôtesse arabe. Fin décembre 1838................ 350

CHAPITRE LII.

Tedjini a quitté Aïn Madhi. — Effet terrible produit par la mine de Hassan le Hongrois. — Prière sur la tombe de Khadidja. — Rapport sur le siège envoyé au maréchal Vallée.............. 360

LIVRE VIII.
PRÉPARATIFS DE GUERRE.

CHAPITRE LIII.

Retour de Tagdempt. — Marabout de Sidi Bouzid. — Retour de Miloud Ben Arrache. — L'émir refuse de ratifier les articles additionnels. — Abd-el-Kader veut me marier. — Maladie de la mère du sultan... 363

CHAPITRE LIV.

Grand conseil à Bou Khorchefa. — Mission du commandant de Salles chargé d'obtenir la ratification des articles additionnels. — Abd-el-Kader est décidé à faire la guerre, mais il temporise. — Mes observations.. 370

CHAPITRE LV.

Lettre au roi, à la reine et aux ministres de l'intérieur et de la guerre. — Inutilité de cette correspondance. — L'émir envoie une ambassade au Maroc. — Mission secrète...................... 375

CHAPITRE LVI.

Guet-apens. — Réunion de Taza. — Guerre sainte. — Mariage.... 384

CHAPITRE LVII.

Passage des Bibans. — Scène où j'avoue à Abd-el-Kader que je ne suis pas musulman.. 389

CHAPITRE LVIII.

Préparatifs de fuite. — Adieux à Lella Yemna................. 394

CHAPITRE LIX.

Fuite et arrivée au camp français du Figuier.................. 399

LIVRE IX.

RETOUR A ORAN ET A ALGER.

CHAPITRE LX.

Réception du commandant du Figuier. — Réception à Oran...... 405

CHAPITRE LXI.

Acte de répudiation. — Ma lettre à Abd-el-Kader. — Départ pour Alger. — Commencement des hostilités........................ 409

CHAPITRE LXII.

Retour à Alger, 19 novembre 1889. — Départ pour Paris. — Ma tante, madame Champagneux. — M. Thiers garde mon manuscrit. — Nommé interprète de 1re classe. — Attaché à l'état-major du duc d'Orléans.................................. 412

CHAPITRE LXIII.

Retour à Alger. — Le maréchal Vallée m'enlève à l'état-major du Prince et m'attache au général Schramm. — Expédition de Médéah et de Milianah. — Ravitaillement de ces places avec le maréchal Vallée. — Relégué à Coléah. — Visite d'adieux au maréchal Vallée qui est remplacé par le général Bugeaud....... 421

CHAPITRE LXIV.

Arrivée du général Bugeaud. — Je suis attaché à sa personne, première campagne de Médéah et Milianah....................... 427

CHAPITRE LXV.

Campagne de Tagdempt. — Scène d'interprétation avec les Beni-Aâmer. — Visite aux ruines du fort et de ma maison à Tagdempt. 435

CHAPITRE LXVI.

Le maréchal Bugeaud me confie une mission qui m'éloigne d'Alger. — Départ d'Alger, fin juillet 1841. — Pressentiment de mon voyage à la Mecque.................................... 439

Notes.. 447

Correspondance... 483

FIN DE LA TABLE DES MATIÈRES.

www.ingramcontent.com/pod-product-compliance
Lightning Source LLC
Chambersburg PA
CBHW050558230426
43670CB00009B/1179